Paul Wormer, Lili Chavannes

BLICK AUFS KARMA

Paul Wormer / Lili Chavannes

Blick aufs Karma

Schicksalselemente im Lebenslauf

Auf der Grundlage der *Praktischen Menschenkunde,*
einer Methode zur Karmaforschung
von Ate Koopmans

Verlag Freies Geistesleben

Die niederländische Originalausgabe erschien 2002 bei
Uitgeverij Vrij Geestesleven, Christofoor, unter dem Titel
«Kijk op Karma. Lotselementen in de levensloop»

Aus dem Niederländischen von Nothart Rohlfs

ISBN 3-7727-1802-8

1. Auflage 2004

Verlag Freies Geistesleben
Landhausstraße 82, 70190 Stuttgart
Internet: www.geistesleben.com

Einband: Thomas Neuerer unter Verwendung eines Fotos
von Alex L. Fradkin (© getty images)
Druck: AALEXX Druck, Großburgwedel

Inhalt

Vorwort zur deutschen Ausgabe

Vor Ihnen liegt ein Buch über Karmaforschung. Es betrifft einen nicht alltäglichen Gegenstand, obwohl der Begriff des *Karmas* neben dem der *Reinkarnation* uns in den letzten zwei Jahrzehnten immer vertrauter geworden ist. Karma heißt so viel wie Schicksal. Diese Übersetzung muss freilich mit der Anmerkung versehen werden, dass es dabei entgegen dem Sprachgebrauch um das «Schicksals-Erbe» aus einem früheren Dasein geht, eine Erbschaft, die wir uns mindestens zum Teil selbst zuzuschreiben haben.

Wenn es denn so ist, dass wir aus einem früheren Leben die Früchte – oder besser gesagt: die Bedingungen – für das gegenwärtige Leben mitbringen, lässt sich dieser Tatbestand dann auf die eine oder andere Weise erforschen? Wir beschreiben einen Weg in dieses Forschungsgebiet, der vor über zwanzig Jahren zum ersten Mal von Ate Koopmans betreten und zugleich von ihm geebnet wurde. Den Ausgangspunkt dieses Weges bildet eine meditative Übung Rudolf Steiners, deren Sinn und Zweck darin liegt, einen Blick hinter die Kulissen des gegenwärtigen Lebens zu werfen, auf die schicksalbildende Zeit vor der Geburt. Die Übung geht davon aus, dass der Mensch in der Periode zwischen zwei Verkörperungen sein abgelaufenes Leben und dessen Erfahrungen verarbeitet und dabei das folgende vorbereitet.

Meditation als Forschungsmethode? Kann einem solchen Vorgehen Vertrauen entgegengebracht werden? Koopmans entwickelte ein intensives Vorbereitungsprojekt, das der eigentlichen Karmaübung vorangeht und auf gewissenhafter und sorgfältiger Beobachtung beruht. Einerseits entzieht sich das Übersinnliche seinem Wesen nach der naturwissenschaftlichen Untersuchung, andererseits ist es für dessen Erforschung von entscheidender Bedeutung, trotzdem mit den Füßen auf dem Boden zu bleiben.

Neu an Koopmans' Arbeitsweise war es, dass sie sich auf gegenwärtig lebende Menschen bezog und dass sie keine Angelegenheit hinter verschlossenen Türen blieb. Teilnehmer seiner Arbeit bildeten eine Pilotgruppe, um sich die im Aufbau befindliche Arbeitsform anzueignen. Dies veranlasste Koopmans, die Arbeit so anzulegen, dass ein gemeinschaftliches Vorgehen eine gewisse Objektivität der Annäherung an das Thema verbürgte. Er nannte sein Werk «Praktische Menschenkunde», um damit anzudeuten, dass die Art der Arbeit an den äußerlich vorliegenden Fakten eines Menschenlebens ansetzt bzw. an dem, was wir von einem Menschen in Erfahrung bringen, indem wir ihn sehen, hören, miterleben und befragen.

Seit 1989 hat Koopmans in den Niederlanden sechsmal einen dreijährigen Lehrgang seiner «Praktischen Menschenkunde» durchgeführt, an dem insgesamt gut 150 Menschen teilgenommen haben. Mindestens die doppelte Anzahl nahm an einzelnen Seminaren Koopmans' teil. Die Zahl der Interessenten wurde im Lauf der Jahre nicht weniger, die Kurse wurden vielmehr von vielen Menschen als «Geheimtipp» betrachtet, was das anthroposophische Seminarangebot betraf. Auch in Deutschland, England und den USA führte er seine Kurse und Workshops durch.

Leicht und verständlich vorgetragen – Untertreibungen und originelle Begriffsbildungen waren Koopmans' Stärke –, waren seine Unterweisungen wie eine konzentrierte Nahrung für eine Fahrt ins All und zugleich eine gediegene Kost für die eigene innere Entwicklung.

Koopmans liebte es, im unmittelbaren Austausch mit den Anwesenden seine Gedanken zu entwickeln. Immer gut vorbereitet, tat er dies auf eine impressionistische Art und Weise, die den Zuhörer angesichts der Schwierigkeit, die Darstellungen systematisch aufzuzeichnen, mitunter zur Verzweiflung bringen konnte. Koopmans fürchtete nichts so sehr wie automatisch ablaufende Methodik oder dogmatische Stellungnahme und sah keine Möglichkeit einer schriftlichen Fassung des Erarbeiteten, obwohl von vielen Seiten danach gefragt wurde. Dies hing mit der verletzlichen Arbeitsform zusammen: Stets stellte einer (oder eine) der Anwesenden die eigene Biografie für die Gruppe als Übungsmaterial zur Verfügung.

Nach langem Drängen stimmte Koopmans Plänen für eine Veröffentlichung zu, falls ein oder zwei konkrete Beispiele detailliert auf eine akzeptable Weise beschrieben werden könnten. Bis es so weit war, floss noch viel Wasser den Rhein hinunter, und schließlich fragte sogar Koopmans selbst interessiert nach dem Buch!

Obwohl er den weitaus größten Teil des Textes gelesen und bejaht hatte, konnte er selbst diese Frucht seines Lebenswerks nicht mehr erleben. Genau am Tag seines Todes, dem 4. Januar 2002, fand sich in den Briefkästen der Buchhandlungen der Verlagsprospekt, in dem das Erscheinen des Buches für dasselbe Frühjahr angekündigt wurde.

Das Buch besteht aus zwei Teilen. Im ersten Teil beschreibt Paul Wormer für den unbefangenen Leser die anthroposophisch-theoretische Einbindung der hier behandelten Karmaübungen. Zugleich vermittelt er die erforderliche Hintergrundinformation für die menschenkundliche Forschung. Zwei Exkurse am Schluss lenken die Aufmerksamkeit auf spezifische Aspekte.

Im zweiten Teil berichtet Lili Chavannes aus der Arbeit mit drei Personen. Bei einer von ihnen handelt es sich um eine geschichtliche Persönlichkeit, den Mathematiker und Astronomen Johannes Kepler. Die anderen beiden sind lebende Zeitgenossen und werden hier Anna und Jaap genannt.

Alle Zitate von Rudolf Steiner wurden in einem anderen Schrifttypus gesetzt; so kann sich der Leser schneller orientieren, wenn er ein bestimmtes Steiner-Zitat sucht oder bei einer nochmaligen Lektüre nachschlagen will

An dieser Stelle wollen wir Anna und Jaap besonderen Dank für den Mut aussprechen, dass sie sich auf das Abenteuer dieser Veröffentlichung eingelassen haben. Sind auch die Namen fiktiv, so sind doch Ähnlichkeiten mit lebenden Personen nicht zufällig. Wir bitten den Leser, rücksichtsvoll damit umzugehen.

In erster Linie dienen die Arbeitsbeschreibungen der inhaltlichen Wiedergabe von Untersuchungsergebnissen. Außerdem beleuchten sie die Arbeitsweise in nachvollziehbaren Schritten. Zum Dritten finden sich hier und dort eingestreute Darstellungen dessen, was sich während des Arbeitsprozesses in den Untersuchenden selbst vollzogen hat.

Im vorliegenden Buch befinden sich außerdem acht Abbildungen von Gemälden. Sie sind nicht illustrativ gemeint. Die Kunst verfügt über andere Mittel als das beschreibende Wort und sucht auf ihre Weise den

Zugang zu den Geheimnissen der Beziehung zwischen Mensch und Kosmos. Die einzelnen Kunstwerke des 20. Jahrhunderts, die hier abgebildet werden, fanden in dieser Hinsicht unser Interesse. Der Leser sei ermutigt, sich selbst auf diesem reichen Feld auf die Suche zu begeben.

Abschließend einige Gedanken, die vielleicht unser Drängen auf eine Veröffentlichung des vorliegenden Arbeitsmaterials zu erklären und zu rechtfertigen vermögen. Was war es eigentlich, was viele an Koopmans' Kursen so besonders zu schätzen wussten? Was gewannen sie für ihren eigenen Lernprozess? Und was berechtigt uns zu der Hoffnung, dass Sie dieses Buch lesen und mit ihm an die Arbeit gehen werden?

Der menschliche Lebenslauf ist geheiligter Grund. Jede Biografie ist einzigartig. Das ist eine Erfahrungstatsache. Die Begriffe von Karma und Reinkarnation werden dem gerecht. Das Bewusstsein einer Existenz nach dem Tod und vor der Geburt, zwischen denen sich ein *zweiter Lebenslauf* vollzieht, in dem das Ich eine Entwicklung durchmacht und etwas «will», dieses Bewusstsein ruft Fragen hervor, die ihrerseits untersucht und erforscht werden wollen.

In einer Hinsicht müssen wir Sie als Leser enttäuschen. Nach der Lektüre dieses Buches werden Sie, was Sie selbst betrifft, keine eindeutigen Antworten erhalten haben. Dazu sagte Ate Koopmans einmal: «Jeder, der über frühere Leben nachgedacht hat, kennt das Verlangen, eine berühmte, edle oder heldenhafte Persönlichkeit gewesen zu sein, und jene innere Stimme, die uns glauben machen will: Das war ich. Nun, *das war ich ganz gewiss nicht!*»

Dieses Buch ist also kein Instrument für privates Wunschdenken. Wir hoffen jedoch, dass es für Sie ein Werkzeug ist, mit dem Sie ein warmes und engagiertes, tatsächliches Interesse für das eigene Wesen und vor allem für das Ihrer Mitmenschen entwickeln können.

Mit dieser Übersetzung wird nun das vorliegende Arbeitsmaterial auch den deutschsprachigen Interessenten zugänglich. Wir freuen uns auf reges und kritisches Interesse von Seiten der Leser!

Amsterdam, Zoetermeer *Lili Chavannes, Paul Wormer*
August 2004

Paul Wormer
Teil I: Spuren des Karmas

1. Die Identität des Menschen: Wesen und Leiblichkeit

Fragen zur Identität

Innere und äußere Identität

Es gibt heute viele Methoden, die Identität eines Menschen festzustellen. Dazu gehört nicht nur das vertraute Verfahren, den Fingerabdruck eines Menschen festzuhalten, inzwischen arbeitet man auch mit dem DNA-Profil, das man von einer Person erstellen kann; zugleich wird die umfassende Anwendung des Iris-Scannings vorbereitet. Darüber hinaus kennt man weitere Möglichkeiten, aufgrund körperlicher Merkmale persönliche Identität festzustellen. Beispielsweise verrät die Handschrift als Ausdruck der Motorik bei gewissenhafter Beurteilung die Identität einer Person; ein Gemälde wird anhand des Pinselstrichs einem alten Meister bzw. dessen Schüler zugeschrieben. Tatsächlich kann aufgrund jedes einzelnen körperlichen Kennzeichens oder eines Verhaltensmerkmals persönliche Identität festgestellt werden, wenn nur genau genug untersucht wird.

Und doch leiten wir im täglichen Leben unsere Identität keineswegs von derartigen körperlichen oder anderen äußeren Gegebenheiten her. Wie eigen, vertraut und wichtig unser Leib uns auch sein mag, wir *haben* einen Körper, wir *sind* nicht der Körper. Wenn er leicht verwundet oder gar schwer verletzt ist, werden wir dies mehr oder weniger als eine Beeinträchtigung unserer leiblichen Integrität erfahren, wir werden jedoch nicht unmittelbar das Gefühl haben, unser menschlicher Wesenskern, unsere Identität, sei beeinträchtigt. Und wenn auch mithilfe von Fingerabdruck oder «genetischem Pass» körperliche Identität zweifelsfrei nachzuweisen ist, so bleibt dies doch die Außenseite – eine

Außenseite, die zwar alles mit uns und nichts mit jemand anderem zu tun hat, die aber unsere *innere* Identität in ihrem Eigentlichen nicht offenbart. Dieser Unterschied zwischen innerer und äußerer Identität lässt die Frage entstehen, wie das genaue Verhältnis zwischen beiden beschaffen ist.

Bei *Gegenständen* ist die Beziehung zwischen physischer Integrität und Identität deutlich anders als beim Menschen. Wenn eine Tasse in Stücke geht, so ist sie kaputt. Lassen sich die Scherben nicht mehr zusammenfügen, bleibt als Ausweg nur der Abfalleimer. Für die Tasse und im Grunde für alle Gegenstände, mit denen uns keine besonderen emotionalen Bande verknüpfen, gilt: Identität und Funktion sind untrennbar miteinander verbunden. Ein Gegenstand vermittelt durch seinen äußeren Anblick meist eindeutig, was er *ist* und in welchem Zustand er sich befindet.

Beim Menschen ist dies völlig anders. Im alltäglichen sozialen Leben sind wir oft damit beschäftigt herauszubekommen, was jemand eigentlich sagen will bzw. was er verschweigt. Was meint er? Was sagt und was denkt er? Beim Menschen können wir aus äußerer Erscheinung, Wort und Gebärde nicht ohne weiteres ablesen, was in seinem Inneren vorgeht. Ein kleines Kind ist in dieser Hinsicht meist ein «offenes Buch», vom Erwachsenen wird erwartet, dass er gelernt hat, seine Seele nicht jederzeit offen zu legen. Offenbar ist eine Art Übersetzung zwischen Innerem und Äußerem erforderlich.

Wesen und Erscheinung

Im Alltagsleben begegnen wir einander mithilfe unserer äußerlich sichtbaren Erscheinung. Wir sehen einander, können einander aber auch hören, berühren (tasten) und riechen. Dies sind konkrete Wahrnehmungen. Fragt uns jemand danach, können wir sie benennen. Außerdem erhalten wir eine Reihe von Eindrücken, die unbewusst bleiben, aber auch ihre Wirkung auf uns ausüben. Alles, was wir konkret am Menschen beobachten, hat mit seiner körperlichen, biologischen Entität zu tun.

Zugleich wissen wir: Dies ist die Außenseite. Der eigentliche Mensch steht gleichsam dahinter. Das Wesen des Menschen tritt in den Phänomenen in Erscheinung, die wir sehen, hören, riechen usw., zugleich bleibt es hinter ihnen verborgen. Obwohl uns sämtliche Phänomene nur die Außenseite zeigen, beziehen sie sich doch immer alle nur auf *einen* Menschen, der in ihnen angesprochen, an ihnen erkannt werden kann, auf den Besitzer, besser den Bewohner des Leibes.

Welches Verhältnis hat nun dieser Bewohner zu seiner Leiblichkeit? *Wie* hängt ein Mensch mit Art und Beschaffenheit des eigenen Leibes zusammen, *in welcher Beziehung* steht er zu ihm? Ist sie rein zufälliger Art? Wer hat darüber hinaus den Leib aufgebaut und anhand welcher Gesetzmäßigkeiten?

Das Bild des Wesens

Der große innere Widerspruch der Leiblichkeit besteht darin: Wir sind zwar nicht unser Leib, sind nicht deckungsgleich mit ihm, aber wir sind doch aufs engste mit ihm verbunden.

Die Tatsache, dass die konkrete leibliche Erscheinung des Menschen, seine Gestalt, seine Seelenäußerungen, sein Tun und Lassen auf eine dahinter befindliche, nicht-sinnliche Individualität *verweisen*, bezeichnet Rudolf Steiner mit dem Wort «Bildnatur» des Menschen. Im Hier und Jetzt erscheint der Mensch als *Bild*, er erscheint sogar buchstäblich als der Bau jenes Wesens, das er selbst ist. In dem Wort «bilden» tritt der gemeinte Zusammenhang deutlich zutage. Das eigentliche geistige Wesen des Menschen ist primär. Es nimmt eine leibliche Form an, sobald es in der sinnlichen Welt erscheint. Es geht jedoch nicht in dieser auf. Damit ist viel gesagt.

> «Es kommt nun darauf an, sich darüber klar zu werden, dass sich auch in der menschlichen Wesenheit etwas offenbart, das von den Gesichtspunkten, von denen aus die Gesetze der äußeren Natur gewonnen werden, nicht zu ergreifen ist. Hat man diese Vorstellung in der rechten Art sich zu Eigen gemacht, dann wird man in der Lage sein, den Menschen als Bild zu begreifen. Ein Mineral ist in diesem Sinne nicht Bild. Es offenbart nur dasjenige, was unmittelbar die Sinne wahrnehmen können.
>
> Beim Bilde richtet sich die Anschauung gewissermaßen durch das sinnlich

Angeschaute hindurch auf einen Inhalt, der im Geiste erfasst wird. Und so ist es auch bei der Betrachtung des Menschenwesens. Erfasst man dieses in rechter Art mit den Naturgesetzen, so fühlt man sich im Vorstellen dieser Naturgesetze nicht dem wirklichen Menschen nahe, sondern nur demjenigen, durch das sich dieser wirkliche Mensch offenbart.»[1]

Die Maske

Während bei Tieren vor allem die Entwicklung der jeweiligen Art im Vordergrund steht, kann beim Menschen von einer individuellen Entwicklung gesprochen werden. Ein einzelner Gegenstand, eine Pflanze oder ein Tier verbirgt in sich kein individuelles Wesen. Empfindungen dafür sind in manchen Sprachen noch zu finden. Im Englischen beispielsweise wird so gut wie alles, ausgenommen Menschen (ausnahmsweise auch ein geliebtes Haustier oder ein Land), mit «it» (es) bezeichnet.

Der Mensch hält sein individuelles Wesen, ob er will oder nicht, grundsätzlich verborgen. Mit seiner Erscheinung gibt er den ihn umgebenden Menschen, aber auch sich selbst gewissermaßen ein Rätsel auf.

Neben dieser Tatsache, dass er sich hinter seiner leiblichen Erscheinung gleichsam verbirgt, tritt der Mensch durch dieselbe aber auch «in Erscheinung». Das scheint paradox, ist es jedoch nicht. Die leibliche Gestalt erscheint als eine Maske, die der Mensch trägt. Sie verbirgt sein Wesen und bringt es gleichzeitig zum Ausdruck. In der klassischen Tragödie sprach der Spieler durch die Öffnungen seiner Maske, der so genannten *persona*.[2]

Auch die Erfahrung der eigenen Leiblichkeit hat diesen merkwürdigen Doppelaspekt. Einerseits erleben wir die eigene leibliche Erscheinung als etwas vollkommen Einzigartiges. Auch deren kleinste Beeinträchtigung von außen wird als Angriff auf deren «heilige» (buchstäblich «heile») Integrität erfahren. Andererseits fühlen wir uns herabgesetzt, ja beleidigt, wenn wir ausschließlich auf unsere äußere Erscheinung hin betrachtet und nach ihr beurteilt werden, die in solchen Fällen von uns selbst schnell als «nur» äußerlich bezeichnet wird.

Es bleibt die Frage: *Wie* ist das Verhältnis des individuellen menschlichen Wesens zu seiner Leiblichkeit beschaffen? Sie kann nicht vollkommen und umfassend beantwortet werden, weder im Allgemeinen noch in Bezug auf einen bestimmten Menschen. Jeder Einzelne hat sein gänzlich individuelles Verhältnis zum eigenen «Leibesbau». Dies soll allerdings nicht heißen, es habe keinen Sinn, die Frage zu untersuchen. Den Ausgangspunkt für eine solche Untersuchung bildet die äußerlich sichtbare menschliche Gestalt. Sie wird daher so sorgfältig wie möglich zu betrachten sein.

Differenzierung: Haupt – Bauch – Brust

Unterschiede in der Dynamik – Haupt und Bauch

Der menschliche Leib ist hinsichtlich seines Baus und seiner Funktion stark differenziert. Es gibt körperliche Bereiche, die eine absolut gegensätzliche Dynamik zueinander aufweisen. So sind die Organe des Stoffwechsels, z.B. die Leber oder die Darmschleimhäute, echte *biologische* Organsysteme. In ihnen findet sich eine enorme Lebensdynamik (oder Lebenskraft). Sie sind ausgesprochen vital. Die Darmschleimhaut beispielsweise wird alle drei Tage erneuert! Und wenn die Leber infolge einer Operation halbiert werden muss, so zeigt sich anschließend, über welch enormes Vermögen sie verfügt, sich selbst zu regenerieren. Im Bereich des Stoffwechsels herrschen biologische Prozesse, d.h. Lebensprozesse. Neben dem Genannten hat auch die Fortpflanzungsfähigkeit, Höhepunkt des Lebendigen, ihren Sitz im Bauch.

Wenn wir das Haupt betrachten, ergibt sich ein völlig anderer Eindruck. Nachdem das Gehirn in den ersten Lebensjahren zunächst weiter reifen und wachsen konnte, tritt ungefähr nach dem dritten Jahr die *biologische* Entwicklung des Gehirns weitgehend zurück. Eine Regeneration nach Verletzungen findet ab diesem Zeitpunkt nur noch in beschränktem Maße statt. Für das Gehirn beginnen in biologischer Hinsicht Alterung und Verfall bereits, bevor wir als Kinder mit der Schule begonnen haben. Für die Sinnesorgane gilt dasselbe: Jeder weiß, wie gering das Regenerationsvermögen der Augen ist und wie verletzlich sie daher sind. Man kann tatsächlich sagen, dass wir in unserem Kopf, in jenen Organen, die Bewusstsein ermöglichen, beinahe tot sind. Es bedarf nur einer kleinen Durchblutungsstörung, und der Schaden ist nicht wieder gutzumachen. Unser Kopf ist von Durchblutung und Sauerstoffzufuhr abhängig wie der Patient auf der Intensivstation von den lebenserhaltenden Apparaten.

Der Gegensatz zum Bereich des Bauches ist auffallend. Die Funktionen der beiden sind denn auch vollkommen verschieden. Während die Organe des Stoffwechsels hauptsächlich für das biologische Leben sorgen, dienen die Organe des Hauptes in erster Linie dem Bewusstsein. Im Haupt sind wir, biologisch gesprochen, alt und, was die Form betrifft, an einem Endpunkt angelangt. Im Stoffwechsel hingegen sind wir jung, ja wir befinden uns eigentlich noch im Embryonalzustand.

Die Gebiete des Hauptes und des Stoffwechsels stehen sich polar gegenüber. Zwischen ihnen befindet sich in der menschlichen Leiblichkeit ein Gebiet mit vermittelnder Funktion. Anatomisch ist dieser vermittelnde Bereich sichtbar im Brustkorb mit den Organen von Herz und Lunge. Funktional gesprochen sind dies Organe, die unaufhörlich eine rhythmische Aktivität entfalten bzw. einer solchen unterliegen: Ein- und Ausatmung, Systole und Diastole, niemals müde, niemals pausierend. Diese Organe sind nicht so vital und regenerationsfähig wie diejenigen des Stoffwechsels, doch bewegen sie sich auch nicht so nah am Tod wie die Kopforgane.

Verschiedene Bilder – verschiedene Masken

Diese Situation – die differenzierten Funktionen verschiedener Teilbereiche des Organismus – macht deutlich, dass der oben erwähnte Bildcharakter der menschlichen Leiblichkeit nicht eindeutig sein kann. Dies ist tatsächlich auch nicht der Fall. In der einen, in sich zusammenhängenden Leiblichkeit zeigen sich verschiedene Arten von Bildern, verschiedene Masken.[3]

Das Haupt präsentiert sich als deutliches und transparentes Bild, seine Formen sind zum Stillstand gekommen. In biologischer Hinsicht geschieht wenig. Es lässt gewissermaßen das abgerundete Werk eines Bildhauers erkennen. Der Erbauer der Leiblichkeit, der Künstler, der sich selbst in ihm in verschlüsselter Weise zum Ausdruck gebracht hat, hat die Arbeit am Haupt abgeschlossen, er ist fertig mit seinem Werk und hat sich in ihm vollkommen geäußert.

Das Bild, das sich im Bereich des Stoffwechsels ergibt, hat völlig anderen Charakter. Hier befindet man sich mitten in der Werkstatt des Künstlers, die Arbeitsmaterialien liegen bereit, eine Vorstellung dessen, was entstehen soll, gibt es noch nicht. Der Künstler geht im schöpferischen Prozess noch vollständig auf, sein Werk befindet sich im allerersten Anfangsstadium und ist noch nicht einmal sichtbar. Schöpferische Potenz und Möglichkeiten werden erfahren. Der Künstler wählt und sammelt das Material, mit dem er arbeiten will, und befindet sich mitten in einem schöpferischen Chaos, der eigentliche Schaffensvorgang hat noch nicht begonnen.

Das Bild der rhythmischen Organe des Brustraums schließlich zeigt den Künstler am Werk. In stetigem Wechsel bringt er etwas hervor, um es anschließend der Sichtbarkeit nochmals zu entziehen und es in den Bereich der reinen Möglichkeit zurückzunehmen – ein Geschehen, das im Entstehungsprozess vieler Kunstwerke eine wesentliche Rolle spielt.[4]

In allen drei Bereichen zeigt sich also ein spezifisches Verhältnis des menschlichen Wesens zur eigenen Leiblichkeit:

- im *Bereich des Hauptes:* Der Künstler hat das Werk abgeschlossen
- im *Bereich von Herz und Lunge:* Der Künstler ist im Hervorbringen und erneuten Zurücknehmen tätig
- in den *Stoffwechselorganen:* Der Schaffensprozess hat im Innern des Künstlers seinen Anfang genommen.

«Ein Sinnesorgan ist in seinem Wesen am wenigsten Bild, am meisten eine Art Offenbarung seiner selbst wie das Mineral. Man kann gerade an die Sinnesorgane mit den Naturgesetzen am nächsten heran. Man betrachte nur die wundervolle Einrichtung des menschlichen Auges. Man erfasst durch Naturgesetze *annähernd* diese Einrichtung. (...)

So aber ist es nicht mit den rhythmischen Vorgängen, die sich im Organismus abspielen. Sie stellen sich nicht als etwas Fertiges dar. In ihnen vollzieht sich ein fortwährendes Entstehen und Vergehen des Organismus. Wären

die Sinnesorgane so wie das rhythmische System, so würde der Mensch die Außenwelt in der Art wahrnehmen, dass diese in einem fortwährenden Werden sich befände. (...)
Im rhythmischen System offenbart sich ein *werdendes* Bild. (...)
Will man dem Stoffwechsel- und dem Gliedmaßensystem gegenüber zum Begreifen kommen, so muss man ein Wahrnehmen entwickeln, das mit dem Wahrnehmen dessen, was die Sinne erfassen, nicht mehr zu tun hat als der Anblick von Farbentöpfen, leerer Leinwand und Maler mit dem, was später als Bild des Malers vor unsere Augen tritt.»[5]

Der Leib – Ausdruck und Mittel

Indem Wesen und Leiblichkeit unterschieden werden, ergibt sich ein zweifacher Blick auf den Menschen. Das Wesen bringt eine Leiblichkeit hervor, die als sein Bild in der sinnlichen Welt erscheint. Dadurch kommt das Wesen auf der Erde zum Ausdruck. Die Leiblichkeit ihrerseits ist Instrument, mit dessen Hilfe sich das Wesen entwickeln kann. Das Verhältnis zwischen diesen beiden ist daher zweifacher Art: Der Leib ist einerseits Ausdruck des Wesens, andererseits ist er Mittel für dessen weitere Entwicklung.

Der Unterschied zwischen Leib und Wesen des Menschen kann auch im Vergleich eines Wachenden mit einem Schlafenden bemerkt werden. Im Schlaf behalten wir zwar unsere leibliche Integrität, seelische und geistige Funktionen sind jedoch «abwesend». Tagsüber erfahren wir uns in dieser Hinsicht als vollständig und anwesend.

Die anthroposophische Sicht der unterschiedlichen Aspekte des Menschen mag in diesem Zusammenhang bereits angedeutet werden. Ihr zufolge hat der Mensch leiblich gesehen außer seinem physischen Körper und einem Lebensleib noch einen Astralleib und ein Ich. Die beiden Letzteren sind vorrangig nicht leiblicher, sondern seelisch-geistiger Natur, obwohl von beiden deutliche leibliche Wirkungen ausgehen. Diese vier Bestandteile des Menschen werden u.a. als seine «Wesensglieder»[6] bezeichnet.

Die Verbindungen der Wesensglieder untereinander sind flexibel. Diese Tatsache kann am deutlichsten am Schlaf-Wach-Rhythmus des Menschen bemerkt werden. Während des Wachens, bei Tag, sind sie integriert, d.h. stark miteinander verbunden. Während des Schlafes, bei Nacht, sind sie voneinander geschieden, und zwar derart, dass physischer Leib und Lebensleib von Astralleib und Ich getrennt sind. Die körperlich-leiblichen Glieder liegen im Bett, die seelisch-geistigen Bestandteile haben sich von ihnen zurückgezogen und befinden sich in ihrem eigenen Element.

Diese Zweigliederung in körperlich-leibliche Glieder einerseits und seelisch-geistige andererseits steht in direktem Zusammenhang mit dem zweifachen Verhältnis des Menschen zu seiner Leiblichkeit. Das Wesen kommt in ihr zum Ausdruck, verharrt aber zugleich auf Abstand und bleibt verborgen.

Umgang mit der Privatsphäre

Warum so kompliziert?

Warum ist es erforderlich, so sorgfältig und differenziert zwischen Wesen und Erscheinung zu unterscheiden? Ist das nicht im Grunde unpraktisch und unnötig kompliziert?

Es entspricht gegenwärtigem Standard, bei allem, was persönliche Daten und Informationen von Menschen betrifft, mit außerordentlicher Sorgfalt vorzugehen. Einzelne Berufe kennen strikte Regeln für den Umgang mit persönlichen Informationen, so die Schweigepflicht, Berufsgeheimnisse u.ä. Auch außerhalb der Berufsgruppen nehmen entsprechende Umgangsregeln hinsichtlich heikler privater Informationen zu. Was bereits für das tägliche Leben gilt, ist umso wichtiger, wenn es sich um Karmaforschung handelt, und erst recht dort, wo in Anwesenheit der Betroffenen in Arbeitsgruppen konkrete Aussagen dazu gemacht werden. Formale Vereinbarungen z.B. hinsichtlich Geheimhaltung sind notwendig und gut, sie bieten jedoch keine Gewähr für ein Verhalten, das auch in innerer Hinsicht angemessen und korrekt ist. Jede ausführliche Schilderung biografischer Gegebenheiten enthält Elemente, die Ablehnung oder Zustimmung hervorrufen. Derlei Reaktionen während der Arbeit zur Sprache zu bringen ist kaum sinnvoll, dies würde in einer Art zielloser Offenherzigkeit münden, die dem Thema nicht dienlich wäre, um das es geht. Ein Bewusstsein des Bildcharakters der äußeren Erscheinung kann daher hilfreich sein, eine Atmosphäre der Objektivität zu schaffen, die für Karmaforschung unabdingbar ist.

Freiraum

Um in sinnvoller Weise Fragen nach dem Karma zu bearbeiten, sei es in Bezug auf die eigene Biografie oder den Lebenslauf anderer Menschen, ist es erforderlich, innerlich eine Art freien Raum herzustellen zwischen den Erscheinungsformen des betreffenden Menschen einerseits und seinem Wesen andererseits. Jeder Aspekt der menschlichen Erscheinung – hübsch oder abstoßend, angenehm oder unangenehm, widerwärtig oder einnehmend, edel oder grob – verdient dieselbe Annäherung. Jedem Aspekt der Erscheinung kann mit demselben Interesse begegnet werden als einer Einzelheit jenes Bildes, das der Mensch darstellt.

Darin liegt denn auch der Sinn jener Unterscheidung zwischen Bild und Wesen: eine Perspektive zu deren Verständnis zu eröffnen. Sie ermöglicht den moralisch integren Blick, mit dem ein Mensch angemessen betrachtet werden kann. Das Wort Perspektive vermittelt die für ein Bild charakteristische Zweiheit: Im Vordergrund erscheint das Bild des Menschen auf der Erde, perspektivisch im Hintergrund zeigt sich dessen Wesen. Das im Vordergrund erfassbare Bild offenbart das Wesen und verbirgt es zugleich. Das Bild *verweist* auf seinen Ursprung, das Wesen. Es ist in jeder Hinsicht mit ihm eins, nicht jedoch dieses selbst.

Mit anderen Worten: Was das Datenschutzgesetz für den täglichen sozialen Umgang ist, das ist das Ernstnehmen des Bildcharakters der irdischen Erscheinung für einen spirituellen Umgang mit dem anderen Menschen. Auf eine sachliche, d.h. unsentimentale Art ruft der gemeinte Umgang mit dem Bildcharakter des Menschen eine angemessene und hilfreiche Stimmung im zwischenmenschlichen Verkehr hervor.

Damit ist zum Ausdruck gebracht, warum Steiner den Bildcharakter des Menschen so nachdrücklich betont: um in sauberer und integrer Weise mit den Erkenntnissen voneinander und den Erlebnissen miteinander umzugehen.

Eine soziale Übung

Wozu führt nun eine derartige Unterscheidung zwischen Wesen und Erscheinung? Wem es gelingt, einen inneren Raum zu schaffen zwischen dem reichen, komplizierten sinnlichen Bild, das er von einem Menschen aufgebaut hat, und dem angenommenen wirkenden Wesen hinter diesem Bild, der wird bemerken, dass die erworbene Haltung neue soziale Gefühle und Kräfte hervorruft. In schwierigen Situationen beispielsweise kann einem das Wissen um den Bildcharakter des Menschen helfen, den anderen mit interessiertem und tolerantem Blick zu betrachten. Indem z.B. eine einzelne problematische Eigenschaft eines anderen in ihrer Bildhaftigkeit genommen wird, kann sie in einer umfassenderen karmischen Perspektive aufleuchten.

Dies gilt übrigens ebenso für sympathische Eigenschaften. Auch eine auf großer Sympathie beruhende Beziehung verschleiert die Objektivität, die erforderlich ist, soll eine Eigenschaft in karmischer Hinsicht erhellt werden.

Die Kunst besteht darin, Beobachtungen gleichsam durchsichtig zu machen für das Wesentliche hinter der betreffenden Eigenschaft. Positivität oder Negativität spielen dabei keine Rolle. So kann auch die hartnäckige Neigung vermieden werden, etwas «Schwieriges» bei einem Menschen in ein sentimentales «rosiges Licht» zu tauchen oder ihm etwas Positives entgegenzuhalten. Auch Trost oder «therapeutische Anfechtungen» haben hier keinen Platz.

Zum Schluss

Die zuerst gestellte Frage (nach dem «Warum?») führt zu der Antwort: Bewusstsein des Bildcharakters ist notwendig, um mit der angemessenen inneren Haltung einen Mitmenschen zu betrachten. Das Bewusstsein des Bildcharakters gibt einem gleichsam den moralischen Schlüssel in die Hand für die verschlossene Tür, hinter der sich die intimen und verletzlichen persönlichen Gegebenheiten des Karmas verbergen.

Die zweite Frage nach dem «Wozu?» führt zu der Antwort, dass es auf diese Weise möglich werde, in die karmischen Motive einer Individualität Einblick zu gewinnen.

Eine dritte Frage – nach dem «Wie?» – bleibt hier unbeantwortet. Bei der Behandlung einiger konkreter Biografien mag deutlich werden, auf welche Weise das Bewusstsein des Bildcharakters der menschlichen Erscheinung in Gruppenarbeit methodisch umgesetzt werden kann. Von entscheidender Bedeutung ist dabei, dass der Bildcharakter als Gesprächsthema aufgegriffen wird. Jeder Arbeitszusammenhang, jeder Workshop wird diesbezüglich seine eigenen Ergebnisse zutage fördern.

2. Ein Mensch – zwei Biografien

Die zweifache Biografie des Menschen

Im ersten Kapitel wurde die Erscheinung des Menschen auf der Erde als Bild seines Wesens dargestellt. Bild und Wesen bilden eine Zwei-Einheit: einerseits des menschlichen Organismus von Fleisch und Blut als einem Bild, andererseits des unsichtbaren geistigen Wesens.

Wie ist das Verhältnis zwischen dem Wesen und seiner Erscheinung? Im vorigen Kapitel schilderten wir, dass die Antwort auf diese Frage davon abhängt, auf welchen Bereich des menschlichen Organismus der Blick gerichtet ist, auf das Haupt, die Brust oder den Bauch.

Wie ist nun das menschliche «Wesen» beschaffen? Offensichtlich ist es anderer Art als seine irdische Erscheinung. Aber wie ist diese «andere Art» zu charakterisieren? Was sind die Merkmale eines «Wesenhaften»? Die Frage nach Schicksal und wiederholten Erdenleben hängt eng mit der unterschiedlichen Beschaffenheit von Wesen und Erscheinung sowie ihrem wechselseitigen Verhältnis zusammen, denn gemeinsam machen sie schließlich «den Menschen» aus.

Unser Ausgangspunkt in diesem Buch ist die Idee der Unsterblichkeit des menschlichen Wesens, das auch unter nicht-irdischen Umständen, nämlich nach dem Tod und vor der Geburt, eine Existenz besitzt und eine Entwicklung durchmacht. Diese kontinuierliche Entwicklung des Menschenwesens ist die Grundlage für dessen wiederholte Verkörperung und Entkörperung. Dabei bilden die zurückliegenden Handlungen und das Schicksal auf Erden stets den Ausgangspunkt für deren Verarbeitung nach dem Tod. Ebenso gehen vor der Geburt vollzogene Entschlüsse dem Erdenleben voran.

In diesem zweiten Kapitel stellen wir den Lebenslauf des menschlichen Wesens dar, insofern es nicht an einen irdischen Leib gebunden ist.

Unsterblichkeit und Ungeborenheit

Der Mensch verkörpert sich wiederholt auf der Erde und lebt zwischen den Inkarnationen in geistigem Zustand. Für das Leben *nach* dem Tod kennen wir die Bezeichnung Unsterblichkeit. Für das Leben *vor* der Empfängnis besteht nichts Vergleichbares. Eine entsprechende Bezeichnung könnte «Ungeborenheit» lauten.

Wenn das Leben nach dem Tod und vor der Geburt Realitäten sind, so liegt die Frage auf der Hand, wie diese «Lebens»-Abschnitte aussehen und wie sich der Mensch in ihnen entwickeln kann. Ergänzende Fragen, z.B. die folgenden, können entstehen:
- Wie verhält sich das nicht-irdische Leben zu dem auf der Erde? Gibt es eine Wechselwirkung zwischen beiden?
- Wo liegt der Übergang zwischen dem Leben *nach* dem Tod zu demjenigen *vor* der Geburt?
- Wie verhalten sich die geistige Wegstrecke nach dem Tod und diejenige vor der folgenden Geburt zueinander?

Die zweifache Biografie

Es ist bereits länger her, dass Ate Koopmans den Begriff der *zweifachen* oder *doppelten Biografie des Menschen* ins Gespräch brachte. Selbstverständlich ist er von dem heute üblichen Begriff der Biografie abgeleitet, der selbst noch nicht alt, inzwischen aber allgemein gebräuchlich ist. Vor nicht allzu langer Zeit war eine Biografie ein niedergeschriebener Lebenslauf, in dem eine dramatisierte, meist in gewählter Sprache vermittelte sowie idealisierte Sicht eines Menschenlebens dargestellt wurde. Wenn die historische Wahrheit der intendierten Botschaft nicht entsprach, so wurde ihr Gewalt angetan. Im Lauf der Jahrhunderte wurden in der Kunst der Lebensbeschreibung verschiedene Formen gepflegt wie das Heldenepos, die Hagiografie und das Minnelied, um nur einige zu nennen. Erst im 20. Jahrhundert wurde die biografische Darstellung immer lückenloser, bis hin zur Beschreibung intimer, sehr persönlicher Details. Das Bewusstsein dessen, was ein Menschenleben ist und umfasst, ist seit Jahrhunderten in Entwicklung begriffen.

Psychologie und Sozialwissenschaften haben im Verlauf ihrer Entwicklung bedeutende Erkenntnisse über die Gesetzmäßigkeiten des menschlichen Lebenslaufs beigetragen. Frühe Psychologen wie Freud, Adler und Jung, aber auch humanistische Psychologen wie Maslow und Rogers lieferten Beiträge von unschätzbarem Wert. Das Buch *Lebenskrisen – Lebenschancen* von Bernard Lievegoed vermittelt eine gute Zusammenfassung der Entwicklungen bis 1976.[7]

Gegenwärtig begreifen wir, dass jeder Mensch, ob «wichtig» oder nicht, eine einzigartige Biografie besitzt. Der Lebensbericht eines jeden Menschen ist interessant. Doch ist die Darstellung der irdischen Lebensläufe nur die halbe Wahrheit. Auch die «kosmische Biografie» jedes Menschen ist von größtem Interesse. Denn ebenso einzigartig wie das Leben auf der Erde ist auch das Leben zwischen Tod und neuer Geburt. Gewiss stößt die Darstellung der Welt des Geistes auf Probleme, die sich dem irdischen Lebensbericht nicht stellen, geht es bei ihr doch um eine Welt, die sich der sinnlichen Beobachtung entzieht. Auf der Grundlage der Schilderungen Rudolf Steiners lässt sich aber der Versuch machen, Bilder jenes geistigen Lebens zu vermitteln. Dies wollen wir hier unternehmen. Zugleich betrachten wir Elemente im irdischen Leben, anhand derer sich möglicherweise die entsprechenden Darstellungen nachvollziehen lassen.

Allgemeine und persönliche Motive

In jeder Biografie finden sich allgemeine und persönliche Motive. Ein allgemeines Motiv ist beispielsweise das Auftreten der Pubertät. Jeder Erwachsene hat die entsprechende Lebensphase durchgemacht. Wie dies im Einzelnen leiblich und seelisch geschieht, ist eine Frage der persönlichen Biografie: spät oder früh, heftig oder unbemerkt. Wir alle stehen zu jedem Zeitpunkt unseres Lebens in einem interessanten Spannungsfeld zwischen allgemeinen und persönlichen Motiven. Die Frage, wie ein Blick für das Verhältnis zwischen persönlichem (besonderem, extremem) und allgemeinem Motiv auszubilden sei, ist für die Karmaforschung ein Thema, das sie besonders beachten muss.

Indem die Beziehung zwischen allgemeinem Motiv (z.B. dem Sehen mit zwei Augen) und dessen persönlicher Ausprägung (z.B. mit einem kurzsichtigen und einem weitsichtigen Auge; siehe unten, S. 312 ff.) charakterisiert wird, wachsen Interesse und Respekt sowie die Kraft, Erkenntnisse zu gewinnen.

Nur ein Eindruck

Eine Bemerkung vorweg: Ebenso wenig, wie es möglich ist, den irdischen Lebenslauf des Menschen innerhalb eines kurzen Kapitels in all seinen Facetten zu schildern, ist es möglich, auf ein paar Seiten das Leben zwischen Tod und Geburt zu skizzieren! Eine Darstellung dieser anderen Seite der Biografie muss in einem solch knappen Rahmen wie dem hier gegebenen zwangsläufig sehr allgemein ausfallen. Es lässt sich kaum mehr als der Eindruck einer Landschaft vermitteln, die in jeder Beziehung abweicht von allem, was aus dem irdischen Leben bekannt erscheint.

Eine nützliche Vorstellungshilfe kann es sein, das Leben zwischen Tod und neuer Geburt als einen sich nach oben aufspannenden *Bogen* aufzufassen.

Die hier wiedergegebenen Erkenntnisse beruhen auf dem Werk Rudolf Steiners. Dieser in Österreich geborene, universell gebildete Wissenschaftler (1861 – 1925) war hellsichtig. «Hellsehen» ist ein geradezu provozierend unwissenschaftlicher und reichlich sensationeller Begriff. Rudolf Steiner war sich dieser Tatsache in aller Deutlichkeit bewusst. Er versuchte mit seinem umfangreichen Lebenswerk, den Weg zu einer Wissenschaft des Geistigen zu bahnen. Schritt für Schritt entwickelte er eine Schulung, die für ein solches Unterfangen erforderlich ist.

Es würde im Rahmen dieses Buches zu weit führen darzulegen, wie Rudolf Steiner zu seinen Beobachtungen nicht-sinnlicher Sachverhalte kam. Wir verweisen dazu auf seine diesbezüglichen Darstellungen, z.B. auf die Schrift *Wie erlangt man Erkenntnisse der höheren Welten?*[8] Die heute üblichen wissenschaftlichen Beobachtungs- und Forschungsmethoden sind für das hier in Frage stehende Forschungsgebiet nicht hinreichend. Steiner beschreibt auf der Grundlage seiner hellseherischen Forschung ein zusammenhängendes Ganzes vielfältigster Gesichtspunkte unter verschiedensten Blickwinkeln.

Es ist verständlicherweise eine Frage, wie man als heutiger Leser mit den Erkenntnissen Steiners umgehen kann. Er selbst legte wiederholt stärkstes Gewicht darauf, es gehe ihm nicht um den Glauben seiner Leser und Zuhörer. Anthroposophische Erkenntnisse können nicht durch Menschen zur Wirkung kommen, die ihnen nur gläubig gegenübertreten. Es ging Steiner vielmehr darum, mithilfe der durch ihn vermittelten Einsichten seine Zuhörer oder Leser zu eigener, selbstständiger Aktivität anzuregen.

Im vorliegenden Buch begeben wir uns mit den Steinerschen Anregungen in einen Arbeitsprozess. Es geht uns nicht darum, sie allein als Informationen zu behandeln. Unser Anliegen ist es, Steiners Mitteilungen in Bewegung zu bringen. Wir versuchen, sie zu Instrumenten umzubilden, die zu gebrauchen, anzuwenden, zu prüfen sind, um auf diese Weise zu zeigen, dass mit ihrer Hilfe tiefere Einsichten gewonnen werden können in Bezug auf die von uns behandelte Fragestellung, wie das Verhältnis des Menschen zwischen seiner irdischen Erscheinung und seinem nichtirdischen Leben in der Welt des Geistes beschaffen ist, und insbesondere hinsichtlich dessen, wie der Mensch in dieser Welt an seinem Karma arbeitet.

Es ist nicht unser Ziel, die Richtigkeit dessen zu beweisen, was Steiner mündlich äußerte oder schrieb. Allerdings wird sich zeigen, dass wir seine Ideen für bereichernd und fruchtbar halten.

Der Bogen

Der «Bogen» veranschaulicht die kosmische Hälfte des menschlichen Lebenslaufs, das Leben zwischen Tod und neuer Geburt. Sein aufsteigender erster Teil steht für das Leben nach dem Tod. Der Verstorbene entfernt sich von den hinter ihm liegenden irdischen Lebensverhältnissen, er betritt die geistige Welt. Der zweite Teil des Bogens führt ihn hinab und erneut der Erde entgegen. Das nachtodlich-vorgeburtliche Leben ist damit zweifach gegliedert. Sein erster Teil steht vornehmlich unter dem Zeichen der Auswertung und Verarbeitung des zuvor abgeschlossenen Erdenlebens. In der zweiten Hälfte wird das kommende Leben auf der Erde vorbereitet. Unmittelbar nach dem Tod sowie direkt vor der Geburt befindet sich der Verstorbene in einem der Erde nahe gelegenen[9] Bereich, über dessen Beschaffenheit verschiedene Menschen in den zurückliegenden Jahrzehnten verhältnismäßig viel berichtet haben.[10]

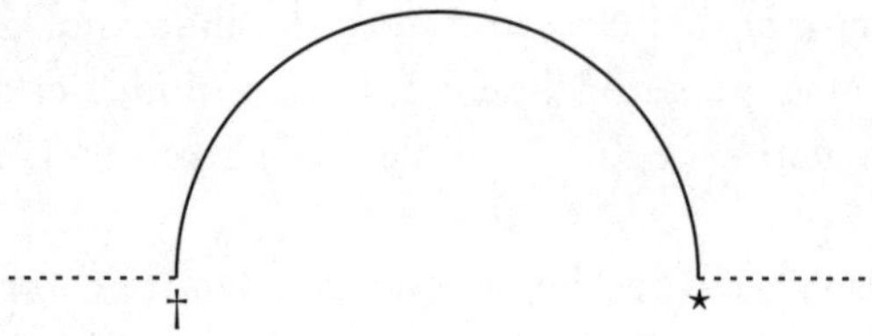

Der Bogen des Lebens zwischen Tod und neuer Geburt

Das von uns verwendete Bild des Bogens ist nichts weiter als eine Vorstellungshilfe. Sie ist mitgeprägt durch das christliche Bild des Aufstiegs in den Himmel nach dem Tod. Andere Kulturen hatten oder haben andere Vorstellungen. Die Angehörigen der ägyptischen Kultur z.B. erlebten das irdische Leben als verwandt mit dem Tag, das nach dem Tod einsetzende Dasein als verwandt mit der Nacht. Tagsüber nimmt die Sonne ihren Weg von Osten nach Westen, nachts legt sie unter der Erde ihren Weg von Westen nach Osten zurück. So ergibt sich ein anderes Bild, das auch als Vorstellungshilfe für die Beziehung des irdischen zum kosmischen Leben dienen kann.

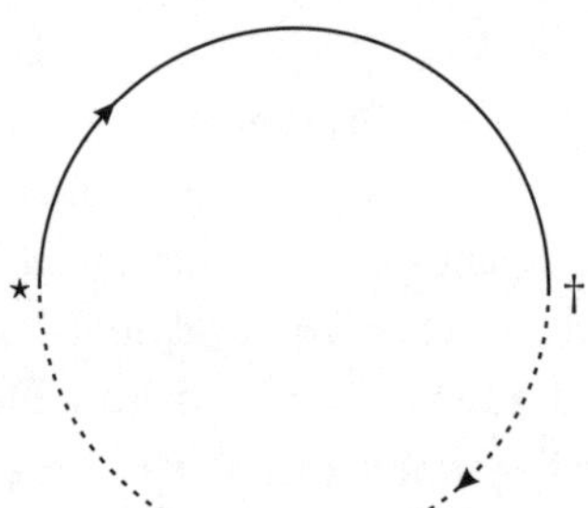

Leben zwischen Geburt und Tod «am Tage» und zwischen Tod und neuer Geburt «bei Nacht»

Es geht nicht darum, welche Zeichnung «richtig» ist. Beide sind Vorstellungshilfen. Entsprechende Bilder können helfen, die verschiedenen Stadien der Biografie zwischen Tod und neuer Geburt gleichsam zu lokalisieren. In diesem Buch arbeiten wir mit der ersten Zeichnung.

Der Lebensrückblick

Als Erstes nach dem Eintritt des Todes, so stellt Steiner es dar, erscheint dem Verstorbenen sein nun vergangenes Leben im Bild. Es entfaltet sich vor ihm als ein Panorama mit sämtlichen vergessenen und unvergessenen Geschehnissen. Was sich im Leben in chronologischer Folge *nacheinander* abgespielt hat, tritt nun *nebeneinander* auf. Die Zeit wird zum Raum. In irdischer Zeit gemessen dauert dieser Vorgang ungefähr drei Tage.[11]

Das Auftreten des Lebenspanoramas ist Menschen bekannt, die durch Ertrinken oder Krankheit *beinahe* ums Leben kamen, sowie Menschen, die sich sozusagen zu Tode erschreckt haben. Sie beschreiben die Erfahrung, wie in diesem existenziellen Moment ihr ganzes Leben gewissermaßen im Bruchteil einer Sekunde an ihnen vorüberzog.

Diese Tatsache hat ihre Ursache darin, dass nach dem Tod des physischen Leibes auch der Lebensleib «stirbt», das heißt, dass er sich in der allgemeinen Äthersphäre auflöst.[12] Da der Lebensleib während des Lebens auf der Erde Träger des Gedächtnisses ist, treten bei seiner Auflösung die Erinnerungen bis ins kleinste Detail bildhaft auf.[13] George Ritchie berichtet über dieses Geschehen: «Alles, was um mich herum geschehen war, war einfach da, in voller Sicht, gleichzeitig und fließend, so, als ob in einem Moment alles zu gleicher Zeit stattfinden konnte … Gleichzeitig (es schien kein früher oder später zu geben) sah ich, wie ich durch Kaiserschnitt aus der Gebärmutter der kranken und sterbenden jungen Frau, die ich niemals zu Augen bekommen hatte, befreit wurde … Jede Einzelheit eines zwanzigjährigen Lebens war zu sehen. Das Gute, das Schlechte, die Höhepunkte, das, was Zum-davon-Laufen war.»[14]

Das gleiche Phänomen beschreibt Raymond Moody in seinem Buch *Leben nach dem Tod*. Er zitiert dabei u.a. einen jungen Kriegsteilnehmer, der seine Lebensrückschau schildert: «Als ich in Vietnam diente, wurde ich verwundet, was dazu führte, dass ich ‹starb›. Die ganze Zeit über erlebte ich jedoch ganz genau alles mit, was mit mir vorging. Als es passierte und ich von sechs Maschinengewehrkugeln getroffen wurde, geriet ich überhaupt nicht aus der Fassung. Im Herzen fühlte ich mich nach der Verwundung tatsächlich erleichtert. Ich empfand Wohlbehagen. Das Ganze hatte nichts Beängstigendes für mich. In dem Augenblick, als ich getroffen wurde, erschien auf einmal mein ganzes Leben als Bilderbogen vor mir. Ich sah mich in die Zeit zurückversetzt, als ich noch ein kleines Kind war, und von da ab bewegten sich die Bilder weiter durch mein ganzes Leben. Ich konnte mich wirklich an alles erinnern. Alles stand so klar und lebendig vor mir. Von den frühesten Ereignissen, an die ich mich gerade noch erinnern kann, bis herauf zur Gegenwart war alles genauestens aufgezeichnet, und es lief in Windeseile vor mir ab. Das Ganze war überhaupt nicht unangenehm; ich empfand dabei weder Bedauern noch irgendwelche herabsetzenden Gefühle mir selbst gegenüber. Der treffendste Vergleich, der mir dazu einfällt, wäre der mit einer Bilderserie, einer Dia-Reihe vielleicht. Es war etwa so, als ob jemand Dias vor mir projiziert hätte, in außerordentlich raschem Tempo.»[15]

Das Leben nach dem Tod ist eine Periode der Auswertung und Verarbeitung. Der hier geschilderte Lebensrückblick bietet die Möglichkeit einer Bestandsaufnahme: Was ist eigentlich genau geschehen?

Die Läuterungszeit

Nach dieser verhältnismäßig kurzen Phase folgt eine längere, die Steiner mit einem alten östlichen Terminus das «Kamaloka»[16] nennt. Es handelt sich um eine Zeit, während der die menschliche Seele von allem gereinigt wird, was sie in der irdischen Welt an Ballast, an Unwesentlichem in sich angehäuft hat, z.B. durch egoistisches Verhalten. In fast allen großen Kulturen finden sich entsprechende Vorstellungen.[17] Dante nennt diese Phase in seiner *Göttlichen Komödie* das «Purgatorium», zu deutsch «Ort» oder «Zeit der Läuterung».

In der Vergangenheit wurde diese Periode häufig einseitig negativ bewertet, u.a. aufgrund des Bildes vom Fegefeuer, das in der römisch-katholischen Kirche eine Rolle spielt. Steiner beschreibt das Kamaloka als die Zeit nach dem Tod, in der alles, was während des Lebens auf der Erde getan wurde, auf neue Weise *erfahren* wird, insbesondere all das, was sich an Handlungen auf Mensch und Natur bezog – eigennütziger Raubbau an der Erde, Tierquälerei, egoistisches Verhalten gegenüber Mitmenschen –, aber auch all dasjenige, was von anderen in positiver Weise erfahren wurde. Dieses Erleben ist dadurch gekennzeichnet, dass nun nicht erneut das eigene Wohl und Wehe im Mittelpunkt steht, sondern jene Seelenregungen, die durch das eigene Tun und Verhalten im anderen Geschöpf hervorgerufen wurden, selbst wenn dies während des zurückliegenden Erdenlebens ohne Wissen des Handelnden geschah. Wenn ich andere ungewollt gekränkt oder ihnen Schmerz zugefügt habe, so werde ich in der Läuterungsphase die Empfindungen des Schmerzes oder des Gekränktseins durchmachen. Wenn ich einem anderen hingegen einen Gefallen bereitet habe, so werde ich nun die entsprechende Freude erleben. Darin zeigt sich ein wesentlicher Aspekt der Läuterung: Wir erfahren unser eigenes Tun und Lassen, wie unsere Umgebung es erlebt hat.

Auf der Erde kennen wir Vergleichbares. Wir können uns mitverantwortlich fühlen für die bei einem Mitmenschen ausgelösten Folgen unseres Verhaltens. Und oft erweist es sich zumindest als hilfreich, auch die unbeabsichtigten und unbeachteten Folgen des eigenen Verhaltens zu kennen, um dieser Tatsache in einem folgenden Fall Rechnung tragen zu können.

Ein zweites wesentliches Element der Läuterung besteht darin, dass es sich bei ihr nicht um die sozusagen zwangsläufig auferlegte Ausübung einer Buße handelt mit allen dazugehörigen moralischen Aspekten, sondern ausschließlich um eine *selbst gewollte und gesuchte Reinigung* der eigenen Seele. Der Verstorbene will sich aktiv von allen Gewohnheiten und Süchten befreien, denen er unterlag und die er nun als behindernd und fesselnd erfährt. Dies lässt sich mit der Situation vergleichen, dass jemand von sich aus mit dem Rauchen aufhören will. Auch in diesem Fall erlebt er gleichzeitig die Qualen des Entzugs und den Willen, seiner Angewohnheit ein Ende zu setzen.

Im geistigen Licht

Ein drittes Element der Läuterung liegt darin, dass sich das Erleben der eigenen Tatfolgen vor einem bestimmten Hintergrund und damit in einem bestimmten Licht abspielt. Das Licht der geistigen Welt überstrahlt das Geschehene und taucht die vergangenen Taten gleichsam in die Sphäre eines bestimmten Urteils. Die Handlungen erscheinen in einem bestimmten Licht. In welchem Licht? Welche Maßstäbe gelten hier? Irdische Gesetze oder Normen haben hier gewiss keine Bedeutung, veränderlich und geprägt durch geografischen und historischen Kontext, wie sie nun einmal sind.

Dazu ein Beispiel: Wenn jemand gelogen hat, so wird er während der Läuterungsphase die Folgen seines Lügens in der Seele des Belogenen erleben, der dadurch vielleicht vor den Kopf gestoßen wurde. Zugleich erscheint die Lüge in der Welt des Geistes *im Licht der Wahrheit.* Die Lüge wird gleichsam an der Wahrheit geprüft.

Diese Art der Beurteilung, die existenziellen *Seinscharakter* besitzt, wird von der Seele dessen, der gelogen hat, wahrgenommen. Es handelt sich hier um eine Sphäre moralischer Werte, die in ihrer Objektivität mit *Licht* verglichen werden können. Jede einzelne Tat erfährt hier ihre ganz eigene Beleuchtung. Die eine Tat (Aussage) erweist sich im Licht der Wahrheit als eine Lüge, eine andere Tat ist vor dem Wert oder im Licht der Menschenwürde eine Beleidigung oder diskriminierende Handlung.

Sie alle verweisen auf fundamentale, grundlegende Werte. Das Wahre, Gute und Schöne sind seit dem klassischen Altertum Gegenstand intensiver menschlicher Besinnung. Ein anderes historisches Trio bilden Freiheit, Gleichheit und Brüderlichkeit, während der allgemeine Begriff der Menschenwürde erst seit kurzem eine gewisse Bedeutung erlangt hat. Wir haben es hier mit einer Sphäre zu tun, die als ewig bezeichnet werden kann, deren Widerschein auf Erden jedoch nicht unveränderlich ist. In jeder Kultur, in jeder Zivilisation finden sich bis in kleinste Maßgaben und Regeln hinein mehr oder weniger explizite ethisch-philosophische Äußerungen jener Welt.

Derartige Wahrnehmungen im Hinblick auf sämtliche Handlungen des gerade abgeschlossenen Lebens sind während der Läuterungszeit der erste Ansatz dazu, was im weiteren Verlauf für das kommende Erdenleben veranlagt wird. Infolge jener geistigen Beleuchtung der Taten und der im Zusammenhang mit ihr auftretenden Gefühle bildet sich beim Verstorbenen der Wunsch, in einem folgenden Leben anders und besser zu handeln. Dieser Wunsch ist die erste Anlage zur Bildung eines neuen Schicksalszusammenhangs für das kommende Leben.

Unsere Zeit ist überaus empfindlich für alles, was nach Bewertung und Verurteilung aussieht. Es ist daher von entscheidender Bedeutung, das moralisch-geistige Licht der Läuterung als etwas *Objektives* zu verstehen, dessen Wirken verglichen werden kann mit Situationen, in denen gewissermaßen die Schwerkraft darüber «urteilt», ob eine Brücke standhält oder nicht.

Erkenntnis und Willenskraft

Ein Echo der Vorgänge, die sich während der Läuterungszeit des Kamaloka abspielen, ist in jenen Erlebnissen zu finden, die als Nah-Tod-Erfahrungen bekannt geworden und inzwischen außerordentlich zahlreich geworden sind. Außer von dem bereits erwähnten Lebenspanorama ist in ihnen häufig von einer Beurteilung des Lebens durch geistige Wesen die Rede. In seiner Darstellung äußert George Ritchie Erstaunen darüber, dass die erfahrene Beurteilung von einem Lichtwesen ausgeht, das er außerhalb seiner selbst schaut, das aber zugleich aus seinem eigenen Innern zu stammen scheint.[18] Ein Urteil also von außen und gleichzeitig von innen. Diese doppelte Herkunft vermittelt ihm das Gefühl, dass die Beurteilung richtig sei. Obwohl die Nah-Tod-Erfahrungen nicht gänzlich gleichzusetzen sind mit dem, was die Seele des Verstorbenen erfährt, verdeutlicht dieses Beispiel doch, dass es sich nicht um eine strenge und zwingende, sozusagen richtende Beurteilung handelt, der der Mensch als wehrloses Opfer ausgesetzt ist. Diese Vorstellung lebt leider durchaus in vielen traditionellen kirchlichen Auffassungen. Eher schon kann von einer Lichterfahrung die Rede sein, die sowohl Einsichten verleiht als auch Willenskraft weckt. Objektive Wirklichkeit wird so erfahren, dass der Betreffende vollkommen mit ihr übereinstimmen kann.

Der Tod, ein langer Schlaf[19]

Der Ursprung der geschilderten Erfahrung liegt darin begründet, dass der Mensch in diesem Stadium des nachtodlichen Lebens seinen Lebens- oder Ätherleib abgelegt hat und den «Inhalt» dieses Leibes quasi außerhalb seiner selbst «liest». Dies ähnelt dem Geschehen, das wir als Menschen jede Nacht durchmachen. Selbst wenn dabei nicht die Rede davon sein kann, dass physischer Leib und Ätherleib in derselben Weise wie nach dem Sterben abgelegt werden, ist doch die Bewusstsein erzeugende Verbindung zwischen physischem Leib und Lebensleib einerseits und Astralleib und Ich andererseits unterbrochen. Das irdische Tagesbewusstsein geht verloren, und der Schlafende befindet sich auf der kosmischen Seite seiner Biografie. Nicht umsonst wird der Schlaf der «kleine Bruder des Todes» genannt. Im täglichen Leben können wir erfahren, dass der Schlaf neben einer belebenden auch eine ordnende Wirkung hat. Nach einigen Nächten kann eine scheinbar schwierige und unlösbare Angelegenheit plötzlich völlig anders aussehen. Aus der Physiologie ist überdies bekannt, dass es für die seelische Gesundheit unabdingbar ist, einige Male pro Nacht zu träumen! Beide Aspekte verweisen auf die ordnende und verarbeitende Funktion der nächtlichen seelischen Prozesse.

Abschließend noch eine Bemerkung: Ist es nicht merkwürdig, dass kein Mensch die eigene Integrität zwischen Einschlafen und Aufwachen bezweifelt? Das Ich von heute ist selbstverständlich das Ich von gestern. Und doch haben wir während des Schlafes kein Bewusstsein und sind kaum in der Lage, auch nur vereinzelte Erinnerungen an die in der Nacht verbrachte Zeit hinüberzuretten. Es ist bemerkenswert, dass gegenwärtig das Verständnis einer Integrität der menschlichen Individualität in der kosmischen Welt des Geistes von einem Leben zum anderen allgemein zunimmt. Für immer mehr Menschen beginnt der Gedanke der Reinkarnation eine Selbstverständlichkeit zu werden.

Im «Vorhof»

Steiner beschreibt die Phasen des Lebensrückblicks und der Läuterung als ein vorbereitendes, «embryonales» Stadium vor dem Eintritt in die eigentliche geistige Welt. Der Verstorbene befindet sich «im Vorhof» und ist ganz und gar damit beschäftigt, das soeben beendete Leben abzulegen, zu verarbeiten und zu beurteilen. Wie dabei der Lebensrückblick eine Antwort auf die Frage gibt, was sich im Leben ereignet hat, so vermittelt das Kamaloka eine Beurteilung des Lebens, in der bereits der Keim künftiger Vorhaben und Anliegen für dessen Fortsetzung enthalten ist.

Was geschieht danach? Wie wird der Mensch nach dieser «embryonalen Phase» in der eigentlichen Geistwelt «geboren»?

Bevor wir nun dem vorhin skizzierten Bogen weiter «nach oben» in die geistige Welt folgen, soll dieselbe Sphäre zunächst in umgekehrter Richtung beschrieben werden. Die menschliche Individualität schickt sich zur Inkarnation an, es geht um die Zeit vor der Empfängnis.

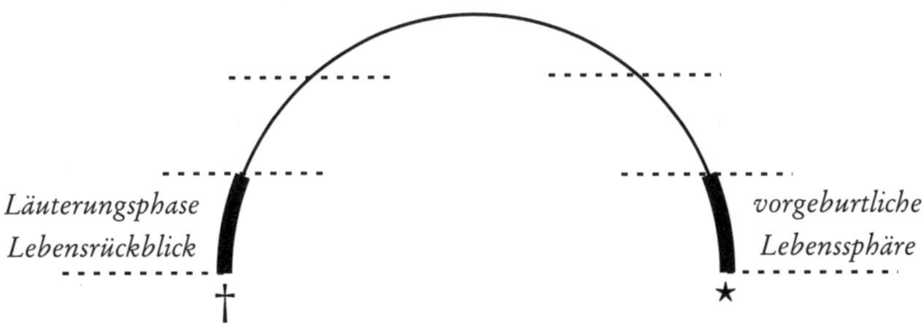

Der Rückweg

Auf dem Rückweg zur Erde gelangt das menschliche Wesen, nun rein geistiger und seelischer Natur, an den Punkt seiner Entwicklung, wo es sich mit einem neuen Lebensleib umgibt. Entsprechend den vorgeburtlichen Intentionen, die zum Teil der Verarbeitung von Erfahrungen früherer Leben entstammen, umhüllt es sich mit dem, was in der Folge der Lebensleib für die kommende Inkarnation werden wird. Die Folgen der Auswertung auf dem Hinweg in die geistige Welt werden auf dem Rückweg der sich bildenden Leiblichkeit und dem Schicksal gleichsam einverleibt.

Der Aufbau des Lebensleibs beinhaltet neben allgemeinen Aspekten, die für jedermann gelten, auch Aspekte, die stark mit dem Ort zusammenhängen, an dem wir geboren werden. Allgemeiner Art sind z.B. die Lebensvorgänge, die in jedem menschlichen Organismus stattfinden. Es ist doch erstaunlich, dass bei sechs Milliarden Menschen beispielsweise der Wert des Salzgehalts im Blut fast völlig gleich ist. Keine Rede kann hier von individueller Freiheit oder Willkür oder von nationalen Unterschieden sein. Jeder Mensch ist hier gleich. Daneben jedoch haben wir es im Lebensorganismus des Menschen auch mit einer Art «Lokalkolorit» zu tun, einer lokalen Veränderlichkeit, die vom geografischen Ort der Geburt abhängt. Ohne dass dabei ein zwingender Charakter vorliegt, hat doch jeder ein Bild von «dem» Italiener oder «dem» Norweger. Blonde Italiener und schwarzhaarige Norweger fallen auf – was keine Beurteilung beinhaltet, wohl aber eine Beobachtung.

Wie von der Periode nach Eintritt des Todes, so gibt es auch von dieser Zeit vor Geburt und Empfängnis eine ganze Anzahl von «Berichten». Sie sind weniger bekannt. Zumeist stammen sie von Kindern, die auf eine ganz eigene, kindliche Weise Zeugnis ablegen von Erinnerungen an diese vorgeburtliche Entwicklungsphase. Joanne Klink hat auf diesem Gebiet wertvolle Arbeit geleistet.[20]

Die Urbilder

Wir blicken nochmals auf die aufsteigende, erste Hälfte des Bogens zurück. Rudolf Steiner führt wiederholt aus, dass allein jener «Teil» des menschlichen Wesens die eigentlich geistige Welt betreten könne, der der Beleuchtung jener Welt gewachsen ist. Was während des irdischen Lebens in moralischer Hinsicht mangelhaft war, findet nur als fragmentarische Bestandteile des früheren Gesamtwesens Zugang in den nächsten Bereich der geistigen Welt.

«Man könnte die Sache auch so ausdrücken, dass man sagt: Mit Wohlgefallen wird alles das in diesem Sonnendasein aufgenommen, was der Mensch mit der Nuance des Guten in seiner Seele erlebt, aber das Böse wird überhaupt zurückgewiesen. Es kann nicht hineingelangen in dieses Sonnendasein. (…) Nun also, wenn hier der Mensch an dieser Stelle von sich selbst, von seiner eigenen Wesenheit etwas zurücklassen muss, was ist denn die Folge davon? Dass er verkümmert, gewissermaßen als geistiger Krüppel in das Sonnendasein kommt.»[21]

Diesen Bereich nennt Steiner die «untere oder niedere geistige Welt». In der ersten Zeit seiner geistigen Forschung, als er sich noch traditioneller Begriffe aus dem Osten bediente, bezeichnete er dieses Gebiet als das «niedere Devachan».

Diese untere geistige Welt ist noch nicht die Sphäre der geistigen Wesen selbst. Es ist die Welt der Wirkungen dieser Wesen, von Steiner «Urbilder» genannt.[22] Er charakterisiert sie als lebendige, veränderliche Schöpfungen der Wesen, die in einer aktuellen Beziehung dazu stehen, was sich auf der Erde abspielt. Die Urbilder erfüllen während der Läuterungszeit sozusagen den Hintergrund jener Welt, vor dem die menschlichen Taten in einem bestimmten Licht erscheinen.

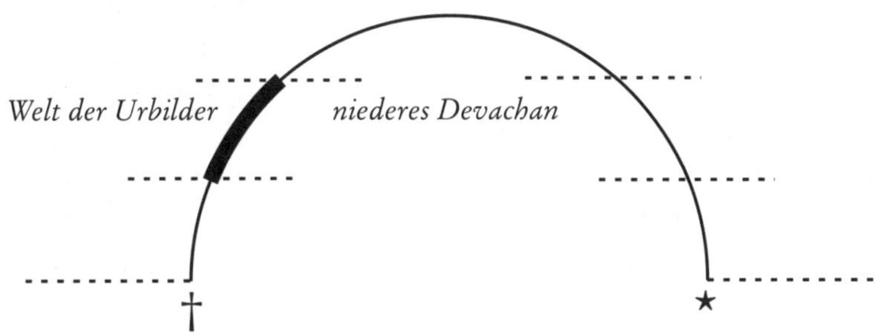

«In der wirklichen ‹Welt des Geistes› sind solche Urbilder für alle Dinge vorhanden, und die physischen Dinge und Wesenheiten sind *Nachbilder* dieser Urbilder. (…) Denn die Urbilder sind *schaffende Wesenheiten*. Sie sind die Werkmeister alles dessen, was in der physischen und seelischen Welt entsteht. Ihre Formen sind rasch wechselnd; und in jedem Urbild liegt die Möglichkeit, unzählige besondere Gestalten anzunehmen. Sie lassen gleichsam die besonderen Gestalten aus sich hervorsprießen; und kaum

> ist die eine erzeugt, so schickt sich das Urbild an, eine nächste aus sich hervorquellen zu lassen. Und die Urbilder stehen miteinander in mehr oder weniger verwandtschaftlicher Beziehung. Sie wirken nicht vereinzelt. Das eine bedarf der Hilfe des anderen zu seinem Schaffen. Unzählige Urbilder wirken oft zusammen, damit diese oder jene Wesenheit in der seelischen oder physischen Welt entstehe.»[23]

Die Welt der Urbilder ist unendlich, ihre Anzahl entspricht der Anzahl aller Erscheinungen auf der Erde. Zudem befinden sie sich in ständiger Bewegung, sie entstehen und vergehen. Eine Gliederung, die an den Erscheinungsformen der natürlichen Welt auf der Erde orientiert ist, kann ihr Verständnis erleichtern. Steiner gliedert in der *Theosophie* die Welt der Urbilder nach physischen Gegenständen, Pflanzen, Tieren und Menschen, wie sie auf der Erde vorhanden sind. So bildet in der unteren geistigen Welt das Gebiet der Urbilder physischer Dinge, der Mineralien, die erste Region. Ein zweites Gebiet umfasst die Urbilder alles Lebendigen, das sich in Lebensvorgängen offenbart. Ein drittes enthält die Urbilder aller beseelten Wesen. Die vierte Region ist das Gebiet aller menschlichen Schöpfungen und Erzeugnisse. Eine solche Gliederung ist praktisch für das Verständnis, sie verleitet allerdings zu der Annahme, die genannten Gebiete seien voneinander geschieden. Dies ist genauso wenig der Fall, wie z.B. Pflanzen- und Tierwelt voneinander geschieden sind. Auch in der geistigen Welt haben wir es sozusagen mit einem «ökologischen Gesamthaushalt» zu tun.

Der Mensch gehört allen vier genannten Urbilder-Regionen an. Als stofflich-körperliches Wesen ist er Teil der ersten Region der physischen Dinge. Als Lebewesen, teilnehmend nicht nur an biologischen, sondern auch an sozialen Prozessen, ist er mit der zweiten Region verbunden. Das dritte Gebiet der Urbilder alles Seelischen offenbart sich im Menschen in dessen vielfältig manifestiertem Beseeltsein mit all seinen seelischen Eigenschaften und Regungen. Die Urbilder des vierten Gebiets schließlich finden sich in allem wieder, was der Mensch an Schöpfungen hervorbringt, in Kathedralen und Autos, in Kerzen und Lasergeräten. Alle denkbaren menschlichen Erfindungen sind hier als potenzielle Urbilder vorhanden und warten gleichsam darauf, von Menschen auf der Erde «entdeckt» zu werden.

Auf Du und Du

Bei seinem Durchgang durch die untere Geistwelt stellt sich für das Menschenwesen die große Frage: Womit habe ich es hier zu tun? Für welche Urbilder habe ich offene Augen, welchen gegenüber bin ich blind? An Steiners Darstellung fällt auf, dass es keineswegs ausgemacht ist, ob der Verstorbene gleichsam sehend und hörend, mit wachem oder verdunkeltem Bewusstsein diese Welt durchlebt. Dies nämlich hängt davon ab, zu welchen Aspekten der Welt während des Erdenlebens Affinitäten ausgebildet wurden. Ein Mensch, der sich während seines Lebens intensiv um die Pflanzenwelt gekümmert und sich für sie interessiert hat, sodass er ganz in ihr zu Hause und in ihr aufgegangen ist, wird in der unteren Geistwelt mit den Urbildern der Pflanzen in engster Verbindung und sozusagen «per du» sein. Zugleich ist damit nichts weiter gesagt über die Fähigkeit des Betreffenden, mit den Urbildern der Tiere in Kontakt zu treten. Um diese Fähigkeit zu erwerben, ist ebenso intensives Interesse und tätige Anteilnahme an der Tierwelt während des Erdenlebens erforderlich. Und es ist noch etwas ganz anderes erforderlich, um zu den Urbildern der Technik in dieser Welt in eine innere Verbindung zu gelangen.

Einsatz und Engagement auf der Erde, sich einzuarbeiten in einzelne Bereiche des irdischen Daseins, entscheiden über geringe bzw. umfassende Möglichkeiten des nachtodlichen Zugangs zur Welt der Urbilder. Wo wir auf Erden «blinde Flecken» hatten und ganze Lebensgebiete vernachlässigt oder ausgeblendet haben, werden wir auch in der unteren Geistwelt nach dem Tod blind und taub sein. Es ist offensichtlich, dass jeder Mensch mit Möglichkeiten wie mit Mängeln diese Welt betritt.

Ein Kleid der Seele

Auf dem *Rückweg* aus der höheren geistigen Welt empfängt der geistige Kern des werdenden Menschen im geschilderten Gebiet seine erste «Hülle». Aus ihr bringt er bestimmte geistige Anliegen und Zielsetzungen für ein folgendes Leben auf Erden mit. Diese Intentionen sind das Ergebnis der Verarbeitung des vorigen Lebens und der Willensimpulse, welche die Verarbeitung hervorbringen. Nach jener Phase, in der in höchsten Regionen des Geistgebiets die Intentionen für das folgende Leben veranlagt wurden, muss sich das Menschenwesen eine eigene, ihm angemessene Seele suchen, die gewissermaßen aus den jedem Menschen verfügbaren seelischen Elementen «gewoben» wird.

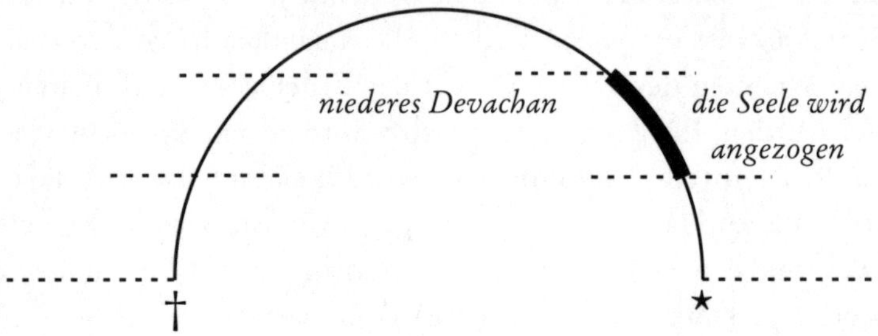

Was hat man sich darunter vorzustellen? Ein «Seelenkleid» besteht aus einer unabsehbar großen Anzahl potenzieller positiver und negativer «Beziehungen»: Dinge, Angelegenheiten, mit denen man in positivem Sinn zu tun hat, und viele andere, mit denen man in negativem Sinn ebenso intensiv zu tun hat und verbunden ist.[24] Die Bekanntschaft und innere Verwandtschaft bzw. mangelnde Verwandtschaft mit den Urbildern auf dem Hinweg – Frucht des vorigen Lebens – führt im Inkarnationsprozess des Rückwegs zu Stärken und Schwächen, die der sich zur Inkarnation anschickenden Seele eingeprägt werden.

Wende und Umkehr

Wir werfen erneut einen Blick auf den «Bogen». Oberhalb der unteren befindet sich die obere geistige Welt (in der alten östlichen Terminologie: das höhere Devachan). Hier leben die geistigen Wesen selbst. In dieser höheren Geistwelt vollzieht der geistige Mensch die Wende und Umkehr von einem zum folgenden Erdenleben. Steiner nennt «Ort» und

«Zeitpunkt» dieser Umkehr die *Weltenmitternacht* oder *Mitternachtsstunde* in der geistigen Welt. Hier fasst das menschliche Geistwesen den Entschluss, sich wieder zu inkarnieren und den Weg zur Erde erneut anzutreten.[25]

Kurz nach der Mitternachtsstunde fällt das menschliche Wesen zentrale Entscheidungen, welche die kommende Inkarnation betreffen. Welches wird die innere Zielrichtung (der Auftrag)? In welcher Kultur soll sich die Inkarnation vollziehen? Zu welcher Zeit? Dabei geht es um Elemente, die der Inkarnation in fundamentalerer Weise ihr Gepräge geben als die künftigen Eigenschaften der Seele.

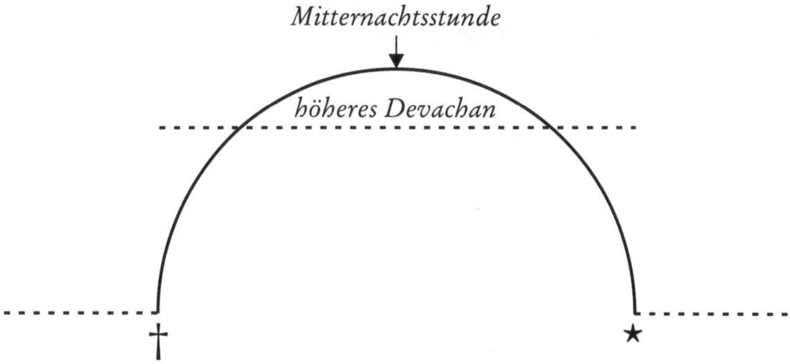

Das Geschilderte wurde hier reichlich umständlich und abstrakt beschrieben. Doch es handelt sich dabei nun einmal nicht um einfache und alltägliche Sachverhalte. Zu allen Zeiten gab es überall auf der Welt Seher, Denker und große Künstler, die aus mystischen oder hellseherischen Erfahrungen heraus den Versuch machten, ihren Mitmenschen zu vermitteln, was sie erfuhren. So schildert Goethe im letzten Akt seines Lebenswerks, dem *Faust,* den Gang nach dem Tod in die geistige Welt.[26] Zuerst blickt der erblindete Faust – sehend blind! – mit großartiger Gebärde zurück auf sein Leben und Werk. Dann ruft sein Gegenspieler Mephisto, Personifizierung des Bösen, zwei Arten von Teufeln zu Hilfe, um Fausts Seele beim Verlassen des Leibes einzufangen. In der Folge erscheinen Engel, die Rosen – Bild geläuterter Leidenschaft – streuen. Einen Moment lang erliegt selbst Mephisto dem Eindruck dieser Engel, welche die berühmten Worte aussprechen: «Wer immer strebend sich bemüht, den können wir erlösen … (*Faust,* Teil II, Vers 11936 f.).

Fausts Seelenkern wird hinweggeführt als ein unmündiger Neuankömmling und zusammengebracht mit den reinen Seelen früh verstorbener Kinder. Danach macht er die Erfahrung der dreifachen Urbilder des Männlichen sowie des Weiblichen in Gestalt der drei Marien, die im Leben Christi eine Bedeutung haben. Schließlich steigt er als Wissender empor und folgt der Seele Gretchens: «Das Ewig-Weibliche zieht uns hinan» (*Faust,* Teil II, Vers 12110 f.). Wohin? Goethe lässt dies offen. Vielleicht auf einen Rückweg zur Erde, wo die Liebe von Faust und Gretchen in der abgelaufenen Inkarnation sich in ihrer beider individuellen Schicksale verstrickt hatte.

So hat Goethe versucht, die Wirklichkeit eines Lebens zwischen Tod und neuer Geburt in Bilder zu fassen.

Tempo und Zeitmaß

Wenden wir uns nochmals dem «Bogen» als einem Bild für den Lebenslauf zwischen Tod und neuer Geburt zu. Steiner schildert weiter die unterschiedliche Geschwindigkeit, mit der Menschenseelen den Weg der kosmischen Biografie zurücklegen. Manche Menschen legen den Hinweg, andere den Rückweg schneller zurück. Wie ist das zu verstehen?

Der Hinweg bzw. die erste Hälfte des kosmischen Weges beinhaltet Verarbeitung und Auswertung des vergangenen Lebens während der Läuterungszeit. Anschließend werden die Früchte der Verarbeitung in die Welt der Urbilder eingebracht und ihr mitgeteilt. Je intensiver und eindringlicher das Leben auf der Erde war, desto größer ist die Intensität des Weges in die geistige Welt (Hinweg). Damit dauert dieser Teil des Weges auch länger. Hat jemand ein Leben verbracht, in dem er stark mit den irdischen Verhältnissen verbunden und an ihnen tätig war, so wird er – laut Steiner – die erste Wegstrecke nach dem Tod langsam, bedachtsam und mit großem Interesse zurücklegen. Das Umgekehrte gilt für denjenigen, der ein oberflächliches Leben geführt hat. Er wird den Hinweg schnell und ohne viel Austausch und Zusammenklang mit der geistigen Welt absolvieren, den Rückweg jedoch langsam und behaglich zurücklegen. Der Erstere hingegen, der an den irdischen Verhältnissen stark interessiert und in ihnen engagiert war, wird den zweiten Teil des Weges verhältnismäßig schneller vollziehen.

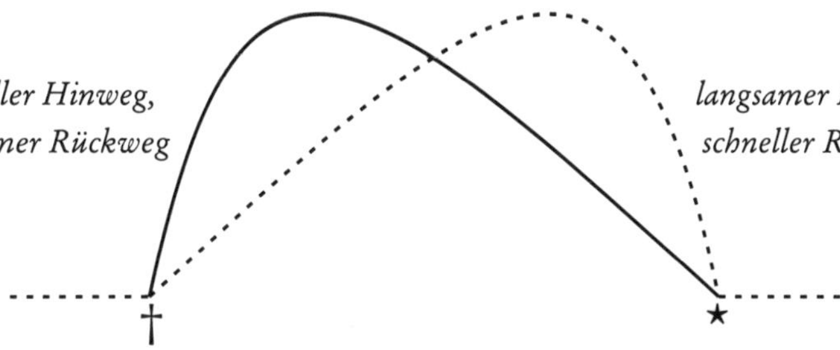

Das langsame Tempo auf dem Hinweg ist Steiner zufolge bei den betreffenden Menschen durch Bedächtigkeit, Umsicht und Interesse gekennzeichnet. Die Langsamkeit des Rückweges beschreibt er hingegen als behaglich. Auf dem Hinweg geht es darum, ob der Verstorbene der geistigen Welt etwas Eigenes mitzuteilen hat. Ob dies der Fall ist, hängt von der Stärke und Intensität der auf Erden vollzogenen Erfahrungen ab. An stark und engagiert durchgemachten Erdenerfahrungen ist die geistige Welt interessiert. Deshalb geschieht nach einem eindringlich gelebten Leben der Hinweg langsam und bedächtig. Die Frucht eines intensiven Verkehrs mit der geistigen Welt auf dem Hinweg bildet auf dem Rückweg der starke Wille, das kommende Erdenleben in Angriff zu nehmen. Dieser Wille äußert sich in einem höheren Tempo beim Abstieg zur Erde. Nach einem oberflächlich verbrachten Erdenleben hingegen kann der geistigen Welt wenig entgegengebracht werden. Der Hinweg geschieht schnell. Mangels «Gewicht» für die geistige Welt unterliegt der Verstorbene einem Sog oder «Fall» nach oben. Außerdem wird wenig Motivation für den Abstieg gesammelt, sodass die sich zur Inkarnation anschickende Seele keinen Grund zur Eile hat. Der Rückweg erfolgt langsam und bedächtig.

Auch für das folgende Leben haben diese Unterschiede des «kosmischen Lebensstils» Auswirkungen. Legt jemand den Rückweg langsam und ohne allzu großes Engagement zurück, so wird er im kommenden Erdenleben nach Steiners Worten ein relativ starkes Schlafbedürfnis entwickeln. Das Verhältnis zwischen Wachen und Schlafen neigt sich zugunsten des Schlafs. Ein intensiv verbrachtes Erdenleben äußert sich umgekehrt in geringem Schlafbedarf. Zwischen den betreffenden Leben sind Haltung und Tempo auf dem kosmischen Hin- und Rückweg von ausschlaggebender Bedeutung.

> «Das gilt aber auch von der Art, wie der Mensch gebaut ist. Es gibt Menschen, welche den unteren Teil des Rumpfes länger haben als den oberen Teil, also vom unteren Anfang des Rumpfes bis zur Brust länger haben, und dann den oberen Teil, von der Brustmitte bis zum Hals, kürzer haben.
> Ist dieser Teil von der Brustmitte bis zum Hals kürzer als der untere Teil des Rumpfes, so hat man es mit einem Menschen zu tun, welcher in der Zeit zwischen dem Tod und einer neuen Geburt ein solches geistiges Leben durchgemacht hat, dass er sehr schnell den Aufstieg im Leben zwischen dem Tod und einer neuen Geburt bis hin zu der Mitte durchgemacht hat. Da ist er sehr schnell gegangen. Dann geht er langsam und behaglich herunter zum neuen Erdenleben.
> Hat man es aber zu tun mit einem Menschen, dessen oberer Teil vom Hals bis zur Brustmitte länger ist als der untere Teil von der Brustmitte bis zum Ende des Rumpfes, dann hat man es mit einem Menschen zu tun, der langsam, bedächtig bis zur Mitte gegangen ist in dem Leben zwischen dem Tod und einer neuen Geburt und dann schneller hinuntergeht zum Erdenleben. Sodass man also in der Physiognomie, ja in den Maßen des menschlichen Mittelkörpers, die Nachwirkung von der Art und Weise hat, wie der Mensch die erste Hälfte des Durchganges vom Tod zu einer neuen Geburt durchmachte gegenüber der zweiten Hälfte.»[27]

Zusammenfassung

Die zwei Hälften des vorgestellten Bogens lassen sich folgendermaßen charakterisieren: Der in die geistige Welt hineinführende Weg bringt für die Menschenseele eine Erweiterung und Ausdehnung mit sich. Auf dem Hinweg fragt die geistige Welt den Verstorbenen gewissermaßen nach seinen Erfahrungen auf der Erde. Der Rückweg zeichnet sich durch das

Maß an Willensengagement aus, er bedeutet eine Rückwendung zur Erde und bringt für die menschliche Seele eine Verdichtung mit sich. Triebfedern auf dem Rückweg sind Interesse für die Erde und Engagement für das Geschehen, an dem die Seele teilhat und in dem sie sich befindet.

Der gesamte Bogen steht für die «andere», kosmische Seite der Biografie. Jeder Mensch hat eine solche «zweite Biografie» als geistige Fortsetzung seines heutigen physischen Lebens und als Vorbereitung der nächsten Inkarnation.

In diesem Kapitel haben wir die kosmische Biografie des Menschen knapp skizziert, gestützt auf jene Mitteilungen, die Rudolf Steiner zu dem Thema gegeben hat. Viele Fragen bleiben offen, die an anderer Stelle in diesem Buch ausgeführt und beleuchtet werden sollen.

3. Die verschiedenen Schichten des menschlichen Schicksals auf der Erde

Einleitung

Der Mensch kommt nicht als unbeschriebenes Blatt zur Welt, sondern er trägt die Früchte – süße wie saure, reife wie unreife – aus der Vergangenheit früherer Erdenleben in das Leben mit hinein. Sie kommen in seiner heutigen Biografie zum Ausdruck. Es liegt auf der Hand, dass darüber hinaus auch Dinge im Leben geschehen, die nicht die Folge früherer Leben sind, sondern ganz neu in ihm auftreten. Den gesamten Komplex dessen, was uns im Leben trifft und berührt, nennen wir das Schicksal.

Mit dieser allgemeinen Aussage werden viele Menschen übereinstimmen. Die sich anschließende Frage lautet: Muss es bei dieser eher vagen Aussage bleiben, oder ist es möglich, den allgemeinen Begriff des Schicksals näher zu bestimmen und zu füllen, sodass er ein Hilfsmittel im Leben werden kann? Ist das Schicksal sozusagen ein «großer Brei», oder ist eine Ordnung in ihm zu entdecken? Beginnen wir dieser Frage ernsthaft nachzugehen, entsteht das Bedürfnis nach einem begrifflichen Rahmen, der bei der Arbeit verwendet werden kann und diese erleichtert. Es liegt nahe, dass eine entsprechende Ordnung eng mit Art und Beschaffenheit des menschlichen Wesens verbunden sein muss, schließlich bildet es den Mittelpunkt, wenn nach dem Wirken des Schicksals gefragt wird.

Ein begrifflicher Rahmen

Zu Beginn seiner Vorträge über das Karma aus dem Jahr 1924 unterscheidet Rudolf Steiner drei Ebenen im menschlichen Schicksal, anhand derer dessen Wirken im Leben auf der Erde «gelesen» werden kann.[28]

Die erste Schicht des Karmas, die er beschreibt, ist durch das Lebensgefühl gekennzeichnet. Qualitäten wie Wohlbefinden, Wohlbehagen oder deren Gegenteil charakterisieren dies. Es handelt sich um eine Schicht oder Ebene, die mit der «Natur» des Menschen engstens verbunden ist. Eine zweite Schicht des Karmas enthält alles, was mit Sympathien und Antipathien zu tun hat. Deren Gesamtheit nennen wir die «Affinitäten». Die dritte Schicht schließlich umfasst alle Ereignisse und Geschehnisse im Menschenleben.

In diesem Buch verwenden wir folgende Begriffe für diese drei Ebenen des menschlichen Schicksals: das *biologische Karma* (= das Karma des Lebensgefühls oder auch Naturkarma), das *psychosoziale Karma* (= das Karma der Neigungen und Abneigungen, Anziehung und Abstoßung oder auch Affinitätenkarma[29]), schließlich das *biografische Karma* (= das Karma der Geschehnisse und Ereignisse).

> «Sodass also unser Blick zuerst auf dasjenige fallen muss, was in unser Schicksal, in unser Karma hineinwirkt aus unserer inneren Beschaffenheit heraus. Ich möchte sagen, wir dürfen für diesen Teil des Karmas den Ausdruck Wohlbefinden gebrauchen, Wohlbefinden und Missbehagen des Lebens. Wohlbehagen und Missbehagen des Lebens hängen zusammen mit dem, was unsere innere Qualität ist vermöge unseres Ätherleibes. (…)
> Jetzt kommen wir zu dem, was weiter unser Schicksal tief bedingt, unsere Sympathien und Antipathien. Und diese Sympathien und Antipathien, sie bringen uns schließlich dasjenige, was in einem viel weiteren Umfange zu unserem Schicksal gehört als bloß die Wachstumskräfte.
> Den einen tragen seine Sympathien und Antipathien in die weiten Fernen. Er lebt da und dort, weil ihn seine Sympathien dahin getragen haben, und in dieser weiten Ferne entwickeln sich dann die Einzelheiten seines Schicksals. (…) Nun bitte ich Sie zu bedenken: Es ist ja tatsächlich das, was sich da mit uns abspielt, im Unbewussten liegend. Bis zu dem Momente, wo eben ein entscheidendes Ereignis an uns herantritt, liegt es im Unbewussten. (…)
> Sodass wir hier wirklich innerhalb des physischen Reiches ein neues Reich aufgerichtet sehen, und dieses Reich, wir leben darinnen, nicht nur in dem Wohlbehagen oder Missbehagen, in den Sympathien und Antipathien, sondern wir leben darinnen als in unseren Ereignissen, Erlebnissen. Wir sind ganz einergossen in das Reich der Ereignisse, der Erlebnisse, die unser Leben schicksalsmäßig bestimmen.»[30]

Dieser begriffliche Rahmen bietet ein brauchbares Instrumentarium, um biografische Sachverhalte zu ordnen. Er hat seine Grundlage in dem von Steiner verwendeten Menschenbild und knüpft mit seiner Sicht an jene drei zentral verschiedenen Elemente an, welche das menschliche Wesen bis in seine Leiblichkeit hinein in sich vereinigt. Selbstverständlich ist dieser Zugang zu einem Verständnis des Schicksals nicht der einzig mögliche, sondern einer unter vielen.

Eine Ordnung

Wie lässt sich nun halbwegs eine Ordnung in der bunten Vielfalt biografischer Tatbestände eines beliebigen Menschen herstellen? Selbst ein scheinbar langweiliges und farbloses Leben eröffnet bereits eine unerschöpfliche Menge an unterschiedlichen Gegebenheiten, so z.B. was die Familie des Betreffenden und deren spezielle erbliche Anlagen betrifft. Die Familie hat zudem ihre besonderen Verhaltensmuster, die zum Teil erblich geprägt sind, teilweise aber auch überhaupt nicht. Dazu kommt der Ort, an dem jemand aufwächst, mit seinen verschiedenen kulturellen Motiven. Wir alle wissen, welch enorme Bedeutung es hat, ob jemand seine Jugend in einer Mietwohnung verbringt oder in einem großen Haus mit geheimnisvollen Ecken und Winkeln, ob man auf einem Bauernhof, in einem Dorf oder in einer Großstadt aufwächst. Wenn Kindergarten und Schule eine Rolle zu spielen beginnen, kommen neben den engsten Angehörigen noch viele andere Erzieher hinzu. Dinge von außen stoßen einem zu: Umzüge, Krankheit und Tod von Mitgliedern oder Bekannten der Familie. Ein Geschwisterchen wird geboren, ältere Brüder oder Schwestern verlassen das Haus – zu viel, um alles zu erwähnen. Und doch ist jedes Motiv möglicherweise von großem Interesse. Schon in jungen Jahren spielen Elemente persönlicher Wahl und Entscheidung eine große Rolle, so die Vorliebe für bestimmte Nahrungsmittel oder deren Ablehnung. Mag der Säugling z.B. die Brust oder lieber die Flasche? Daumenlutschen – ja oder nein? Die Vorlieben und Abneigungen eines Menschen spielen schon von klein an, oft fast ganz unbewusst, eine große Rolle. Und mit zunehmendem Alter werden es stets mehr: Welche Freunde und Freundinnen sucht sich das Kind, welches Musikinstrument, welches Hobby, welcher Sport wird angenommen oder gewählt?

Eine ordnende Sicht der Dinge ist bei der Vielfalt der Gegebenheiten, die jeden menschlichen Lebenslauf ausmachen, notwendig. Die Unterscheidung in biologisches, psychosoziales und biografisches Karma, wie Rudolf Steiner sie in dem erwähnten Vortrag mit etwas anderen Worten trifft, gibt Anhaltspunkte und Struktur.

Das biologische Karma

Viele Umstände des Lebens sind eine Folge der Tatsache, dass wir als Menschen biologische Wesen sind. Dies kommt in unserem Körper zum Ausdruck, der verschiedene Eigenschaften hat. Wir sind Mann oder Frau, groß oder klein, kräftig gebaut oder eher zierlich. Dies alles sind Faktoren, die zu ihrer Zeit eine wichtige Rolle im Leben spielen können, beispielsweise in der Berufswahl. In das Gebiet der eigenen Biologie fällt auch all das, was mit Gesundheit und Krankheit zusammenhängt. Inwieweit bestehen Neigungen zu dieser oder jener Krankheit, diesem oder jenem Leiden? Akute Krankheiten wie eine Hals- oder Lungenentzündung spielen unter Umständen eine entscheidende Rolle im Leben. Chronische Leiden, z.B. eine Zuckerkrankheit, können zum integralen Bestandteil des Lebens werden, ebenso chronische Bauch- oder Kopfschmerzen. Eine Krankheit steht immer anderen Dingen im Weg, sie kann allerdings auch eine Herausforderung sein, etwas Bestimmtes zu tun oder etwas anders als bisher zu tun.

Auch was wir als Lebensgefühl oder Befindlichkeit zu bezeichnen pflegen, entstammt dem biologischen Bereich. Wie ist die Grundstimmung des eigenen Lebens? Sind wir heiter, aufgeräumt oder aber schwermütig, sind wir voller Energie oder mangelt es uns daran? Ist unsere Stimmung ausgeglichen, gleichbleibend, oder fallen wir von einem Extrem ins andere? Die Qualität eines Lebensgefühls geht durchaus bereits in die Richtung einer Seelenstimmung. Das biologische Schicksal wirkt offensichtlich bis in die menschliche Seele hinein.

Die Temperamente

In Steiners Werk nimmt der Zugang zum Menschen mittels der Temperamente[31] einen wichtigen Stellenwert ein, namentlich in seinen Betrachtungen des heranwachsenden Menschen. Mit dem Temperament meint er die Grundlage der Psyche, sozusagen das grundlegende seelische «Klima». Dabei ist zu beachten, dass dieses in dem Bereich *zwischen* Körper und Psyche geprägt wird. Der physische Leib lässt sich wiegen, messen, fotografieren und wird großenteils als *äußerlich* empfunden. Die Psyche ist das äußerst komplizierte, unerschöpfliche Reservoir menschlicher Eigenschaften, das im Gegensatz dazu als *innerlich*, als eigen und intim erlebt wird. Zwischen beiden befindet sich die biologische Schicht, der das Lebensgefühl entstammt. Es ist die Sphäre, die die «Natur» unserer Seele bestimmt, jene aufgeweckte, düstere, unkomplizierte oder problematische Natur, die einem Menschen seine Signatur verleiht.

Anlage und Lebensweise

Die einzelnen Elemente des *biologischen Schicksals* sind teilweise festgelegt, beispielsweise das Geschlecht, die Körpergröße oder eine zwingende Krankheitsanlage. Zu einem großen Teil jedoch können sie durch die Lebensweise beeinflusst werden. Bestimmte Krankheiten werden eher auftreten, wenn man ungesund lebt. Die Qualität der Jugendzeit hat weitreichende Folgen beispielsweise für die spätere Vitalität. Vernachlässigung, Verwahrlosung oder Misshandlung hat negative Auswirkungen auf sie. Viele Aspekte dessen, was wir Anlage nennen, können beeinflusst werden. Übermäßiger Kaffeegenuss kann z.B., wenn man zu Migräne neigt, die Häufigkeit der Anfälle erhöhen.

Biologische und seelische Funktionen

Menschenkundlich betrachtet hat das biologische Schicksal seine Wurzeln im Lebensleib. Jedes lebende Wesen besitzt einen Lebensleib, der ihm z.B. das Wachstumsvermögen verleiht oder die Fähigkeit, Nahrung zu verdauen. Lehrbücher der Physiologie beschreiben die Merkmale, die allen lebenden Wesen, nämlich Pflanzen, Tieren und Menschen, eigen sind. Neben jenen Vorgängen, die für das biologische Funktionieren erforderlich sind, bringt der Lebensleib Rudolf Steiner zufolge auch die Fähigkeit der Vorstellungsbildung, das Denkvermögen, hervor.[32] Sie ist eine seelische Funktion des Lebensleibes, die dem menschlichen Organismus vorbehalten ist.

Während der ersten sieben Lebensjahre entwickeln sich diese seelischen Funktionen des Lebensleibes gewissermaßen dank eines Übermaßes an biologischen Kräften. Der Mensch benötigt nicht alle seine Lebenskräfte, um den physischen Organismus in Stand zu halten. Sobald dieser (nach etwa sieben Jahren) ein kräftiges erstes Fundament erhalten hat, entsteht im menschlichen Organismus ein Überschuss an Lebenskräften, die quasi frei werden und für seelische Funktionen zur Verfügung stehen. Innerhalb des Prozesses des Freiwerdens tritt ein Zeitpunkt auf, von dem an das Kind die Schule besuchen kann. Es sind dann genügend überschüssige Lebenskräfte vorhanden, um mit dem eigentlichen schulischen Lernen beginnen zu können. Das Kind ist «schulreif».

Allgemeines und Individuelles

Neben diesen allgemeinen besitzt jeder menschliche Lebensleib auch individuelle Eigenschaften. Ein Kind wird *annähernd* um den sechsten Geburtstag herum fähig zu ersten intellektuellen Leistungen, doch jeder gute Lehrer wird sich dessen bewusst sein, dass in dieser Hinsicht nicht ein Kind dem anderen gleicht. Die individuellen Eigenschaften geben dem biologischen Schicksal die spezifische Note eben dieser menschlichen Biografie.

Wie sich das biologische Schicksal vollzieht, ist von Mensch zu Mensch verschieden. Oft erweist es sich als außerordentlich prägend für das weitere Leben. So ist für eine ganze Anzahl von Berufen ein brauchbares körperliches Instrument notwendige Bedingung. Ein Pilot benötigt gute Augen, ein Chemieingenieur muss treffsicher Farben unterscheiden können, ein Dirigent muss über gute Ohren verfügen. Andererseits bleiben gewisse Talente auch unbenutzt, etwa wenn sich ein athletisch gebauter Mensch nicht körperlich betätigt. Auch können Hindernisse geradezu herausfordern, wie an Behinderten erlebbar wird, die mit enormer Anstrengung eindrucksvolle sportliche Leistungen vollbringen.

Wie immer das biologische Schicksal auch auftritt und eingesetzt wird, es beinhaltet zahlreiche Elemente, die in der Jugend wie im Alter den Lebenslauf stark prägen.

Das psychosoziale Karma

Die zweite Schicht, die sich im aktuellen Karma eines Menschen erkennen lässt, ist das psychosoziale Karma. Dabei geht es um Folgendes: Jeder Mensch verfügt über ein ganzes Arsenal mehr oder weniger ausgeprägter Zuneigungen und Abneigungen gegenüber den ihn umgebenden Dingen der Welt, besondere Anlagen und Unfähigkeiten eingeschlossen. Der eine mag Süßspeisen, der andere nicht. Für den einen bildet der Sport den Mittelpunkt des Lebens, ein anderer hält ihn für das Unwichtigste auf der Welt. Der eine liebt ruhige Menschen, der andere solche, mit denen man ständig etwas erleben kann. Kurzum, bei scheinbar belanglosen wie scheinbar wesentlichen Dingen hat jeder Mensch seine schwachen oder starken, ausgesprochenen oder unausgesprochenen Vorlieben und Abneigungen. Zugleich haben wir es hier mit einem Bereich zu tun, der im Verlauf des Lebens starken Veränderungen unterliegt. Beispielsweise mag in jungen Jahren eine Leidenschaft für etwas vorhanden sein, das einem später regelrecht zuwider ist. Oder es ist jemand im Urlaub ein begeisterter Wanderer, der sich während seines sonstigen Lebens kaum von der Stelle rührt.

Anziehung und Abstoßung

Der Schicksalsaspekt von Anziehung und Abstoßung spielt eine bedeutende Rolle in der Biografie. Schon unser ganzes biologisches Sein ist von diesen beiden Polen durchzogen. So hat z.B. die Vorliebe für bestimmte Nahrungsmittel einen biologischen Aspekt, als solche äußert sich in ihr aber ein Anziehungsvorgang, der von der betreffenden Nahrung ausgeht. Auch die Anziehung durch Menschen desselben oder gerade des anderen Geschlechts hat einen solchen Doppelcharakter. Letzten Endes sind die Phänomene des Angezogen- oder Abgestoßenwerdens psychosoziale Erscheinungen, auch wenn sie sich auf biologischem Gebiet abspielen.

Wenn wir «etwas können», so kann dies als eine Affinität des Leibes oder Körpers bezeichnet werden. Geschick oder Ungeschick, Stärken und hohe Begabungen lassen sich als Affinitäten zu bestimmten Aspekten von Intelligenz verstehen. Die Einordnung von Menschen als bild- oder wortorientiert in ihrem Denken, der ganze Bereich der Rechts-Links-Differenzierung und der Dyslexie, jede körperliche Eigenschaft, sie alle können als positive und negative Affinitäten zu bestimmten Fähigkeiten und Vermögen beschrieben werden.

Ein unerschöpfliches Feld

In der Seele selbst begegnen wir einer unendlichen Vielfalt von Neigungen und Abneigungen, von Vorlieben sowie Regungen der Ablehnung und Missbilligung. Was finde ich schön, was hässlich? Was sind meine Hobbys: Skatspielen, Modelleisenbahnen, Sport, Musik, der Familienstammbaum, das Ausgehen mit dem Hund oder Tanzen? Was ziehe ich im Urlaub vor: das Nichtstun in der Sonne am Strand oder die Anstrengung beim Bergsteigen im Himalaja? Mit welcher Art Menschen verkehre ich am liebsten: mit ernsthaften Personen, die etwas zu sagen haben, mit geselligen oder mit sportlichen Leuten? Das Feld solcher Vorlieben ist unerschöpflich. Es sind diese Dinge, mit deren Hilfe wir jemanden charakterisieren, den wir einem Dritten beschreiben wollen.

Die eigene Umgebung hat dabei eine große Bedeutung. Das eine Hobby wählen wir, weil ein Freund es ausübt oder weil die eigenen Eltern es empfehlen bzw. gerade davon abraten. Manchmal handelt es sich auch um eine bewusste Auswahl, wenn beispielsweise in fortgeschrittenem Alter etwas aufgegriffen wird, was man immer schon tun wollte, was sich aber nie ergab. Die eine Affinität hat sich auf direktem

Weg aus dem elterlichen Milieu entwickelt, eine andere widersetzt sich eben diesem, und eine dritte hat nicht das geringste mit dem familiären Umfeld zu tun.

Der Seelenleib

Das biologische Karma wurzelt im so genannten Lebensleib des Menschen. Das psychosoziale Karma, das Karma der Affinitäten bzw. von Anziehung und Abstoßung, hängt zusammen mit dem Seelenleib, auch Astralleib[33] genannt. Wie jedes lebendige Wesen einen Lebensleib hat, so besitzt jedes beseelte Wesen – also Tiere und Menschen – einen *eigenen* Astralleib. Dieser ist Träger der Seele. Auch bei Tieren, insbesondere bei den höheren Tieren, sind seelische Funktionen vorhanden. Bei ihnen wird das seelische Leben allerdings fast ausschließlich durch die Art bestimmt. Von einer individuellen Seele kann bei ihnen also keine Rede sein. Im besten Fall kann bei Haustieren und bei den höchsten Säugetieren gelegentlich eine persönliche Färbung des artspezifischen Seelenlebens auftreten.

Alles Verhalten ist durchzogen von Äußerungen des Angezogen- oder Abgestoßenwerdens. Die Grundkräfte von Sympathie und Antipathie prägen und nuancieren all unser Tun und Lassen.

Das biografische Karma

Als drittes Element des Schicksals auf der Erde bezeichneten wir das biografische Karma, von Steiner das Karma der Ereignisse und Erlebnisse genannt.

In jedem Leben geschehen regelmäßig Dinge, die für dessen weiteren Verlauf mehr oder weniger prägend sind. Bei den meisten derartigen Geschehnissen spielt man selbst eine gewisse Rolle. Kommt man zu spät, weil man mit dem Auto im Stau gestanden hat, ist man möglicherweise selbst auch zu spät aufgebrochen. Wenn hingegen der Zug, der einen zum

Flughafen bringen sollte, zwei Stunden Verspätung hat, weil Jugendliche einen Betonblock auf die Gleise gelegt haben, liegt die Ursache der Verspätung außerhalb des eigenen Einflusses. Bei den hier gemeinten Ereignissen handelt es sich beispielsweise um Unfälle, die uns ohne eigenes Verschulden treffen, um einen Umzug in der Kindheit durch berufliche Veränderung der Eltern, um Entlassung wegen Geschäftsaufgabe des Betriebes, in dem man arbeitet, um Geburt während oder kurz nach Ende des Zweiten Weltkriegs und derlei Dinge mehr. Im Großen wie im Kleinen werden wir von vielen Begebenheiten getroffen, für die wir uns weder verantwortlich fühlen noch auch rechtlich verantwortlich sind. Auf derartige Dinge zielt Steiner, wenn er vom Karma der Ereignisse spricht.

Neben den genannten finden sich all jene Geschehnisse, die wir selbst in die Welt setzen: unsere eigenen Taten. Dabei geht es um all jene Beschlüsse, Taten und Handlungen, für die jeder von uns tatsächlich, zum Teil sogar allein, verantwortlich ist – im Gegensatz zu all jenem, was uns von außen zustößt und begegnet.

Lebensereignisse – «Life events»

In den üblichen Lebensbeschreibungen, z.B. anlässlich eines Todesfalls oder beim Verfassen einer Biografie, nehmen die zuletzt genannten Taten und Ereignisse oft den entscheidenden Platz ein. Dramatische Begebenheiten sind in derartigem Zusammenhang interessanter als eine Neigung zu Allergie oder eine besondere Vorliebe für saure Nahrungsmittel. In der modernen Biografiearbeit wird für die entsprechenden Geschehnisse des Lebens häufig das englische Wort «life events» gebraucht. Aus ihm geht hervor, dass es sich um Geschehnisse handelt, die eine wichtige Rolle im Leben spielen und dabei für die eigene körperliche und seelische Gesundheit Folgen haben können.

Die Folgen eines Ereignisses in diesem Sinne sind Thema eines gesonderten Kapitels. Hier sei an einem Beispiel die Komplexität des Themas illustriert. Wenn eine Familie mit drei Kindern umzieht, weil einer der Partner eine Stellung mit besserer Perspektive anstrebt, dann ist dies für die betreffende Person eine Entscheidung, die sie nach reiflicher

Überlegung fällen wird. Erst in der Zukunft wird sich erweisen, ob die Entscheidung richtig oder falsch war. Für den ebenfalls umziehenden Partner handelt es sich um einen Entschluss, den er oder sie mit mehr oder minder großer Zustimmung begleitet. Die drei kleinen Kinder sind gleichsam Objekte des Beschlusses. Möglicherweise haben die Eltern das Wohl und Wehe ihrer Kinder bei der Beschlussfassung abgewogen und mitbedacht, was jedoch daraus wird, muss sich zeigen. Eines der Kinder wird vielleicht vom ersten Tag an in der neuen Klasse genau am richtigen Platz sein, während das zweite am neuen Wohnort nicht zurecht kommt, nicht einmal nach einer Eingewöhnungszeit. Für das dritte und jüngste Kind scheint der Umzug keine Rolle gespielt zu haben, es erinnert sich später nicht einmal daran.

Aus dem Beispiel geht hervor, wie ein und derselbe Beschluss für fünf betroffene Personen eine jeweils andere biografische Bedeutung erhält. Unter dem Gesichtspunkt des Karmas der Ereignisse werden die betreffenden «life events» in der jeweiligen Biografie denn auch vollkommen unterschiedlich bewertet werden müssen.

Das Ich

Auch dieses letztgenannte Element des Schicksals, das Karma der Ereignisse, schreiben wir einem Glied des menschlichen Wesens zu, und zwar dem Ich.[34] Dazu muss der gängige Ich-Begriff erweitert werden, schließlich treten die besprochenen Ereignisse als solche ganz deutlich von außen an uns heran. Das Ich scheint nichts mit ihnen zu tun, geschweige denn sie in der Hand zu haben. Entsprechend fühlen wir uns auch nicht für sie verantwortlich und können nicht für sie zur Rechenschaft gezogen werden.

Das Ich auch als eine Instanz zu begreifen, die von außen auf uns einwirken kann, dies erfordert einen völlig anderen als den sonst üblichen Ich-Begriff! Es ist dieses so verstandene Ich, das uns, ohne dass von bewusster Beteiligung unsererseits die Rede sein kann, Ereignisse von außen gleichsam zuspielt, und dies ungefragt, auch unerwünscht, wie ein Treffer in der Lotterie. Es kann sogar geschehen, dass wir ein derartiges Ereignis anfangs als unerwünscht erleben, während wir es später nicht mehr missen wollen.

Aus dem Letztgenannten geht hervor, dass wir als Menschen über die Rolle und Bedeutung ungefragter Geschehnisse, die unseren Weg kreuzen, nachdenken und versuchen können, den ihnen zukommenden Platz zu entdecken.

Zum Schluss

Biologisches, psychosoziales und biografisches Karma unterscheiden wir als drei Bestandteile des Schicksals. Diese drei Elemente sind, wie es so oft bei Einteilungen der Fall ist, zwar zu unterscheiden, nicht jedoch voneinander zu trennen. Unterscheiden lassen sie sich dadurch, dass sie in drei verschiedenen Bereichen des menschlichen Organismus ihren Ursprung haben, die wir den Lebensleib, den Astralleib und das Ich des Menschen nannten. Das Studium der drei Bestandteile des Karmas ist so zugleich ein Studium der drei gestaltenden Bereiche oder Wesensglieder, welche der Mensch neben seinem physischen Leib besitzt.

Im folgenden Kapitel geben wir eine grundlegende Übersicht über diese drei Wesensbestandteile, die außer dem physischen Leib im Menschen gestaltbildend tätig sind. Wir hoffen, in den nachfolgenden Kapiteln dann die erforderlichen Differenzierungen hinzufügen zu können.

4. Die Wesensglieder

Einleitung: Die drei Wesensglieder, die im physischen Leib beheimatet sind

Der Terminus «anthroposophisches Menschenbild» wird häufig verwendet. Zu Unrecht suggeriert er, es könne von einem feststehenden und deutlich umschriebenen Begriff die Rede sein. Rudolf Steiner selbst verwendet ihn unseres Wissens nicht. Tatsächlich ist die Gesamtheit der vier Wesensglieder und ihrer wechselseitigen Beziehungen so vielfältig, kompliziert und dynamisch, dass jede Sicht auf ihre Realität höchstens einzelne von vielen möglichen Aspekten herausgreifen kann. Die folgende Darstellung setzt sich denn auch nicht zum Ziel, ein vollständiges Bild der Situation und der gegenseitigen Verhältnisse zu vermitteln, sondern will versuchen, eine erste Anregung zu geben, anhand der Begriffe der Wesensglieder beobachten zu lernen.

Es liegt auf der Hand, den physischen Leib mit einem Haus zu vergleichen. Er ist das erbaute, sichtbare Haus. Die konkrete Tätigkeit der verschiedenen Handwerker, der Maurer, Zimmerleute und Maler, die das Haus in all seinen Bestandteilen und Facetten erbauen, gehört bereits dem Gebiet des Lebensleibs an (der auch als Ätherleib bezeichnet wird infolge seiner gegenüber dem physischen Leib vergleichsweise «feineren» Substanz). Die Handwerker am Bau erhalten ihre Aufträge und Instruktionen von den Subunternehmern, die ihrerseits bestimmte Bauaufgaben eigenständig übernehmen und für diese verantwortlich zeichnen. Sie neigen dazu, ihre jeweiligen Belange für die wichtigsten zu halten. Die Subunternehmer sind vergleichbar den Kräften des astralischen Leibes. Dieser bildet nämlich eine Konstellation äußerst zahlreicher und vielfältiger Prozesse. Vielfalt und Verschiedenartigkeit sind kennzeichnend für das astralische Kräftefeld. Zuletzt gibt es noch den Architekten, der das ganze Gebäude entworfen hat. Beim Menschen ist dieser Architekt das Ich. Es ist sehr eng mit dem Bau sowie mit dessen Unterhalt verbunden. Es hat gleichsam alles im Bewusstsein und hat ein Auge für die Gesamtheit aller Vorgänge und Elemente. Das Ich als der Architekt, der Astralleib als die Gruppe der Subunternehmer, die Kräfte des Lebensleibs als die Handwerker und schließlich der physische Leib als das sichtbare stoffliche Bauwerk, das vom Menschen bewohnt wird – für ein anfängliches Verständnis ist dies ein angemessenes Bild. Um allerdings der komplexen Wirklichkeit gerecht zu werden, bedarf es weitergehender Differenzierung.

Es folgt eine genauere Beschreibung der drei Wesensglieder, die im physischen Leib selbst tätig sind und in ihm ihre Spuren hinterlassen.

Der Lebensleib

Der Lebensleib baut den physischen Leib auf. Die biologische Wirkung der Lebenskräfte ist an der Pflanzenwelt deutlich zu erkennen. Im Gegensatz zur Welt der Mineralien ist hier Leben vorhanden. Nahe liegende Merkmale des Lebens sind Wachstum, Entwicklung und Fortpflanzung. Dies sind Erscheinungen, denen wir in der leblosen Welt der Gesteine nicht begegnen und die unmittelbar verraten, dass es sich bei ihnen um «Leben» handelt. Ein lebendiges Wesen trägt Lebens-, Wachstums- und Fortpflanzungskräfte in sich. Der gesamte Komplex der biologischen Kräfte wird als *Lebenskräfte* oder auch ätherische Kräfte bezeichnet. Außer den Pflanzen besitzen auch Tier und Mensch einen ätherischen Leib. Mit der Bezeichnung *ätherischer Leib* oder *Ätherleib* wird auf die Gesamtheit der Ätherkräfte hingewiesen. Namentlich in der embryonalen Phase sowie in der frühen Kindheit spielen die Lebenskräfte eine große Rolle. Die schnelle Wachstumskurve des Embryos und des kleinen Kindes machen die enorme Intensität der Lebenskräfte in den ersten Jahren sichtbar.

Das Wachstum

Während des Wachstums treten interessante Erscheinungen auf. Der Mensch wächst ungefähr während der ersten dreizehn bis achtzehn Jahre seines Lebens. Die *Geschwindigkeit* des Wachstums nimmt allerdings langsam ab. In der embryonalen Phase ist die Wachstumsgeschwindigkeit größer als im ersten Lebensjahr, und diese wiederum ist größer als in den nachfolgenden Jahren. Eine Ausnahme bildet die Beschleunigung (der «Endspurt») des Wachstums während der Pubertät. Neben der grundsätzlichen Abnahme der Wachstumsgeschwindigkeit im Lauf der Jahre wachsen die einzelnen Teile des menschlichen Körpers bekanntermaßen unterschiedlich schnell bzw. langsam. Die Länge des Kopfes beträgt bei der Geburt ein Viertel der Körperlänge, während sie in der Embryonalphase gut und gern die Hälfte der Körperlänge ausmacht. Beim erwachsenen Menschen schließlich liegt das Verhältnis von Kopflänge zu gesamter Körperlänge nur noch bei eins zu acht. Insgesamt nimmt die Wachstumsgeschwindigkeit ab, der Kopf treibt diese Tendenz aber gewissermaßen weiter als die sonstige Gestalt. Er vermindert sein Wachstum früher und stärker als der Rest des Leibes.

Die Abnahme des Wachstums

Dass das Wachstum abnimmt und zu gegebenem Zeitpunkt aufhört, sagt etwas über die Aktivität der biologischen Lebenskräfte aus. In den Kindheits- und Jugendjahren werden die Lebenskräfte von Wachstum und körperlicher Entwicklung stärker absorbiert als später. Sobald das Wachstum aufhört, haben sie sich offenbar von ihrer Aufgabe zurückgezogen, das Körperwachstum zu ermöglichen. Die Tatsache, dass die Abnahme des Wachstumstempos allmählich und nicht plötzlich geschieht, verdeutlicht, dass es sich bei ihr nicht um einen abrupten, sondern einen schrittweisen Vorgang handelt.

Wo bleiben die Wachstumskräfte, nachdem sie sich zurückziehen? Übernehmen sie möglicherweise eine andere Aufgabe? Was zeigt sich in der andersartigen Dynamik des Kopfwachstums gegenüber der

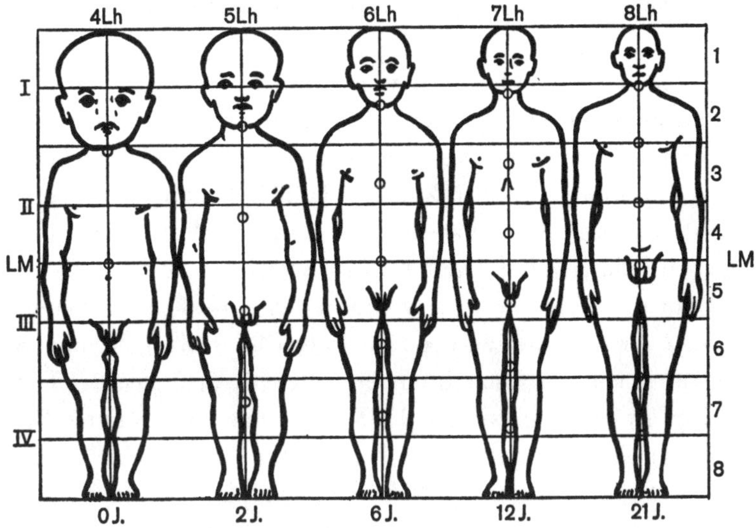

Schema der sich entwickelnden Körperverhältnisse

des sonstigen Körpers? Die Abnahme der Wachstumskräfte erfolgt recht differenziert. Im Haupt ziehen sie sich früher und entschiedener zurück als im Rumpf. Bereits in der embryonalen Entwicklung nimmt das Kopfwachstum verhältnismäßig geringer zu. Daran lässt sich erkennen, dass der Rückzug der Wachstumskräfte aus dem Haupt schon zu diesem Zeitpunkt beginnt. So betrachtet handelt es sich beim Wachstum um einen dynamischen und differenzierten Prozess. In den Jahren des hauptsächlichen Wachstums wird der Kopf zwar größer, relativ gesehen wird er jedoch während des Wachstums kleiner. Man darf sagen, das Haupt bleibt im Wachstum zurück. Wenn man einen Säugling oder ein Kleinkind neben einen Erwachsenen setzt, kann man dies sehen. Auch wenn man sich einen Erwachsenen vorstellt, dessen Kopflänge ein Viertel der gesamten Körperlänge beträgt, erfährt man den Wachstumsrückstand des Kopfes.

Seelische Funktionen nach Beendigung des Wachstums

Was geschieht mit den Lebenskräften, wenn sie für das Wachstum nicht mehr erforderlich sind? Warum hat das Haupt in dieser Beziehung eine Ausnahmestellung? Sobald die biologischen Funktionen die besondere Versorgung durch die Lebenskräfte nicht mehr benötigen bzw. nur noch für Unterhalt und Regeneration, werden diese Lebenskräfte für andere Aufgabenstellungen frei. Diese Aufgaben liegen im Seelischen.

Der entsprechende Vorgang vollzieht sich vor allem im Haupt. Das erkennen wir nicht nur an der verhältnismäßig frühen Beendigung des Wachstums, sondern auch an anderen Lebensvorgängen des Hauptes. Der Kopf ist das Organsystem des Körpers mit der geringsten Vitalität. Physiologisch gesprochen ist er beinahe tot. Das Gehirn bleibt ohne Blutzufuhr nur kürzeste Zeit funktionsfähig, danach treten irreparable Schäden ein. Wir haben das Haupt zuvor schon als Patienten auf der Intensivstation beschrieben, ganz im Gegensatz zu Organen wie Darm oder Leber, die über ein großes Regenerationsvermögen verfügen und durchaus einige Stunden ohne Blutzufuhr bleiben können. Andererseits sind wir gerade im Haupt am wachesten und hellsten. Das leibliche Instrument für die menschlichen Denk- und Vorstellungsprozesse ist denn auch das Haupt.

Aus menschenkundlicher Sicht verdanken wir diese Prozesse den Lebenskräften. Sind letztere erst einmal frei geworden von ihren biologisch-leiblichen Aufgaben, so übernehmen sie seelische Funktionen, und zwar in Form all jener Vorgänge, die zur Bildung von Vorstellungen beitragen. Das helle, vorstellungsgebundene Denken ist eine Fähigkeit des Hauptes.

Auf den ersten Blick haben die zwei Funktionen des ätherischen Leibes wenig miteinander zu tun. Es handelt sich einerseits um die biologischen Abläufe, andererseits um die Vorstellungs- bzw. Denkaktivitäten. Das beiden gemeinsame Element ist die aufbauende Aktivität, das «Erbauen» der körperlich-leiblichen Formen sowie das Bauen an den Vorstellungen, an den Gedanken*formen*.

Fantasie, Gedächtnis und Temperament

Auch Fantasie, Gedächtnis und Temperament beruhen auf ätherischen Kräften, die für die unmittelbar leiblichen Prozesse nicht mehr erforderlich sind.

Nicht nur im Haupt, sondern auch im übrigen Körper werden die Lebenskräfte mehr oder weniger frei und in seelischen Funktionen tätig. Fantasie z.B. ist eine Art Mischung aus solchen Vorstellungskräften, die sich auf die Wirklichkeit beziehen und aus dem Bereich des Kopfes stammen, sowie aus Kräften eher traumartiger Natur, die mehr vom Herzen herrühren.

Auch das Temperament ist ein Ergebnis der Aktivität von Lebenskräften in der menschlichen Seele (vgl. die Ausführung über die Temperamente auf S. 191 ff.). Das Freiwerden dieser Kräfte kommt allerdings nicht nur der seelischen Hauptes- bzw. Vorstellungstätigkeit zugute. Sie beeinflussen auch den so genannten Charakter.

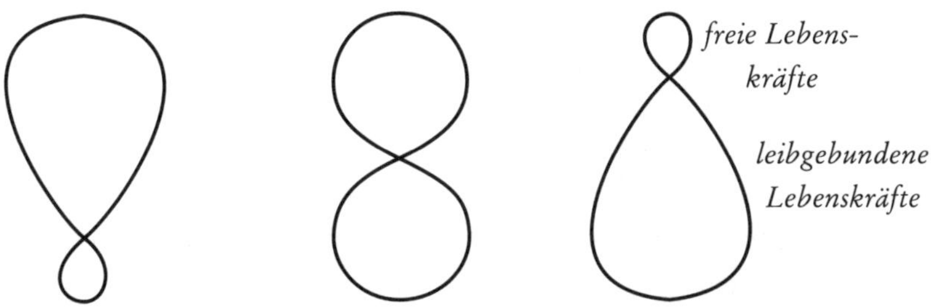

Schematische Wiedergabe des Verhältnisses zwischen leibgebundenen und freien Anteilen des Lebensleibes in den drei Bereichen des Organismus. Im Kopf werden die Lebenskräfte überwiegend frei, im Stoffwechsel bleiben sie überwiegend leibgebunden.

Zusammenfassung

Die erste Aufgabe der Lebenskräfte ist biologischer Natur und leiborientiert. Im Lauf der ersten sieben Lebensjahre werden sie zunehmend frei für die Vorstellungsbildung. Nach sechs bis sieben Jahren findet eine Aufgliederung statt: Ein Teil der Lebenskräfte behält seine leibliche Orientierung, ein anderer Teil wird in seelischen Funktionen tätig. In den Stoffwechselorganen wie in Darm oder Leber erfüllt der Lebensleib vor allem seine biologische Aufgabe, während er im Haupt seine Kräfte seelischen Funktionen zur Verfügung stellt.

Zahnwechsel und Schulreife

Um das siebte Lebensjahr findet eine Zäsur in der Entwicklung des Lebensleibs statt. Sie zeigt sich im Eintritt der Schulreife. Im Leiblichen vollzieht sich der Zahnwechsel. Die Milchzähne werden abgestoßen, und der Durchbruch des bleibenden Gebisses erfolgt. Was die seelischen Funktionen betrifft, markiert der Beginn des Zahnwechsels den Zeitpunkt, von dem an es möglich wird, das bewusste Lernvermögen des Kindes stärker als zuvor direkt anzusprechen. Dieser Zeitpunkt befindet sich im Übergang vom Kindergarten zur Grundschule. In Ländern, in denen früher eingeschult wird, liegt er bereits in den ersten Grundschuljahren.

Die Doppelfunktion der Lebenskräfte weist ein weiteres auffallendes Merkmal auf. Wo sie in biologischer Hinsicht wirken, sind sie voller Vitalität, in ihrer Funktion im Vorstellungsbewusstsein hingegen ist ihnen diese Vitalität gewissermaßen entzogen, und sie zeigen sich als Kräfte, die gerade nicht mehr dem Leben dienen. Im Haupt als dem Sitz der Vorstellungstätigkeit wirken sie als Kräfte des Todes, Vitalität abbauend und zerstörend. Das Denken belebt nicht, es macht vielmehr müde und «alt».

Der Astralleib

Innen- und Außenwelt

Die Tierwelt zeigt uns buchstäblich in Geruch und Farbe die Wirkungen des astralischen Leibes. Im Gegensatz zur Pflanzenwelt ist sie eine Welt beseelter Wesen. Tiere haben ein Innenleben. Dies ist ein erstes wesentliches Merkmal des Astralleibs: Er bildet eine Innenwelt und damit auch ein Verhältnis zur Außenwelt. Seelische Innenwelt ist in psychologischem Sinn erkennbar am Bewusstsein der Außenwelt und kommt in der Leibesorganisation vor allem durch die Anwesenheit innerer Organe und eines Nervensystems mit Sinnesorganen zum Ausdruck. Dieser fundamentale Unterschied im Aufbau der leiblichen Organisation von Pflanzen und Tieren kann bereits in der frühen Entwicklung eines Organismus festgestellt werden: Der pflanzliche Embryo verbleibt im Stadium einer Blastula oder Kugel, während das Blastulastadium in der Entwicklung des tierischen Embryos von dem der Gastrula abgelöst wird, was wörtlich «kleiner Magen» oder frei «das Bäuchlein» bedeutet. Gastrulation ist ein Vorgang des *Hinein-* oder Nach-*innen*-Wachsens, während Samenentwicklung durch *Hinaus-* oder Nach-*außen*-Wachsen gekennzeichnet ist.

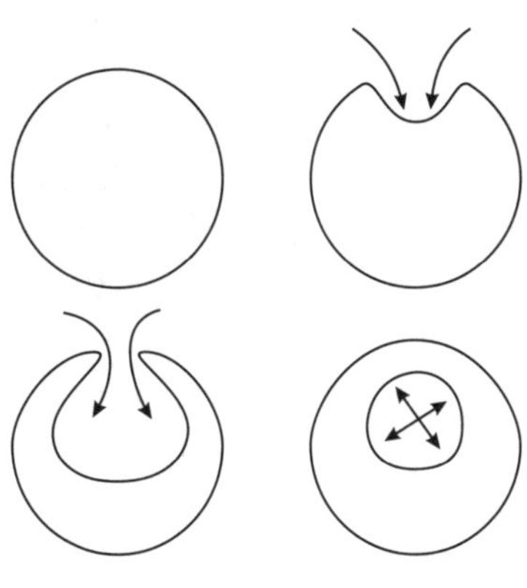

Der Gastrula-Prozess führt zu einer Verinnerlichung der Außenwelt.

Verinnerlichung

Das Gastrulastadium lässt bereits in der frühen Embryonalentwicklung eine Verinnerlichung erkennen. Es entstehen Innen- und Außenwelt. Dies kann man bei Tier und Mensch in jeder Hinsicht beobachten. Die Sinne sind Tore, durch welche die Außenwelt eindringt. Im Atemvorgang wird die Luft ständig hereingenommen und anschließend wieder nach außen abgegeben. In der Verdauung der Nahrung erfolgt mit der Außenwelt – in Form von Nahrungsmitteln – ein Stoff-Wechsel.

Ein Kennzeichen des Tieres ist des weiteren, dass es sich in höherem Maße als die Pflanze gegenüber der eigenen Umgebung verselbstständigen kann. Während die Pflanze für ihre direkte Umgebung offen bleibt und stark von ihr abhängig ist, hat das Tier das Vermögen, sich mehr oder weniger von der Umgebung zu lösen. Es emanzipiert sich von ihr und wird selbstständig. In viel geringerem Ausmaß als die Pflanze ist das Tier eins mit seiner Umgebung. Es ist vielmehr eigenständig, unabhängig von der Umgebung.

Dasselbe Prinzip liegt der menschlichen Seele zugrunde. Mit ihr verfügt jeder Mensch über eine eigene Innenwelt. Es ist der astralische Leib, der dies ermöglicht. Deshalb nennt Steiner den Astralleib mitunter auch den Seelenleib.

Die leibliche Ebene

Obgleich im täglichen Leben hauptsächlich die seelischen Merkmale des Astralleibs ins Auge fallen, entfaltet er doch auch deutliche körperlich-leibliche Wirksamkeiten. Es kann z.B. eine nützliche Übung sein, den Unterschied zwischen einem pflanzlichen (ätherischen) und einem tierischen (astralisch tingierten) Stoffwechsel zu studieren. Beim Menschen ist der Übergang vom einen zum anderen in der Pubertät zu erleben, wenn die Geschlechtsreife eintritt. Das Fortpflanzungsvermögen ruft eine starke Veränderung in den Lebensvorgängen hervor. Neben diesen finden auch andere Veränderungen statt. Bei Mädchen ist dies u.a. das Einsetzen des Menstruationszyklus, der in monatlichem Rhythmus den gesamten Organismus ergreift. Weiter verändern sich die Funktionen der Haut, bemerkbar an Ausscheidungsprozessen wie dem Schwitzen und der Talgbildung (Akne). Tatsächlich verändert sich der Stoffwechsel jeder einzelnen Zelle. Eine Sporthalle riecht nach einer Gymnastikstunde von zehn- oder elfjährigen Kindern völlig anders als nach einer Gymnastikstunde von Vierzehnjährigen.

Die Astralkräfte ziehen in den Leib ein

Der Astralleib zeigt eine Dynamik, die derjenigen des Ätherleibes entgegengesetzt ist. Während der Lebensleib nach den ersten Lebensjahren mehr und mehr von seinen leiblichen Aufgaben frei wird, zieht der astralische Leib umgekehrt immer tiefer in den Leib ein; er wird *in den Leib hineingeboren.* Der Lebensleib ist primär leiblich wirksam und hat zusätzlich Funktionen im Seelischen zu erfüllen. Beim Astralleib ist das Gegenteil der Fall. Er betätigt sich in erster Linie im Seelischen, ist daneben aber auch in körperlichen Vorgängen am Werk.

Der tierische Stoffwechsel

Was tut der Astralleib in leiblich-körperlicher Hinsicht? Wir erwähnten den Unterschied zwischen pflanzlichem und tierischem Stoffwechsel. Für den tierischen Organismus ist charakteristisch, dass er Organe besitzt. Organe sind Gewebe mit eigener Identität, die sich gewissermaßen spezialisiert haben: Magen, Leber, Nieren, Fortpflanzungsorgane, Herz, Lunge usw. Zu einer besonderen Gruppe gehören die Hohlorgane des Magen-Darm-Trakts, der Atem- sowie der Harnwege. Bei ihnen ist bis in die anatomische Formbildung hinein eine Innenwelt zu finden. In ihnen haben wir sozusagen die Visitenkarte des astralischen Leibes.[35]

Ein Organ hat nicht nur eine charakteristische Form, sondern auch eine bestimmte eigenständige Funktion. Die grundlegenden Lebensprozesse im Stoffwechsel wie die Zellfunktionen rühren vom Lebensleib her, während die spezifische, differenzierte Richtung eines Organvorgangs vom Astralleib stammt. Der Stoffwechsel höherer Tiere ist denn auch viel differenzierter als der einer Pflanze. Welches Organ wir auch betrachten, wir begegnen in jedem Fall einem außerordentlich differenziert gestalteten Geschehen, so in den Nieren, die den Urin aus dem Blut filtern, oder in den chemischen Aufbauprozessen der Leber.

Der vielfarbige Astralleib

Es ist charakteristisch für den Astralleib, dass er differenziert und spezialisiert. Seine jeweilige Tätigkeit erhält dadurch ihren eigenen Charakter. Wie ist dies zu verstehen?

Die Bezeichnung astralischer Leib verweist darauf, dass das so bezeichnete Kräfteganze alten Erkenntnissen zufolge mit der Welt der Sterne verwandt ist, womit hier vornehmlich die Planeten gemeint sind.[36] In älteren Zeiten erlebte man in der Gesamtheit des Planetensystems die Heimat der menschlichen Seele. Die verschiedenen Qualitäten der Planeten wurden als Bild jener Eigenschaften und Kräfte erfahren, die in der menschlichen Seele gefunden wurden. An den Planeten Mars und Venus ist dies vielleicht am besten zu erkennen. Mars wurde auf alles bezogen, was mit Kampf und Streit zu tun hat, einerseits in Tapferkeit und Mut, andererseits in Form des Krieges und seiner Waffen. Der Venus wurden demgegenüber all jene Eigenschaften zugeschrieben, die mit Zuwendung und Liebe zusammenhängen. Durch Geschlechtsverkehr übertragbare Krankheiten werden bis heute als «venerische» Krankheiten bezeichnet. In den bezeichnenden Titeln z.B. der beiden Bücher von John Gray *Frauen sind von der Venus, Männer sind vom Mars*[37] finden wir die entsprechenden Zuordnungen bis heute. Die Astrologie bietet auf diesem Feld ein vollständig ausgearbeitetes System.

Damit ist das weite Feld des astralischen Leibes gekennzeichnet. Auf der einen Seite führt uns seine Tätigkeit zur Geschlechtsreife und damit zu der Fähigkeit, für die irdische Fortpflanzung zu sorgen, auf der anderen Seite jedoch hat er die Größe und die Ausdehnung des Planetensystems. Alle entsprechenden Qualitäten, von denen der äußersten Planeten bis zu jenen der Erde, finden sich im Astralleib wieder.

Der besondere Charakter des Astralleibs

Das charakteristischste Merkmal der Wirksamkeit des Astralleibs ist es, dass er eine Innenwelt und damit auch eine Außenwelt hervorbringt. Der Organismus wird dadurch in ein Kräftefeld von «Innen-und-Außen» hineingestellt. Es entsteht *Verinnerlichung*, sowohl auf leiblichem als auch auf seelischem Gebiet.

Wo ein Lebewesen über eine innere Welt verfügt, ist es damit bis zu einem gewissen Grad vom Rest der Welt abgesondert und geschieden. Ein Hohltier kann in permanenter und offener Verbindung mit dem Weltmeer leben, ein großer Fisch ist bereits etwas stärker vom Meer emanzipiert. Mit der Absonderung tritt auch die Spezialisierung, das «Besonders-Werden», auf. Jeder Organismus mit eigener Innerlichkeit erhält und wird etwas Besonderes. Dies lässt sich an den Organen höher entwickelter Organismen wie Säugetier oder Mensch feststellen, die alle eine spezifische Aufgabe haben.

In Organismen, die von einem Astralleib durchdrungen sind, finden sich vielfältige Organe. Spezialisierung ist die Folge der Tätigkeit astralischer Kräfte. Es ist ihnen zu verdanken, dass wir als Menschen mit zahlreichen und unterschiedlichen Organen sowie mit seelischen Eigenschaften ausgestattet sind. Aber auch individuelle Eigenart und Besonderheit jedes Menschen, an denen wir einander unmittelbar erkennen, haben eine deutlich astralische Färbung, die als solche von der integrierenden Funktion des Ich im Gesamtorganismus des Menschen unabhängig ist.

Das Verhältnis zwischen ätherischen und astralischen Kräften

Das Verhältnis zwischen astralischen Kräften und Lebenskräften ist ein wichtiges Thema auf dem Gebiet von Gesundheit und Krankheit. In jedem Organ hat man es mit einem eigenen Spannungsfeld zwischen Lebens- und Astralkräften zu tun, denn die Intensität, mit welcher der Astralleib in den Stoffwechsel eingreift, ist von Organ zu Organ verschieden. Betrachten wir den diesbezüglichen Unterschied von Leber und Galle. Von den Geschehnissen in der Leber haben wir ausnahmslos keine Wahrnehmung. Erst in einem späten Krankheitsstadium, wenn die Leberkapsel beispielsweise durch Schwellung oder Dehnung in Mitleidenschaft gezogen wird, ändert sich dies. Die Gallenblase hingegen kann sich in Form von Koliken stark und unerwünscht bemerkbar machen, etwa infolge von Gallensteinen oder einer Bauchgrippe. In der Leber als Aufbauorgan dominieren die Lebenskräfte. Rudolf Steiner bezeichnet sie auch als eine «Enklave» der Lebenskräfte. Die Galle, die mit ihren abbauenden Kräften die Fette zerstört, wird stärker von den Astralkräften geprägt. Sie ist eines jener Organe, in deren hohler Form die intensive Aktivität dieser Kräfte deutlich in Erscheinung tritt. Im Allgemeinen darf behauptet werden, dass die Lebenskräfte stark mit den Aufbauprozessen zu tun haben, während die Astralkräfte für den Abbau verantwortlich sind.[38]

Dreigliederung der Seele

Das Innenleben eines jeden Menschen ist vielfältig differenziert und höchst individuell. In jedem von uns lebt eine Fülle von Eigenschaften, Gegensätzen und Rätseln. Wie sich in der Leibesorganisation eine grundlegende Dreigliederung in Stoffwechsel, Vorstellungsbereich (Nerven-Sinnes-Organe) und mittleres Gebiet der rhythmischen Organe findet, so ist auch die Seele in den Funktionen *Wollen, Denken (Vorstellen)* und *Fühlen* dreigliedrig gestaltet.

Das Denken hat seinen Sitz im Haupt und knüpft mithilfe der sinnlichen Wahrnehmung eng an dessen Eigenschaften an. Es spielt sich gegenüber der Außenwelt im Verborgenen ab. Der Wille bezieht sich dagegen grundsätzlich mehr oder minder auf die Außenwelt. Im gewöhnlichen Sprachgebrauch wird übrigens *Wollen* häufig anstelle von *Wünschen* verwendet. In diesem Fall hat es Vorstellungscharakter. In der kindlichen Aussage «ich will nach Hause» lässt sich als wirklicher Sinn heraushören: «Ich wollte, ich wäre zu Hause.» Erst wenn ich wirklich zu Hause bin, habe ich die Wunschvorstellung des «Nach-Hause-Wollens» in wirkliches *Wollen* umgesetzt. Nun erst kann ich darauf als auf eine Tat des eigenen Willens zurückblicken. Das Wollen unterliegt einer unlösbaren Verbindung mit den Gliedmaßen und mit allen sonstigen Organsystemen, die dem Bewegungsapparat dienen. Ohne Bewegung keine Willensäußerung.

Das Fühlen in allen Varianten und Schattierungen, die das emotionale Leben kennt, hat seinen Bereich zwischen Denken und Wollen. Es besitzt sowohl Beobachtungscharakter (z.B. im Sich-Einfühlen) als auch Handlungscharakter (z.B. im Manipulieren und Einschüchtern). Es ist organisch an das mittlere Gebiet des Menschen gebunden, dessen Organe ebenfalls eine mittlere Position zwischen dem Haupt und den Organen des Stoffwechsels sowie den Gliedmaßen einnehmen.

Wir haben damit den Astralleib als eine Ganzheit astralischer Kräfte beschrieben, die sich zum einen im Leib manifestieren, zum anderen den größten Teil der menschlichen Seele ausmachen. Wie der Lebensleib, so wirkt auch der Astralleib sowohl in der Seele als auch im Körper.

Zusammenfassung

In einem zusammenhängenden Gesamtbild der astralischen Kräfte und der Lebenskräfte, beide in ihrer Doppelfunktion, treten verschiedene gegenseitige Verhältnisse auf.

Der Lebensleib wirkt am Stoffwechselpol aufbauend. Das Regenerationsvermögen ist in den Organen des Stoffwechsels maximal ausgeprägt. Der Astralleib unterstützt diese Aufbaufunktion im Stoffwechsel, vor allem aber differenziert er sie. So ist im Bereich des Stoffwechsels eine erhebliche Anzahl zugehöriger Organe und Prozesse zu finden.

Im Bereich des Hauptes ermöglichen die Lebenskräfte, nachdem sie ihre wichtige Funktion für das Leibeswachstum in den ersten Lebensjahren erfüllt haben, mit veränderter Dynamik das Vorstellungsleben, das im Dienst des Bewusstseins steht. Der Astralleib ist stark an der Denkaktivität beteiligt, parallel wirkt er abbauend im biologischen Leibesgeschehen. Bewusstsein macht müde und alt. Abends sind wir müde; durch die Bewusstlosigkeit des Schlafes wird der Leib erfrischt und aufgebaut.

Im rhythmischen Bereich befinden sich Lebensleib und astralischer Leib im Gleichgewicht, was Aufbau und Abbau betrifft. Hinsichtlich Vitalität und Regenerationsvermögen stehen Herz und Lunge in der Mitte zwischen den Organen des Hauptes und des Bauches. Die Lunge tendiert dabei zum Haupt. Dies zeigt sich mitunter daran, dass wir die Atmungsvorgänge in gewissen Grenzen bewusst steuern können.

Das Herz orientiert sich eher am Stoffwechselpol. Glücklicherweise sind wir nicht imstande, unseren Herzschlag willkürlich zum Stehen zu bringen.

In den Besprechungen der Biografien im zweiten Teil dieses Buches wird das subtile Verhältnis zwischen Äther- und Astralleib vertieft werden.

Das Ich

Die Wärme

Wir wenden uns dem vierten Wesensglied zu, dem Ich. Es steht Pflanzen und Tieren nicht zur Verfügung. Allein der Mensch besitzt ein individuelles Ich. Das Ich durchdringt die anderen Wesensanteile und ist in ihnen tätig. Hierin kann es mit dem Element der Wärme verglichen werden. Wärme durchdringt die anderen Elemente. Etwas, was feste, flüssige oder gasförmige Konsistenz besitzt, kann in einem geschlossenen Raum bewahrt werden. Wärme kann in dieser Form nicht gehalten werden, vielmehr durchdringt sie alles und hält sich nicht an Grenzen. Dies ist auch der Grund dafür, dass die heutige Naturwissenschaft die Wärme nicht zu den Aggregatzuständen zählt, sondern als eine Eigenschaft derselben betrachtet. Doch wird die Wärme seit alters neben den Elementen Erde (das Feste), Wasser (das Flüssige) und Luft (das Gasförmige) als selbstständiges Element zu den vier Grundelementen gezählt.

Der Vergleich mit dem Wärmeelement kann hilfreich sein für das Verständnis des Ich, zugleich enthält die Gegenüberstellung mehr als einen Vergleich. Das Element des Festen bezieht sich auf die leblose Welt. Das Element des Flüssigen nimmt in der lebendigen Welt der Pflanzen Gestalt an. In der Tierwelt kommt das Element der Luft hinzu: Mit der allmählichen Entwicklung Innenraum bildender Organe kann das Luftelement einbezogen werden. Pflanzen besitzen zwar eine Atmung, sie bleibt jedoch an der Oberfläche und bildet keine selbstständigen Atmungsorgane. Beim Menschen schließlich spielt das Wärmeelement nicht allein leiblich eine entscheidende Rolle (womit er zu den Warmblütern zählt), vielmehr ist sie auch seelisch von zentraler Bedeutung, was in manchen Ausdrucksweisen deutlich wird, z.B. wenn wir uns für etwas «erwärmen».

Das Ich im physischen Leib

Das Ich bringt im physischen Leib die charakteristischen Merkmale hervor, die den Bau des Menschen von dem der Tiere unterscheiden. Die Fähigkeiten des aufrechten Gehens und Stehens kennzeichnen den Menschen. Ebenso ist die Entwicklung des Sprachapparates zu einem Instrument menschlicher Kommunikation das Ergebnis der Ichtätigkeit im physischen Leib. Es handelt sich hierbei um Fähigkeiten, deren Ziel es ist, verschiedene Eigenschaften miteinander ins Gleichgewicht zu bringen, die bei Tieren auf sehr unterschiedliche Art einseitig ausgebildet sind. Am menschlichen Gebiss lässt sich dies veranschaulichen. In ihm sind verschiedene Elemente (Schneide-, Eck- und Backenzähne) in ausgeglichener Form vertreten, während jede Tierart in dieser Beziehung ihre Einseitigkeiten hat. Sowohl für die Fähigkeit zu sprechen als auch für das Vermögen zu essen stellt das menschliche Gebiss die angemessene Lösung dar.

Indem das Ich im physischen Leib die typisch menschliche Gestalt hervorbringt, bildet es zugleich die Bedingungen für die menschliche Bewegung. Eines der Organsysteme, in denen sich das Ich kräftig manifestiert, ist das Skelett, die Basis der menschlichen Gestalt, Fundament von Haltung und Bewegung. Die Veränderungsvorgänge, denen die Knochen während der gesamten Zeit ihrer Entwicklung vom Embryonalstadium bis zum Abschluss des Wachstums unterliegen, sind eine Art plastischer Aktivität des Ich am physischen Leib! Anfangs bestehen die Knochen aus Knorpelsubstanz, sie sind von tonartiger Konsistenz. Während der ersten Lebensjahre werden die Knochen langsam härter. Das Gehen spielt eine wichtige Rolle bei dem Plastiziervorgang, der beispielsweise den Beinen erst ihre abschließende Form verleiht. Für dieses plastisch bildende Geschehen ist die Bewegung des Körpers ganz wesentlich. Es entspricht einem Prozess, in dem der formgebende Akteur mithilfe von Wärmeveränderungen bestimmt, zu welchem Zeitpunkt in der Knochenentwicklung eine gewisse Verhärtung und Verdichtung eintritt. Das Ich als der «Regisseur» der Wärme beherrscht die subtilen Wärmewirkungen und ruft sie hervor. So bringt das Ich im physischen Leib die individuelle menschliche Gestalt zur Erscheinung.

Die Körperhaltung entsteht im Zusammenspiel von Gestalt und Bewegung. Kräftige oder schlaffe Haltung werden mitbedingt durch das Muskelsystem. In Gestalt, Haltung und Bewegung erkennen wir drei Bereiche, in denen sich das Ich stark manifestiert.

Das Ich im Lebensleib

Das Ich beeinflusst auch die Aktivitäten des *Lebensleibs*. Jener Vorgang, durch den ein Teil der Kräfte des Lebensleibes der Seele zur Verfügung gestellt wird, wurde bereits beschrieben. Er tritt nur beim Menschen auf. Die Pflanze hat kein Bewusstsein. Das Tier hat zwar ein solches, jedoch kein eigenständiges Vorstellungsbewusstsein wie der Mensch. Das Ich reguliert und lenkt das Freiwerden der Kräfte im Lebensleib. Es beginnt schon in der frühen embryonalen Entwicklung den Lebensleib zu durchdringen und bildet so die Voraussetzung dafür, dass Lebenskräfte zugunsten des Bewusstseins aus ihrem biologischen Zusammenhang gelöst werden können. Dadurch wird der Mensch zum Denken und zur Vorstellungsbildung befähigt.

Im Stoffwechsel äußert sich das Ich vorrangig in allen Vorgängen, die mit Wärmeentwicklung zu tun haben, so z.B. im Zuckerstoffwechsel, der für Arbeit und Bewegung notwendig ist, aber auch im Fettstoffwechsel, der dem Wärmeerhalt im Körper zugrunde liegt.

Das Ich im Astralleib

Das Ich hat gegenüber dem Astralleib hauptsächlich eine koordinierende Funktion. Dieser hat einen bunten und chaotischen Charakter. Das Ich ist daher unverzichtbar, es muss koordinieren und den Gesamtzusammenhang aufrechterhalten. Im Astralleib besteht fortwährend die Möglichkeit, dass einer der vielen astralen Prozesse, sei es im Leib, sei es in der

Seele, sich zu sehr verselbstständigt, gleichsam zu sehr eigene Wege geht und dadurch den Organismus in Einseitigkeiten treibt. Es ist dann das Ich, das durch seine Wärmekraft die abgesonderten Anteile leiblicher oder seelischer Art wieder der Ganzheit angliedern, sie in diese einfügen will.

Eine Anzahl von Äußerungsformen des Ich wurde bereits genannt: die Gestaltbildung, die Wärmeregulierung, die harmonische Abstimmung verschiedener Vorgänge, die gesamte Koordination einzelner Anteile. Diese Erscheinungsformen sind jedoch nicht selbst das Ich. In meiner Gestalt mag sich das Ich äußern, es ist aber nicht selbst die Gestalt. Wir stehen hier vor dem gleichen Sachverhalt, der im ersten Kapitel dargestellt wurde, nämlich vor der Tatsache, dass die Erscheinung im Verhältnis zum eigentlichen Wesen, dem geistigen Ich, den Charakter eines Bauwerks oder Bildes besitzt. Steiner führt in diesem Zusammenhang den Begriff der Ich-Organisation ein. Dieser ist von wesentlicher Bedeutung, weshalb hier näher auf ihn eingegangen werden soll. Steiner gebraucht die Begriffe «Ich» und «Ich-Organisation» in verschiedenen Situationen allerdings unterschiedlich, was darauf hinweist, dass der Sachverhalt grundsätzlich weitaus komplizierter ist.

Ich und Ich-Organisation

Die Ich-Organisation durchdringt mit ihrer Wirksamkeit die verschiedenen Wesensglieder, namentlich den physischen Leib und den Ätherleib, aber auch den Astralleib. Das geistige Ich entwickelt eine Organisation, mit deren Hilfe es seine Aufgaben auf allen Ebenen, in allen Bereichen gewissermaßen wahrnimmt. Damit wird die Ich-Organisation auch Instrument des eigentlich organisierenden Ich. Sie ist nicht dieses selbst, sondern kann als eine Art eingesetzter Verwalter des Ich verstanden werden. Es bedient sich ihrer, um allen möglichen Vorgängen Form oder Bewegung zu verleihen. Dabei hat sie eine gewisse Autonomie.

Die Beziehung zwischen Ich und Ich-Organisation verändert sich im Laufe des Lebens. Anfänglich baut das Ich *seine eigene* Ich-Organisation auf. Im fortgeschrittenen Alter hat diese eine Selbstständigkeit erreicht, die für Kontinuität sorgt, auch wenn sich das Ich langsam zurückzieht und die Verbindung zwischen beiden mit der Zeit wieder lockerer wird.

Eine starke oder eine schwache Ich-Organisation

Häufig wird an der Charakterisierung einer «schwachen Ich-Organisation» Anstoß genommen. Das Ärgernis entsteht, wenn diese Aussage als eine Art moralischer Bewertung des Ich interpretiert wird. Genau genommen ist der Terminus nicht anders zu verstehen als z.B. die Bemerkung «ein schwacher Rücken» oder «eine schwache Gesundheit». Nicht selten wird der falsche Schluss gezogen, eine schwache Ich-Organisation verweise auf ein schwaches Ich als geistiges Wesen. Das jedoch ist damit ausdrücklich *nicht* gemeint.

Außerdem ist es auch nicht richtig, eine schwache Ich-Organisation als die Folge eines schwachen Ich aufzufassen. Eine insgesamt schwache Ich-Organisation kommt kaum jemals vor. Ihr obliegen allerdings so viele Aufgaben, dass bei jedem von uns gewisse Aufgaben besser und andere schlechter durchgeführt werden. Daher ist es angemessener, von einer Schwäche oder auch Stärke auf verschiedenen Gebieten zu sprechen, z.B. des Wärmehaushalts, der Sprache, der Rückenhaltung oder des Zuckerstoffwechsels. In *medizinisch-diagnostischem* Sinn ist die Frage nach Schwächen der Ich-Organisation von Bedeutung, da mit ihrer Hilfe potenzielle Krankheiten entdeckt werden können. In *karmischem* Sinn ist eher die Frage entscheidend, was sich das Ich mit einer schwachen Ich-Organisation vorgenommen hat. Eine Schwäche der Ich-Organisation kann aus karmischer Sicht für ein Ich das erforderliche Instrument sein, um eine bestimmte Zielsetzung zu verwirklichen: Etwas nicht leisten zu können kann gerade ein Grund dafür sein, es intensiv in Angriff zu nehmen und meistern zu wollen.

Das Ich-Bewusstsein – die erste Erinnerung

Wenn wir die Seele betrachten, zeigt sich uns der geheimnisvolle Charakter des menschlichen Ich in weiteren Facetten.

Wir alle haben in stärkerem oder schwächerem Maße ein Ich-Gefühl, ein Ich-Bewusstsein. Die erste Erinnerung, die wir in unserer Biografie finden, deutet auf den Entstehungsmoment dieses Ich-Bewusstseins. Ein Kind beginnt zu einem bestimmten Zeitpunkt ganz plötzlich «ich!» zu sagen. Oft ist dies ein besonderer Moment, den das Kind selbst auch so erlebt. Von diesem Zeitpunkt an hat es ein Ich-Bewusstsein. Mit einem Mal weiß es: Ich bin etwas vollkommen anderes als alles andere auf der Welt.

Oft ist die erste Erinnerung mit einem kurzen Schreckmoment oder dem Erlebnis eines beklemmenden Augenblicks verbunden. Das lässt sich gut verstehen. Sobald das Gedächtnis die Reife dafür erlangt hat, wird ein derartig berührender Moment durch das Bewusstsein verstärkt, sodass er im Gedächtnis haften bleibt. Unter Gesichtspunkten der Wesensglieder betrachtet, kann man sagen: Der Astralleib wird durch die entsprechende Begebenheit so gereizt, dass es dem Ich möglich wird, sie festzuhalten. Sie kann nun nicht mehr wie ein Traum vorbeiziehen.

Andere erste Erinnerungen haben den Charakter einer tiefen und umfassenden Glückserfahrung, oft verbunden mit Licht, das mitunter durch die Gardinen oder die Streben des Kinderbettchens fällt. Hier ist es die sich weitende Seele, die Glückseligkeit erfährt. Dabei wird das intensive Erlebnis im Gedächtnis festgehalten. Manchmal geht die erste Erinnerung auch mit einem existenziellen Augenblick einher, auf den sie sich bezieht, wie bei einem Mädchen, das zwischen dem zweiten und dritten Lebensjahr am Strand vor der ankommenden Welle stand. In dem Moment, wo die Welle die Füßchen umspülte, wurde sich die Kleine bewusst: Ich bin da, und ich bin schon öfter da gewesen. Hier findet ein unmittelbarer Ich-Einschlag statt und prägt sich, wie sich später herausstellt, als erste Erinnerung tief ins Gedächtnis ein.

Die Entwicklung des Ich-Bewusstseins darf übrigens nicht ohne weiteres mit angenommener stärkerer oder schwächerer Ich-Kraft gleichgesetzt werden. Ein übermäßig entwickeltes Ich-Bewusstsein kann gerade ein Hinweis auf eine schwache Persönlichkeit sein, die ein starkes Ich-Bewusstsein als inneren Rückhalt benötigt. Eine narzisstisch geprägte Persönlichkeit besitzt ein starkes Ich-Bewusstsein. Es ist die Spiegelung des Ich im Bewusstsein.

Bei alledem haben wir es mit Äußerungen bzw. Erscheinungsformen des Ich zu tun. Auch das Ich-Bewusstsein hat für das Ich selbst instrumentellen Charakter. Das Ich benutzt es als Instrument im Seelischen.

Ich und Ego

In der Seele tritt denn auch die Problematik des Egoismus auf. Das eigentliche Problem besteht darin, dass sich die Seele zu Unrecht als Ich bezeichnet. Das Ich-Wesen, das *geistigen* Ursprungs ist, geht dabei in der *psychischen* Hülle der Seele gleichsam auf und bläht diese über sich selbst hinaus auf zu dem, was wir das Ego nennen.

Wir identifizieren uns im Alltagsleben stark mit allem, was sich in uns an Wahrnehmungen, Gedanken, Gefühlen und Willensimpulsen vollzieht. Entwickeln wir gegenüber einer Angelegenheit des Lebens ein deutliches Gefühl, so wollen wir kaum wahrhaben, dass derselbe Sachverhalt für einen Mitmenschen völlig anders aussehen kann. Oft müssen wir uns regelrecht darum bemühen einzusehen, dass Geschmacksempfindungen (und Überzeugungen!) tatsächlich verschieden sein können. Uns ernsthaft hineinzuversetzen in die Tatsache, dass jemand, den wir selbst als einen Gauner betrachten, von anderen verehrt und bewundert wird – oder umgekehrt –, fällt uns sehr schwer. Die starke Identifizierung mit dem eigenen Seeleninhalt zu bemerken kann zu der Erkenntnis führen, dass wir gewissermaßen «in der eigenen Seele beheimatet sind», dass wir vollständig in ihren Inhalten aufgehen. In Zeiten der Selbstbesinnung, nachdem z.B. einige Zeit vergangen ist, können wir leichter einen Abstand zwischen der seelischen Erfahrung und deren Beurteilung aufbauen. Aus der inneren Distanz erfahren wir deutlich die Zweiheit einerseits der Seele, die wir im Gedränge des Alltags allzu schnell als unser Ich ausgeben, sowie andererseits dem eigentlichen Ich, das aus einer Art Vogelperspektive die Dinge der Welt betrachtet.

Reinkarnation

Für denjenigen, der mit der Wirklichkeit der Reinkarnation zu leben versucht, ist Folgendes von Bedeutung: Reinkarnation impliziert, dass wir als Ich im Lauf der Zeit in ganz verschiedenen Persönlichkeiten beheimatet und Menschen mit gänzlich unterschiedlichen Seelenverfassungen waren. Wenn wir uns selbst in einer vorigen Verkörperung begegneten, so hätten wir das Gefühl, einem Fremden gegenüberzutreten oder jemandem, von dem wir nicht wüssten, woher wir ihn kennen. Eine solche Begegnung würde, milde ausgedrückt, zumindest äußerst gemischte Gefühle in uns hervorrufen …

Die drei wesentlichen Leistungen des Ich: Gehen, Sprechen und Denken

Bei der bisherigen Lektüre kann sich die Frage einstellen: Wenn alle Erscheinungsformen hier als instrumentelle Äußerungen des Ich beschrieben werden, worin besteht dann die direkte Wirkung des Ich selbst? Um diese Frage zu beantworten, kann es hilfreich sein, auf die drei großen Fähigkeiten zu blicken, die sich der Mensch während der ersten Lebensjahre aneignet: das Gehen, Sprechen und Denken. Die Ansicht übrigens, der Mensch erbringe eine derartige Leistung für den Rest seines Lebens nicht mehr, hat durchaus etwas für sich.

Bei der Geburt ist der aufrechte Gang noch unerreichbar fern. Schon früh jedoch beginnen motorische «Übungen», die der Vorbereitung des Aufrichtens dienen. Das anfänglich enorm schwere Köpfchen zu heben bedeutet die erste Überwindung der Schwerkraft. Im Verlauf der motorischen Entwicklung werden als Nächstes die Arme ergriffen, zum Schluss die Beine. Letzteres ist gut zu verfolgen. Bei der Geburt sind die Beinchen noch beinahe so rund wie die Arme. Zum Stehen wären sie völlig untauglich! Erst während der Entwicklung der Beinmotorik werden sie als solche brauchbar. Im Grunde ist das Gehenlernen eine geradezu magische Handlung, durch die der Mensch der Schwerkraft zu Leibe rückt und sie zu meistern lernt. Zum einen dringt er in die Gesetze der Schwerkraft ein und macht sich mit ihnen vertraut, zum anderen überwindet er diese Gesetze und wird Herr über sie. Das Ganze ist ein zweifacher Vorgang. Bei den Tieren vollzieht sich derselbe Prozess ganz anders. Ein Tier kann im Allgemeinen fast sofort laufen, doch erreicht es nicht den aufrechten Gang des Menschen.

Im Verlauf der motorischen Entwicklung und in der darauf folgenden Zeit lernt das Kind sprechen. Auch dabei handelt es sich um einen Bewegungsvorgang! In einem komplizierten Zusammenspiel von Atmung und Bewegung des Kehlkopfs, der Mundmuskulatur, der

Zunge usw. wird etwas ungeheuer Kompliziertes zustande gebracht, nämlich das Vermögen, sich in verständlichen Lauten zu äußern. Diese Leistung lässt sich bei näherer Betrachtung mit der Mühe vergleichen, die es einen Europäer kosten würde, fließend Chinesisch oder Arabisch sprechen zu lernen. Wenn wir sprechen, bewegen wir uns auf dem Strom des Atems, im Bereich der menschlichen Mitte. Den zugehörigen Bewegungsapparat bildet der Kehlkopf.

Das Dritte, was sich der Mensch zu Eigen macht, bevor er wach und bewusst «ich» sagen kann und sein Gedächtnis zu gebrauchen beginnt, sind die ersten selbstständigen Denkbewegungen. Er lernt denkend Sachverhalte zu kombinieren, sodass etwas Neues entsteht. Das Denken als eine Aktivität, die Neues hervorbringt und nicht nur impulsiv oder assoziativ reagiert, ist als Bewegungstätigkeit auf einer noch feineren Ebene zu verstehen: auf der des Bewusstseins.

Vor-bewusst

Gehen, sprechen und denken zu lernen sind drei eindrucksvolle Leistungen, die ein Mensch aufbringt, bevor er sich als ein Ich erlebt und «ich» zu sich sagt. Er erwirbt sich diese Fähigkeiten vorbewusst durch Nachahmung. Folgt man darin Rudolf Steiner, so sind die drei Fähigkeiten direkte Äußerungen der Tätigkeit des menschlichen Ich-Wesens. Es ist das individuelle Ich, das dafür sorgt, dass wir – als einzige lebende Wesen! – aufrecht zu gehen, zu sprechen und zu denken lernen, dass wir jene drei Fähigkeiten erwerben, welche die Grundlage aller Kultur ausmachen. Dabei fällt ins Auge, dass das Ich am schöpferischsten ist, solange es noch unbewusst wirkt.

«Das Ich bleibt vor der Geburt stehen»

Es gibt von Rudolf Steiner die Neugier weckende Äußerung, das Ich werde nicht geboren, sondern bleibe vor der Geburt stehen.

Das Ich legt in den ersten Lebensjahren, an die der Mensch keine Erinnerungen behält, individuell die zutiefst menschlichen Funktionen des aufrechten Gehens, des Sprechens und Denkens an. Außerdem errichtet es im sich entwickelnden Menschen eine Art *Vorposten,* die Ich-Organisation, mit deren Hilfe es auf die verschiedenen Wesensglieder und deren Verhältnisse zueinander einwirken kann.

Der Mensch selbst arbeitet während des ganzen Lebens an seiner Menschwerdung. In jeder Lebensphase müssen neue Ich-Fähigkeiten erworben werden.

Im Gegensatz zum ersten Tätigwerden des Astralleibs im persönlichen Leben – dieser gibt laut und deutlich, wenn schon nicht mit besonderer Freude, während der Pubertät seine Geburt zu erkennen – ist die «Selbstdarstellung» des Ich bescheiden. Wann können wir davon sprechen, dass unser Ich geboren ist? Höchstens können wir beanspruchen, lebenslang danach zu streben, dass das eigene Ich geboren wird und sich offenbart.

> «Und so kann man sagen: Unser eigentliches wahres innerliches Ich, das nehmen wir eigentlich aus der geistigen Welt gar nicht in diese physische Erdenwelt mit. Wir lassen es immer in der geistigen Welt. Es war in der geistigen Welt, bevor wir heruntergestiegen sind zum Erdendasein. Es ist wiederum in der geistigen Welt zwischen dem Einschlafen und dem Aufwachen. Es bleibt immer in der geistigen Welt. Wenn wir bei Tag das gegenwärtige Bewusstsein als Mensch haben und uns ein Ich nennen, so ist dieses Wort Ich der Hinweis auf etwas, was nicht in dieser physischen Welt vorhanden ist, was in dieser physischen Welt nur sein Bild hat.»[39]

Das Gedächtnis

Nachdem sich die Fähigkeiten des Gehens, Sprechens und Denkens entwickelt haben, taucht das Gedächtnis auf. Ohne Gedächtnis ist das menschliche Leben undenkbar. Es sorgt für Kontinuität im Leben. Dadurch, dass ich mich heute daran erinnere, wer ich gestern war, was ich tat, fühlte und dachte, gibt es ein Morgen. Hand in Hand mit der Kontinuität erscheint die Identität. Die Erkenntnis der Kontinuität ist eine Leistung des Ich. Eine der Errungenschaften des Erwachsenen ist es, das eigene sowie das Leben anderer Menschen immer mehr aus einer Perspektive der Kontinuität zu erleben. Irgendwann im Leben taucht der Gedanke auf, dass in der eigenen Biografie eine kontinuierliche Entwicklung, ein «roter Faden» vorhanden sei, der entdeckt werden könne. Meist tritt dieses Erlebnis in der Zeit nach dem zwanzigsten Geburtstag ein, sobald das Ich die Individualisierung des eigenen Seelenlebens mehr oder weniger vollzogen hat.

Hinter den Kulissen

Man könnte davon sprechen, dass das Ich hinter den Kulissen des Lebens tätig ist. Es entzieht sich großenteils dem Bewusstsein und wirkt aus dem Grund einer unbewussten Weisheit des Willens.

In diesem Sinn bleibt das Ich vor der Geburt stehen. Es «strahlt» die Fähigkeiten des Gehen-, Sprechen- und Denkenlernens aus, schickt sie ins Leben hinein und wirkt auch weiterhin von jenseits und außerhalb des gewöhnlichen Ich-Bewusstseins.

Dies ist eine Erklärung dafür, warum es so schwierig ist, das menschliche Ich als solches zu erfassen, sowohl das eigene als auch das Ich eines anderen Menschen. Seinem tieferen *Wesen* nach ist das Ich niemand anders als der Verfasser der menschlichen Biografie. Sie ist ein Buch, das nur gelesen werden kann, indem man ihm Seite um Seite hinzufügt.

5. Das Leben vor der Geburt – die Mond-Sonne-Saturn-Übung

Sich selbst auf den Weg begeben – Erkenntnis und Fähigkeiten

Anthroposophie will nicht nur Erkenntnisse vermitteln. Steiner legt stets Wert darauf und betont immer wieder, dass es ihm um Vermittlung und Veranlagung von Fähigkeiten geht. Nur durch den Erwerb von Fähigkeiten wird es möglich, mit erworbenen Kenntnissen auf dem Gebiet des Karmas selbstständig umzugehen.

Karmaübungen

So ist es zu verstehen, dass Steiner in seiner Vortragsreihe über Karma im Jahr 1924 insbesondere darüber zu sprechen beginnt, was er Karmaübungen nennt. Dabei erwähnt er, dass er schon viel früher, nämlich 1902, einen Versuch unternommen habe, konkrete Übungen zur Erkenntnis des Karmas zu geben. Die damaligen Zuhörer zeigten jedoch kein Verständnis für einen solchen Versuch, sondern reagierten irritiert. Gut zwanzig Jahre später macht Steiner einen erneuten Versuch. Daraus ist ersichtlich, wie viel Steiner daran gelegen sein muss, in Bezug auf das Karma einen *begehbaren* Erkenntnis- und Übungsweg zu beschreiben.

> «Da waren die verschiedenen alten Mitglieder der theosophischen Bewegung, die hatten so ihre Vorstellungen von dem, was man sagen darf, was man nicht sagen darf; danach hatte sich aber (...) die ganze Atmosphäre gebildet. Die, welche die Leiter waren, wären ja Kopf gestanden, wenn man dazumal begonnen hätte, über praktische Karmaübungen zu sprechen. Es war einfach die theosophische Bewegung nicht reif dazu.»[40]

Üben heißt wiederholen

Das Ziel aller Karmaübungen besteht darin, eine Antwort auf die Frage zu erhalten, wie ein Gefühl für das menschliche Karma entwickelt werden kann. Wer die Übungen durchführt, sollte übrigens nicht die Illusion haben, zu sensationellen Entdeckungen hinsichtlich eigener früherer Verkörperungen zu gelangen. Wird die Übung unternommen, um zu schnellen Einblicken zu kommen, so geht sie an ihrem Ziel vorbei. Üben heißt wiederholen, so auch hier.

Durch ständige Wiederholung der Übung bildet sich langsam ein «Gefühl» für Karma, und das ist etwas völlig anderes, als eine frühere Inkarnation plastisch und farbenprächtig präsentiert zu bekommen. Außerdem wird zugleich mit dem Empfinden für Karma eine Haltung der Bescheidenheit, Sachlichkeit, Objektivität und Respekt entwickelt, die für Karmaforschung unverzichtbar ist. In Kapitel 7 werden wir das näher ausführen.

Der Kontext der Übung

Im Vortrag vom 4. Mai 1924 in Dornach schildert Steiner zum ersten Mal ausführlich eine solche Übung.[41] In den vorangehenden Vorträgen behandelt er eine Anzahl historischer Persönlichkeiten in karmischer Perspektive. Dabei nimmt er den Gesichtspunkt ein, dass die aufeinander folgenden Verkörperungen einer Individualität in einem sinnvollen Zusammenhang miteinander gesehen werden können. So spricht er u.a. über Francis Bacon und Comenius, über Pestalozzi, Hermann Grimm und Ralph W. Emerson sowie über Ibsen, Hölderlin und den römischen Kaiser Nero.

Wenn der Gedanke an Reinkarnation ernst genommen wird, tut sich in der Beschäftigung mit historischen Persönlichkeiten irgendwann die Frage auf, wie sie in verschiedenen Verkörperungen ihren Weg durch die Geschichte nehmen. Ein nächster Schritt ist es dann, derlei Fragen auf sich selbst oder die eigenen Mitmenschen zu beziehen.

Ethische und soziale Lebenshaltung

Als unmittelbare Vorbereitung der Karmaübung stellt Steiner einige einleitende Überlegungen an. Eine Betrachtung des Karmas habe nur dann einen Sinn, so führt er aus, wenn sie eine moralische und ethische Lebenshaltung unterstützt und stärkt.

> «Nachdem wir eine Reihe von karmischen Zusammenhängen betrachtet haben, die sich abspielten im geschichtlichen Werden der Menschheit, und nachdem wir durch diese Betrachtungen gesehen haben, wie das eine oder das andere aus einem Erdenleben in die nächsten Erdenleben hinüberfließt, werden wir nunmehr dazu übergehen, die karmischen Zusammenhänge noch von einem anderen Gesichtspunkte aus zu betrachten, von dem Gesichtspunkte, der, ich möchte sagen, noch mehr in das unmittelbare menschliche Leben hineinführt. Denn Karmabetrachtung hat ja eigentlich nur dadurch einen wirklichen Wert, dass diese Betrachtung in unser lebendiges Ethos, in unsere ganze Lebens- und Seelenverfassung hineinfließen kann ...»[42]

In diesem Zusammenhang deutet Steiner auch auf die Gefahr des Egoismus hin, der ein jeder ausgesetzt ist, der sich intensiv mit Anthroposophie beschäftigt.

> «Der Mensch der Gegenwart lebt außerordentlich stark in sich selbst. Und das Eigentümliche ist ja, dass der Mensch heute, gerade wenn er nach dem Geiste hinstrebt, wenn er Geistiges aufnimmt, sehr stark in die Gefahr hineinkommt, dadurch noch mehr in sich selber zu leben. (...)
> Früher hat er das, was der andere Mensch neben ihm getan hat, mit einer gewissen Selbstverständlichkeit hingenommen. Jetzt tut er es nicht mehr. Jetzt frägt er nach dem Eindruck, den es auf ihn macht. Oder aber, er stand früher in irgendeinem Lebenszusammenhang drinnen, der ihm ganz plausibel war. Er hat seine Pflichten getan und so weiter. Jetzt werden ihm diese Pflichten zuwider, jetzt möchte er heraus aus diesen Pflichten, weil er meint, sie seien nicht geistig genug und so fort. So führt gerade das geistige Streben innerhalb der Anthroposophie sehr leicht in eine Art von Egoismus hinein, in ein sich viel, viel ernster nehmen, als man sich vorher genommen hat.»[43]

Dagegen führt das Erüben von Karmaerkenntnis zu der Einsicht, dass die gegenseitigen menschlichen Beziehungen viel zahlreicher und intensiver sind, als wir gewöhnlich vermuten: *Karmaforschung ist eine soziale Tätigkeit!*

«Die ganze Sache beruht aber darauf, dass eben in einem solchen Falle nicht die Erweiterung der Lebensinteressen nach außen eingetreten ist, sondern dass sich die Lebensinteressen in das Innere zurückgeschlagen haben. Ich habe es ja oftmals erwähnt, dass derjenige, der nun wirklich hineinwächst, ganz wahrhaftig hineinwächst in das anthroposophische Leben, nicht weniger Interesse an dem äußeren Leben nimmt, sondern gerade durch die Anthroposophie viel mehr Interesse an diesem äußeren Leben nimmt, dass alle anderen Wesen anfangen, ihm unendlich viel interessanter zu werden, viel mehr wert zu werden. Aber dazu ist notwendig, dass man sich nicht von dem äußeren Leben zurückzieht, sondern dass man in dem äußeren Leben drinnen die Geistigkeit sieht … Zur karmischen Lebensbetrachtung ist eben durchaus nötig, sich ein gewisses Maß von der Gabe anzueignen, aus sich herauszugehen, in den anderen hineinzugehen …, ohne dass man auch bei den Dingen, die einem unangenehm und schmerzlich sind, aus sich herausgehen kann, ist eigentlich eine karmische, eine wahrhaft geltende karmische Lebensbetrachtung nicht möglich.»[44]

«Sieh mal, da steht nicht, was da steht!»[45]

In der Folge schildert Steiner eine Reihe von Beispielen. Geschehnisse und Eigenschaften, die in karmischer Hinsicht am bedeutendsten sind, müssen nicht immer auch diejenigen sein, die im jetzigen Leben am meisten ins Auge springen. Er gibt das Beispiel eines Menschen, der voller Engagement Mitglied einer Gesellschaft oder Vereinigung wird. Der karmische Grund für den Beitritt kann ein ganz anderer sein als das bewusste Motiv. Er kann z.B. darin liegen, dass der Betreffende dort einem anderen Menschen begegnen will, selbstverständlich ohne das zu wissen. Was außer der Begegnung in jenem Zusammenhang weiter geschieht, ist aus karmischer Perspektive nebensächlich, mag es sich dabei auch um bewusste und gezielte Anliegen der betreffenden Persönlichkeit handeln.

Viele Menschen werden diese Erfahrung erkennen. Wenn wir auf ein Ereignis zurückblicken, werden wir oft bemerken, dass das eigentlich wesentliche Ziel ein ganz anderes war als dasjenige, was uns bewusst motivierte und vorschwebte.

Diese einleitenden Gedanken mögen verdeutlichen, dass unser alltägliches Leben häufig verbirgt, wer wir als Menschen eigentlich sind und worin unsere karmischen Handlungsmotive bestehen. Auf der Suche nach solchen Motiven müssen wir uns bemühen, die schwer durchschaubare Wirklichkeit zu erhellen und durchsichtig zu machen.

Die erste Karmaübung

> «Sehen Sie, da handelt es sich dann darum, nun wirklich, wenn man das Karma betrachten will, durch den Menschen in einer gewissen Weise durchzuschauen … Diese karmische Motivierung erscheint erst, wenn der Mensch in einem gewissen Sinne durchsichtig wird.»[46]

Das Schlüsselwort in diesem Zusammenhang lautet also *Durchsichtigkeit* oder auch Transparenz. Der einzig verfügbare Anknüpfungspunkt bleibt allerdings die zunächst undurchsichtige irdische Erscheinung des betreffenden Menschen in Form von Gestalt und Lebenslauf. Einzelne biografische Tatsachen fallen ins Auge und möchten enträtselt, verstanden werden. Ziel ist es, diese menschliche Erscheinung transparent zu machen für die zentralen Impulse, die durch sie zur Wirkung kommen.

Im ersten Kapitel wurde dies der Bildcharakter des Menschen genannt. Auf Erden erscheint der Mensch als Bild. Es verhüllt und maskiert sein eigentliches Wesen, das prinzipiell unsichtbar ist. Die Karmaübung, die im Folgenden erläutert wird, geht von diesem Verhältnis zwischen Bild und Wesen aus. Mithilfe der Übung wird es möglich, dem Künstler zu begegnen, der vorgeburtlich die konkreten Lebenstatsachen entwarf. Interesse für das Wesen führt dazu, die sichtbare «Malerei» der Erscheinung, sprich den betreffenden Menschen in seiner Wesensart und mit dem ihm eigenen Lebenslauf, so sorgfältig wie möglich zu betrachten. Nur so kann auf Dauer eine Empfindung für die Besonderheit der unsichtbaren Individualität entstehen, die im Leben zwischen Tod und neuer Geburt die Vorbereitungen dafür getroffen hat, um im Hier und Jetzt verkörpert sein zu können.

Hinter die Kulissen des Handelns blicken

Wie kann die Erscheinung des Menschen transparent gemacht werden? Irgendwo muss ein Anfang gemacht werden. Steiner beginnt mit dem, was man im täglichen Leben von einem anderen Menschen als Erstes erfährt, nämlich damit, was er tut. Ein Mensch entfaltet mit seinen Gliedern alle möglichen Aktivitäten, er tut dieses und lässt jenes. Er arbeitet, erledigt Kleinigkeiten, er reist, kurzum, er ist «in Betrieb». Dies alles ist sichtbar und kann als Tatbestand beschrieben werden. Eine Biografie besteht zum großen Teil aus dieser Art von Tatsachen. Will man mehr über das Wesen des Menschen in Erfahrung bringen, so muss man in gewissem Sinn die sichtbaren Bewegungen durchsichtig machen, um durch sie hindurch und hinter ihnen zu erfassen, was ihnen zugrunde liegt.

> «Verstehen Sie mich richtig, meine lieben Freunde: Im gewöhnlichen Leben ist einem das außerordentlich wichtig, was der Mensch mit Armen und Beinen tut. Aber das verliert seine Bedeutung, wenn man das Tiefere im Menschen betrachten will.»[47]

Die Beweggründe unseres Handelns

Wenn wir das Tun und Lassen eines Mitmenschen beobachten, so ruft dies Fragen nach den Beweggründen seines Tuns hervor. «Warum hast du das gemacht?», fragen wir. Für das gewöhnliche Leben ist das eine brauchbare Formulierung. Meistens werden wir auf diese Frage aber keine wirklich befriedigende Antwort bekommen. Möglicherweise kann der Antwortende nicht erklären, warum er etwas tat, da ihm das eigentliche Motiv seines Handelns nicht klar ist. Vielleicht will er sein Tun nicht erklären und gibt eine ausweichende oder konventionelle Antwort. Außerdem spielen oft verschiedene Motive gleichzeitig eine Rolle, sodass zwei Fragesteller jeweils andere Antworten erhalten, die beide wahr sein können. Schon an nebensächlichen Dingen kann man bemerken, dass die Frage nach den Motiven einer Handlung meist nicht eindeutig zu beantworten ist. Für die Erforschung des Karmas ist eine aus dem Alltagsbewusstsein gegebene Antwort auf die Frage nach den Gründen des Handelns in der Regel nicht ausreichend. Das wird an dem oben erwähnten Beispiel eines Menschen deutlich, der aus Lust und Laune Mitglied eines Vereins wurde, dessen unbewusste karmische Intention es jedoch war, dort einem bestimmten Menschen zu begegnen. Um diese Intention zu entdecken, ist noch etwas anderes erforderlich.

Hinter dem Tun und Lassen: die Lebensstimmung

Was kann nun der erste Schritt sein, den handelnden, sich bewegenden und aktiven Menschen im gemeinten Sinn transparent zu machen? Steiner gibt den Rat, nach der *Lebensstimmung* des Menschen zu suchen, nach der Grundfärbung seines Handelns (und Unterlassens!). Also nicht nach bewussten Intentionen zu fragen, sondern nach der Grundstimmung, durch die das ganze Leben geprägt wird. Ist jemand grundsätzlich aufgeräumt, düster, optimistisch oder pessimistisch? Wie ist die Fantasie des Betreffenden beschaffen? Hat jemand so viel ungezügelte Fantasie, dass er selbst oder seine Umgebung darunter leidet, oder mangelt es ihm eher an Fantasie? Das Temperament gehört auch in den Bereich der Lebensstimmung (vgl. Anhang I über die Temperamente, S. 191 ff.).

Wenn man einen Menschen einigermaßen kennt, so kann man sich ohne allzu große Mühe ein Bild der Lebensstimmung machen, die hinter den beobachtbaren Aktivitäten der Gliedmaßen hervorscheint. Der eine Mensch sucht beispielsweise fortwährend neue Herausforderungen und kommt durch sie mit vielen Seiten der Welt in Berührung. Zugleich ist er von einer gewissen Ruhelosigkeit geprägt und bleibt in den Begegnungen mit der Welt mitunter oberflächlich. Ein anderer hingegen tut augenscheinlich wenig, tritt dann aber nach jahrelanger Arbeit in der Stille mit reifen Ergebnissen hervor. Der eine Mensch lebt in reichen Bildern und Ideen eigener Möglichkeiten, kann sie mitunter aber auch schnell wieder verwerfen oder vergessen. Oder sie erweisen sich als undurchführbar. Ein anderer kommt nicht leicht auf eigene Ideen, entwickelt aber Ausdauer und Durchhaltekraft, wenn es gilt, solche zu verwirklichen.

Lebensstimmung und Lebensleib

Für die Karmaübung ist es wesentlich, die Empfindung auszubilden, dass die Lebensstimmung eines Menschen ganz intim mit ihm verbunden ist und eine tiefere Schicht seines Wesens als die äußeren Taten und Unterlassungen zum Ausdruck bringt.

Menschenkundlich betrachtet ist diese Grundstimmung ein Charakteristikum des menschlichen *Lebensleibes.* Die Individualität bildet sich den Lebensleib in der letzten Phase vor der Geburt. In Kapitel 2 wurde dargestellt, wie sich der Mensch auf seinem Rückweg zur Erde kurz vor der Geburt, nach der inzwischen lange zurückliegenden Verarbeitung des vorigen Lebens, mit neuen Zielsetzungen und Impulsen versehen in der *Mondensphäre* einen Lebensleib bildet, der seinen Anliegen für das bevorstehende Leben entspricht. Eine der Äußerungen dieses Lebensleibes ist die Grundstimmung, aus welcher der Mensch handelt und lebt.

Hinter der Lebensstimmung: der Mondenmensch

Hinter dem Tun und Lassen eines Menschenlebens können wir dessen Grundstimmung erkennen. Im irdischen Leben *verbergen* die alltäglichen Taten diese Stimmung. Sie ist eine auf die Erde mitgebrachte Frucht des vorgeburtlichen Geschehens in der Mondensphäre. Verkürzt dürfen wir sagen: Wir haben in dieser Stimmung den «Mondenmenschen» in uns selbst vor uns.

Die Bemühung, Taten und Unterlassungen eines Menschen transparent zu machen für die Grundstimmung des Lebens, bildet einen ersten Schritt der karmischen Forschung. Der vorgeburtliche Mondenmensch wird erfahrbar.

> «Können Sie absehen von dem, was ein Mensch mit seinen Armen und Händen vollbringt, ... das heißt, legen Sie keinen Wert auf die Reisen, die er gemacht hat, auf die Gänge, die er gemacht hat, auf das, was er durch seine Beine tut, legen Sie keinen Wert auf die äußere Arbeit, die er mit seinen Armen verrichtet, sondern sehen Sie darauf, wie er gestimmt ist, wie sein Temperament ist, wie alles das ist, woran Arme und Beine keinen Anteil haben: dann ist das die erste Durchsichtigkeit, die Sie für den Menschen

gewinnen können ... Das, was früher durch die Tätigkeit der Arme und Beine verdeckt worden ist, das sehen Sie dann durch ihn durch ... Dann erscheint uns der Mensch nicht mehr so abgegrenzt von dem Weltenall, wie er uns sonst erscheint, sondern da beginnt er hinter sich den Mond zu zeigen mit all den Impulsen, die vom Monde aus auf den Menschen wirken. Wir fangen an zu sagen: Ja der Mensch hat eine gewisse Fantasie, entwickelte oder unentwickelte Fantasie. Dafür kann er nichts. Da stehen die Mondenkräfte dahinter. Die werden uns nur durch das verdeckt, was aus der Tätigkeit seiner Arme und Beine hervorgeht.»[47]

Die Grundstimmung der Seele entspringt dem Lebensleib

Die beschriebene Grundstimmung scheint ein seelisches Phänomen zu sein. Dies ist tatsächlich der Fall, doch wurzelt diese seelische Verfassung im Lebensleib (vergleiche Kapitel 4). Wenn wir die menschliche Seele ausschließlich als einen Ausdruck des Astralleibs betrachten, kann dies Verwirrung hervorrufen. Auch der Lebensleib trägt zu Dasein und Beschaffenheit der Seele bei, denn Eigenschaften der Seele wie Temperament und Fantasie haben in ihm ihren Ursprung. Wir haben es dabei mit einem Aspekt der Seele zu tun, der rein instrumenteller Art ist. Er gehört zum Instrumentarium, zum Handwerkszeug, das durch physischen Leib und Lebensleib gebildet wird und das das geistig-seelische Menschenwesen gleichsam vorfindet. Er lässt sich daher auch nicht nach Belieben spontan verändern, z.B. durch gute Vorsätze oder Verhaltenstherapie. Die Grundstimmung unseres Charakters tragen wir unser Leben lang als grundlegendes Instrument mit und in uns.

Indem wir ein Bild der Lebensstimmung eines Menschen formen, dringen wir durch die Schicht seiner äußeren Taten in seine innere Welt vor. Doch ist das so geschaffene Bild nicht das Endziel auf dem Weg zum Wesen des Menschen.

Hinter der Stimmung: die menschliche Persönlichkeit

Die folgende Frage lautet dann: Was verbirgt sich hinter der aufgesuchten Grundstimmung des Menschen?

Wir haben einen Menschen vor uns. Zunächst lernen wir seine Taten kennen. Anschließend stellen wir uns die Frage nach der Stimmung, die hinter ihnen verborgen ist. Wir entdecken eine Grundstimmung, spezifisch für diesen Menschen, einschließlich solcher Elemente wie Grundfarbe des Charakters, Temperament und Art der Fantasie. Daran kann die weitere Frage gestellt werden: Welche Persönlichkeit verbirgt sich hinter dieser Lebensstimmung? Welche Seele hat sich in die so beschaffene Lebensstimmung gehüllt?

Im Hinblick auf die irdischen Verhältnisse kann man fragen: Was bedeutet die Tatsache, dass ein Mensch jene spezielle Lebensstimmung besitzt, für die Art, wie er der Welt begegnet? Dieselbe Frage, aus der vorgeburtlichen Perspektive heraus gestellt, lautet anders: Wie will ein Mensch, der sich mit dieser Lebensstimmung gleichsam umgeben hat, mit ihr und aus ihr der Welt begegnen? Die Begegnung mit der Welt hängt wesentlich von dieser Stimmung ab. Durch die Augen eines Hypochonders betrachtet, sieht die Welt vollständig anders aus als durch die eines Arztes oder eines Optimisten! Die Abreise in denselben bevorstehenden Urlaub ist für den einen Menschen der strahlende Beginn eines Abenteuers, für den anderen eine einzige, fürchterliche Schlepperei unzähliger Gepäckstücke.

Der Prozess des Durchsichtig-Machens findet seine Fortsetzung in der Frage: Welcher Begegnungsstil verbirgt sich hinter der aufgefundenen Grundstimmung?

Wie treten wir mit der Welt in Beziehung?

Diese Frage kann präziser gestellt werden. *Was* nimmt jemand von der Welt wahr, und *wie* nimmt jemand wahr, indem er die Welt durch Augen und Ohren in seiner Lebensstimmung erfährt? Jeder von uns besitzt bekanntlich seine ganz eigene Wahrnehmung der Welt, ja wir haben buchstäblich jeder einen anderen Zugang zu ihr. Ein und dieselbe Situation wird von jedem Menschen auf andere, jeweils spezifische Art wahrgenommen. Der eine ist besonders aktiv mit den Augen, ein anderer mit den Ohren oder mit weiteren Sinnen. Der eine richtet sein Augenmerk besonders auf Dinge der Natur wie Pflanzen oder Tiere, der andere vor allem auf kulturelle Angelegenheiten, auf Kunst, Politik oder Geschichte, um nur wenige der unzähligen Möglichkeiten zu nennen, mit denen wir uns als Menschen vertraut machen können. Wie wir der Welt begegnen und einen Platz in ihr einnehmen, führt uns zu jeweils anderem Gebrauch unserer hauptsächlichen Wahrnehmungsinstrumente, der Sinne.

Gelingt es uns, einen deutlichen Eindruck von der spezifischen Art der Wahrnehmung eines Menschen zu gewinnen, so erhalten wir damit einen Einblick in dessen Wesen, der über die bisher erfassten Ebenen hinausgeht.

Die nun errungene Wesensschicht ist mit der Seele des Menschen verbunden. Sobald sich ein Innenleben bildet, entsteht ein umfassendes Wechselspiel zwischen Innen- und Außenwelt (vgl. Kap. 4, S. 73 ff.). Eine der grundlegendsten Fragen, die wir an die menschliche Seele richten können, lautet wie folgt: Welches ist dein spezifisches Verhältnis zur Welt?

Hinter dem Mondenmenschen: der Sonnenmensch

Hinter den Taten und Unterlassungen des Menschen können wir dessen Lebensstimmung erfassen. Sie ist eine Gabe der vorgeburtlichen *Mondensphäre*.[49] Der individuelle Stil des Zugangs zur Welt entstammt einer anderen Sphäre. Welche ist dies?

Auf dem vorgeburtlichen Weg zur Erde verdichtet das geistige Menschenwesen aus den Kräften der *Sonnensphäre* die eigene Seele (vgl. Kap. 2, S. 45 ff.). Die Sonnensphäre entspricht begrifflich der unteren geistigen Welt, die von Rudolf Steiner in seinen frühen Werken «niederes Devachan» genannt wird. Die Bildung der Seele erfolgt, nachdem in der höheren geistigen Welt die Willensintentionen für das kommende Erdenleben hervorgebracht wurden. Der Mensch gestaltet in der Sonnensphäre seine Seele gemäß den Auswirkungen des vorigen und den Intentionen des bevorstehenden Erdenlebens.

Hinter dem Mondenmenschen verbirgt sich ein «Sonnenmensch», von dem wir eine Empfindung erhalten können, wenn wir uns einem Menschen mit der inneren Frage zuwenden: Wie begegnest du der dich umgebenden Welt?

«Sagen wir, wir suggerieren uns das weg, was den Menschen emotionell macht, was ihn mit einem gewissen Temperament begabt macht, was eben die mehr seelischen Äußerungen des alltäglichen Lebens sind. Da verschwindet vom Menschen noch mehr, der Mensch wird mehr durchsichtig. Und wir können weitergehen, wir können absehen von alledem, was im Menschen dadurch ist, dass er Sinne hat … Sie schauen durch den Menschen durch und schauen eigentlich auf die Sonne, wenn Sie von alledem absehen, was der Mensch durch seine Sinne wahrgenommen hat.»[50]

Der Geist hat eine Richtung

Unter dem Aspekt des Geistes betrachtet ist die Art und Weise der Seele, die Welt wahrzunehmen, im wörtlichen Sinne ein «way of life», ein Lebensweg. Es geht dabei um die Qualität, wie der Mensch in der Welt steht. Dahinter verbirgt sich das Gebiet der eigentlichen Intentionen in diesem Leben. Steiner spricht hier von einer «Richtung».

Im Alltagsleben finden sind ausschließlich deren Spiegelungen. In Krisenzeiten stellen sich uns überlebensgroß erscheinende Fragen: «Was will ich eigentlich mit meinem Leben?» Oder: «Was will *ich* eigentlich?» Solche Fragen bilden die Veranlassung, sich nach jenem Bereich auf die Suche zu begeben, aus dem die eigenen, tieferen Intentionen stammen.

Hinter jener Schicht der Seele, der die Frage nach Art und Weise der Weltbegegnung gilt, befindet sich die Sphäre der Richtung, ein Reich, das wesentlich *geistiger* Art ist und den Wesenskern eines Menschen ausmacht. Wie der Stil der Weltbegegnung in einem Leben Frucht des vorgeburtlichen Sonnen-Menschen ist, so ist, was hier auf der Erde Lebensrichtung wird, Frucht und Spiegelung des vorgeburtlichen Saturns.

«Jetzt fragen Sie sich, was bleibt von dem Menschen noch übrig, wenn ich absehe davon, dass er durch seine Sinne etwas wahrgenommen hat? Da bleibt noch eine gewisse Denkrichtung übrig, eine gewisse Impulsivität seines Denkens, eine gewisse Richtung seines Lebens ... Und wenn Sie jetzt auch noch absehen von seinen Gedanken, seiner Denkrichtung, dann verschwindet der Kopf auch noch. Der ganze Mensch ist fort. Sie sehen durch und sehen zuletzt Saturn im Hintergrunde.»[51]

Jenes Reich im Leben zwischen Tod und neuer Geburt, in dem die eigentliche Lebensrichtung geprägt und gebildet wird, nennt Steiner die *Saturnsphäre.* Sie ist identisch mit der so genannten höheren geistigen Welt bzw. dem oberen Devachan. In dieser Sphäre bildet der Mensch gemeinsam mit den dort wirksamen Wesen in sein eigenes Geistwesen die Lebensrichtung ein, er prägt in dieses die Intentionen für das kommende Leben auf der Erde hinein.

Eine «Lebensrichtung» – was ist das?

Was ist nun im Grunde eine *Richtung?* Wir verstehen darunter eine Bewegung mit einem Ziel, einer Orientierung. Wodurch geschieht in diesem Sinne Bewegung? Was bewegt uns im Leben? Das Wort Motiv – ausdrücklich in der Einzahl – ist hier im buchstäblichen Sinn gewählt: Motivieren heißt in Bewegung bringen. Was ist das Lebensmotiv eines Menschen?

Vieles, was wir gewöhnlich im Leben als richtunggebend erfahren, ist mehr oder minder von anderen «geliehen» – dies vorweg. Wenn jemand beispielsweise einen wichtigen Anteil der eigenen Identität seiner Zugehörigkeit zu einer bestimmten Glaubensrichtung entlehnt, wird er die Ideen und Erfahrungen, die dort üblich sind und dazugehören, in hohem Maße als seine eigenen betrachten. Es ist jedoch denkbar, dass er tatsächlich vor allem Mitläufer ist. Dasselbe gilt für politische, künstlerische oder philosophische Bindungen. Namentlich in der Jugend können wir uns problemlos bestimmten Idealen hingeben und uns vollständig mit ihnen identifizieren, während wir sie im weiteren Verlauf des Lebens ganz und gar hinter uns lassen. Manchen Menschen ist es gegeben, «Träger» einer bestimmten Richtung zu sein, wie es etwa von Rembrandt gesagt werden kann. Bei Bewegungen wie z.B. dem Impressionismus sind sowohl Initiatoren oder Träger der Richtung als auch «Mitläufer» erkennbar. In der Wissenschaft kann u.a. Darwin als Träger einer wissenschaftlichen Richtung gelten, während beispielsweise Goethe Initiator einer ganz anderen Wissenschaftsrichtung ist. Leute wie Henry Ford oder Bill Gates verkörpern je eigene Richtungen im wirtschaftlichen Leben.

Wenn auch nicht jedes Leben eine Richtung besitzt, die in Geschichtsbüchern verewigt wird, so hat es doch seine äußerst individuelle Zielrichtung. Steiner gebraucht diesbezüglich die Metapher, jeder Mensch habe seinen eigenen Stern. Gemeint ist damit, dass jedes Menschenleben letzten Endes seine ganz eigene Richtung besitzt.

Die Richtung in den Blick nehmen

Die Antwort auf die Frage nach den wichtigsten Elementen der eigenen Richtung wird zu unterschiedlichen Zeitpunkten des Lebens unterschiedlich ausfallen. Um etwas von der Lebensrichtung eines Menschen zu erfassen, ist es notwendig, einen gewissen Abstand zu den Einzelheiten der Biografie einzunehmen. Oft ist es zudem leichter, die Richtung im Leben eines anderen Menschen als die der eigenen Biografie zu bemerken. Die Frage nach der Richtung wird vielfach in einem helleren Licht erscheinen, nachdem sich das Leben eines Menschen erfüllt hat. Es entsteht dann eine natürliche Übersicht, und eventuelle Emotionen oder eigene Belange stehen weniger im Weg. Dies kann auch bei der Lektüre von Nachrufen empfunden werden.

Drei Wesensschichten

Mit den drei angeführten Elementen der *Grundstimmung* des Lebens, der Art der *Weltbegegnung* und schließlich der *Richtung* sind drei Wesensschichten des Menschen angedeutet, die im gewöhnlichen Leben hinter dem Getriebe des Alltags verborgen bleiben. Die Beziehungen dieser drei Wesensschichten zu Lebensleib, Seelenleib und Ich des Menschen lassen sich klar benennen. Die Stimmung gehört dem Lebensleib an, der Begegnungsstil dem Seelenleib, und das Thema der Richtung ist eng mit dem Ich verbunden.

Auf dem Weg zur vorgeburtlichen Identität

Zusammenfassend kann die erläuterte Karmaübung, die so genannte Mond-Sonne-Saturn-Übung, als eine Übung betrachtet werden, die es ermöglicht, mithilfe dreier Schritte einen Blick auf die vorgeburtliche Identität eines Menschen zu werfen.

> «Und wenn Sie jetzt auch noch absehen von seinen Gedanken, seiner Denkrichtung, dann verschwindet der Kopf auch noch. Der ganze Mensch ist fort. Sie sehen durch und sehen zuletzt Saturn im Hintergrunde. Aber in diesem Augenblicke liegt Ihnen das Karma des Menschen, oder Ihr eigenes Karma, bloß da. Denn in dem Augenblicke, wo Sie die Saturnwirkungen im Menschen beobachten, wo Ihnen der Mensch ganz durchsichtig geworden ist und Sie ihn so weit betrachten, dass Sie ihn auf dem Hintergrunde des ganzen Planetensystems schauen, auf dem Hintergrunde von Mond, Sonne, Saturn, in diesem Augenblicke liegt Ihnen das Karma des Menschen da. (...)
> Dann kommt mir aus dem Weltenall das Bild des Menschen wieder entgegen. Aber das ist jetzt nicht der Mensch in seiner gegenwärtigen Inkarnation, das ist der Mensch in irgendeiner seiner vorigen Inkarnationen oder in ein paar vorigen Inkarnationen.»[52]

Insgesamt geht es um einen Weg, auf dem allmählich und aufeinander aufbauend übersichtliche und kontrollierbare Schritte vollzogen werden. Es ist nicht Sinn und Zweck der Anthroposophie, möglichst schnell karmische Einsichten hervorzurufen. Gerade weil diese nicht leicht zu vollziehende Übung einen intensiven Einsatz gedanklicher Disziplin verlangt, nimmt das Interesse am Menschen zu, den man vor sich hat. Mit anderen Worten: Neugier und voyeuristische Regungen werden abprallen, da man die Schlüssel zu den drei genannten Schlössern nur durch geduldiges und integeres Üben in die Hand bekommt.

Die hier dargestellte Übung gibt keine direkte Antwort auf die Frage, wer jemand in einem früheren Leben war, denn sie richtet sich im Grunde auf die zweite Hälfte des Lebens zwischen Tod und neuer Geburt, die Phase der Vorbereitung eines neuen Lebens. Ein Interesse, das begierig auf Spekulationen über eigene oder fremde frühere Leben gerichtet ist, stößt hier auf verschlossene Türen. Die geschilderte Übung blickt vielmehr hin auf das sich inkarnierende Wesen während des langen Prozesses vor der Geburt. Das gibt wenig Anlass zu Sensationen, sondern fördert die Entwicklung eines selbstlosen sozialen Interesses am anderen Menschen.

Zusammenfassung – die Biografie vor der Geburt

In Kapitel 2 wurde die zweifache Biografie des Menschen dargestellt. Die beschriebene Karmaübung macht deutlich, dass ein anthroposophischer Zugang zum Thema damit ernst zu machen versucht, die irdische Biografie des Menschen in ein Verhältnis zu dessen Biografie zwischen Tod und neuer Geburt zu setzen.

Dabei ergibt sich folgendes Bild: Nach der Mitternachtsstunde des Daseins – dem gleichsam höchsten Punkt im Leben zwischen Tod und neuer Geburt – kommt das menschliche Geistwesen in eine Bewegung, die eine bestimmte *Richtung* besitzt.

In der Folge öffnen sich Fenster zur Außenwelt, einige mehr, andere weniger. Es ist die Rede von Affinitäten und blinden Flecken, sowohl instrumentell gemeint als auch inhaltlich. Das seelisch-geistige Wesen des Menschen entwickelt einen eigenen *Wahrnehmungsstil.*

Schließlich wird es in der Mondensphäre gewissermaßen in eine persönliche *Grundstimmung* «eingetaucht». Das Menschenwesen ist noch nicht physischer Natur, erhält aber bereits eine leibliche Struktur.

Alle beschriebenen Schritte werden in direktem Zusammenspiel und Austausch mit geistigen Wesen und anderen Menschenwesen vollzogen. Denn wie auf der Erde, so ist der Mensch auch in dieser Welt von vielen anderen menschlichen sowie rein geistigen Wesen umgeben.

Nach dieser vorgeburtlichen Vorbereitung ist der Mensch soweit, sein Leben auf der Erde antreten zu können.

6. Karmische Entwicklungsgesetze

Einleitung

Verschiedene Zugänge

Rudolf Steiner spricht unter ganz verschiedenen Gesichtspunkten über das Karma. Häufig wählt er z.B. einen historischen Zugang. Von einer ansehnlichen Anzahl von Menschen – die ausnahmslos nicht mehr lebten, als er über sie sprach – stellt er einzelne Inkarnationen dar, um an ihnen die Wechselwirkungen zwischen den betreffenden Individualitäten und den geschichtlichen Perioden, in denen sie lebten, aufzuzeigen. In aufeinander folgenden Verkörperungen ist der Mensch Mitträger der historischen Entwicklung und wird seinerseits wieder beeinflusst durch den Lauf der geschichtlichen Ereignisse. Dafür gibt Steiner zahlreiche Beispiele.

Ein weiterer Zugang ist jener der Karmaübungen, wie in Kapitel 5 ausgeführt. Mit ihm gibt Steiner seinen heutigen Lesern, damals Zuhörern, die Möglichkeit, eigene Schritte auf dem Weg der Karmaforschung zu gehen.

Eine dritte Annäherung an das Thema vermittelt Rudolf Steiner, indem er von einer Anzahl menschlicher Eigenschaften die *karmischen Entwicklungsgesetze* darstellt. Dies tut er, indem er eine Eigenschaft oder Begebenheit aus *einem* Leben schildert und anschließend deren Folgen in einem *späteren* Leben bzw. ihre Ursachen in einem *früheren* Leben betrachtet.

In diesem Kapitel beschäftigen wir uns mit dieser Zugangsweise.

Ursache und Wirkung

Beim Karma handelt es sich, kurz gesagt, um das Gesetz von Ursache und Wirkung zwischen verschiedenen Leben. Ursächliche Verbindungen zwischen verschiedenen Leben sind für viele Menschen nicht selbstverständlich. Die heftigen Diskussionen über vermeintliche karmische Ursachen von Krankheit oder Armut zeugen davon. Es ist eine moderne Errungenschaft, dass wir vorschnelle Schlüsse und moralisierende Urteile vermeiden wollen. Das soll unseres Erachtens allerdings nicht heißen, dass man nicht überlegt und verantwortungsvoll über die karmischen Hintergründe menschlicher Eigenschaften nachdenken kann.

Innerhalb *eines* Lebens bestehen deutlich erkennbare Beziehungen zwischen Ursache und Wirkung: Wer zu viel Geld ausgibt, hat anschließend Schulden. Niemand findet das ungerecht oder seltsam. Wer sich sozial absondert und nicht entsprechend einbringt, gerät ins soziale Abseits. Zwar kann es Mitleid hervorrufen, wenn sich jemand aus Unfähigkeit so verhält, gegen die Tatsache jedoch, dass das eine auf das andere folgt, werden wir nichts einwenden können. Auch kann eine Ursache außerhalb meiner liegen, die Folge mich aber sehr wohl betreffen, wie in Fällen, wo ich unbeteiligtes Opfer eines Verkehrsunfalls oder miteinander streitender Eltern werde. Niemand erfährt etwas Derartiges als Strafe, wo es eine klare und absehbare Folge ist. Ohne damit Urteile irgendwelcher Art zu verbinden, sollen nachfolgend einige der von Steiner beschriebenen Entwicklungsgesetze behandelt werden.

Steiner stellt die geistige Welt nicht als eine richterliche Instanz dar, die Strafen verteilt. Vielmehr arbeitet der Mensch in Verbindung mit geistigen Wesen daran, bestimmte Eigenschaften auszubilden.

Einige vorangehende Bemerkungen

Wir gehen hier mit dem Begriff *Entwicklungsgesetz* um. Steiner spricht von *Gesetzmäßigkeit*. Dieser Begriff weckt möglicherweise den Eindruck, es gehe hier um harte, unabänderliche Gesetze. Er wird in der Physik verwendet, auch bezüglich der lebendigen Natur werden bestimmte Wachstumsvorgänge als Gesetzmäßigkeiten bezeichnet. Dies

Letztere hat bereits eine gewisse Nähe zu den Sachverhalten, um die es hier geht. Die Dinge liegen beim Karma jedoch etwas anders: Hier hat das Wachstumsgesetz das Ziel, eine Eigenschaft oder Tat *weiterzuführen*, in der Entwicklung voranzubringen. Und ganz anders als beim entsprechenden Geschehen in der Natur ist die menschliche Individualität selbst höchst aktiv daran beteiligt, eine Ursache in eine Wirkung zu verarbeiten und zu verwandeln.

Bei der Verarbeitung des Schicksals zwischen Tod und neuer Geburt sind Objekt und Subjekt, abstrakt ausgedrückt, dasselbe. Das heißt konkret, dass der Mensch in diesem Prozess nicht «Knetwachs in den Händen der geistigen Welt» ist, sondern im *Zusammenwirken* mit ihr sein Karma gestaltet (vgl. das Kapitel über Johannes Kepler, S. 239 ff.). Weil dies so ist, verwenden wir hier vorzugsweise die Bezeichnung «karmisches Entwicklungsgesetz».

Zwei Pfeiler einer Brücke

Eine zweite Bemerkung sei ebenfalls vorangeschickt. Steiner erwähnt bei den meisten der von ihm behandelten Entwicklungsgesetze die Eigenschaft des einen als auch die des folgenden Lebens, gelegentlich auch die eines dritten Lebens. Damit erhalten wir gewissermaßen zwei Pfeiler einer Brücke; der eine steht auf dem Boden des gegenwärtigen, der andere auf dem Boden des folgenden Lebens. Die «Brücke» selbst, das Geschehen also im Leben zwischen Tod und nächster Geburt, wird in diesem Zusammenhang von ihm nicht dargestellt.

Im Folgenden wollen wir versuchen, anhand einiger der von Steiner ausgeführten karmischen Entwicklungsgesetze uns eine Vorstellung davon zu bilden, was bei deren Wirken in der geistigen Welt geschieht. Wir wenden die gegebenen Entwicklungsgesetze also zu «Übungen in praktischem Brückenbau» an. Ziel dabei ist es, ein Verständnis für den Verwandlungsprozess im Leben zwischen Tod und neuer Geburt zu entwickeln.

Erstes Beispiel: Die Pfeiler

Wir gehen von einem Vortrag aus, den Steiner am 10. Mai 1924 in Dornach gehalten hat.[53] Interessanterweise wurde er direkt nach den Ausführungen über die Mond-Sonne-Saturn-Übung sowie eine zweite Karmaübung, die so genannte Drei-Tage-Übung, gehalten vgl. Kap.7, S. 146 f.). In dem Vortrag, um den es hier geht, schildert Steiner mit großer Beharrlichkeit sechs menschliche Eigenschaften und deren Konsequenzen.

Damit gibt Rudolf Steiner dem Studium karmischer Gesetzmäßigkeiten für unser Verständnis gleichfalls den Charakter einer Karmaübung.

Aufmerksamkeit – ein Auge für Details

Karmaforschung müsse einen Blick entwickeln für jene Dinge, die beim ersten Hinsehen nicht so wichtig erscheinen! Mit dieser sinngemäß öfters wiederholten Aussage leitet Steiner sein Thema ein. Es geht nicht um irgendwelche ausgefallenen, sondern um ganz gewöhnliche Eigenschaften. So handelt es sich bei der ersten, die von ihm besprochen wird, um die *Aufmerksamkeit für Details* im heutigen Leben. Steiner illustriert am Beispiel, dass er damit meint, wenn sich jemand mit großer Aufmerksamkeit für Einzelheiten und Kleinigkeiten durch die Welt bewegt, viel sieht und hört und mit Interesse die Welt aufnimmt, die sich ihm durch die Sinne darbietet. Das Gegenteil wäre ein Mensch, der zwar über ein reiches und umfassendes Innenleben verfügen könnte, vielleicht sehr gebildet und intellektuell begabt ist, der jedoch nicht an dem teilnimmt, was in der Welt um ihn herum unmittelbar vor sich geht. Er könnte sich z.B. abends nicht mehr daran erinnern, welche Kleider derjenige trug, mit dem er sich am Morgen zuvor unterhalten hat. Steiner betont, dass ein solcher Mensch, der wenig die Welt wahrnimmt, durchaus eine *hohe* Geistigkeit besitzen könne, eine besonders *eindringliche* Geistigkeit sei dies jedoch nicht. Ergänzend sei gesagt, dass ein Mensch mit großem Interesse für die sinnliche Welt in der Regel mehr in Bewegung sein und mehr auf die Dinge zugehen wird, während jemand mit einer «hohen, aber wenig eindringlichen Spiritualität» eher ein Stubengelehrter und

Theoretiker sein dürfte. Es geht also nicht nur um das unterschiedliche Ausmaß, die Sinne zu gebrauchen, sondern auch um verschiedene Arten, sich durch die Welt zu *bewegen.*

> «Sagen wir zum Beispiel, jemand habe ein Erdenleben damit verbracht, dass er sich mit den Dingen im Leben, die an ihn herangetreten sind, recht genau beschäftigt hat, dass er für vieles ein intimes, ein gutes Interesse hatte, dass er an nichts vorbeigegangen ist, weder an Menschen noch an Sachen noch an Erscheinungen vorbeigegangen ist. (...)
> Es gibt eben Menschen, die haben für alles im Leben Aufmerksamkeit. (...) Und es macht eben einen großen Unterschied, ob ein Mensch für die Dinge des Lebens aufmerksam ist, sich für alles Einzelne interessiert oder ob er unaufmerksam für die Dinge des Lebens ist. (...)
> Wenn der Mensch aufmerksam auf die Dinge seiner Umgebung wurde, musste er ja immer zu diesen Dingen gehen, er musste seine Glieder regsam machen, seine Glieder in Tätigkeit bringen. Der ganze Körper kam in Tätigkeit ...»[54]

Was bisher von den beiden so charakterisierten Menschen geschildert wurde, stellt den jeweiligen «Pfeiler» im aktuellen Leben dar. Man erhält eine ungefähre Vorstellung von der Art der Menschen, die Steiner bei seiner Beschreibung im Auge hat. Hat deren Art nun Folgen für ihr Leben nach dem Tod und möglicherweise sogar für ihre Anlagen in einem späteren Leben?

Folgen in der Leiblichkeit

Den «Pfeiler» im nachfolgenden Leben, also die karmische Auswirkung des Interesses aus dem vorangehenden ersten Leben, beschreibt Steiner wie folgt: Die Folgen des starken Weltinteresses bzw. die eines Interessemangels im angedeuteten Sinn machen sich im nachfolgenden Leben in der Leiblichkeit des Menschen geltend. Steiner verweist hierbei auf den Körperbau mit der Frage, wie dieser bei einem Menschen beschaffen sei. Sind Knochen und Muskeln stark und kräftig gebaut, oder sind sie ihrer Anlage nach eher schwach entwickelt? X- oder O-Beine z.B. deuten auf eine schwache Anlage. Hier entspricht der Bau der Beine nicht ihrer Zielsetzung, sich der Schwerkraft der Erde gut einzugliedern. Schließlich ist es die Funktion der Beine, sich im Feld der Schwerkraft zu bewegen. In biologischer Hinsicht sind die Beine ihrer Funktion gemäß ausgebildet, wenn sie sich diesem Feld gut einfügen. Gerade und nicht O- oder X-Beine sind so gesehen der Maßstab, mit dem gemessen werden kann.

«Die Kräfte der Erde werden vom Kopfe sehr, sehr stark protegiert, und die Folge ist, dass ein solcher Mensch alles das in besonderer Ausbildung bekommt, was von den Kräften der Erde abhängt. Das heißt, er bekommt große Knochen, starke Knochen, er bekommt zum Beispiel außerordentlich breite Schulterblätter, die Rippen sind gut ausgebildet …

Das können wir der Stirne absehen, sie ist nicht besonders hoch – denn hohe Stirnen sind nicht erdverwandt –, aber sie ist scharf und stark ausgebildet. (…) Und das Eigentümliche ist: Wenn stark herüberwirken solche erdverwandten Kräfte aus dem früheren Erdenleben, dann wachsen die Haare sehr schnell. (…)

Bei einem solchen Menschen, dessen Karma so ist, wie ich es geschildert habe – dass er aus einem besonders starken Hang zur Aufmerksamkeit für das Leben im nächsten Erdenleben starke Knochen bekommt, wohlausgebildete Muskeln bekommt –, bei einem solchen Menschen werden wir sehen, dass er mutig durchs Leben geht. Er hat sich durch das auch zur gleichen Zeit, ich möchte sagen, das Natürliche, die natürliche Kraft eines mutvollen Lebens angeeignet. (…)

Dagegen betrachten wir einmal Feiglinge, furchtsame Menschen. Es sind solche, die im vorigen Erdenleben sich für nichts interessiert haben. Sie sehen, das Karmabetrachten hat auch eine gewisse Bedeutung für die Hineinstellung in das Leben mit Bezug auf die Zukunft …

Denn wenn wir unser gegenwärtiges Erdenleben mit einiger Selbsterkenntnis nehmen, so können wir uns vorbereiten für das nächste Erdenleben. Huschen wir so oberflächlich durch das Leben, indem uns nichts interessiert, dann können wir sicher sein, dass wir im nächsten Erdenleben ein Furchthase werden. Das aber kommt wiederum dadurch zustande: indem sich die wenig teilnahmsvolle Wesenheit des unaufmerksamen Menschen wenig mit der Umgebung verbindet, so bekommt die Kopforganisation im nächsten Leben keine Verwandtschaft mit den Erdenkräften. Die Knochen bleiben unentwickelt, die Haare wachsen langsam; der Mensch hat sehr häufig O- oder X-Beine.»[55]

Kräfte der Leiblichkeit

Hier entstehen weitere Fragen. Welche Kräfte sind ausschlaggebend dafür, ob Knochen und Muskeln stark oder schwach ausgebildet werden? Der Körper befindet sich zwischen der embryonalen Phase und der späteren Jugend im Aufbau. Dieser geht vom Haupt aus, was an der Entwicklung der kindlichen Motorik klar zu erkennen ist: Sie schreitet vom Haupt zu den Gliedern fort. Eine der frühesten Errungenschaften des Kindes ist das Heben und Aufrichten des Köpfchens, erst später werden die Gliedmaßen beherrscht. Der Kopf geht auch in physiologischer Hinsicht voran. Das Gehirn als Organ ist im biologischen Sinn bereits in jungen Jahren vollendet, die übrigen Organe sind zum selben Zeitpunkt noch ganz in Entwicklung.

Entscheidend für den jeweiligen Aufbau ist die stärkere oder schwächere Affinität bzw. Verwandtschaft jener Kräfte, die vom Haupt auf den Leib einwirken, mit der Erde. Herrscht eine starke Affinität, so werden die Instrumente für die Erde, also Muskeln und Knochen, gut und kräftig veranlagt. Ist diese Affinität schwächer, so werden sie weniger kräftig ausgebildet.

Affinität mit der Erde – Knochen und Muskeln

Wir brauchen nicht nur an X- oder O-Beine zu denken, es geht vielmehr um die übergreifende Frage: Auf welche Weise sind die Erdenkräfte den Knochen und Muskeln eingeprägt? Ein kräftiges Skelett können wir bei niemandem *sehen*, der sichtbare Bau des Schädels hingegen ermöglicht die eine oder andere Beobachtung. Wir bemerken kraftvoll entwickelte Formen, möglicherweise Skelettwölbungen über den Augen, unregelmäßig hervortretende Stirnhöcker und einen kräftigen Kiefer. Bei einem Menschen mit einem zierlich gebauten Skelett hingegen entspricht die Form des Kopfes meist diesem feineren Bau und geht einher mit einer entsprechend ebenen und gleichmäßig gewölbten Stirn. Der eine Mensch besitzt ein kräftig gebautes, der andere ein zierliches Haupt.

Wenn wir ein menschliches Haupt betrachten, kann es hilfreich sein, sich die Frage zu stellen, wie wir es plastisch gestalten würden: ob wir dazu viel oder wenig Ton verwenden, es kräftig aufbauen oder den Ton dünn auftragen würden. Obwohl wir nicht sehen, wie dick oder dünn z.B. eine Stirn ist, so werden wir doch einen gewissen Eindruck davon gewinnen.

Hinsichtlich der *Muskeln* gilt, dass manche Menschen durchaus recht muskulös sind, obwohl sie keinen Sport oder kein Muskeltraining (mehr) betreiben. Hin und wieder zeigt sich beim jährlich stattfindenden Betriebsfußball, dass jemand über enorme Waden verfügt und eine dreißig Jahre zurückliegende Fußballerfahrung noch ganz angemessen einsetzen kann, obwohl er sich seit Jahren nicht mehr sportlich betätigt. Die Muskelanlage sorgt hier unabhängig von aktuellem Training für gut entwickelte Muskeln. Das Umgekehrte kommt ebenfalls vor: Trotz beharrlichen Trainings entwickelt ein Mensch wenig Muskelmasse.

Indem wir derartige Veranlagungen gut beobachten, suchen wir eine Antwort auf die Frage zu finden, ob die Erdenkräfte im Bau eines Körpers stärker oder weniger stark verankert sind. Die positive bzw. negative Affinität zu den Erdenkräften ist eine Sache der vorgeburtlichen Veranlagung und wirkt, ausgehend vom Haupt, in den ganzen Körper hinein.

Haarwuchs

Skelett und Muskeln sind dankbare Objekte, um die Stärke der Erdenkräfte im Körper zu beobachten, doch auch in anderer Hinsicht lässt sich deren Art und Ausmaß bemerken. Welche Beschaffenheit haben z.B. die Haare? Haben wir es mit kräftigem und widerspenstigem Haar zu tun, ist es gewellt oder gelockt bzw. glatt und schlaff herabfallend? Wachsen die Haare schnell oder langsam? Wir blicken damit auf den Erdenaspekt der Haare. Kräftiges Haar hat gewissermaßen ein kräftiges Skelett im Gegensatz zu glattem, dünnem und schlaff herabhängendem Haar. Auch schneller Haarwuchs deutet auf stärkere Verwandtschaft mit den Erdenkräften.

Nun liegt natürlich die Frage auf der Hand, ob diese (und gewisse andere) Entwicklungsgesetze bei allen Völkern in gleicher Weise gelten.

Schließlich haben die Angehörigen mancher Völker, was den Haarwuchs betrifft, immer krauses, andere hingegen fast immer glattes Haar. Eine vorsichtige Antwort darauf mag lauten, dass die einzelnen Merkmale niemals isoliert von ihrem jeweiligen Zusammenhang betrachtet werden dürfen. Es geht um Merkmale, die *innerhalb* jenes Verhältnisses auffallen, das zu einem bestimmten Volk oder Klima besteht. Dies lässt sich mit der Körpergröße eines Menschen vergleichen. In einer Familie, deren Angehörige eher klein sind, ist jemand von 1,70 Länge im Verhältnis betrachtet größer als einer mit derselben Körpergröße, der aus einer Familie mit insgesamt groß gewachsenen Mitgliedern stammt.

Mut

In dieser Auflistung körperlicher Eigenschaften, welche die karmischen Folgen eines Interesses für die Welt sind, nennt Steiner abschließend eine Eigenschaft, die aus der Reihe zu tanzen scheint, da sie erkennbar stärker seelischer Art ist, nämlich «angeborener Mut». Ist jemand von Natur aus tapfer und furchtlos, oder neigt er eher zu Ängstlichkeit und Furchtsamkeit?

Steiner bezeichnet die entsprechende Eigenschaft als «natürliche Tapferkeit». Der Nachdruck liegt dabei auf der konstitutionellen Veranlagung, die zu unserer Natur gehört, also in den Bereich des biologischen oder natürlichen Karmas fällt. *Natürliche* Angst oder *natürlicher* Mut stehen dabei den *entwickelten* Eigenschaften des Mutes oder auch der Furcht gegenüber. Es geht um eine seelische Eigenschaft, die eine natürliche Grundlage besitzt. So gesehen reiht sie sich in die Gruppe körperlicher Eigenschaften von Skelett, Muskeln und Haarwuchs ein.

Angesichts vieler eigener Eigenschaften, aber auch solcher Eigenschaften, die an anderen Menschen beobachtet werden können, ist die Frage von Interesse, ob eine Eigenschaft angeboren, als Talent mitgebracht oder im Laufe des Lebens entwickelt wurde. Der Unterschied besagt nichts über den Wert der Eigenschaft, er sagt jedoch etwas über die karmische Dynamik aus. Es kann etwas als karmische Frucht einer Eigenschaft aus früheren Leben angeboren sein, oder es wurde mit mehr oder weniger Mühe anhand der Erfahrungen des gegenwärtigen Lebens erworben.

Die folgende Anekdote aus dem Ersten Weltkrieg weist beispielhaft auf den Unterschied zwischen angeborenem und entwickeltem Mut hin. Zwei Soldaten warten im Schützengraben auf die herannahende Dramatik des Krieges. Der eine, groß und kräftig, bleibt völlig ruhig. Sein Nachbar, ein dürres Kerlchen, zittert vor Angst. Der kräftige Soldat wundert sich: «Bist du aber ängstlich!» Daraufhin erwidert der Angesprochene: «Wenn du so viel Angst hättest wie ich, dann stündest du hier schon lange nicht mehr!»

Eine in der Tat tiefsinnige Skizze des Unterschieds zwischen einer angeborenen, konstitutionell bedingten und einer im Leben erworbenen Eigenschaft.

Zwei völlig verschiedene Eigenschaften

Wir haben nun für zwei aufeinander folgende Leben einige Eigenschaften kennen gelernt, die auf den ersten Blick sehr verschieden sind, nämlich Interesse daran, was das Leben auf der Erde zu bieten hat, im einen Leben und einen kräftig gebauten und gut funktionierenden Körper im darauf folgenden Leben.[56]

Wenn wir Steiner in seiner Darstellung folgen, entsteht nun die entscheidende Frage, was diese zwei Eigenschaften miteinander zu tun haben. Ist ein Zusammenhang zwischen beiden nachvollziehbar, sozusagen überprüfbar, oder muss er als solcher einfach hingenommen werden?

Wir wagen im Folgenden den Versuch einer Antwort. Dabei gehen wir von der in Kapitel 2 beschriebenen Biografie des Menschen zwischen Tod und neuer Geburt aus. Wir folgen aber nicht in allgemeinen Worten der «Brücke» zwischen Tod und Geburt, sondern schlagen konkret eine Brücke anhand der zwei genannten Eigenschaften aus den beiden Leben.

Es verhält sich dabei wie mit einem Kryptogramm. Der gedankliche Weg, der verfolgt werden muss, um aus der Umschreibung das richtige Wort herauszufinden, wird nicht direkt und zielgerichtet vollzogen. Blickt man jedoch auf die Abfolge des Weges zurück, so erweist er sich (meistens) als evident.

Ein Auge für Details: die Brücke

Die Läuterung

Um diesen Weg einzuschlagen, sind zwei Fragen hilfreich: Wie kommt ein Mensch, der ein Leben mit großem Interesse an den Angelegenheiten der Erde verbracht hat, in der geistigen Welt an? Und: Wie «antwortet» darauf die geistige Welt? Die erste Phase nach dem Rückblick auf das vergangene Leben ist die der Läuterung. In ihr zeigt sich vor allen Dingen, wie im soeben abgeschlossenen Leben das Verhältnis zwischen Selbstbezug und Selbstlosigkeit beschaffen war. Was aus egozentrischen Beweggründen getan oder unterlassen wurde, wird geläutert, bevor der Mensch die eigentliche geistige Welt betreten kann. Die Folgen der Uneigennützigkeit hingegen brauchen nicht geläutert zu werden.

Aus diesem Grund wird einem Leben, das von umfassendem Interesse für die konkrete irdische Wirklichkeit geprägt war, seitens der geistigen Welt Wohlwollen und Einverständnis entgegengebracht werden können. Sie schätzt oder bewertet gleichsam das Interesse für die Erde vor dem Hintergrund des größeren oder geringeren Ausmaßes an Selbstbezogenheit, denn wirkliches Interesse für die Welt ist eine Eigenschaft, die nicht auf persönlichen Vorteil aus ist. Und es geht hier um das Interesse als solches, denn mögliche zusätzliche Beweggründe wie Neugier oder Zielsetzungen wie Geldgewinn, die sehr wohl egozentrischen Charakter haben, erfahren während der Läuterungsphase ihre eigene Verarbeitung. Wirkliches, tatsächliches Interesse an der physischen Welt muss nicht gereinigt werden. Es besitzt kaum Züge, die eigennützigen oder selbstbezogenen Charakter haben könnten und durch die Läuterung verarbeitet und geläutert werden müssten.

Die untere geistige Welt

Auf die Zeit der Läuterung folgt der Eintritt in die untere geistige Welt. Bei ihr handelt es sich um den Bereich der Urbilder (vgl. Kap. 2, S. 44 ff.). Dort ist entscheidend, ob während des Lebens Eigenschaften entwickelt wurden, die nun dazu führen können, die hier beheimateten Urbilder zu erkennen. Starkes Interesse an den Erscheinungen des Lebens auf der Erde führt zur Bekanntschaft mit den entsprechenden Urbildern. Das ehemalige Interesse wird zur Kraft, zum Wesen der Dinge vorzustoßen. Auf der Erde führt es zur Erkenntnis, in diesem Bereich der geistigen Welt bildet es die Grundlage für innere Verwandtschaft, Vertrautheit und Austausch mit den Urbildern.

Die verschiedenen Urbilder

Die Bezeichnung «Welt der Urbilder» umfasst außerordentlich vieles und bleibt daher vage. Als geschulter Eingeweihter nimmt Steiner hier eine Gliederung vor, die darauf beruht, was wir als die vier Elemente kennen, namentlich Erde, Wasser, Luft und Feuer. Sie manifestieren sich im Irdischen in den vier großen Naturreichen.

Diese sind:

- die mineralische Welt
- die Pflanzenwelt, in der alles in lebendiger und strömender Bewegung begriffen ist
- die Tierwelt, in die durch selbstständige, Innenraum bildende Organsysteme schrittweise das Luftelement Einzug hält
- die Menschenwelt, in der das Element der Wärme bis in sein Auftreten als seelische Qualität und den Umgang damit eine gewisse Selbstständigkeit bekommt (in Begeisterung, Beschwingtheit, Scham, Erröten und vielen anderen Aspekten der Wärme; darin unterscheidet sich der Mensch von den warmblütigen Tieren).

Die Urbilder dieser verschiedenen Reiche befinden sich in der (unteren) geistigen Welt.[57] Unter ihnen sind die Urbilder all dessen, was sichtbare und tastbare Erscheinung besitzt (Element «Erde»), die Urbilder von allem, was lebt und in Entwicklung ist (ein Kennzeichen des Wassers), des weiteren die Urbilder alles Beseelten oder Tierischen – Beseeltsein geht einher mit Atmung (Element der Luft). Schließlich finden sich hier auch die Urbilder alles desjenigen, was durch menschliches Handeln in die Welt kommt – vom Rad bis zum Computer –, nämlich die Urbilder

der menschlichen Schöpfungen.[58] Steiner unterscheidet darüber hinaus drei weitere Regionen von Urbildern, die jedoch in unserem Zusammenhang nicht von Bedeutung sind.

Vierfaches Bekanntsein mit der geistigen Welt

Ein Mensch, der im gewöhnlichen Leben Aufmerksamkeit entwickelt hat, besitzt in erster Linie Interesse für die Gegenstände und Erscheinungen der sinnlich-wahrnehmbaren Welt. Hinter ihnen stehen die Urbilder der ersten Region. Insofern die Aufmerksamkeit im vergangenen Leben auch *Prozessen* galt, die in der sinnlichen Welt ihren Ausdruck finden, wie biologischen, chemischen, aber z.B. auch soziologischen Vorgängen, führt dies dazu, dass der Mensch in der unteren geistigen Welt zusätzlich die Urbilder der zweiten Region erkennen kann. Auch zur dritten und vierten Region der Urbilder lässt sich ein Zugang finden, wenn auf der Erde ein Interesse an den irdischen Ausprägungen der entsprechenden Gebiete vorgelegen hat. Diese sind die beseelte Welt sowie die menschlichen Schöpfungen und Erzeugnisse.

Zusammenfassend gesagt: Als Frucht seines Interesses an der Erde wird der betreffende Mensch in einen reichen Austausch mit den Urbildern der sinnlichen Erscheinungen kommen. Es hängt vom Gegenstand des irdischen Interesses ab, mit welchen von ihnen das entsprechende lebendige Verhältnis eintritt.

Vier Eigenschaften

Steiner spricht von vier Eigenschaften als den karmischen Folgen von Interesse. Betrachtet man sie genauer, so fällt erneut eine Beziehung zu den vier Elementen auf. Dies scheint kein Zufall zu sein.

Das Skelett hat ganz und gar irdischen Charakter. Es besteht aus Kalk, muss uns im Feld der Schwerkraft aufrecht halten und ist der einzige Teil des Körpers, der sich gegenüber der Verwesung nach dem Tod als widerstandsfähig erweist.

Den Muskeln fehlt die Härte des Skeletts. Ideal gesprochen zeichnet sich ein Muskel durch Elastizität und Beweglichkeit aus. Die Muskeln haben eine starke Beziehung zum Flüssigkeitsorganismus, zum Lebensleib. Ihre Formen können als geronnene Fließbewegungen verstanden werden.

Die Haare wiederum sind strahlenförmige Organe. Locken erinnern an Wirbel- und Strudelbewegungen, die ihren Ursprung in der Dynamik der Luft haben, wie sie z.B. in der Thermik erlebbar ist.

Mut und Tapferkeit schließlich sind Eigenschaften, die einen Menschen mit einem gewissen Feuer und mit Wärme erfüllen.

Wenn das so Beschriebene vielleicht auch etwas assoziativ klingt, vermittelt es doch eine bestimmte charakteristische Gliederung der Erscheinungen. Geht man einmal von ihr aus, liegt der Gedanke nicht fern anzunehmen, die Beschaffenheit der vier leiblichen Bereiche im heutigen Leben sei die Folge unterschiedlich ausgerichteten Interesses für irdische Erscheinungen im vorangehenden Leben: erstens für irdisch-materielle Dinge (ein sachgemäßer Materialismus; Skelett), zweitens für alles, was mit den auf der Erde sich abspielenden Prozessen zu tun hat (Muskeln); drittens für alle irdisch-seelischen Angelegenheiten (Haarwuchs) und viertens schließlich für alle irdisch-menschlichen Belange im engeren Sinne (Tapferkeit). Gemeint sind dabei Äußerungen des Interesses im ganz gewöhnlichen Leben, also lebenspraktischer Art. Nicht gemeint ist z.B. theoretische Vorstellungsbildung über die genannten vier Bereiche. Es geht um Aufmerksamkeit der Beobachtung, um Wachheit und interessiertes, reges Bewusstsein für wahrnehmbare Tatsachen und Dinge der Welt.

Der Brückenbogen zwischen den Pfeilern

Die «Pfeiler» des Entwicklungsgesetzes, die Steiner seinen Zuhörern im genannten Vortrag nahe zu bringen sucht, sind damit dargestellt: einerseits die Ausrüstung des menschlichen Leibes für die Erde, andererseits das Interesse und die Aufmerksamkeit für alles das, was auf der Erde anzutreffen ist.

Wir haben uns gefragt, wie ein Mensch nach seinem individuell beschaffenen, dabei aber grundsätzlich aufmerksam und wach verbrachten Leben in der geistigen Welt ankommt. Wir wollen eine Antwort versuchen. Nachdem die «Pfeiler» einigermaßen kräftig im Boden verankert sind, soll der Brückenschlag geschehen. Dabei steht der Übungsaspekt im Vordergrund, schließlich geht es um eine Karma-*Übung*.

Ein Mensch, der auf der Erde an allem intensiv interessiert war, wird nach seinem Tod, irdisch und bildhaft ausgedrückt, «eine Menge zu erzählen» haben. Er gelangt in die geistige Welt mit der Fähigkeit, bestimmte Urbilder zu erkennen und mit ihnen in eine Art Austausch zu treten, Urbilder aus jenen Regionen, denen die Richtung seines Interesses auf der Erde entspricht. Das Vertrautsein mit bestimmten Urbildern befähigt die menschliche Seele auf ihrem Rückweg zur Erde dazu, eine wache und aktive Haltung in der unteren Geistwelt einzunehmen. Dies wiederum führt zu einer aktiven Verbindung mit jenen Urbildern, die dem sich neu bildenden Astralleib in der Folge als Neigungen zu entsprechenden Themenbereichen der Welt eingeprägt werden.

Die Verwandtschaft mit dem Erdenelement ist diesen Neigungen gemeinsam. Sie wird beim weiteren Abstieg der Seele in die vorgeburtliche Sphäre der Lebenskräfte zu dem Vermögen, den sich bildenden physischen Leib so zu gestalten, dass dessen Erdenkomponente gut entwickelt und ausgeprägt ist. Ein kräftiger irdischer Leib kann entstehen. Je nach der besonderen Art der Verwandtschaft zu den Erdenkräften entsteht ein gut gebildetes Instrument in Skelett, Muskelsystem, Haarwuchs sowie in der Form angeborenen, konstitutionell bedingten Mutes.

Die obere oder höhere geistige Welt

Die möglichen Folgen für den betreffenden Menschen in der so genannten oberen oder höheren geistigen Welt wurden noch nicht beschrieben. In ihr finden Wechselwirkungen mit denjenigen geistigen Wesen statt, welche die Urbilder der unteren Geistwelt hervorbringen und schaffen. Steiner spricht davon, dass der Mensch auf der bis heute erreichten Entwicklungsstufe diese Begegnungen tief unbewusst vollziehe. Schematisch betrachtet verläuft zwar der Weg der menschlichen Individualität zwischen Tod und neuer Geburt bis hinauf in die Saturnsphäre, die meisten Menschenseelen gelangen in wachem Bewusstsein jedoch nur in die Region zwischen Mars und Jupiter. Jenseits dessen verliert der Mensch gewissermaßen sein Bewusstsein. Wenn wir uns ein Gefühl für die Gesetze karmischer Entwicklung erwerben wollen, wie sie sich auf der Grundlage des Metamorphoseprinzips vollziehen, ist es zunächst ausreichend, den Weg bis in das Gebiet der unteren geistigen Welt kennen zu lernen.

Verhalten führt zu Veranlagung

Eine karmische Psychosomatik

Die Darstellung eines karmischen Gesetzes wie des beschriebenen ruft eine Reihe grundlegender Fragen hervor. Eine der ersten Fragen betrifft den angenommenen Zusammenhang zwischen früheren Verhaltensweisen bzw. Taten und späterer Veranlagung. Bei dem geschilderten Entwicklungsgesetz fällt auf, dass sich ein *Verhalten* im ersten Leben über die Brücke des Lebens zwischen Tod und neuer Geburt in eine *leibliche Anlage* im zweiten Leben verwandelt. Es ist also von einer klar erkennbaren Metamorphose die Rede. Eine ganze Reihe der von Steiner beschriebenen Gesetze weist diese Dynamik auf: Eine Verhaltensweise oder Tätigkeit wird zu leiblicher Anlage.

Tatsächlich wird damit gewissermaßen eine karmische Psychosomatik entworfen, die sich über zwei Leben erstreckt. Der Begriff Psychosomatik bezeichnet einen vertrauten Sachverhalt, insofern man sich mit ihm ausschließlich auf das (eine) Leben auf der Erde bezieht. Der Zusammenhang zwischen einer nachdrücklich ausgeübten Verhaltensweise und deren körperlichen Folgen ist vielfach bekannt. Es ergibt sich natürlich ein Unterschied, wenn man diesen Begriff im Hinblick auf karmische Zusammenhänge anwendet. Wir möchten jedoch darauf hinweisen, dass gerade durch einen solchen Gebrauch ein wichtiger Entwicklungsgedanke mit einbezogen werden kann.

Das polare Gegenstück zu der geschilderten Metamorphose illustriert dies. Dasselbe karmische Entwicklungsgesetz gilt nämlich ebenso bei einem Menschen, der ausgesprochen wenig Interesse für seine irdische Umgebung aufgebracht hat.

Ein solcher Mensch betritt die untere geistige Welt mit «blinden Flecken», was die Urbilder der irdisch-materiellen Dinge betrifft. Gewiss wird er auf anderen Gebieten Qualitäten aufzuweisen haben. Es ist vorstellbar, dass er zwar kaum auf die ihn umgebende Welt geachtet, stattdessen aber dem inneren Leben große Aufmerksamkeit gewidmet hat, indem er sich z.B. intensiv mit Philosophie oder Meditation beschäftigt hat. Aus menschenkundlicher Sicht handelt es sich dabei um Aktivitäten, die nur geringen Bezug zur Erde, dafür aber umso stärkeren Bezug zum Kosmos haben und daher in der unteren geistigen Welt keine Rolle spielen. Auf dem Rückweg zur Erde werden die «blinden Flecken», was die Urbilder der dinglichen Welt betrifft, in Anlagen zu einem wenig kräftigen irdischen Leib umgewandelt.

Auch hier haben wir es also mit einer Tätigkeit zu tun, die als leibliche Eigenschaft im folgenden Leben erscheint. Sie wird aus irdischer Perspektive leicht als minderwertig abqualifiziert.

Also geht es doch um Belohnung und Strafe? Oder lässt sich dies auch anders verstehen? Wir wollen einmal davon absehen, dass unsere Urteile, was gute oder schlechte Eigenschaften sind, vielfach davon abhängen, wo und wann wir leben. Die Deutschen beispielsweise sind bekannt für ihre Pünktlichkeit und Ordnungsliebe, die *Beurteilung* dieser Qualitäten ist jedoch nicht überall dieselbe ... Dagegen wird von den Holländern oft behauptet, sie seien ziemlich offen und direkt. Aber auch diese Eigenschaft wird unterschiedlich beurteilt.

Dem Karma ist es aber sozusagen gleichgültig, ob ein gut geformter und kräftiger Körper unter irdischen Bedingungen höher bewertet wird als ein eher zarter und schmächtiger, weniger muskulöser Leib. Und doch ruft die Behauptung, gelebtes Verhalten erscheine in einem folgenden Leben als leibliche Anlage, Fragen sowie geradezu beunruhigende Vorstellungen hervor.

Bei unserer Art, auf das Karma zuzugehen, steht der Entwicklungsgedanke im Mittelpunkt. Die entscheidende Frage dabei lautet: Ergeben sich aus dem angenommenen Verlauf der Dinge mit seiner Beziehung zwischen Ursachen und Wirkungen *Entwicklungsmöglichkeiten* für die jeweils betroffene Individualität?

Karma ermöglicht Entwicklung

Diese Möglichkeiten sind darin begründet, dass die ehemals seelische Eigenschaft in eine des physischen Leibes übergeht und die Seele daher ihrer Anlage nach wieder frei wird von der früheren Eigenschaft des mangelnden Interesses. Dadurch erhält sie ein Freiheitspotenzial, sich im nächstfolgenden Leben für einen anderen Zugang zur Welt zu entscheiden. Wir sind, mit anderen Worten, im Folgeleben befreit von der Eigenschaft der Oberflächlichkeit und des mangelnden Interesses. Wohl aber bilden die Auswirkungen unserer damaligen Lebensweise nun einen Bestandteil unseres biologischen Schicksals. Das «Absinken» der Eigenschaft von der seelischen auf die leibliche Ebene ist aus der Sicht der Individualität ein Ausscheidungsvorgang. Eine weniger gute Eigenschaft wird verarbeitet und ausgeschieden, indem sie als körperliches Merkmal auf- und gleichsam austritt.

Wir alle kennen die Erfahrung, dass es möglich ist, Charaktereigenschaften zu verändern, wobei allerdings auch gilt: Je älter ein Mensch ist, desto schwieriger ist es. Manche Elemente, z.B. die Persönlichkeitsstruktur eines Menschen, sind jedoch unveränderbar. Wir dürfen froh sein, wenn es uns gelingt, gewissermaßen auf erwachsene Art mit ihr umzugehen. Die beschriebene Umbildungs- und Wandlungskraft des Karmas ist ein Kunstgriff des Lebens, um menschliche Entwicklung zu ermöglichen.

«Gliedmaßen werden zum Haupt»

Noch ein weiterer, nicht unwesentlicher Aspekt ist mit der dargestellten Dynamik verknüpft, derzufolge Verhalten zu körperlicher Eigenschaft wird. So führt Steiner mehrfach aus, dass die «Gliedmaßen» des einen zum «Haupt» des folgenden Lebens werden. Diese Bemerkung lässt sich verstehen, wenn man sie in *funktionaler* und nicht in anatomischer Weise auffasst.

Was ein Mensch im Leben tut, in welcher Hinsicht er sich engagiert, dies alles wird in einem Folgeleben zu einer bestimmten Veranlagung. Was wir als Anlagen in uns tragen, ist zu einem wesentlichen Teil als

Beschaffenheit des «Hauptes» zu verstehen, d.h. der formgebenden und lenkenden Kräfte, von denen wir festgestellt haben, dass sie vornehmlich vom Kopf ausgehen und zur übrigen Leibesgestalt hinstreben. «Verhalten im einen Leben wird zu leiblicher Anlage im folgenden Leben» kann also auch übersetzt werden mit den Worten, der Gliedmaßenmensch werde zum Hauptesmenschen (vgl. Anhang II über die Organe, S. 207 ff.).

Zweites Beispiel: Taten aus Liebe, Pflicht oder Hass

Das dargestellte Entwicklungsgesetz macht deutlich, wie eine bestimmte Handlungsweise weit über den Tod hinaus bis in die Körperanlage eines folgenden Lebens prägend wirkt. Der Verwandlungsvorgang von einem zum anderen, der sich zwischen den Leben vollzieht, ist zwar innerhalb gewisser Grenzen begründ- und erklärbar, entzieht sich jedoch der Erfahrung. Dass sich geistige Wesen unterschiedlicher Art und in verschiedenen Regionen an diesem Prozess beteiligen, kann man – zumindest sofern das dem eigenen Weltbild entspricht – zunächst einmal nur hinnehmen. Innerhalb des Lebens auf der Erde sind menschliche Handlung und körperliche Anlage zwei so verschiedene Größen, dass sie als Ursache und Folge voneinander kaum verstanden werden können.

Am 24. Februar 1924 spricht Steiner über ein weiteres Entwicklungsgesetz, dem wir mit unserem Einfühlungsvermögen wesentlich näher kommen, da Ursachen und Folgen von Leben zu Leben mehr oder weniger im Bereich des Seelischen liegen.[59] So sehr ist dies der Fall, dass man sich vorstellen kann, sowohl die Ursache als auch die Wirkung spielten sich *innerhalb* eines Lebens ab, ja sogar, dass sie durch intensive Selbsterziehung innerhalb dieses einen Lebens einigermaßen ausgeglichen werden könnten. Steiner spricht hier jedoch deutlich über verschiedene Leben. Er behauptet, dass Taten, die aus Liebe, bzw. solche, die aus Pflicht oder Hass getan werden, vollkommen verschiedene karmische Auswirkungen haben. Er führt die seelischen Metamorphosen dieser drei Arten des Handelns durch jeweils zwei weitere Leben aus. Dabei geht er ausdrücklich davon aus, dass jeder Mensch fortwährend alle drei genannten Arten des Tuns ausübt.

Als Leser kann man nicht anders, als die Richtigkeit dieser Aussage anzuerkennen! Wir brauchen uns nur die eigenen Handlungen des vergangenen Tages ehrlich vor Augen zu führen, um alle drei Arten des Handelns wiederzuerkennen. «Nachvollziehbarkeit auf ganzer Linie» kennzeichnet diese Gesetzmäßigkeit.

Taten aus Liebe

Manche Taten vollziehen wir aus Liebe. Die Beweggründe zu ihnen sind von warmer Zuneigung oder Liebe durchzogen. Die ihnen entspringenden Handlungen tun anderen Menschen gut. Kennzeichnend für sie ist ein gewisses Maß an Uneigennützigkeit und Selbstlosigkeit.

In einem folgenden Leben entsteht daraus das Vermögen, Freude an den Erscheinungen und Wesen der Welt zu erleben. Die Freude strahlen wir unsererseits wieder aus.

> «Erleben Sie durch einen Menschen Freude, meine lieben Freunde, in einem Erdenleben, so können Sie sicher sein, dass diese Freude das Ergebnis der Liebe ist, die Sie ihm gegenüber in einem vorigen Erdenleben entfaltet haben. (…)
> Sodass wir in den früheren Erdenleben innerlich etwas gehabt haben, was ausströmen machte die Liebe; in den folgenden Erdenleben haben wir schon als Ergebnis innerlich erlebend die Wärme der Freude. Das ist wiederum etwas, was von uns ausströmt. Ein Mensch, der im Leben Freude erleben darf, ist auch wiederum etwas für die anderen Menschen, was erwärmende Bedeutung hat. Ein Mensch, der Gründe dafür hat, freudelos durchs Leben zu gehen, ist anders zu den anderen Menschen als ein Mensch, der in Freuden darf durch das Leben gehen.»[60]

In einem dritten Leben folgt daraus die Fähigkeit, die Welt vorurteilsfrei und verständnisvoll aufzufassen, es führt zu selbstverständlichem Verstehen der Welt und des Verhaltens der Menschen um uns herum.

Taten aus Pflicht

Eine weitere Art des von Steiner skizzierten menschlichen Handelns ist die aus Pflicht. Steiner wendet sich gegen die Kantsche Ethik des Handelns aus Pflicht und zitiert zustimmend den Schillerschen Spottvers:

Gerne dien' ich den Freunden, doch thu' ich es leider mit Neigung,
Und so wurmt es mir oft, dass ich nicht tugendhaft bin.

Es geht um das Handeln aus Pflicht, Anstand, Gewohnheit, Konvention. Im Leben jedes Einzelnen spielt es eine große Rolle. Zum Beispiel sagt man jemandem aus Pflichtgefühl die Wahrheit, oder man erteilt die Ohrfeige nicht, die der andere eigentlich verdient, weil sich das «nicht schickt». Es geht dabei um Verhaltensweisen, die im täglichen Leben durchaus erforderlich sein können. Trotzdem besteht ein großer Unterschied zwischen dieser Art des Handelns und jener, die aus warmer Anteilnahme und Zuwendung geschieht. Eine Ohrfeige als eine Tat, die aus Liebe erfolgt, ist übrigens durchaus auch denkbar!

Das Handeln aus Pflicht führt im darauf folgenden Leben dazu, dass der Betreffende gegenüber seiner Umgebung gleichgültig sein und das unangenehme Empfinden entwickeln wird, nirgends dazuzugehören. Eine Frau berichtete einmal im entsprechenden Zusammenhang, sie habe während ihres bisherigen Lebens oft das Gefühl gehabt, dass sich niemand etwas aus ihr mache. In ihrem dreißigsten Lebensjahr kam ihr plötzlich wie eine Erlösung die Frage, ob das nicht vielleicht mit ihr selbst zusammenhängen könne.

Das Geschilderte führt im dritten Leben dazu, dass der Betreffende nichts mit sich anzufangen weiß und Richtungslosigkeit sowie Sinnlosigkeit im eigenen Leben erfährt.

«Wenn er in die Schule kommt, weiß er nicht, was er mit dem anfangen soll, was die Lehrer mit ihm tun. Wenn er etwas älter wird, weiß er nicht, ob er Schlosser oder Hofrat werden soll ... In Bezug auf die Anschauung der äußeren Welt ist er nicht gerade stumpf. Er kann zum Beispiel Musik schon verstehen, aber er hat keine Freude dran.»[61]

Taten aus Hass

Die dritte Variante, die Steiner darstellt, sind die Handlungen aus Hass oder aus einem Hang zur Antipathie.

> «Man kann da an alle Stufen denken, welche dabei vorkommen können. Es kann einer, sagen wir, mit verbrecherischem Hassgefühl seine Mitmenschen schädigen. Er kann aber auch, ich lasse die Zwischenstufen aus, er kann aber auch ein Kritiker sein. Man muss, um Kritiker zu sein, immer ein bisschen hassen ...»[62]

Als empfinde er, dass seine Zuhörer geneigt sind, sich selbst von dieser Art Handlungen auszunehmen, warnt Steiner vor der Illusion, man hege keinerlei Antipathiegefühle gegen andere Menschen. Taten auf dem Boden antipathischer Gefühle seien viel alltäglicher, als man sich eingestehe, denn die Wahrnehmung eigener hasserfüllter Handlungen werde durch die dadurch entstehende Befriedigung zugedeckt. Er verweist darauf, wie viel Antipathie bei einem Kaffeeklatsch von anderthalb Stunden «auf die Menschen abgeladen» werde. Harmlose Geselligkeit, könnte man meinen, die völlig unschuldig erscheint.

In einem nächsten Leben treten die Auswirkungen entsprechender Taten als Unbehagen, Schmerz und Leid auf, denen wir ausgesetzt sind und die uns von außen entgegenkommen. In einem dritten Leben führen sie zu einer Art von Stumpfheit der Welt gegenüber, zu einem konstitutionell veranlagten Mangel an Verständnis für die umgebende Welt. Stumpfheit oder Dummheit, Verständnislosigkeit gegenüber Bereichen der Welt sind immer die Folge starker Antipathien in einem früheren Leben.

Persönliches Engagement und Selbstlosigkeit

Hass, Pflicht und Liebe sind große Worte für drei mächtige Triebfedern menschlichen Handelns. Ihres emotionalen Gewichts entkleidet, verweisen sie auf drei Abstufungen im Kräftefeld von Sympathie und Antipathie, größeren oder geringeren Angezogen- oder Abgestoßenseins, welche die astralische Welt charakterisieren. Dieses dreifache Entwicklungsgesetz bezieht sich auf die Welt der menschlichen Seele und besonders auf die des Zwischenmenschlich-Sozialen. Es geht um Handlungen gegenüber anderen Menschen. Ausschlaggebend ist dabei das Ausmaß an individuellem Engagement, zugleich aber auch das Maß an Selbstlosigkeit, an «negativem Egoismus».

Ohne einander zu widersprechen, stehen diese beiden, persönliches Engagement und Uneigennützigkeit, in einem Spannungsverhältnis. Um engagiert zu handeln, ist aktiver Einsatz des Ich erforderlich. Er kann jedoch ebenso zu heftiger Antipathie wie zur Liebe führen. Die Impulsierung der Tat aus dem Ich heraus muss nicht nur engagiert, sie muss auch selbstlos sein. Das ist nur Menschen möglich.[63] Erforderlich ist dazu innere Freiheit, um von dem abzusehen, was die Seele ihrer Natur nach sucht, nämlich sich selbst.

Zu welchen Vorstellungen gelangt man nun, wenn man versucht, die Verwandlungsvorgänge mitzuvollziehen, denen die drei Arten von Taten im Leben zwischen Tod und neuer Geburt unterliegen?

Nochmals sei darauf hingewiesen, dass der Zweck einer solchen Übung nicht darin besteht, eine Art mentaler «Generalstabskarte» des Lebens nach dem Tod zu entwerfen, sondern dass es darum geht, Aufmerksamkeit und Vorstellungskraft für diese Dinge aufzubringen, um Offenheit und Empfänglichkeit für jene Seite der zweifachen Biografie zu entwickeln, die sich zwischen den Leben im geistigen Kosmos vollzieht. Das kann der anderen Hälfte dieser Biografie, die sich auf der Erde ereignet, Tiefe und Perspektive verleihen.

Steiner macht es uns in diesem Vortrag leicht. Er gibt eine unerwartet detaillierte Darstellung dessen, was in seelischer Hinsicht zwischen Tod und neuer Geburt geschieht. Der Mensch hat es dabei nicht nur mit geistigen Wesen und den von ihnen geschaffenen Urbildern zu tun, sondern auch mit den Individualitäten derer, mit denen er auf Erden verbunden war. Er befindet sich sozusagen in bekannter Gesellschaft, kann jedoch nicht handeln. Er ist allem, was er in dieser Welt vorfindet, gleichsam ausgeliefert.

Nach dem Tod verliert er sein gewöhnliches, irdisches Ich-Bewusstsein. Er erlebt sich gewissermaßen nicht mehr als ein «Beweger» der Dinge aus dem eigenen Inneren heraus, sondern erhält sein Ich-Bewusstsein von außen zurückgespiegelt durch das Wesen der Menschen, mit denen er auf der Erde verbunden war. Die Qualitäten der eigenen früheren

Taten kommen ihm nun aus den ihm verwandten Seelen entgegen. Welch eine ungeheure Erfahrung muss das sein! Aus allen Ecken und Winkeln des eigenen früheren – und offensichtlich auch gegenwärtigen – sozialen Beziehungsgeflechts tritt einem jeden von uns das eigene Wesen entgegen. Diese Spiegelungen bleiben bestehen, selbst wenn das eigene Seelenwesen den Weg nach oben weiter vollzieht. Auf dem Rückweg zu einer nächsten Inkarnation wird aus dem so Verbliebenen das neue astralische Karma gebildet. Mit den aufgenommenen neuen «Informationen» erhalten wir die Chance, auf der Erde erneut ans Werk zu gehen. Die Gruppe der Schicksalsgefährten bleibt dabei im Wesentlichen dieselbe.

So wirken die auf der Erde ausgeübten Taten der Liebe, durch die das Ich engagiert, zugleich aber auch selbstlos dem anderen Menschen zuströmte, in der Situation nach dem Tod kräftig auf einen selbst zurück. Sie vermitteln ein starkes kosmisches Ich-Bewusstsein, eine in gewissem Sinn erhöhte Wachheit für die neue Umgebung. Auf diese Weise wird das Gefühlsleben des Menschen für das kommende Leben vorbereitet, um intensiv und stark Freude erfahren und in die Umgebung ausstrahlen zu können. Nach einer erneuten kräftigen Widerspiegelung des eigenen Tuns zwischen den Leben entfaltet sich das so Vorbereitete schließlich zur Anlage umfassender Verständnisfähigkeit für alles menschliche Leben.

In den Taten aus Anstand und Konvention, aus Pflicht und Gewohnheit leben wenig persönliches Engagement und Anteilnahme. Sie geschehen weitgehend mechanisiert und automatisch. Auch Opportunismus und «gesunder Egoismus» können bei ihnen mitspielen. Was der Mensch von solchem Handeln nach dem Tod als Rückwirkungen erfährt, ist schwach. Es kommt ihm daraus nur wenig entgegen, was eine nennenswerte Prägung durch das Ich erfahren hat, denn das eigene Ich hat sich in derartige Handlungen kaum oder gar nicht «hineinergossen». Die Folgen werden dem Betreffenden aus seiner Umgebung als eine gewisse Unterkühltheit und Gleichgültigkeit entgegengebracht werden. Er fühlt sich von ihr nicht aufgenommen und nicht in sie eingebettet. Umgekehrt strahlt er selbst Entsprechendes aus, nämlich eine gewisse Dürftigkeit und Unverbindlichkeit in sozialer Hinsicht, Züge von Selbstisolierung.

Nach dem nächsten Tod erfolgt erneut die erwähnte Spiegelung durch das geistige Wesen der mit einem verbundenen Menschen und verursacht ein Unvermögen, den Dingen Sinn und Bedeutung zu verleihen. Im eigenen Erleben äußert sich dies als Gefühle der Sinnlosigkeit und Richtungslosigkeit. Im Grunde handelt es sich um eine Schwäche des Verständnisvermögens.

Abschließend werfen wir einen Blick auf die Taten aus Hass. Bei ihnen geht es um starke Kraft, aber auch um starke Selbstbehauptung und Selbstsucht. Steiner bezeichnet so genannte üble Nachrede und herabsetzende Kritik als mildere Formen solchen Handelns; sie kommen in vielen Nuancen vor! Das eigene Ich hält sich dabei völlig zurück, es bleibt sozusagen außerhalb der Schusslinie und sucht sich dadurch selbst zu erhöhen. Es geht um zwischenmenschliches Verhalten mit dem geschlossenen Visier der Antipathie. Bei der Spiegelung nach dem Tod gerät der Betreffende dann selbst gleichsam ins Minus – nicht als Vergeltung, sondern infolge geradezu mathematischer Objektivität, sozusagen ethisch-sozialer Mathematik. Im nächsten Leben führt dies denn auch zu unangenehmen Gefühlen, zu Unbehagen, Leid und Verdruss. Diese werden durch äußere Geschehnisse verursacht. Im dritten Leben – während der Zwischenzeit nach dem Tod als mangelndes Ich-Bewusstsein gespiegelt, wodurch man sozusagen nicht bei der Sache bleiben kann – werden Dummheit und Verständnislosigkeit für die Welt, «blinde Flecken» im eigenen Bewusstsein veranlagt.

Ein ehernes Gesetz?

Die beiden zuletzt geschilderten Entwicklungsmöglichkeiten stimmen nicht gerade hoffnungsvoll. Durch das in ihnen wirkende Gesetz gerät menschliche Entwicklung in eine abwärts führende Spirale, einen Teufelskreis. Bei realistischer Betrachtung des eigenen Verhaltens fallen wohl jedem von uns Beispiele aus dem eigenen Leben ein, die das Befolgen von Pflichten oder herabsetzendes Gerede über andere Menschen zeigen, außerdem Erfahrungen sozialen Isoliertseins sowie von Unlust und Leid.

Eine erste Frage zu dem Geschilderten kann lauten: Woher stammt dies alles? Eine zweite wird folgen: Welche Auswirkungen ruft es hervor?

Der Gedanke kann dabei beruhigen, dass es wohl kaum auch nur einen *einzigen* Menschen geben dürfte, dessen Schicksal ausschließlich einem der drei geschilderten Verläufe unterliegt. Jedes Menschenleben beinhaltet Elemente von allem, was hier beschrieben wurde. Auch dürfte jeder Mensch innerhalb eines Tages oder einer Woche die Chance haben, mit allen neun geschilderten Stationen der Verwandlung der drei genannten Eigenschaften Bekanntschaft zu machen. Gelegentlich jenen Verläufen nachzuspüren und sie mit Beispielen aus dem eigenen Alltag zu füllen kann denn auch eine sinnvolle Form der Gewissenserforschung sein.

Kann man damit aber etwas erreichen? Ist es möglich, sozusagen mitten in einem solchen Verlauf das Geschehen zu korrigieren?

> «Das sind unbedingte Zusammenhänge. Aber es ist auch so, dass geradeso wie man einer unbedingten Notwendigkeit gegenübersteht, wenn ein Fluss läuft und dennoch man schon Flüsse reguliert hat, ihnen einen anderen Lauf gegeben hat, es auch möglich ist, die karmische Strömung, ich möchte sagen, zu regulieren, in sie hineinzuwirken. Das ist möglich.»[64]

Wir sind als Menschen in der Lage, uns selbst aus Einsicht gleichsam einen Tritt zu geben oder uns nach Münchhausenscher Manier an den Haaren aus dem Sumpf zu ziehen, unser soziales Verhalten unter die Lupe zu nehmen und *willkürlich* kleinere oder größere Taten der Liebe in Situationen zu vollbringen, in denen wir unwillkürlich aus Hass, Egoismus oder auch nur kühl-vorschriftsmäßig reagieren würden. Das hat unmittelbare Folgen im aktuellen Leben, die ein jeder nur allzu gut kennt, und es hat in weiteren Leben karmische Folgen entsprechend dem skizzierten Entwicklungsgesetz.

Auch pädagogisch kann in dieser Hinsicht einiges erreicht werden. In einem Fortbildungskurs für Lehrer berichtete ein Teilnehmer von einem Kind, das er in der Klasse hatte und das zu allem, was an es herangetragen wurde, immer nur äußerte: «Ich kann das doch nicht.» Beim Hauptschulabschluss stellte sich heraus, dass der betreffende Schüler durchaus recht gut rechnen konnte. Ermutigungen führten jedoch zu nichts. Aus einem Einfall heraus bat der Lehrer den Jugendlichen, sich neben einen Mitschüler zu setzen und ihm beim Rechnen zu helfen. Was war die Folge? Die Sache nahm eine überraschende Wendung, und durch die Unterstützung des Klassenkameraden erhielt der gestaute Lernprozess plötzlich freien Lauf.

Dieses Beispiel, das sich innerhalb eines Jahres vollzog, ist zwar nicht repräsentativ für den großen Bogen eines karmischen Entwicklungsgesetzes, es verdeutlicht jedoch die Richtung, in der gesucht werden muss.

«Denn die müssen sich in irgendwelcher Umgebung wiederfinden, die Menschen, die gehasst worden sind und denen gegenüber Taten begangen worden sind aus dem Hass. Und man wird die Erziehung nach und nach in den kommenden Jahrhunderten viel mehr ins Menschenleben hineinstellen müssen. Man wird bei einem Kinde sehen müssen, woher sich spiegelt oder spiegelte in dem Leben zwischen dem Tod und einer neuen Geburt dasjenige, was da in einer Metamorphose des Unverstandes sich auslebt im Erdenleben. Und dann wird man etwas tun können, damit im kindlichen Alter zu denjenigen Menschen besondere Liebe entwickelt wird, zu denen in früheren Erdenleben ein besonderer Hass vorhanden war.»[65]

Das Steuer herumwerfen

Nochmals: Ein Mensch kann sich aus Einsicht einen Tritt geben oder an den eigenen Haaren aus dem Sumpf ziehen. Er kann *willkürlich* Taten der Liebe tun und den scheinbaren Teufelskreis von Hass, Leid und Stumpfheit durchbrechen, indem er sich den innewohnenden Zusammenhang zu Bewusstsein bringt und in der Folge von der Freiheit Gebrauch macht, die ihm die Erde gibt. Ist das tatsächlich so?

Damit sind wir bei der schwierigen Frage des freien Willens angelangt. Hat der Mensch einen freien Willen? Und wenn ja, in welchem Verhältnis steht er zu den Entwicklungsgesetzen des Karmas? Können wir das Ruder herumwerfen?

Eine philosophische Behandlung dieser Frage muss hier zurückstehen, unzählige Bücher wurden in dieser Hinsicht bereits verfasst. Unser allgemein-menschliches Empfinden bildet zunächst einen hinreichenden Ausgangspunkt, um ihr nachzugehen.

Wenn wir sorgfältig den Nuancen von Steiners Darstellung des genannten Entwicklungsgesetzes folgen, so entdecken wir einen karmischen Verwandlungsverlauf, der auffälliger bereits an dem zuvor behandelten Gesetz abzulesen war.

Auf den ersten Blick spielt sich alles zuletzt Geschilderte im Bereich des Seelischen ab. Es ist die Rede von Liebe, Pflicht, Hass, Gleichgültigkeit, Gefühlen der Orientierungslosigkeit, des Schmerzes, der Unlust und Dumpfheit usw.. Bei näherer Betrachtung zeigt sich, dass es um verschiedene Schichten der Seele geht.

Im ersten Leben sind es die *Taten*, die beschrieben werden. Das ist die Ebene des Willens. Im zweiten Leben sind es die *Gefühle*, die von außen hervorgerufen und bewirkt werden – die eigentliche Ebene der Gefühle. Im dritten Leben geht es um das stärkere oder schwächere Vermögen, die Welt und insbesondere die soziale, zwischenmenschliche Welt zu *verstehen*, ihr Bedeutung zu verleihen – die Ebene des Denkens.

Obwohl alle drei Ebenen der Seele angehören, verweist die Willensebene mehr in Richtung des Ich, des geistigen Teils des Menschen, während das Verständnisvermögen eher einer leiblichen Anlage entstammt, die auf der Beschaffenheit (des freien Teils) des menschlichen Ätherleibs beruht. In jedem Leben, so kann man sagen, sinken die Folgen des Handelns eine Schicht tiefer in die Leiblichkeit hinein. Damit wird der jeweilige Sachverhalt immer «sichtbarer», sozusagen physischer. Und er wird zugleich, so paradox es vielleicht klingen mag, immer besser greifbar: zunächst mit dem Bewusstsein *begreifbar*, anschließend möglicherweise auch *an-greifbar*, mit den Händen zu ergreifen und zu handhaben.

Schluss

Der Versuch eines mitvollziehenden und übenden Umgangs mit karmischen Entwicklungsgesetzen trägt dazu bei, ein Empfinden für die Verwandlungen zu entwickeln, die zwischen den aufeinander folgenden Leben stattfinden. Darüber hinaus erzieht er zu verstärkter Beweglichkeit des Denkens über menschliche Eigenschaften. Der Charakter des «Trockenschwimmens» beim Üben bildet eine gute Vorbereitung dafür, an Fragen nach dem Karma eines konkreten einzelnen Menschen zu arbeiten.

7. Imagination, Inspiration und Intuition – die für Karmaübungen erforderlichen Fähigkeiten

Einleitung

Anthroposophie steht in der langen Tradition von Weltanschauungen, die mit einer nicht-sinnlichen Welt rechnen. Wenn diese den physischen Sinnen auch nicht zugänglich ist, so hat doch der Mensch voll umfänglich an ihr teil. Das Bedürfnis, sich ihr zu nähern, besteht denn auch seit Menschengedenken. Zwar hat das naturwissenschaftliche Denken der letzten Jahrhunderte das Streben nach metaphysischer Erkenntnis gehörig in den Schatten gedrängt, doch scheint sich die Tendenz seit Mitte des vorigen Jahrhunderts zu wenden. Viele Menschen suchen, mehr oder minder zögernd, Erfahrungen und Verständnis dieser umfassenderen Welt, von der wir umgeben sind. Auch in der theoretischen Physik und der Biologie treten unterdessen Wissenschaftler auf (u.a. Ilya Prigogine und Rupert Sheldrake), die eine naturwissenschaftliche mit einer spirituell-wissenschaftlichen Sicht der Welt zu verbinden suchen.

Hinzu kommt, dass mit der zunehmenden Abkehr von den Kirchen bei immer mehr Menschen das Bedürfnis entstanden ist, sich selbstständig Kenntnis von so genannten Grenzerfahrungen zu verschaffen und sie selbst zu erleben. Denn die Welt, aus der diese Erfahrungen stammen, ist nicht grundsätzlich unerkennbar, wenn auch die Sinne keinen Zugang zu ihr haben. Natürlich öffnen sich nicht plötzlich irgendwelche Fensterläden zu ihr, und angeborene Hellsichtigkeit ist nicht gerade verbreitet. Für diese Welt gilt ebenso, was für die den Sinnen zugängliche Welt zutrifft: Wahrnehmung ist eine Sache, Verständnis und Beurteilung eine völlig andere. Hellsichtigkeit vermittelt als solche noch keine Erkenntnis; «Aussicht» ist nicht gleich Einsicht. Zusätzlich gilt: Wenn Hellsehen auftritt, bevor ein Urteilsvermögen ausgebildet ist, führt das oft zur Verwirrung.

Steiner geht es denn auch viel eher darum, die Entwicklung eines Urteilsvermögens zu fördern, als darum, Menschen dabei zu unterstützen, so schnell wie möglich hellsichtig zu werden. Dementsprechend lautet eine wesentliche Frage: Welche Fähigkeiten sind die notwendige Bedingung für einen selbstständigen und gesunden Verkehr mit der geistigen Welt?

«Eintrittskarten» in die übersinnliche Welt

Steiner nennt verschiedene Fähigkeiten, die der Mensch mithilfe einer besonderen Schulung entwickeln kann. Jede von ihnen ermöglicht auf eine andere Weise, von verschiedenen Seiten Einblicke in die übersinnliche Welt zu gewinnen. Ihrer Anlage nach sind die betreffenden Fähigkeiten in jedem Menschen vorhanden. In den meisten Fällen jedoch sind sie nicht entwickelt. In der sinnlichen Welt gebraucht der Mensch seine Sinne, seinen gesunden Verstand und sein logisches Denken, um zu Erkenntnissen über eben diese Welt zu gelangen. Die Mittel dazu werden durch den menschlichen Organismus sozusagen gebrauchsfertig zur Verfügung gestellt. Sie werden durch Übung oder besondere Lebensumstände vertieft und entwickelt. Ein Musiker oder ein Ornithologe entwickelt sein Gehör, ein Blinder seinen Tastsinn, ein Maler sein Farbempfinden und ein Philosoph sein logisches Denken.

Eine Kernaussage der Anthroposophie besteht darin, der Mensch sei fähig, Wahrnehmungsorgane zu entwickeln, die über die Sinne hinausgehen und mit deren Hilfe er sich der metaphysischen Welt nähern kann. Tatsächlich ist das ganze Werk Rudolf Steiners darauf hingerichtet, moderne Wege bekannt zu machen, durch welche die entsprechenden höheren Sinne entwickelt werden können. Steiner schildert drei Fähigkeiten, die er Imagination, Inspiration und Intuition nennt. Er charakterisiert sie als Instrumente, um in der nicht-sinnlichen Welt zu Erkenntnissen zu gelangen. Sie werden im Folgenden systematisch dargestellt.

Imagination: ein Auge für Prozesse

Jeder heutige Mensch hat ein *Gegenstandsbewusstsein*, das heißt, er bildet seine Vorstellungen auf der Grundlage sinnlicher Wahrnehmungen. Im täglichen Leben machen wir Gebrauch von dieser Art des Bewusstseins und beziehen unsere Orientierung aus ihm; es gibt uns Halt. Mit seiner Hilfe erkennen wir Dinge wieder, die wir zuvor bereits gesehen haben, wir orientieren uns auf der Basis früherer Beobachtungen usw. Kurzum, wir sind auf der Erde zu Hause, weil wir mit unserem sinnlichen Bewusstsein an ihrem Leben teilhaben. Das gewöhnliche sinnliche Bewusstsein bildet schon seit Jahrhunderten die Grundlage, auf dem sich die Naturwissenschaften entwickeln.

Ein zweites Gebiet nehmen wir bereits nicht mehr mit den Sinnen wahr, ein jeder ist sich jedoch dessen bewusst, dass es vorhanden ist. Der griechische Philosoph Heraklit aus Ephesus tat den Ausspruch, dass man nicht zweimal in denselben Fluss steigen könne. Der Fluss fließt weiter und ist also nicht mehr derselbe, wenn man ein zweites Mal in ihn hineinsteigt.

Damit wies Heraklit auf etwas hin, was mit einem modernen Wort als «Prozessrealität» bezeichnet wird. Die Wirklichkeit ist nicht fixierbar, sie hat einen sich entwickelnden, fließenden Charakter. Wenn wir uns umschauen, bemerken wir, dass die Welt erfüllt ist von derartigen in Entwicklung befindlichen Wirklichkeiten.

Nehmen wir zum Beispiel eine Pflanze. Sie kann in jedem Augenblick auf unterschiedliche Art wahrgenommen werden, nämlich mit den Augen, mit den Händen, mit der Nase, eventuell auch mit dem Geschmack. In der Regel sehen wir mit den Augen nicht, dass sich eine Pflanze in fortwährender Bewegung befindet. Allerdings gibt es Ausnahmen. Die Blüten der Nachtkerze z.B. öffnen sich am Abend so schnell, dass man die Bewegung sieht. Im Allgemeinen sehen wir die Pflanzenbewegungen erst, wenn wir eine Filmaufnahme der Wachstums- und sonstigen Bewegungen im Zeitraffertempo ablaufen lassen. Dann kann man von diesen Bewegungen auch eine Art inneren Film erzeugen. Indem man die aufeinander folgenden Momentaufnahmen innerlich gleichsam nacheinander ablaufen lässt, *sieht* man nicht nur, dass die Pflanze wächst und sich bewegt, sondern man *erlebt* auch ihre Wachstumsdynamik. Was uns der Film als Information vorzaubert, wird zur Erfahrung der Wachstumskraft, wenn wir – was anstrengend ist – selbst ein Bewegungsbild erzeugen. An ihm erleben wir die Wirklichkeit der Wachstumsbewegung so, wie die Bewegung des Golfstroms über den Atlantischen Ozean eine Wirklichkeit ist: Die in Kanada ins Meer geworfene Flasche wird in Norwegen wieder an Land gespült.

Nicht nur in der Pflanzenwelt lassen sich Wachstumsbewegungen entdecken, auch im individuellen und sozialen menschlichen Leben spielen sich zahllose Entwicklungsprozesse ab. Um einen solchen Prozess selbst unmittelbar wahrzunehmen und nicht nur seine Folgen, ist eine andere Art von Vorstellungsvermögen erforderlich als jene, mit der räumliche Gegenstände registriert werden. Das ökologische Bewusstsein beispielsweise konnte sich im 20. Jahrhundert dank zunehmender allgemeiner Offenheit für prozessuale Wirklichkeiten der Lebenssphäre entwickeln.

Das Bewusstsein, das erforderlich ist, um die Realität des Prozesshaften zu erfassen, nennt Rudolf Steiner das *imaginative Bewusstsein.* Es erschließt uns die ätherische Welt, die Welt der Wachstumskräfte.

Zum besseren Verständnis ein Vergleich: Das Meer erscheint uns als eine ungeheure Menge Wasser, die sich mehr oder weniger wellenförmig bewegt. Wenn man die Strömungen des Meeres kartiert, so offenbart sich in ihnen eine unsichtbare Ordnung mit schnellen und langsamen, an der Oberfläche befindlichen und tieferen Strömungen, solchen von Ost nach West und von West nach Ost. Die für das Auge einförmige Wassermasse besitzt eine unsichtbare Differenzierung. In vergleichbarer Weise kann hinter der sichtbaren Welt eine Ordnung dynamischer Lebenskräfte entdeckt werden, sofern man den Sinn entwickelt, diese wahrzunehmen. Die Fähigkeit der Imagination macht Vorgänge erfassbar, deren Erscheinungen zwar in der sinnlichen Welt zutage treten, selbst jedoch dem Auge nicht sichtbar sind.

So erweitert das Imaginationsvermögen das Bewusstsein, indem es Einblick in prozessuale Geschehnisse erlaubt, die sich unmittelbar hinter dem Schleier der physischen Welt vollziehen und eine unendliche Vielfalt von lebendigen Vorgängen bilden.

Inspiration: ein Empfinden für Verhältnisse und Beziehungen

Das sich anschließende Bewusstseinsniveau ist das des *inspirativen Bewusstseins.* Das Inspirationsvermögen bietet eine Handhabe, um die Vielfalt der Prozesse in der Lebenssphäre zu ordnen. Was erscheint im Vordergrund, was im Hintergrund? Was ist wesentlich, was unwesentlich? Was kommt zuerst, was danach? Welcher Vorgang ist Bedingung für einen anderen? Die von Steiner so benannte Fähigkeit der Inspiration bietet die Möglichkeit, Beziehungen und Verhältnisse zwischen Prozessen bzw. eine *Perspektive* im Verhältnis der Prozesse untereinander wahrzunehmen.

Während mithilfe des imaginativen Bewusstseins die Welt der Lebenskräfte erfasst wird, gewinnen wir mithilfe des inspirativen Bewusstseins ein objektives Verhältnis zu dem Teil unserer selbst, der im normalen Leben verborgen bleibt, nämlich zu unserem «Nachtwesen».

Was ist mit dieser Andeutung Steiners gemeint? Sie verweist auf die Tatsache, dass wir selbstverständlich auch dann Mensch sind, wenn wir uns im traumlosen Schlaf befinden – dass wir dabei auch dann unsere menschliche Integrität bewahren, obwohl wir nicht die mindeste Erinnerung daran bewahren können. Dem eigenen Tagesbewusstsein erscheint der Schlaf als ein großes Nichts, als ein Loch. Das lässt sich aus der Tatsache verstehen, dass während des Schlafes die zwei höheren Wesensglieder des Menschen, der Astralleib und das Ich, mit den zwei unteren, mehr leiblich orientierten Gliedern, dem physischen Leib und dem Lebensleib, nicht fest verbunden sind. Diese sind mithilfe der Sinne und des Gehirns die Träger des alltäglichen Gegenstandsbewusstseins. Was mit den höheren Wesensgliedern nachts geschieht, kann zu den unteren Wesensgliedern nicht vordringen; denn während des Schlafs haben physischer Leib und Lebensleib keine Verbindung zu den höheren Wesensgliedern und können sich daher auch nicht auf ihr Instrument stützen, das ihnen tagsüber zur Verfügung steht. Daher hat auch das Gedächtnis keinen Zugriff auf das Nachtbewusstsein. Steiner stellt dar, wie es mithilfe des inspirativen Bewusstseins möglich ist, Zugang zu jener Nachtwelt zu gewinnen. In dieser Richtung also lässt sich eine Vorstellung des inspirativen Bewusstseins bilden.

Das «Nachtwesen» des Menschen ist allerdings nicht nur nachts wirksam. Während des Schlafes ist es als solches aktiv, im menschlichen Wachzustand ist es in verdeckter Weise ebenfalls aktiv, verborgen in der leiblichen Umhüllung. Das inspirative Bewusstsein ermöglicht den Zugang zu diesem verborgenen und höheren Teil des menschlichen Wesens.

Es mag deutlich geworden sein, dass das inspirative gegenüber dem alltäglichen Bewusstsein gleichsam eine höhere Hürde zu nehmen hat als das imaginative Bewusstsein. Das Letztere überschreitet die verhältnismäßig niedrige Schwelle zwischen der physischen Welt und der Welt der Lebenskräfte. Das inspirative Bewusstsein übersteigt jene Hürde, die durch die Grenze zwischen Tag- und Nachtwelt markiert wird. Damit wird es zu einem Instrument, das die Begrenzung des irdischen Bewusstseins ausdrücklich aufhebt.

Bildhaft ausgedrückt, reicht das imaginative Vermögen bis in die Dynamik der Wolken, während das inspirative Bewusstsein die Wolken nach oben hin durchbricht.

Die Inspiration also stellt ein Instrument dar, mit dessen Hilfe die Beziehungen zwischen verschiedenen Prozessen erkannt werden können. Die Fähigkeit, Prioritäten zu setzen, Wesentliches von Unwesentlichem zu unterscheiden, das eine in den Vordergrund zu rücken, anderes im Hintergrund zu platzieren, dies alles sind Früchte inspirativer Fähigkeiten.

In der menschlichen Seele fußt die Inspiration stark auf dem Gefühl. Mit unserem Gefühl tasten wir ab, schätzen etwas in seiner Bedeutung ein, wägen Verhältnisse untereinander ab. Im übertragenen Sinn stellt die Inspiration die Fähigkeit eines weiterentwickelten Hörens dar, eines inneren Lauschens und Beurteilens, vergleichbar dem Erfassen von Intervallen. Bei diesem geht es um die Verhältnisse zwischen den einzelnen Tönen. Indem die Innerlichkeit eines Wesens oder Prozesses gleichsam belauscht wird, kann es gelingen, «Tuchfühlung» mit intimen Wesensqualitäten aufzunehmen, mit einem Bereich, in dem sich geistige Wesen – unter ihnen das eigene – in Austausch und Wechselwirkung miteinander befinden und sich in Formen äußern, die sinnlichen Klängen bzw. Tönen vergleichbar sind.

Intuition: das Wahrnehmen des Willens

Die dritte Fähigkeit zu erweiterter Erkenntnis, die der Mensch entwickeln kann, bezeichnet Steiner als «Intuition». Das klingt vielleicht überraschend, da wir diese Bezeichnung für ein meist unbewusstes Empfindungsvermögen verwenden, auf das wir uns oft nur bedingt verlassen können. Im Sinne Steiners handelt es sich um eine bewusst ausgeübte Fähigkeit, ein unmittelbares Empfinden bzw. Wissen, was für ein *Handeln* in einer gegebenen Situation am Platze ist. Hier herrscht die Wirklichkeit des Willens. Wir haben es mit einem sehr hohen Erkenntnisniveau zu tun, da die unmittelbare Erfahrung (das «Ahnen») zugleich bewusst umgesetzt werden muss. Die übliche Verwendung des Wörtchens «intuitiv» deutet zumeist auf Vorgänge, die sich jenseits des Bewusstseins vollziehen. Intuition ist ein direkter und bewusster Kontakt mit dem eigenen oder dem Willen eines anderen Wesens, schwierig und alltäglich zugleich. Schwierig deshalb, weil es nur selten gelingt, das Wahrnehmen von subjektiven Beweggründen freizuhalten; alltäglich, weil jeder, der darauf achtet, die Augenblicke kennt, in denen er unmittelbar weiß, was zu tun wäre. In der Regel werden wir uns allerdings erst im Nachhinein bewusst, dass wir wussten, was hätte getan werden müssen, wovon wir uns aber aus verschiedenen Gründen abhalten ließen.

Besonders gefordert ist das Intuitionsvermögen z.B. bei der Berufsbegleitung. Die berufliche Laufbahn eines Menschen wird stark vom Willen geprägt. Gegenwärtig ist es nicht mehr selbstverständlich, ein Leben lang einen einzigen Beruf, eine einzige Funktion auszuüben. Viele Menschen stellen sich von Zeit zu Zeit die Frage, wie es beruflich mit ihnen weitergehen soll. Will ich weitermachen oder wechseln und etwas anderes tun? Ein Berufsberater muss sich einerseits in die bisherige Entwicklung eines solchen Menschen einleben, andererseits ein Gefühl dafür entwickeln, was als nächster Schritt «dran» sein könnte und wie er anzugehen wäre. Dieser nächste Schritt entspringt meist weniger der Planung als den originellen Wegen, die der Wille eines Menschen nimmt …

Das entwickelte intuitive Vermögen nimmt die Dynamik eines Willens wahr. Es ist in der Lage, gleichsam zu «lesen», wohin der Wille eines Menschen auf dem Weg ist, was für den gewöhnlichen Blick in der Zukunft verborgen liegt. Intuition ist vornehmlich eine zwischenmenschlich-soziale Fähigkeit. Imagination nimmt Wachstumsprozesse wahr, und Inspiration ermöglicht es, Beziehungen als objektiv in der Welt vorhandene Verhältnisse wahrzunehmen. Durch Intuition kann der Wille eines anderen Wesens unmittelbar, d.h. ohne Vermittlung durch dessen Taten, «von innen» erfasst werden.

Was ist der Wille?

Im normalen Leben bleibt der Wille ein großer Unbekannter, der nicht mit Wunsch oder Vorsatz verwechselt werden darf. Wenn es bei dem Vorhaben bleibt, z.B. den Hausflur zu fegen, so ist der eigentliche Wille noch nicht aktiviert. Wenn man dann tatsächlich fegt, bleibt völlig im Unbewussten, was im Organismus eigentlich geschieht, während man sich *in der Tat* befindet, also dabei ist zu fegen. Der Vorsatz dazu ist zunächst nichts anderes als eine Vorstellung im eigenen Bewusstsein. Diese kann die Willensaktivität als solche jedoch nicht wahrnehmen. Der Witz vom Tausendfüßler, der zu straucheln beginnt, sobald er auf seine Füße achtet, deutet darauf hin, dass der Wille am besten unbewusst funktioniert. Zu viel auf den Willen gerichtetes Bewusstsein kann Schwierigkeiten verursachen.

Erst rückblickend erkennen wir, was wir tatsächlich gewollt haben; wir erkennen es an den eigenen Taten. Vor und während des Handelns bleibt uns der Wille unbekannt. Stattdessen stellen wir Vermutungen über unseren Willen an. «Was will ich eigentlich?» Diese Frage begleitet mehr oder weniger drängend jede wichtige Handlung, die wir vollziehen, und spielt somit eine große Rolle bei der Besinnung auf den eigenen Lebenslauf.

Das Vermögen, Einblick in die aktuelle Art und Beschaffenheit des Willens zu gewinnen, sozusagen eine Innenansicht des Willens zu erhalten, nennt Steiner das *intuitive* Bewusstsein. Es vermittelt einen Zugang zum Inneren des fremden Wesens selbst. Alles, was Wesen ist, offenbart sich in einer Willensdynamik. Die Fähigkeit der Inspiration fußt auf einem gereiften, geläuterten und entwickelten Gefühlsleben. Die Intuition beruht auf dem Vermögen des Willens, am Willen eines anderen Wesens zu partizipieren, während dieses zugleich im eigenen Wollen, d.h. im Handeln, wahrgenommen wird.

Die Karmaübungen

Nach dieser Einführung in Imagination, Inspiration und Intuition soll auf die verschiedenen Karmaübungen eingegangen werden, die Steiner beschreibt. Jede der drei Übungen richtet sich deutlich auf jeweils eine der drei höheren Erkenntnisfähigkeiten. Ausgangspunkt dieses Kapitels war die Frage: Wie kommt der Mensch in selbstständiger Weise zu Erkenntnis und Erfahrung der übersinnlichen Welt? Karmaforschung ist nichts anderes als die Erforschung der verborgenen, übersinnlichen Wirklichkeiten von Mensch und Welt. Steiners Karmaübungen verlangen die Entwicklung entsprechend differenzierter Wahrnehmungsorgane für jene Wirklichkeiten.

Nachdem Steiner in den Monaten zuvor eine Reihe einführender Betrachtungen über Karma vorgetragen hat, beginnt er im Mai 1924 mit der ausdrücklichen Darstellung der Karmaübungen. Dabei deutet er nacheinander drei Methoden an, mit deren Hilfe ein übendes Herangehen an das Thema erfolgen kann. Die drei Zugangsarten erweisen sich als praktische Umsetzungen der oben ausgeführten drei höheren Erkenntnisfähigkeiten. Zuerst behandelt Steiner die *Mond-Sonne-Saturn-Übung.*[66] Anschließend spricht er über die so genannte *dreitägige Übung*,[67] und schließlich stellt er die karmische Ursachen von nicht weniger als sechs Eigenschaften dar.[68] In diesem letzten Vortrag geht es ihm offensichtlich um den Aspekt der *karmischen Entwicklungsgesetze.*

Die Mond-Sonne-Saturn-Übung – Ziel der Übung

In Kapitel 5 schilderten wir die Mond-Sonne-Saturn-Übung ausführlich. Charakteristisch für sie ist es, dass sie den Übenden dazu aufruft, die Erscheinung des Menschen zunächst Schicht für Schicht sorgfältig und konturiert herauszuarbeiten, um sie in der Folge wieder durchsichtig werden zu lassen für in und hinter ihr Wirksames. Zuerst geht es darum, genau hinzuschauen, anschließend darum, die Frage zu beantworten: Welche immanent wirksamen Kräfte haben das verursacht, was ich an der Erscheinung beobachte?

Das Ziel der Übung besteht in der Beantwortung einer weiteren Frage. Wie wurde im Leben vor der Geburt dasjenige vorbereitet, was heute und hier an mir in Erscheinung tritt? Mit anderen Worten: Woher stammt der Wille, das aktuelle Leben so und nicht anders zu gestalten und zu führen? Wie hat dieser Wille zu demjenigen Menschen geführt, der nun hier auf der Erde herumläuft?

Es ist nicht direktes Ziel der Übung, zu konkreten Bildern früherer Leben zu gelangen. Allerdings wird durchaus angestrebt, durch die schrittweise Durchführung der Übung das eigene oder das Karma eines anderen Menschen unverhüllt zur Erscheinung kommen zu lassen.

Ein weiteres Ziel der Übung ist es, in immer umfassenderer Weise für die vorgeburtlichen Intentionen des jeweils Betroffenen empfänglich zu werden. Darum nimmt die Übung, mit dem aktuellen Leben beginnend, einen rückwärtigen Verlauf in verschiedene vorgeburtliche Sphären: in die Sphäre des Mondes, die direkt vor der Geburt durchlaufen wurde, weiter zurück in die Sonnensphäre und schließlich in die Sphäre des Saturns. Schicht um Schicht wird die irdische Erscheinungsform dabei transparent gemacht für das, was aus vorgeburtlichen Kräftezusammenhängen durch sie hindurch wirkt. Das zentrale Motiv dieser Übung ist es, die tieferen Intentionen durchsichtig zu machen.

Die Methode der Übung: Meditation

Auffällig ist die Anweisung, dass bis zu dreimal wieder zurückgenommen und durchsichtig gemacht werden muss, was zuvor mühsam aus der betreffenden Biografie zusammengetragen und verdichtet wurde. Um welche Art von Bewegung, welche Signatur handelt es sich dabei? Das entsprechende Vorgehen begegnet einem auch in Steiners Darstellung der Meditation.

Das zuvor aufgebaute Bild zu beseitigen spielt beim Meditieren eine große Rolle. Der Aufbau des inneren Bildes erfolgt so intensiv wie möglich, das Bild soll maximale Kraft in der Seele entfalten. Danach wird es wieder vollständig ausgetilgt, wobei der Bildinhalt verschwindet, dessen Kraft aber als Bewusstseinskraft anwesend bleibt. Sie wird als erhöhte Wachheit erfahren.

Das Bild verschwindet, leeres Bewusstsein bleibt zurück. Im normalen Leben sind diese beiden nicht miteinander vereinbar: *Entweder* wir entwickeln Bewusstsein, das dann mit Bildern der sinnlichen Welt ausgefüllt ist, auf diese bezogene Gedanken und andere Vorstellungen, *oder* wir haben kein Bewusstsein, dann schlafen wir ein. Der Zustand eines leeren Bewusstseins, in dem wir wach sind, ohne dass es von irdischen Bewusstseinsinhalten erfüllt ist, bildet den Keim einer sich entwickelnden Empfänglichkeit für die Nachtwelt.

Und dies genau ist es nun, worauf die Übung abzielt – das Erwachen in der Nachtwelt, der vorgeburtlichen Welt, in welcher der Mensch an seinem Karma gearbeitet hat. Die Dynamik, das eigene Bewusstsein von irdischen Vorstellungsinhalten freizumachen, entspricht dem Ziel der Übung, einem Erwachen in der vorgeburtlichen Welt. Es handelt sich bei der beschriebenen Übung darum, Bewusstsein für den *Nachtmenschen* zu entwickeln.

Imagination und Inspiration: Ein- und Ausatmung

Ein inhaltsleeres, jedoch waches Bewusstsein ist Bedingung für das inspirative Erkenntnisvermögen. Dem geht der Schritt in die Imagination voran, das intensive Aufbauen eines Bildes. Die beiden Fähigkeiten wurden hier dargestellt.

Biologisch gesehen verweist der Begriff der Inspiration auf die Atmung. Inspiration bedeutet wörtlich *Einatmung*.

Im Brustbereich, dem Gebiet der Atmung, finden wir in biologischer Hinsicht ein lockeres, labiles Verhältnis zwischen den zwei höheren und den zwei niederen Wesensgliedern, insbesondere zwischen Astralleib und Lebensleib. Bei jeder Einatmung wird die Verbindung inniger, indem der Astralleib tiefer in den Ätherleib eindringt. Bei jeder Ausatmung löst sich der Astralleib wieder etwas. Durch die Übung für das inspirative Bewusstsein erzeugen wir ein vergleichbares Verhältnis: Der Aufbau des Bildes ähnelt einem Einatmen des Bewusstseins, die wechselseitige Verbindung der Wesensglieder wird stärker. Das Leermachen des Bewusstseins entspricht einer Ausatmung, die Verbindung der Wesensglieder lockert sich.

Die Mond-Sonne-Saturn-Übung nähert sich auf inspirative Weise dem Menschen im Leben zwischen Tod und neuer Geburt. Die entsprechende Technik besteht darin, die menschliche Erscheinung auf der Erde für ihren übersinnlichen Ursprung Schicht für Schicht durchsichtig zu machen.

Die dreitägige Übung

Die zweite Karmaübung ist die zuvor schon erwähnte so genannte dreitägige Übung. Welchem Ziel dient sie, und wie ist sie methodisch einzuordnen? Einleitend betont Steiner, dass es für ihre Durchführung vor allem notwendig ist, viel Geduld zu haben.

> «... was man da lernen muss zunächst, das schiebt sich zusammen in das eine Wort: warten. Man muss auf die inneren Erlebnisse warten können. (...) da muss man in der Seele die Erlebnisse reifen lassen können.»[69]

Wir beginnen die Übung, indem wir eine auffällige Begebenheit auswählen oder eine für einen Menschen besonders charakteristische Situation. Beide können sich vor kurzem ereignet haben oder schon länger zurückliegen. Wir können ein Ereignis wählen, das uns stark bewegt und berührt hat, oder auch eine Gewohnheit bzw. eine immer wieder auftretende Gebärde, die für einen uns bekannten Menschen besonders charakteristisch ist. Die Erinnerung an das entsprechende Geschehen muss so kräftig wie möglich ausgearbeitet werden, ohne allerdings von den objektiven Gegebenheiten abzuweichen. Es geht darum, dass der gewählte Sachverhalt durch diese *Intensivierung* eine eigene Gestalt in der Seele des Übenden annimmt, die so kräftig ist, dass sie auch in der Nacht nach der Anstrengung des Übens aufrechterhalten bleibt. Diese Gestalt entwickelt sich weiter und führt den Übenden zu gegebener Zeit zu einem Bild jenes Geschehens in einem früheren Leben, das die karmische Ursache des für die Übung ausgewählten Geschehens in diesem Leben bildet.

Das Beschriebene gelingt natürlich nicht beim ersten besten Versuch, das Zauberwort dabei ist vielmehr Geduld. In der Praxis erweist sich, dass man diese Übung Dutzende von Malen wiederholen muss, um ein Ergebnis zu erzielen.

«Das alles muss oft und oft geübt werden, denn gewöhnlich reißt der Faden auf den ersten Anhub schon am allerersten Tage ab. Dann kommt nichts.»[70]

Das soll nicht heißen, dass Menschen, die diese Übung immer wieder treu vollzogen haben, nicht über Ergebnisse berichten könnten.

Intensivierung der Rückschau

Bei der Intensivierung der Rückschau geht es um eine Übung, die in der Literatur zum anthroposophischen Schulungsweg als Übung der Rückschau bekannt ist.[71]

Anders als bei der Mond-Sonne-Saturn-Übung ist es bei der dreitägigen Übung durchaus das Ziel, Bilder voriger Erdenleben zu erhalten. Was Steiner als Intensivierung bezeichnet, ist eine Willensanstrengung, die mit schwerer körperlicher Arbeit vergleichbar ist. Allein durch den Einsatz intensiver Willenskraft wird der Weg gefunden, der von einer auffälligen Begebenheit oder einer charakteristischen Eigenschaft in diesem Leben zu deren Ursache in einem früheren Leben führt. Wie der menschliche Wille den Weg von einem zum nächsten Tag vollzieht und von einem zum folgenden Leben, so kann er, zum Erkenntnismittel erhoben, diesen Weg auch zurückverfolgen. Durch kontinuierliches Üben wird der eigene Wille so gestärkt, dass er zum Instrument wird, den Willen anderer zu ergründen, in diesem gleichsam heimisch zu werden; Gleiches wird durch Gleiches erkannt.

Entwicklung des Willens zur Intuition

Die Intuition wird durch eine solcherart aktiv gebrauchte Willenskraft entwickelt. Die Übung hat denn auch, wie oben dargestellt, eine *intuitive* Dynamik. Die Frucht des intuitiven Bewusstseins ist Einsicht in den Willen selbst. Dies beinhaltet letztlich auch, den verursachenden Faktoren aus früheren Leben sowie möglichen Wegen in die Zukunft auf die Spur zu kommen.

Karmische Entwicklungsgesetze als Karmaübung

Die dritte Möglichkeit, Karma übend zu erforschen, stellt Steiner dar, indem er den karmischen Hintergrund von sechs Eigenschaften ausführt. Er bezeichnet dies nicht als Karmaübung, in seiner Beschreibung kommt jedoch deutlich der Aufruf zum Ausdruck, in übendem Sinne mit Karma umzugehen. Wir schilderten dies in Kapitel 6.

Es geht um ganz grundlegende, zum Teil auch etwas spezifischere Eigenschaften. Steiner beschreibt sowohl deren Ursachen in einem vorigen als auch ihre Folgen in einem späteren Leben unabhängig vom jeweiligen menschlichen Träger.

Der Übungsverlauf besteht darin, sich ein möglichst umfassendes Bild der betreffenden Eigenschaften zu machen, um anschließend der Verwandlung von einer zur anderen als einer karmischen Entwicklung folgen zu können. So lassen sich die Übungen anhand karmischer Entwicklungsgesetze vor allem als Übungen des *imaginativen* Vermögens verstehen. Der Übende muss sich intensiv in die Wirklichkeit eines geistigen Prozesses, einer geistigen Bewegung einleben.

Ein Empfinden für Karma

Die Arbeit an den karmischen Entwicklungsgesetzen stellt eine Vorbereitung für die eigentliche Karmaforschung dar. Die von Steiner beschriebenen Gesetze nachzuvollziehen ist gewissermaßen eine Fingerübung innerer Beweglichkeit und unentbehrlich für die Forschung. Ausgehend von der sinnlichen Wahrnehmung und von logischem, schöpferischem Denken kann jeder Mensch mit dieser Arbeit beginnen. Wenn man sich länger an diesen Gesetzen schult, so entwickelt man einen Sinn für Karma.[72] In den Wirren des täglichen Lebens ist ein solches Empfinden für Karma von unschätzbarem Wert. Allzu oft erfordert das soziale Leben schnelle, auch wichtige Entscheidungen, ohne dass wir deren Konsequenzen überschauen können. Ein entwickeltes Empfinden für Karma erweist sich als hilfreich, wenn wir eine bewusste Lebensführung anstreben.

Abrundung

Die Arbeit an den Entwicklungsgesetzen ist eine Vorstudie. Im engeren Sinn beginnt das Arbeitsfeld der Karmaforschung beim Übergang von der Welt der Lebenskräfte in die eigentliche geistige Welt. Um zu Erkenntnissen über den geistigen Kern des Menschen zu gelangen, sind außer Imagination auch Inspiration und Intuition erforderlich. Die Inspiration ermöglicht es, die Kompositionsgeheimnisse der vorgeburtlichen Schicksalsbildung zu *vernehmen*. In der Intuition tauchen wir in Form einer Willenserfahrung unmittelbar in die karmischen Ursachen eines vorigen Leben ein.

In diesem Kapitel haben wir bislang nur jene drei Fähigkeiten dargestellt, die in gewissem Umfang entwickelt werden müssen, wenn der Übende einen ersten, kontrollierten Zugang zur geistigen Welt gewinnen will. In der Folge wurde kurz die Beziehung dieser drei Fähigkeiten zu den von Steiner ausgeführten Karmaübungen skizziert.

Der Stellenwert der Karmaforschung auf dem Entwicklungsweg

Meditation und Rückblick

Die innere Entwicklung, die Steiner im Rahmen mit der Anthroposophie beschreibt, fußt auf zwei Säulen. Die eine ist die Meditation, die andere bildet der so genannte Rückblick.

Steiners Auffassung zufolge ist die Konzentration auf einen verhältnismäßig begrenzten, übersichtlichen Inhalt, der aus Worten oder einem Bild besteht, kennzeichnend für die *Meditation*. Text oder Bild sind meist nicht direkt dem täglichen Leben entnommen. Steiner empfahl seinen Schülern z.B. häufig den kurzen Satz «Im Licht lebt strömende Weisheit» als Meditationsinhalt. Ein bekanntes Beispiel einer Bildmeditation ist die des Rosenkreuzes.[73]

Sinn der Meditation ist es, dass sich der Meditierende mit aller inneren Kraft dem Inhalt hingibt, sich auf ihn konzentriert. Während einiger Minuten wird dabei die Intensität des inneren Bildes so sehr gesteigert, dass es in voller Präsenz innerlich vor einem steht oder man im Falle einer Wortmeditation die Empfindung hat, in den meditierten Worten ganz aufzugehen. So verstanden ist Meditation eine Sache der Konzentration und gesteigerter Aufmerksamkeit. Dabei geht es nicht darum, über den Inhalt der Worte oder des Bildes *nachzudenken*. Vielmehr wird nach der Vertiefung und Konzentration versucht, das eigene Bewusstsein ganz leerzumachen. Damit wird ein Zustand hervorgerufen, der im normalen Leben nicht auftritt, nämlich bei leerem Bewusstsein doch vollkommen wach zu sein. Auf diese Weise bewirkt die Meditation ein «Atemholen der Seele», eine Konzentration, die am besten mit einer Einatmung verglichen werden kann. Im weiteren Verlauf führt sie zu einem völligen Entleeren des Bewusstseins, das dem Ausatmen vergleichbar ist.

In der Übung des *Rückblicks* wird die Aufmerksamkeit nun insbesondere auf die Geschehnisse und Erfahrungen des täglichen Lebens gerichtet. In ihr geht es darum, sich in verhältnismäßig kurzer Zeit den Ablauf des zurückliegenden Tages so exakt wie möglich ins Bewusstsein zu rufen. Dies geschieht in umgekehrter Reihenfolge, ohne abzuschweifen, ohne die Geschehnisse zu analysieren und ohne zwischen wichtigen und unwichtigen Dingen zu unterscheiden. In der Rückschau stehen ein Kartenspiel und das Verfassen einer Stellenbewerbung oder eines Liebesbriefs gleichwertig nebeneinander. Im Allgemeinen wird die Übung zum Tagesabschluss am Abend durchgeführt. Eine Reihe weiterer von Steiner gegebener Übungen sind mit dem täglichen Rückblick verwandt, so z.B. zwei Übungen, die einer Rückschau auf Phasen der eigenen Kindheit und Jugend[74] gelten. Sie dienen dem Ziel, verborgene Kräfte in der eigenen sozialen Umgebung zu entdecken, die einen wesentlichen Einfluss auf den Übenden gehabt haben.

Das Ziel von Meditation und Rückblick

Beide Übungen – Meditation und Rückblick – unterscheiden sich von den täglichen Verpflichtungen und Aktivitäten. Bei der Meditation liegt ein wesentlicher Unterschied darin, dass sie zunächst zur Steigerung der Bewusstseinsintensität erzieht, um dann «leeres Bewusstsein» zu erzeugen. Der Rückblick unterscheidet sich dadurch, dass wir wie objektive Außenstehende auf den eigenen zurückliegenden Tagesablauf blicken, ihn gleichsam von außen betrachtend.

Die beiden Übungen haben jeweils ihr eigenes Ziel. Das Ziel der *Meditation* ist es, die Wirklichkeit des Hier und Jetzt zu durchdringen und Zugang zu der Realität hinter Worten und Bildern zu finden. Es geht um den Versuch, mit der übersinnlichen Wirklichkeit eine bewusst erfahrene und gestaltete Verbindung aufzunehmen. Indem sich der Meditierende nach der vorherigen Anstrengung der Konzentration darum bemüht, das eigene Bewusstsein inhaltsleer zu machen, wird es der geistigen Welt möglich, sich in seiner Seele auszusprechen. Die Technik des Wechsels von Konzentration und Leerung des Bewusstseins spiegelt die menschliche Tag- und Nachtsituation. Tagsüber erfüllt uns die Welt mit Eindrücken. Die Nacht ist für unsere Erinnerung ein Loch im Bewusstsein. Und doch kann in der Nacht von einer Art Aktivität die Rede sein. Wir können bemerken, dass die Nacht gleichsam mittätig ist an der Verarbeitung unserer irdischen Erfahrungen. Auch in den Träumen findet sich, wenn auch oft getrübt, eine Spiegelung dieses nächtlichen Bewusstseins. Indem in der Meditation die Leere bewusst hervorgerufen wird, nehmen wir eine Beziehung zu jenem Teil unseres eigenen Wesens auf, der unserer Tagseite entgegengesetzt ist.

Sinn und Zweck des *Rückblicks* hingegen bestehen darin, ein Auge für die unbewussten Motive des Willens zu entwickeln, die im Leben am Werk sind. Indem wir ohne zu urteilen auf den Verlauf eines Tages zurückblicken, können wir uns neben den bewussten auch die unbewussten Intentionen zu Bewusstsein bringen. Was getan ist, ist getan, ob wir es wollten oder nicht. Die unbewussten Intentionen eröffnen den Blick auf die Gesamtheit dessen, was wir gewöhnlich als unser Ich bezeichnen. Dieses besteht zu einem großen Teil aus unbewusstem, «schlafendem» Willen, der jedoch nichtsdestoweniger äußerst tätig ist. Dieser unbewusste Wille hat an der Führung und Gestaltung des Lebens mindestens einen so wesentlichen Anteil wie sein bewusstes Pendant. Rückblickend erkennen wir oft, dass die halb- oder unbewusst gefällten Beschlüsse für den Lebenslauf von großer Bedeutung waren. Gerade der unbewusste Wille, der im jetzigen Leben wirksam ist, knüpft stark an die Art und Weise an, wie der Wille in einem früheren Erdenleben tätig war.

Meditation, Rückblick und Karmaforschung

In der Karmaforschung spielen beide beschriebenen Aspekte eine Rolle. Mit ihr wird der Versuch gemacht, der Tätigkeit des Willens auf die Spur zu kommen. In diesem Sinne ist sie eine Vertiefung der Aktivität des Rückblicks. Am deutlichsten wird dies bei der Drei-Tage-Übung. In ihr werden Kraft, Qualität und Ausdauer des Rückblicks so verdichtet und gesteigert, dass Geschehnisse einer früheren Inkarnation in den inneren Blick treten können. Rückblickübungen sind Karmaübungen im Kleinen, sie richten sich darauf, wie der unbewusste Wille im aktuellen Leben in Erscheinung tritt. Von einem Leben zum anderen wirkt der Wille vermittelt durch das Leben zwischen Tod und neuer Geburt.

Mithilfe der Mond-Sonne-Saturn-Übung wird ebenfalls angestrebt, das Willenswesen zu erfassen, in diesem Fall jedoch dessen vorgeburtliche Aktivität, die Willenstätigkeit des menschlichen Nachtwesens. Dieses ist vor der Geburt am Aufbau des Karmas tätig. Daher enthält auch die Übung die Dynamik der Meditation, bei der das Entleeren des Bewusstseins eine zentrale Rolle spielt.

Beim Versuch, das Karma eines Menschen zu erfassen, sind beide Strebensrichtungen von entscheidender Bedeutung, sowohl der Rückblick in Richtung früherer Leben als auch der Aufbau eines Bildes von Art und Beschaffenheit des vorgeburtlichen Lebens.

Karmaübungen sind arbeits- und zeitintensiv. Der Grund dafür liegt darin, dass Steiner die Entwicklung des Urteilsvermögens als eine Bedingung für den gesunden Umgang mit karmischen Erkenntnisergebnissen betrachtete. Ziel dabei ist es, mit derartigen Ergebnissen in einer Art umzugehen, die für den Betreffenden und seine Umgebung im Leben sinnvoll ist und nicht zerstörerisch wirkt bzw. auf Abwege führt. Abschließend sei hinzugefügt, dass Karmaforschung keineswegs nur hellseherisch begabten Menschen vorbehalten ist. Ohne gleich sensationelle Antworten zu liefern, bietet sie wichtige und vertrauenswürdige Anknüpfungspunkte, um an den Begebenheiten des täglichen Lebens ein Empfinden für Karma zu entwickeln. Auch bietet sie eine Möglichkeit, Bilder früherer Erdenleben, die durch spontan auftretendes Hellsehen geschaut wurden, auf ihren Wahrheitsgehalt hin zu prüfen, indem sie in einen größeren Bezugsrahmen gestellt werden.

8. «Praktische Menschenkunde»: Karmaforschung in Gruppen. Die Arbeitsweise

Im Folgenden wird die Arbeitsweise der «praktischen Menschenkunde» dargestellt, die seit ungefähr zwanzig Jahren angewandt wird. Da die Arbeit stets im Gruppenzusammenhang durchgeführt wird, soll anschließend der Frage nachgegangen werden, warum sie gerade dort besonders sinnvoll ist.

Im Jahr 1986 lud Ate Koopmans zum ersten Mal eine Gruppe von Menschen ein, mit konkreter Karmaforschung im Gruppenzusammenhang zu beginnen. Er gab der gemeinsamen Arbeit den Namen «praktische Menschenkunde». Obwohl dieser Begriff nicht eindeutig auf Karmaforschung verweist, wurde er bewusst so gewählt, um von Anfang an zu vermeiden, falsche Vorstellungen der Art zu wecken, man werde durch diese Arbeit Einblick in eigene frühere Erdenleben gewinnen. Die Arbeitsweise ist *praktisch*, da sie von einem konkreten, unmittelbar von der betreffenden Person vorgetragenen Lebensbericht ausgeht. Sie kann als *Menschenkunde* bezeichnet werden, da es ihr Ausgangspunkt ist, den jeweiligen konkreten Menschen besser verstehen zu lernen. Durch einen anthroposophisch-menschenkundlichen Ansatz, der auf der Unterscheidung von vier Gliedern des menschlichen Wesens beruht, gelingt es, das Karma ins Auge zu fassen, wie es im heutigen Leben in Erscheinung tritt.

Wenn auch der Verlauf der Arbeit in der Praxis immer wieder individuell angepasst wird und daher jedes Mal mehr oder weniger variiert, so lassen sich doch einige Schritte unterscheiden, die von grundlegender Bedeutung sind und regelmäßig durchgeführt werden.

Die Vorbereitung

Die Bildnatur des Menschen im Bewusstsein

Bevor ein Teilnehmer seine Biografie erzählt, sorgt der jeweilige Prozessbegleiter dafür, dass alle Beteiligten die für eine solche Schilderung erforderliche Haltung einnehmen. Die Zuhörer machen sich bewusst, dass alles, was sie von der betreffenden Person zu sehen und zu hören bekommen, nicht deren Individualität selbst ist, sondern eine *Abbildung*, eine Form ihrer Äußerung. Alles Beobachtbare, Hörbare oder sonst Wahrnehmbare muss als die Erscheinungsform eines Wesens aufgefasst werden, das hinter dem Bild verborgen bleibt. Dieses enthält eine unendliche Vielzahl an Elementen. Es geht um Phänomene der körperlichen Erscheinung sowie um Äußerungen von Temperament, Gewohnheiten und seelischer Grundstimmung.

Die angedeutete innere Haltung einzunehmen und durchzuhalten ist eine Kunst. *Engagierte Objektivität* ist dabei gefordert, und die Kunst besteht darin, sowohl persönliches Engagement aufzubringen als auch Objektivität zu wahren und beide miteinander in ein Gleichgewicht zu bringen.

Studium und Beobachtung

Zumeist werden die Zusammenkünfte mit einem kurzen gemeinsamem Textstudium auf der Grundlage eines menschenkundlichen Themas eingeleitet. Insbesondere Steiners *Leitsätze*[75] eignen sich gut dafür. In einigen von ihnen werden Themen behandelt, die bei der menschenkundlichen Arbeit unmittelbar verwendet werden können. Für den Beginn eignen sich besonders jene Leitsätze, die den Bildcharakter des Menschen zum Inhalt haben. Die gemeinsame Bearbeitung dieses schwierigen Textes fördert zudem eine Atmosphäre der Objektivität und gutes gegenseitiges Zuhören.

Auch während der Arbeit muss der Begleiter stets darauf achten, dass die richtige Stimmung hinsichtlich der darstellenden Person erhalten bleibt, deren Lebenslauf behandelt wird. Dafür stehen ihm verschiedene Instrumente zur Verfügung. Falls die Objektivität verloren zu gehen droht oder nicht mehr vorhanden ist, kann es helfen, den Blick erneut auf die Tatsachen der Schilderung zu lenken bzw. Wahrnehmungsübungen einzuschieben. Deren Objektivität «reinigt» Ansichten und Interpretationen von allem Subjektivem.

Grundsätzliche Behandlung des Themas

Es kann hilfreich sein, das besprochene Thema grundsätzlich anzugehen, indem z.B. verdeutlicht wird, dass es sich bei ihm um ein zeitgenössisches Thema handelt, von dem viele Menschen betroffen sind, oder um ein solches, das auch zu anderen Zeitpunkten in der Geschichte von Bedeutung war.

Auch kann gezeigt werden, wie beispielsweise Befremden oder Ärger auslösende Eigenschaften von einer Individualität als eine Art Hindernis «eingebaut» sein können mit dem Ziel, an ihnen bestimmte Dinge zu entwickeln. So etwas kann Verständnis und Toleranz unter den Teilnehmern wecken. Es entsteht eine Stimmung, aus der heraus mit einer gewissen Objektivität der biografischen Schilderung eines Teilnehmers zugehört werden kann und in der Sympathien und Antipathien eine geringere Rolle spielen als im Alltag.

Jemand schildert sein Leben

In der entsprechend vorbereiteten Gruppe schildert jemand das eigene Leben, der zuvor darum gebeten und besonders eingeladen worden ist. Der Betreffende weiß, dass er bestimmte Dinge weglassen darf, sofern er das will. Der Prozessbegleiter informiert ihn vor Beginn der Arbeit darüber, dass aus menschenkundlicher Sicht gewisse Dinge von Interesse sind, die im gewöhnlichen Leben weniger beachtet werden, so z.B. Tatsachen des Wachstums und der Entwicklung in der frühen Kindheit,

Kinderkrankheiten, die Entwicklung des Gebisses und dergleichen mehr. Informationen dazu können zuvor bei den Eltern eingeholt werden, falls das möglich ist. Auch ist es interessant, Fotos aus verschiedenen Lebensperioden gemeinsam zu betrachten.

Nach der biografischen Schilderung, die eine bis anderthalb Stunden dauern kann, dürfen Verständnisfragen gestellt werden, um das eine oder andere verdeutlichen zu lassen. Möglicherweise besteht Bedarf an ergänzenden Informationen.

An dieser Stelle des Arbeitsverlaufs befindet sich eine «Falle». Ehe man sich's versieht, entsteht das Bedürfnis nach ausführlichen ergänzenden Darstellungen. In anderthalb Stunden kann selbstverständlich nur ein kleiner Teil des Lebens berichtet werden, ebenso selbstverständlich könnte alles näher ausgeführt werden. Die Herausforderung besteht gerade darin, auf der Grundlage eben jenes Berichts, der in groben Zügen jetzt und hier gegeben wurde, an die Arbeit zu gehen. Man braucht nicht alles von einem Menschen zu wissen, um sein Schicksal erfassen zu können.

Die erste Zusammenkunft wird nach einer Einleitung und dem anschließenden biografischen Bericht sowie der einen oder anderen Erläuterung beendet.

Wahrnehmen

Nachdem die Darstellung des Lebenslaufs angehört und miterlebt wurde, stellt sich die schwierige Frage, wo und wie mit der Arbeit zu beginnen sei und wie in dem erhaltenen Bericht eine karmische Perspektive gesucht werden könne. Hier gibt es verschiedene Möglichkeiten. Eine davon besteht darin, die betreffende Person aktiv und zielgerichtet zu beobachten, z.B. anhand der Frage nach dem Charakter ihrer Gestalt oder der Beschaffenheit von Sprache und Bewegung. Auch die körperliche Erscheinung ist Ausdruck der Individualität und hat Bildcharakter.

Auch was die Wahrnehmung betrifft, ist die richtige innere Einstellung in der Gruppe entscheidend. Ziel und Zweck der Beobachtung können nicht sein, sich einem anderen Menschen gegenüberzustellen und kritisch hinzuschauen, wie wir dies heute unwillkürlich tun und gewohnt sind. Vielmehr ist es das Ziel, gleichsam in die Haut des anderen zu schlüpfen, sich in ihn hineinzuversetzen und möglichst sorgfältig bis in die Einzelheiten zu beobachten, wie die Erscheinung des Betreffenden beschaffen ist. Im Anschluss daran wird gemeinsam versucht zu beschreiben, welche Kräftedynamik erforderlich ist, um zu dieser Gestalt zu kommen. Dabei steht bewusst der Gedanke Pate, dass eine unsichtbare Individualität jene sichtbare Gestalt hervorgebracht hat.

Die Gestalt, z.B. das Haupt

An den Formen des Hauptes beispielsweise ist vieles davon abzulesen, was die an ihm tätigen und wirksamen Kräfte betrifft. Wesentlich ist dabei die Art des Gleichgewichts zwischen Form und Substanz. Überwiegen die Formkräfte oder überwiegt die Substanz? An einer stark gewölbten Stirn sind dominierende Formkräfte zu erkennen, ein Vorherrschen der Substanz hingegen ist z.B. in einer schweren Unterkieferpartie oder in Wölbungen über den Augenbrauen zu finden. Dabei ist die Vorstellung hilfreich, wie das entsprechende Haupt modelliert werden müsste. Vor der Geburt und während der anschließenden Entwicklung des kleinen Kindes hat die geistige Individualität das Haupt schließlich ebenfalls gewissermaßen modelliert.

Wie ist das jedoch geschehen? Mit viel oder mit wenig Ton? War das Material fest oder weich? Überwog die formende Tätigkeit des oberen Pols oder die Wirksamkeit des unteren Pols, die Stofffülle verleiht?

Konvex oder konkav

Eine andere hilfreiche Frage ist die, ob in einem Antlitz die konvexen oder die konkaven Formen vorherrschen. Runde und gewölbte Formen wie bei einem Baby entstehen dort, wo die Kräfte des Lebensleibs überwiegen. Konkave oder ausgehöhlte Formen, bei denen gleichsam die Materie von außen abgetragen wird, entstehen durch ein Überwiegen der Kräfte des Seelenleibs. Im Lauf eines Lebens verändern sich diese

Formbildungen, wobei die Entwicklung konvexer zu konkaven Formen eine Rolle spielt. Interessant ist, darauf zu achten, in welchem Tempo die konvexen Formen abnehmen bzw. ob sie bestehen bleiben, phasenweise wieder zunehmen usw. Derartige Beobachtungen vermitteln Einsichten in das Verhältnis der Kräfte des Lebensleibs zu denen des Seelenleibs. Sie geben Auskunft darüber, in welchem Ausmaß die Vitalität erhalten bleibt bzw. abnimmt.

Die Gestalt des Schädels bildet in gewissem Sinn einen Ausdruck der gesamten menschlichen Gestalt. In Kapitel 6 wurden die Wirksamkeit der irdisch orientierten Kräfte einerseits sowie die der kosmisch ausgerichteten Kräfte andererseits bei der Formgebung der Gestalt dargestellt (s. S. 111 ff.). Indem der Schädel eines Menschen auf die entsprechende Weise geschildert wird, erhält man einen Eindruck von der Tätigkeit der Wesensglieder an der Gestalt. Deren Beschreibung enthält keinerlei Werturteil, sondern beschränkt sich auf eine sachliche Darstellung.

Die Betrachtung von Fotos aus Kindheit und Jugend trägt dazu bei, ein Bild der Aufbaukräfte während der Wachstumsphase zu gewinnen. Dabei geht es darum, Momentaufnahmen zu einem fortlaufenden Prozess von Wachstum und Entwicklung aneinander zu reihen, und nicht um die Fotos als solche. (Das Gemeinte lässt sich damit vergleichen, was wir in Kapitel 7, auf S. 137 f., über die Beobachtung des Pflanzenwachstums ausgeführt haben.)

Großköpfigkeit und Kleinköpfigkeit – Beispiel einer Typologie

In Kapitel 4 haben wir das Wachstum und die damit verbundene Tatsache behandelt, dass der Kopf während des Körperwachstums relativ gesehen kleiner wird. Beim Säugling macht der Kopfumfang ein Viertel der gesamten Körpergröße aus, beim Erwachsenen nur noch ein Achtel. An der Änderung dieses Verhältnisses ist erkennbar, dass das Wachstumstempo des Hauptes im Verhältnis zum übrigen Körper geringer ist und früher nachlässt.

Wie kann nun festgestellt werden, ob jemand großköpfig oder kleinköpfig ist? Wichtig ist, dass es dabei um ein *Verhältnis* geht, nämlich um dasjenige vom Kopfumfang zum Umfang sonstiger Körperteile, z.B. der Gliedmaßen. Es geht *nicht* um den *absoluten* Umfang des Kopfes, sondern um die Relation zum übrigen Körper. Ein großes Kind mit einem bestimmten Kopfumfang ist also kleinköpfiger als ein kleines Kind mit demselben gemessenen Kopfumfang.

Jeder Mensch wird großköpfig geboren und wird im Verlauf des Heranwachsens kleinköpfiger. Das ist das allgemeine Wachstumsgesetz. Nun ist es interessant zu beobachten, wie sich dieses Gesetz beim einzelnen Menschen gewissermaßen individualisiert. Es gibt Menschen, die bereits kleinköpfig zur Welt kommen, Menschen, die ihr Leben lang großköpfig bleiben, solche, die anfangs einen großen Kopf haben, der in der Folge schnell kleiner wird, und vieles mehr.

Alle diese Wachstumsvarianten sagen etwas über Maß und Geschwindigkeit aus, mit denen sich die körpergebundenen Lebenskräfte freimachen, um seelische Funktionen im Bereich des bewussten Vorstellungslebens zu übernehmen, z.B. im Denken (vgl. Kap. 4, S. 70 f.). Bei kleinköpfigen Kindern stellt man daher häufiger fest, dass sie schon in jungen Jahren «wach» sind und sich für Verstandesdinge interessieren, während großköpfige Kinder oft jahrelang verträumt sind, zugleich aber über eine reiche Fantasie verfügen. Kinder, die auffallend kleinköpfig geboren werden, sind nicht selten aktive oder gar unruhige Babys. Extrem großköpfige Kinder können einen großen Teil ihrer Grundschulzeit träumend verbringen, ohne sich später an diese Zeit zu erinnern.

In der Adoleszenz kommt die Dynamik von Klein- bzw. Großköpfigkeit zum Stillstand. Das Körperwachstum hört in dieser Zeit auf, und viele andere menschliche Eigenschaften haben sich bis zu diesem Zeitpunkt so weit entwickelt, dass jene Dynamik keine erhebliche Rolle mehr spielt.

Die karmische Frage in diesem Zusammenhang ist die folgende: Was hat einen Menschen vorgeburtlich dazu gebracht, ausgerechnet diese Entwicklungsdynamik mit den spezifisch auftretenden Folgen im Leben zu wählen? Die Frage bezieht sich – im Sinne der Ausführungen in Kapitel 5 – auf die Kräfte des vorgeburtlich wirksamen Mondes. Für den Eintritt ins Leben haben Klein- oder Großköpfigkeit bzw. deren Ausmaß eine zentrale Bedeutung: Sind wir als Kinder von Anfang an wach in der Welt anwesend, oder nehmen wir in den ersten Jahren unserer Kindheit mittels einer reichen Fantasie mehr die «atmosphärische Welt» wahr?

Um diese Typologie aus einer karmischen Perspektive zu betrachten, stellen sich die folgenden Fragen:

- Was ist Groß- bzw. Kleinköpfigkeit? (Und was nicht?) Die Antwort darauf darf nicht allgemein sein, sondern muss versuchen, so genau wie möglich in Worte zu fassen, worum es geht.
- Wo findet sich das betreffende Wachstumsprinzip in der normalen menschlichen Entwicklung? In diesem Fall: Jeder Mensch wird großköpfig geboren und wird in der Folge kleinköpfiger.
- Was sind die Folgen dieser Wachstumstypologie für das weitere Leben?
- Mit welchen Vorgängen in den Wesensgliedern haben die größere oder geringere Wachheit bzw. Verträumtheit in der Kindheit zu tun? Ausmaß und Geschwindigkeit des Freiwerdens der Lebenskräfte für das Vorstellungsvermögen. Groß- und Kleinköpfigkeit sind zeitgebundene Qualifikationen durch den Lebensleib.

Erst nach dieser Vorbereitung ist die Frage an der Reihe, die der karmischen Perspektive gilt. Auch ohne eine abschließende Antwort ist ein Austausch dazu recht lehrreich. Es entsteht eine Empfindung für die Art des gewählten karmischen Eintritts in das gegenwärtige Leben.

Beim Besprechen solcher oder vergleichbarer Fragen zeigt sich oft, dass ein zunächst isoliertes und wenig auffälliges Phänomen außerordentlich interessant wird. Darüber hinaus gewinnt die Behandlung des Themas eine umfassendere Dimension, als wenn sie allein auf die Hauptperson bezogen bliebe. Alle Teilnehmer reflektieren auch die eigene Groß- oder Kleinköpfigkeit!

Indem die Gestalt betrachtet wird («Wie sieht sie heute aus? Wie hat sie sich entwickelt?»), wird etwas von den Verhältnissen der Wesensglieder untereinander erkennbar. Wir können fragen, ob es physische, ätherische oder astralische bzw. Kräfte der Ich-Organisation waren, die bei der Gestaltbildung dominierten, und welcher Art ihr Zusammenwirken war, das letztlich in die einzelne spezifische Gestalt mündete.

Die Stimme

Auch andere Aspekte der leiblichen Erscheinung werden in die Arbeit mit einbezogen. So kann die Stimme des Betreffenden, aber auch seine Art, sich zu bewegen, auf diese Weise mit Interesse betrachtet werden. Der Austausch über die Beobachtungen lässt in vorsichtig tastender Art ein gemeinsames Bild des Zusammenspiels der Wesensglieder entstehen.

Unsere Stimme z.B. verdanken wir der Ausatmung. Wir verleihen der Ausatmung «Stimme», indem wir sie auf eine subtile Art gestalten. Dabei entsteht ein Klang*bild*. Das Gebiet des atmenden Menschen, der so genannte mittlere Bereich, unterscheidet sich von demjenigen der Gestalt. Es kann gut sein, dass es uns andere Verhältnisse der Wesensglieder zueinander offenbart als die Gestalt. In dieser Arbeitsphase ist es wesentlich, keine vorschnellen Schlüsse aus dem Erarbeiteten zu ziehen. Vielmehr ist es sinnvoll, verschiedene Gesichtspunkte vorläufig nebeneinander stehen zu lassen. Damit kann man der Tatsache gerecht werden, dass jeder Mensch einzigartig ist und als geistiges Wesen seine ureigenen Gestaltmotive komponiert.

Tiefe oder hohe Stimme

Bei der Stimme ist unter anderem von Bedeutung, ob sie hoch oder tief ist. Dazu gehört natürlich die Tatsache, dass sie sich während der Pubertät verändert. Dies ist bei den Jungen ganz deutlich der Fall, indem die Stimme um eine Oktave sinkt. Aber auch bei den Mädchen ändert sie sich, wenn auch weniger deutlich. Wie kommt das? Warum sinkt die Stimme?

Die Pubertät setzt dadurch ein, dass der Seelenleib vom gesamten Leibesorganismus aufgenommen wird. Einerseits beseelt er den Menschen, andererseits prägt er ihm einen erwachsenen Stoffwechsel ein. Der Organismus kommt für die irdischen Verhältnisse zur Reife, wobei die Geschlechtsreife ein wesentliches Element ausmacht. Dieses Irdisch-Werden hat auch Folgen für die Stimme, auch sie wird sozusagen irdischer. Beim Eunuchen wird die Geschlechtsreife verhindert, die

Stimme sinkt nicht. Im höheren oder tieferen Klang der Stimme finden wir einen Hinweis darauf, in welchem Ausmaß sich der Seelenleib in die «unter» ihm befindlichen Wesensanteile hineingesenkt hat.

Vokale und Konsonanten

Eine andere Frage im Zusammenhang mit der Stimme besteht darin, wie Vokale und Konsonanten verwendet werden. Vokale verleihen der Beseeltheit der Stimme einen Ausdruck, mehr oder weniger Seelisches kann in sie hineingelegt werden. Die Konsonanten dagegen bringen stärker die Gestalt und das Formprinzip der Stimme zum Ausdruck. Bei einem Menschen, in dessen Stimme das Vokalische vorherrscht, hat der Seelenleib in der Stimme die Oberhand. Bei einem anderen, der die Konsonanten stärker betont, kommen vor allem die Formkräfte der Ich-Organisation zum Ausdruck. Wir nehmen entsprechend unterschiedliche Gewichtungen auch ganz von selbst vor, je nachdem, welche Botschaften wir vermitteln wollen. Sprechen wir mit kleinen Kindern, so ist die Stimme grundsätzlich etwas höher, leiser und weniger stark artikuliert, während sie meist schärfer artikuliert wird, wenn wir eine deutliche Botschaft übermitteln wollen.

Das Timbre der Stimme

Was einer Stimme am stärksten ihre individuelle Eigenheit verleiht und zugleich am schwersten in Worte zu fassen ist, das ist ihr Timbre.[76] Im unverkennbar eigenen Klang einer Stimme liegt eine ganz unmittelbare Äußerung der Seele. Um in dieser Hinsicht differenzieren zu lernen, kann es hilfreich sein, die von Tieren, z.B. Vögeln, hervorgebrachten Laute und Geräusche zu studieren. Neben der jedem Vogel eigenen Weise hat jede Vogelstimme ihr besonderes Timbre. Leicht ergibt sich hinsichtlich des Timbres die Frage nach dessen Verhältnis zu den Elementen Erde, Wasser, Luft und Wärme. Eine morgens oder abends singende Amsel hat viel Wässriges in ihrer Stimme, während eine Krähe ein ausgesprochen physisches Krächzen hat. Das helle Singen des Finken ist ganz geprägt von einem melodiösen Gesangscharakter, in dem das Luftelement musikalisch beherrscht wird.[77] Eine anregende und bereichernde Übung kann darin bestehen, den besonderen Stimmcharakter eines Menschen in Begriffen der vier Elemente zu charakterisieren.

Wie bewegt sich jemand?

Ein drittes Feld der Beobachtung bietet die Bewegung. Jeder Mensch hat eine charakteristische Art, sich zu bewegen. Um sie zu beschreiben, bedarf es anderer Begriffe und Ausdrucksweisen als die für Gestalt und Stimme. Leichtigkeit und Schwere spielen z.B. bei ihrer Charakterisierung eine Rolle. Beim Bewegen wird die körperliche Gestalt eingesetzt. Trotzdem lässt die Bewegung eines Menschen oft etwas ganz anderes zur Erscheinung kommen, als man aufgrund der Beschaffenheit von Körper und Gestalt erwarten würde. Das ist z.B. der Fall, wenn sich ein Mensch mit schwerer Gestalt leichtfüßig bewegt. Die Bewegung zeigt, wie die Ich-Organisation die Körpergestalt handhabt. Eine wesentliche Frage dabei ist: Wie hebt die Ich-Organisation den Körper beim Bewegen aus der Schwere? Insbesondere das Verhältnis von physischem Leib und Ich-Organisation ist hier von Bedeutung.

Bei der Feinmotorik geht es vorrangig um Geschmeidigkeit und Geschicklichkeit der Bewegung. Sie haben mit Krafteinsatz und Schwere nichts zu tun, sondern mit Subtilität. Die Feinmotorik hat denn auch ihre Grundlage mehr in den Armen, weniger in den Beinen. In ihr zeigen sich besonders Gleichgewichtsverhältnisse zwischen Lebens- und Seelenleib.

Eine *kräftige* Bewegung, Ausdruck der Grobmotorik, drückt die Affinität der bewegenden Wesensglieder mit der Erde aus, Folge des Zusammenspiels zwischen Ich-Organisation und physischem Leib. In einer *geschmeidigen* und *graziösen* Bewegung äußert sich eher das harmonische Zusammenspiel zwischen Lebens- und Seelenleib.

Durch die Beobachtung von Gestalt, Stimme und Bewegung lässt sich untersuchen, wie der Mensch in Erscheinung tritt. Die Individualität erscheint auf der Erde immer von ihren Hüllen umgeben. Worauf muss bei deren Erforschung geachtet werden? Wie wird bezeichnet und beurteilt, was beobachtet wird? Auf den drei genannten Gebieten kann ein Zipfel des die Individualität umhüllenden Schleiers gelüftet werden, wenn sorgfältig und genau beobachtet wird und die Beobachtungen im Gespräch miteinander ausgetauscht werden.

Die Teilnehmer der Gruppe lernen sorgfältige Beobachtung schätzen, und zwar ganz besonders im Verhältnis zu Deutung und Beurteilung der wahrgenommenen Tatbestände. Im Allgemeinen besteht die Neigung, zu früh zu interpretieren. Wann in der Gruppe der Zeitpunkt erreicht ist, den Wahrnehmungsprozess zu beenden, und wann das Bedürfnis entsteht, das Beobachtete zu beurteilen und zu ordnen, lässt sich mit etwas Einfühlungsvermögen herausfinden. Die Tätigkeit des Beobachtens selbst regt an und fördert bei den Teilnehmern einiges zutage. Hinschauen und das Gesehene in Worte bringen kann jeder! Das größere oder geringere Wissen, das der Einzelne mitbringt, spielt dabei keine Rolle.

Auf der Suche nach den Wesensgliedern

Neben der Beobachtung der physischen Erscheinung ist es gut, sich in einem frühen Stadium der Arbeit bereits Bilder von der Konstitution des Betreffenden zu machen. Auch dabei geht es um Verhältnisse der Wesensglieder untereinander, vor allem in ihrer leiblichen und physiologischen Aktivität. Auch die seelische Dynamik ist übrigens großteils konstitutionell geprägt, wie die Darstellung der Temperamente (vgl. S. 191 ff.) bzw. jene des Einflusses der Organe auf die Psyche (vgl. S. 207 ff.) deutlich machen.

In Kapitel 4 wurde die Wirksamkeit der Wesensglieder im Menschen in grundlegenden Zügen behandelt. Auch die Mond-Sonne-Saturn-Übung (vgl. Kap. 5) beginnt mit einer Annäherung an die Konstitution. Um einen Zugang zum vorgeburtlichen Menschen innerhalb der Mondensphäre zu finden, wird ein Bild des Ätherleibs aufgebaut, der von entscheidender Bedeutung für die Konstitution ist. In diesem Zusammenhang ist es auch hilfreich zu erfahren, was ein Mensch in Bezug auf Krankheit und Gesundheit hinter sich hat.

Krankheiten bei der Untersuchung der Konstitution – ein Krankheitsbild erstellen

Krankheitserscheinungen bringen Einseitigkeiten in den Wesensgliedern zum Ausdruck. Im Allgemeinen kann man sagen, dass bei Krankheit der Astralleib immer eine mehr oder minder vorherrschende Rolle spielt. Die Auflistung der Krankheiten im Leben eines Menschen bildet eine Aufzählung von Merkmalen seines astralischen Leibes.

Wie machen wir uns in dieser Hinsicht an die Arbeit? Jeder Mensch kann sich z.B. mithilfe eines medizinischen Lexikons angemessene Vorstellungen von einer Krankheit bilden, auch ohne Arzt zu sein. Hier geht es darum, in allgemein verständlichen Worten zu charakterisieren, was die wesentlichen Prozesse einer Krankheit sind.

Krankheit unter dem Aspekt der Dreigliedrigkeit

Als Nächstes stellen wir uns die Frage nach der Bedeutung von Drei- und Viergliedrigkeit bei der betrachteten Krankheit.

Unter dem Gesichtspunkt der Dreigliedrigkeit lässt sich nach dem *Ort* der Krankheit fragen: Wo spielt sie sich innerhalb des Organismus ab? Im Kopf? In den Stoffwechselorganen? In den Organen des mittleren Gebietes? Weiter lässt sich aus ihrer Perspektive nach der *Art* eines Krankheitsprozesses fragen: Handelt es sich um einen Stoffwechselvorgang, einen Formprozess (vom Kopf herrührend) oder einen rhythmischen Vorgang? Eine Nebenhöhlenentzündung spielt sich zwar im Haupt ab, als Entzündung weist sie jedoch die Dynamik eines Stoffwechselprozesses auf. Bei entzündlichen Vorgängen beginnen Prozesse ein Eigenleben zu führen, die im Stoffwechsel völlig normal sind. Wärme- und Flüssigkeitsaktivitäten nehmen z.B. in überhöhtem Ausmaß zu. Eine Nebenhöhlenentzündung ist gekennzeichnet durch die Zunahme der Stoffwechselaktivität im Haupt. Bei der Arteriosklerose hingegen, der so genannten Aderverkalkung (die übrigens in den Schlagadern auftritt), verlieren die Wände der Blutgefäße die erforderliche Elastizität, und es tritt eine Art Erstarrung in jenen Organen auf, die dem Blutkreislauf dienen. In Organen, die ihrer Funktion nach zum mittleren

Bereich gehören, tritt also ein Formprozess in den Vordergrund, der seiner Art nach vor allem im Kopfbereich zu Hause ist.

So kann Krankheit immer als ein Geschehen dargestellt werden, das an sich nicht falsch ist, sich wohl aber zur falschen Zeit am falschen Ort abspielt.

Krankheit unter dem Aspekt der Viergliedrigkeit

Unter dem Gesichtspunkt der Viergliedrigkeit kann nach den Verhältnissen der vier Wesensglieder zueinander gefragt werden. Von diesen sind drei unsichtbar. Eine hilfreiche zusätzliche Frage lautet: Wie steht es im Organismus um die vier Elemente, die leiblichen Instrumente der vier Wesensglieder? Die Flüssigkeiten (Blut, Lymphe, Galle usw.) sagen etwas über den Lebensleib aus. Das Luftelement, auch wenn es als solches im Blut auftritt, gibt Auskunft über den Seelenleib. Die Wärme in all ihren Abstufungen vermittelt etwas über das Ich. Was bedeutet das Auftreten von «totem Wasser», wie es bei Ödemen in dick werdenden Beinen entsteht? Wird im Organismus Luft «eingefangen» und in den Lungen abgelagert wie beim Asthma? Werden Organe zu «trocken» wie in der Knorpelbildung der Arthrose? Überschlägt sich gleichsam die Hitze wie bei einer Überfunktion der Schilddrüse? Jedes Krankheitsgeschehen kann als ein unausgewogenes, verzerrtes Zusammenspiel der vier Elemente charakterisiert werden. Und hinter den vier Elementen können probehalber – sozusagen mit Bleistift – die vier Wesensglieder vermerkt werden.

Zu welchem Zeitpunkt im Lebenslauf tritt eine Krankheit auf?

Bei Krankheiten ist weiter die Frage wesentlich, zu welchem Zeitpunkt im Leben sie auftreten. Dies ist weniger in biografisch-symbolischem Sinn von Interesse als vielmehr deshalb, weil sich die Verhältnisse zwischen den vier Wesensgliedern im Lauf des Lebens ändern. Besonders in der Jugend bedeutet ein Unterschied von ein paar Jahren zugleich ein deutlich verändertes Verhältnis zwischen den Wesensgliedern. In Kapitel

4 stellten wir dar, wie ein Kind von zehn Jahren unter diesem Gesichtspunkt ein ganz anderer Mensch ist als ein Kind von vier Jahren. Vor der Pubertät z.B. haben wir es mit völlig anderen Verhältnissen zu tun als danach. Auch später im Leben spielt der Zeitpunkt für das Auftreten von Krankheiten eine erhebliche Rolle.

Beispiel einer Krankheit: die akute Mittelohrentzündung

Damit das Thema nicht allzu abstrakt bleibt, soll im Folgenden beispielhalber eine Krankheit behandelt werden. Der Leser möge sich ermutigt fühlen, die entsprechende Übung an einem anderen Leiden selbst zu vollziehen.

In der Kindheit tritt die Mittelohrentzündung recht allgemein auf. Meist erkrankt das Kind im Anschluss an eine Erkältung, es bekommt Fieber und hat vor allem mehr oder weniger starke Ohrenschmerzen. Abgesehen von wenigen möglichen Komplikationen, heilt die Krankheit ohne unangenehme Folgen. Manche Kinder bekommen die Entzündung ziemlich häufig, andere nie. Um das siebente Lebensjahr nimmt die Häufigkeit der Krankheit ab, im Erwachsenenalter bildet sie die Ausnahme.

Dreigliedrigkeit

Hier stellt sich nun eine interessante Frage aus der Perspektive des *dreigliedrigen* Menschen: Was für ein Teil des kindlichen Organismus ist das Mittelohr? Es befindet sich innerhalb des Hauptes und bildet den höchsten Punkt der Luftwege, zu denen es auch, u.a. was die Schleimhaut betrifft, gehört. Es bildet im Grunde einen nach oben geschobenen Vorposten der Luftwege. Das Innenohr mit seiner Sinnesfunktion dagegen ist deutlich ein Teil des Nerven-Sinnes-Bereichs. Gehörgang und Außenohr bilden Bestandteile der Haut und lassen eine Beziehung zu Stoffwechsel (Ohrenschmalz) und Bewegung (Beweglichkeit mancher Ohren) erkennen. Unter dem Aspekt der menschlichen Dreigliedrigkeit verstehen wir das Mittelohr als eine Ausstülpung des mittleren Bereichs (Luftwege) im Bereich des Kopfes. Bei der Mittelohrentzündung spielt sich dort ein Stoffwechselvorgang ab, daher die Qualitäten von Fieber, Rötung und Feuchtigkeit. Normalerweise herrscht im Mittelohr Ruhe, sodass wir gut hören können. Nun aber spielt sich hier eine wahre Feldschlacht mit fiebriger Wärmebildung und Vereiterung ab, gelegentlich sogar mit einem Bruch des Trommelfells.

Zusammengefasst heißt dies: In der vorgeschobenen Position der Luftwege im Haupt spielt sich ein Vorgang ab, der im Bereich des Stoffwechsels beheimatet ist.

Viergliedrigkeit

Unter dem Gesichtspunkt des *viergliedrigen* Menschen können wir jetzt die Frage stellen: In welcher Art von Wechselwirkung befinden sich die vier Elemente Erde, Wasser, Luft und Wärme bei der Mittelohrentzündung? Am auffälligsten ist es, dass die Hohlräume, in denen es offen und luftig sein sollte (Nase und Luftkämmerchen des Mittelohrs), sozusagen «unter Wasser» stehen, also angefüllt sind mit Entzündungsfeuchtigkeit. Der im Mittelohr zunehmende Druck verursacht Schmerz, woraufhin der Organismus als Reaktion einen Wärmeprozess in Gang bringt, um die gesunden Verhältnisse wiederherzustellen: Fieber ruft Heilung hervor (ein Aspekt davon ist, dass bei erhöhter Körpertemperatur Viren und Bakterien eher beseitigt werden). Ein Zuviel an Flüssigkeit wird unter Umständen durch ein Platzen des Trommelfells beseitigt.

Wir fassen zusammen: Der Lebensleib als Regisseur des Flüssigkeitshaushalts im Körper dehnt sich zu stark aus und setzt übermäßige Stoffwechselvorgänge in Gang. Dies ruft von Seiten des Ich eine Fieberreaktion im Wärmeorganismus hervor, die ihrerseits das harmonische Verhältnis der verschiedenen Elemente zueinander wiederherstellt.

Mittelohrentzündung und kindliche Entwicklung

Weshalb treten nun Mittelohrentzündungen besonders in den ersten Lebensjahren auf, nämlich in der Hauptsache vor jener Zeit, in der der Lebensleib für seine seelischen Funktionen frei wird? Diese Frage muss gestellt werden, um die Rolle der (sich u.U. sogar wiederholenden) Mittelohrentzündung verstehen zu lernen.

Das kleine Kind neigt von Natur aus stärker zu Infektionen und Fieber als der Erwachsene. Insbesondere im Bereich der Luftwege treten in der Kindheit häufig Infektionen auf, in ihnen findet auf diese Weise eine intensive Begegnung mit der Außenwelt statt. Jede von Fieber begleitete Krankheit bedeutet eine Intensivierung der Stoffwechselvorgänge, wobei – in Kürze gesagt – zunächst eine Abbauphase eintritt (das Kind nimmt nichts zu sich, sondern verdaut ausschließlich; auch der Eiter ist eine Folge des Abbaus), gefolgt von einer Phase erneuten Aufbaus. Bei jeder Entzündung mit Fieber wird der Körper ein klein wenig zerstört, danach gereinigt und schließlich wieder aufgebaut. Dies führt neben einer Aktivierung des Immunsystems auch dazu, dass sich das Ich den kindlichen Leib etwas mehr zu Eigen machen kann. Dieses «Sich-Aneignen» des Leibes, der anfangs noch eng an das leibliche Erbe der Eltern gebunden ist, findet Schritt für Schritt in den Jahren der Kindheit statt. Dabei sind auch andere Dinge als Krankheiten von Bedeutung; die relativ harmlosen, von Fieber begleiteten Kinderkrankheiten bilden jedoch ein wichtiges Element.

Das Freiwerden des Lebensleibs

Wir schilderten schon jenen entscheidenden Vorgang, in dessen Verlauf die Lebenskräfte, die beim Säugling in ihren Funktionen vorwiegend biologisch orientiert sind, während der ersten sieben Lebensjahre so umgestaltet werden, dass sie von ihrer biologischen Aufgabe frei werden und sich weitgehend seelischen Aufgaben widmen können. Durch dieses Freiwerden der Lebenskräfte kann sich das Ich den Lebensleib, der anfänglich stark durch die Erbanlagen beherrscht wird, zu Eigen machen. Dieser Umschwung und Übergang wird im Ersatz der Milchzähne des kleinen Kindes durch das bleibende Gebiss anschaulich. Der Zahnwechsel kann als ein Bild für den Austausch des «Milch»-Lebensleibes durch einen bleibenden Lebensleib verstanden werden. Nach der «Geburt» dieses eigenen Lebensleibs um das sechste, siebente Lebensjahr herum hat der Mensch keinen Erblichkeits-Lebensleib mehr, sondern besitzt einen eigenen Ätherleib. Die Kinderkrankheiten haben die Funktion, dem Vorgang der Verselbstständigung des Lebensleibs gleichsam einen Schub nach vorne zu geben. Das Freiwerden der Lebenskräfte sowie die Individualisierung des Lebensleibs bilden zwei Aspekte *eines* Entwicklungsvorgangs.

Das Freiwerden des Lebensleibs geschieht vor allem im Haupt. Angesichts dessen ist es bemerkenswert, dass die während der Kindheit am häufigsten auftretenden Entzündungen ihren Sitz am Übergang vom Haupt zum mittlerem Bereich haben, nämlich in Ohren, Nase und Hals. In einem von der Wirklichkeit geschaffenen Bild wird hier sichtbar, dass sich die Emanzipation des Lebensleibs von den Erbanlagen in den frühen Lebensjahren vor allem in diesem Übergangsbereich zwischen Kopf und Rumpf (mittlerer Bereich) vollzieht.

Das Ich eines Menschen, der in seiner Kindheit häufig unter Mittelohrentzündungen leidet, wird dadurch herausgefordert, sich bei der Verselbstständigung des eigenen Lebensleibs stark zu engagieren. Das deutet darauf hin, dass dieses Selbstständig- und Freiwerden nicht von selbst geschieht. In manchen Fällen kann vielleicht sogar von einem widerspenstigen Lebensleib die Rede sein, der zu ungezügelten Flüssigkeitsprozessen neigt. Durch wiederholte Entzündungen versucht der Organismus, Herr des Problems zu werden. Es kann aber auch sein, dass das entsprechende Krankheitsgeschehen nach kurzem Geplänkel problemlos gemeistert wird.

Abschließendes zur Mittelohrentzündung

Wir haben die Mittelohrentzündung eingehend behandelt. Die Betrachtung macht deutlich, dass jede Krankheit ihren eigenen Umkreis und ihre eigene Geschichte hat. Ob solch grundsätzliche Ausführungen bei der Behandlung eines persönlichen Schicksals sinnvoll sind, muss von Fall zu Fall entschieden werden. Jedenfalls bieten die medizinischen Erscheinungen in jeder Biografie eine gute Möglichkeit, sich ein Urteil darüber zu bilden, wie die Wesensglieder eines Menschen beschaffen sind und sich im Verhältnis zueinander ausnehmen. Man muss kein Arzt dafür sein. Indem man sich eine Übersicht über die Krankheitserscheinungen verschafft, sich auf der Grundlage der menschlichen Drei- und Viergliederung Fragen stellt und sich außerdem klarmacht, wann sich eine Krankheit im Lebenslauf einstellt, kommt man bereits ein gutes Stück voran.

Wesensglieder-Diagnostik und Karmaforschung

In der anthroposophischen Heilkunde und Pädagogik bildet die Charakterisierung der vier Wesensglieder ein allgemein angewandtes Hilfsmittel, um eine Diagnose zu stellen. Dabei ist die Bezeichnung «Wesensglieder-Diagnostik» gebräuchlich. Meist schließen sich der Diagnose therapeutische oder pädagogische Maßnahmen an.

Im Zusammenhang mit der hier behandelten Karmaforschung ist ein diagnostisches Vorgehen nicht am Platz. Warum nicht? Weil schlichtweg keine Frage um Hilfe vorliegt, die das Stellen einer Diagnose rechtfertigen würde. Die Biografien einzelner Menschen werden hier nicht deshalb besprochen, weil die Betreffenden ein Bedürfnis danach hätten, sondern weil Gruppen von Menschen daran üben wollen, ihr menschenkundliches Interesse einem Mitmenschen gegenüber zu konkretisieren. Dabei haben sie nicht das Ziel vor Augen, jemandem helfen zu wollen, wie das in einer therapeutischen Situation der Fall ist. Weder eine Therapie noch eine pädagogische Maßnahme werden angestrebt. Ziel der gemeinsamen Arbeit ist es vielmehr, erfahrbar zu machen, dass die Erscheinung eines Menschen in diesem Leben Ausdruck eines Willenswesens ist.

Das Wesen des Menschen, seine Individualität, will etwas in der Welt verwirklichen. Der Lebenslauf mit all seinen Aspekten ist zugleich Instrument, Bühne und Drama. In einer therapeutischen Situation werden diagnostische Erwägungen angestellt, um eine Therapie zu finden. Für die praktische Karmaforschung ist das Erforschen und Charakterisieren der Wesensglieder von Bedeutung. Damit wird jeweils eine Konstitution sichtbar gemacht, derer sich ein Ich-Wesen bedient, um in Erscheinung zu treten.

Zusammenfassung und Ausblick

Auf der Suche nach einem Bild für die wechselseitigen Beziehungen der Wesensglieder eines Menschen ist es hilfreich, seine körperliche Erscheinung zu betrachten, dessen Wachstum und Entwicklung sowie die Biografie seiner Krankheiten.

Ein wichtiger Folgeschritt in der Gruppenarbeit am Karma ist es, Motive aus dem individuellen Leben eines Menschen ins Verhältnis zu den Motiven größerer Menschengruppen zu setzen. Davon handelt das nächste Kapitel.

9. Der Wirksamkeit des Karmas auf die Spur kommen

Perspektivwechsel

Um die Wirksamkeit des Karmas erkennen zu können, müssen wir das Bild, das wir uns von der Konstitution erarbeitet haben, aus einer anderen Perspektive betrachten. Ein umfassendes und differenziertes Bild der Konstitution stellt die Bedingung dar, die erforderlich ist, um die *hinter* dem betreffenden Menschen wirksamen Kräfte zu erfassen. Erst wenn es gelingt, die menschliche Erscheinung «durchsichtig» zu machen, wird es möglich, dem gestaltenden vorgeburtlichen Willen auf die Spur zu kommen. Im Grunde wird damit ein Perspektivwechsel vollzogen, der dazu führt, einen Einblick in die kosmische Hälfte der zweifachen Biografie zu gewinnen.

Es bestehen verschiedene Möglichkeiten, wie das Bild der Konstitution für die im Hintergrund wirkenden Willenskräfte durchsichtig gemacht werden kann. Eine solche Möglichkeit, die in der von uns so bezeichneten Mond-Sonne-Saturn-Übung vorliegt, stellten wir bereits dar.

Karmische Entwicklungsgesetze und die Mond-Sonne-Saturn-Übung

Mit den karmischen Entwicklungsgesetzen sind uns gleichsam Behelfsvorstellungen gegeben, um eine Empfindung für die Dynamik des Lebens zwischen Tod und neuer Geburt zu entwickeln. Diese wecken eine Empfindung für das ungeheure Ausmaß der Verwandlung, die durch Reinkarnation geschieht und durch die so gut wie jede Ähnlichkeit von einem zum nächsten Leben beseitigt wird. Das Denken in Entwicklungsgesetzen verhilft uns dazu, die Vorstellungen loszulassen, mit denen wir gewöhnlich am Glauben an die Einmaligkeit des Lebens auf der Erde festhalten, in dem wir uns befinden.

An diesem Punkt der Untersuchung ist es hilfreich, wenn die Gruppenteilnehmer sich mit Beiträgen z.B. folgender Art am gemeinsamen Forschungsprozess beteiligen: Hat jemand beispielsweise einen Bezug zu einer bestimmten Krankheit, so kann er oder sie das entsprechende Thema vorbereiten. Damit stellt er Material zur Verfügung, mit dessen Hilfe es möglich wird, den karmischen Bogen von der einen zu einer anderen Eigenschaft zu spannen. In den Kapiteln 2 und 6 wurden die erforderlichen Gesichtspunkte für derartige Vorhaben dargestellt.

Die Mond-Sonne-Saturn-Übung bietet drei Möglichkeiten des Zugangs zum vorgeburtlichen Leben. Wird diese Übung in einer konkreten Situation, bezogen auf einen bestimmten Menschen, angewandt, so liegt es nahe, sie nicht systematisch durchzuführen, sondern je nach gegebener Situation dort anzusetzen, wo die stärksten charakteristischen Merkmale vorliegen. Um in dieser Hinsicht eine angemessene Entscheidung zu fällen, ist Erfahrung vonnöten. Beispiele hierfür werden im zweiten Teil dieses Buches gegeben, der von der Praxis im Umgang mit unserem Thema handelt. Fehlen Erfahrung und aus ihr gewonnene Sicherheit, so liegt es nahe, die Übung systematisch zu vollziehen.

Wenn wir uns fragen, welche Kräfte hinter der Grundstimmung des gegenwärtigen Lebens verborgen sind, so stellen wir damit zugleich die Frage nach den Nachwirkungen des vorgeburtlichen Mondes. Denn es waren die Kräfte des Mondes, die jene Grundstimmung vorbereitet haben. Wird der Frage nachgegangen, wie diese Grundstimmung durch eine Individualität vorbereitet wurde, so weckt das in der Gruppe eine Empfindung für das vorgeburtliche Leben im Bereich des Mondes, ganz unabhängig davon, ob eine klare Antwort auf die Frage gegeben werden kann oder nicht.

Während des vorgeburtlichen Daseins in der Sonnensphäre wird die Vorbereitung dafür getroffen, wie ein Mensch im gegenwärtigen Leben auf die Welt zugeht, wie er dieser begegnet. Hinter dem «Begegnungsmenschen», von dem sich die Gruppe ein Bild machen kann, verbirgt sich der «Sonnenmensch», der die entsprechende Konfiguration vorbereitet hat.

Saturn schließlich erlaubt den Blick auf Zielrichtung und Aufgabenstellung des gegenwärtigen Lebens. Diese beiden erscheinen auf der Erde als ein Komplex verschiedener Bestrebungen oder Richtungen. Im Bereich des Saturns wurden sie aus einer Perspektive umfassender Überschau über die Entwicklung des einzelnen Menschen und der Menschheit vorbereitet. Der Blick auf diese übergeordnete, panoramaähnliche Perspektive lädt dazu ein, bei der Behandlung eines Menschenlebens nicht allein die individuelle Strebensrichtung ins Auge zu fassen, sondern auch auf jene Motive zu achten, die ein Einzelner mit anderen Menschen gemein hat.

Die Beziehung zwischen individuellen Motiven und Gruppenmotiven

Individuum – Gruppe – Menschheit

Bei der Arbeit von Gruppen an der Frage nach dem Karma ist es ganz besonders hilfreich sowie erforderlich, die Aufmerksamkeit für die im Mittelpunkt der Arbeit stehende Person gelegentlich zu erweitern, indem sozial umfassendere Dimensionen ins Auge gefasst werden.

Der Mensch ist von Natur aus auf sich selbst bezogen, er erfährt sich als eine abgesonderte Entität, die auf der Erde ihre biologische und soziale Funktion besitzt. Zugleich jedoch ist jedes Menschenleben in verschiedener Hinsicht in sehr viel umfassendere Zusammenhänge eingebettet. Wir sind Teil einer Familie, einer Nachbarschaft, einer Gruppe von Eltern an einem Elternabend oder einer Gruppe von Zuschauern am Rand eines Sportplatzes. Wir sind Bestandteil einer Gemeinschaft von Kollegen, einer Gruppe Gleichgesinnter, einer Gruppe von Menschen mit dem gleichen Hobby oder einer Gemeinschaft von Angehörigen desselben Volkes. Darüber hinaus macht jeder einzelne Mensch einen

Teil der Menschheit aus. Jeder von uns ist mit der gesamten Menschheit verbunden, durch Waren, die wir verwenden, durch persönliches Engagement oder – nicht zuletzt – durch machtloses Miterleben.

Es ist eine Illusion zu meinen, dass das Leben des Einzelnen abgesondert betrachtet werden könne. Jedes Einzelleben ist auf hunderterlei Weise politisch, sozial und kulturell eingebunden. Daher ist es sinnvoll, die individuellen Lebensmotive, die in der Gruppenbesprechung deutlich werden, zu den Motiven umfassenderer Gruppen in Beziehung zu setzen sowie darüber hinaus zu Motiven der gesamten Menschheit. Auch den anderen Mitgliedern der Gruppe tut es gut, diesen sozialen Kontext herauszuarbeiten. Das gibt Gelegenheit, sich auf das eigene Leben zu besinnen und so dem eigenen Engagement Inhalt zu verleihen.

Wie tun wir das konkret?

In jeder Biografie leuchten persönliche Motive auf, die verdeutlichen, dass das jeweilige Einzelleben in einem größeren Zusammenhang steht. Neben vielem anderen prägen die weltanschaulichen Überzeugungen der Eltern das Milieu, in dem wir heranwachsen. Wir sind in protestantischen oder katholischen Zusammenhängen aufgewachsen, in einem sozialistisch oder liberal gesinnten Elternhaus. Auch die Grundschule gehörte einer bestimmten pädagogischen oder konfessionellen Richtung an (öffentlich-rechtlich, kirchlich, Montessori, Waldorf o.a.). Wir haben gemeinsam mit anderen bestimmte Ereignisse erlebt, z.B. den Zweiten Weltkrieg, den anschließenden Wiederaufbau, den «Kalten Krieg» oder die Zeit der Hippies. Wir alle sind Teil eines Zeitgeschehens.

Solche allgemeinen Motive spielen im Leben jedes Einzelnen eine andere Rolle. So hat beispielsweise jeder, der zwischen 1945 und 1955 geboren wurde, ein eigenes Verhältnis zu den Veränderungen, die seit 1966 in der westlichen Kultur zu wirken begannen. Für einige Menschen wurden die Veränderungen lebensbestimmend, an anderen gingen sie praktisch vorbei. Das Verhältnis zwischen den persönlichen biografischen und den übergeordneten zeitgenössischen Motiven in einem Leben ist außerordentlich interessant.

Im Folgenden werden in beispielhafter Form zwei solche grundlegenden Motive beschrieben, zu denen jeder Mensch ein eigenes Verhältnis hat.

Individualisierung und Emanzipation in der Menschheit

Die Menschheit als Ganzes durchläuft einen Prozess der Individualisierung. Die Menschen emanzipieren sich aus traditionellen Zusammenhängen und werden immer individueller. Dies lässt sich in vielerlei Hinsicht feststellen.

Die Wahl eines Berufes beispielsweise wurde vor noch nicht allzu langer Zeit in der Regel durch Faktoren wie Geschlecht, gesellschaftliche Klasse und nicht zuletzt durch den Beruf des Vaters bestimmt. Gegenwärtig stellt es eher eine Ausnahme dar, wenn jemand den Beruf des Vaters oder der Mutter wählt. Bei einer Reihe von Berufen, beispielsweise bei Ärzten, war die traditionelle Aufteilung zwischen Männern und Frauen ganz anders als heute; und nach entsprechenden Erhebungen ist der Hausarzt der nächsten Zukunft weiblich, teilzeitbeschäftigt und arbeitet am liebsten im Angestelltenverhältnis, ohne die Scherereien einer eigenen Praxis.

Auch was das religiöse Leben betrifft, sind im 20. Jahrhundert enorme Veränderungen eingetreten. Seit den 60er Jahren ist ein Prozess der Säkularisierung, der Loslösung von der Kirche, in Gang gekommen, der dazu geführt hat, dass auch auf religiösem Gebiet heute ein jeder seine eigene Wahl treffen muss. In früheren Kulturen war die heutige Vielfalt an religiösen, erst recht konfessionellen Richtungen undenkbar. In vorchristlichen Zeiten hatte ein Volk in den meisten Fällen sogar nur eine einzige Religion. Freiheit der Religionsausübung bestand weder als Bedürfnis noch als Begriff! So lassen sich viele Beispiele eines mächtigen und umfassenden Emanzipationsvorgangs finden, der sich in der Menschheit vollzieht.

Er ereignet sich als übergreifender geschichtlicher Prozess, vollzieht sich aber auch in der individuellen Biografie des einzelnen Menschen. Entwicklung ist ohne ihn nicht denkbar.

Individualisierung und Emanzipation im individuellen Leben

Bereits im Leben des Kindes lassen sich derartige Vorgänge entdecken. Das kleine Kind durchlebt eine Phase der Scheu vor dem einen und Hinwendung zu einem anderen Menschen. Es wird nicht jeder Mensch in gleicher Weise akzeptiert, vielmehr wird der eine schlicht ignoriert, ein anderer erhält auf Anhieb ein strahlendes Lächeln. Auch die Trotzphase mit ihrem zentralen Merkmal des Nein-Sagens bildet ein deutliches Beispiel für die schon beim Kind einsetzende Emanzipation. Beim kleinen Kind spielen dabei bewusste Erwägungen keine Rolle, erst später lernt der Mensch in gewissen Situationen bewusst nein zu sagen. Wo dies nicht geschieht, leiden die Betreffenden im späteren Leben darunter, dass sie auf Fragen und Wünsche anderer Menschen zu leicht eingehen. Andere Menschen wiederum müssen lernen, sich im Takt ihrer Umgebung zu bewegen, sich ihr anzupassen.

Im Leben jedes Erwachsenen sind stärkere oder schwächere Emanzipationsprozesse erkennbar. In einer ausgesprochen konfessionell orientierten Familie gehen die Kinder anders mit der Frage um, wie sie sich selbst zum Glauben stellen wollen, als in einer Familie, in der die Religion keine Rolle spielt. Innerhalb ein und derselben Familie entwickeln die Kinder häufig ganz unterschiedliche Verhaltensweisen. Während der eine den Glauben der Eltern ohne weiteres Nachdenken übernimmt, tut der zweite dies bewusst. Ein dritter vielleicht nimmt radikal Abstand von ihm, und ein vierter quält sich sein Leben lang mit entsprechenden Fragen.

Alle vier haben mit emanzipatorischen Elementen zu tun. Auf der Grundlage äußerer Ergebnisse allein lässt sich nichts darüber aussagen, wer sich von den vier Geschwistern in Glaubensfragen nun am meisten verselbstständigt hat. Zwar ist es eine kraftvolle Geste, die Tür zum elterlichen Haus mit einem Schlag hinter sich zu schließen, Gewähr für eine reife und abgewogene Entscheidung, bei der die betreffende Person auch im späteren Leben bleibt, bietet diese Geste jedoch nicht. Elemente aus dem Elternhaus zu übernehmen kann entweder geschehen, weil einem dies gefällt und angenehm ist, oder auch nur deshalb, weil man sich die entsprechenden Fragen nie gestellt hat.

Kurzum, es ist Vorsicht bei der Beurteilung geboten, welchen Stand der Emanzipation jemand erreicht hat. Außerdem ist es erforderlich, die dazugehörige Dynamik ins Auge zu fassen. *Wie* tut jemand das, was er tut? Stellt er sich Fragen? Trifft er Entscheidungen? Kann er sich auf einmal gefällte Beschlüsse dauerhaft verlassen? Wie sieht die entsprechende Entwicklung im Lebenslauf eines Menschen aus?

Keine Karmaforschung ohne historische Orientierung

Der Vorgang der Emanzipation durchzieht alle Zeiten und Kulturen. In jedem einzelnen Menschenleben tritt er als Entwicklungsmotiv mit einer bestimmten Nuancierung auf. Einen Prozess, der sich über das ganze Leben erstreckt, in einen größeren Zusammenhang zu stellen ist außerordentlich fruchtbar. Dies relativiert und modifiziert die ausschließliche Ausrichtung auf den jeweils betroffenen einzelnen Menschen und vermittelt eine umfassende Perspektive. Die Hauptperson fühlt sich in einen größeren Zusammenhang gestellt, und die anderen Teilnehmer werden dazu angeregt, sich nach ihrem eigenen Verhältnis zu den auftretenden Entwicklungsmotiven zu fragen.

Mit anderen Worten: Angemessene Karmaforschung kann ohne eine historische Orientierung nicht stattfinden. Eine Karmaforschung, die sich auf einzelne Menschen beschränken will, ist eine Illusion. Das Interesse an der Entwicklung von Menschengruppen und der Menschheit als ganzer eröffnet erst den Blick für umfassendere karmische Perspektiven. Das führt dazu, dass das Interesse für das Karma einzelner Menschen auch ein Interesse an soziologischen und geschichtlichen Fragen mit sich bringt.

Das Thema der Menschenrechte

Es gibt andere Motive, die in der Menschheitsentwicklung eine Rolle spielen, die jedoch weniger grundlegenden Charakter haben als das beschriebene Motiv der Individualisierung, dessen Wirkung sich niemand entziehen kann. Andere Motive sind spezifischer, beispielsweise das der Menschenrechte. Es steht zwar in unmittelbarer Verbindung mit der Emanzipationsbewegung als solcher, hat jedoch deutlich im Leben des einen Menschen eine größere Bedeutung als in dem des anderen. Für den einen wird es zur Herzenssache, ein anderer belässt es bei einer Mitgliedschaft bei Amnesty International, der dritte kümmert sich überhaupt nicht darum.

Wenn sich ein derartiges Thema im Leben eines Menschen deutlich als vorhanden erweist, kann es in der beschriebenen Gruppenarbeit fruchtbar sein, dessen Entwicklung in geschichtlichem Zusammenhang zu untersuchen. Dies kann Thema einer selbstständigen kleinen Arbeit werden, die beispielsweise von einem oder zwei Teilnehmern durchgeführt und anschließend in der Gruppe vorgestellt wird. Wiederum wird die Biografie der besprochenen Person damit in einen größeren Rahmen gestellt. Das Besondere dieser Arbeitsweise besteht darin, dass in einem solchen Fall die Gruppe den Eindruck gewinnen kann, den Betroffenen für kurze Zeit im Zusammenhang mit seiner überpersönlichen Aufgabenstellung zu erfassen. Dies sind herausragende Momente der gemeinsamen Arbeit.

Die soziale Wirkung von Gruppenarbeit an individuellem Karma

Auch im Hinblick auf das zuletzt Ausgeführte bildet die Gruppe den idealen Rahmen, um an individuellem Karma zu arbeiten. Das liegt nicht auf der Hand. Da Karmaforschung den von ihr Betroffenen in sehr intimer Weise angeht, würde man vielleicht eher an Zweiergespräche denken. Doch erweist sich gerade die Gruppe als ein fruchtbarer und sogar «sicherer» Rahmen einer solchen Arbeit – fruchtbar, weil viele Menschen gemeinsam viel wissen und viel wahrnehmen, sicher, weil sie eine gewisse Objektivität und Nüchternheit gewährleistet.

Eine verfeinerte Form der Menschenkenntnis, häufig auch der Selbsterkenntnis, ist die Folge der aufmerksamen Studienarbeit am persönlichen Karma eines Menschen. Was die Selbsterkenntnis betrifft, so wissen wir recht gut, wie es um sie steht. Oft sind wir der Meinung, objektiv und ehrlich hinzuschauen, während wir uns in Wirklichkeit die fantastischsten blinden Flecken bei uns selbst durchgehen lassen und uns selbst durch Brillen betrachten, die mit dicken gefärbten Gläsern versehen sind ... Der ebenfalls verfeinerte Egoismus, der uns bei so genannter ehrlicher Selbsterkenntnis Streiche spielt, ist bei jeglicher Karmaforschung und -erkenntnis mit von der Partie. Um die Erkenntnis anderer Menschen steht es nicht viel besser. Wir glauben, jemanden gut zu kennen, und müssen im Nachhinein eingestehen, dass wir weniger von dem Betreffenden wussten oder verstanden, als wir zuvor vermuteten.

Rudolf Steiner spricht davon, wie es sich verhält, wenn jemand Einblick in das eigene Karma gewinnt. Man würde vielleicht erwarten, einen Bekannten zu treffen, jemanden, mit dem man sehr vertraut ist. Steiner zufolge ist das Gegenteil der Fall. Die «Begegnung mit sich selbst» in einer früheren Inkarnation weckt den Eindruck, einem vollkommen Fremden gegenüberzutreten! Um diesen «Fremden» objektiv zu erfassen, ist es notwendig, dasselbe Interesse aufzubringen, das auf der Erde erforderlich ist, um einem anderen Menschen objektiv zu begegnen. Solange der eigene Blick durch Selbstliebe getrübt wird, stellt sich das Karma eher in rosaroten Karikaturen als in wahrheitsgemäßen Bildern vor einen hin.

Übrigens gibt es auch eine Menge Menschen, die ein unnötig negatives Bild von sich haben. Gerade in dieser Hinsicht verhilft das Arbeiten in der Gruppe dazu, echtes, objektives Interesse jenseits von Antipathie oder Sympathie zu entwickeln. Dabei kann sich das Leben eines anderen Menschen als ebenso interessant, bereichernd und spannend herausstellen wie das eigene.

Das Arbeiten in Gruppen ist tatsächlich ein hervorragendes Mittel, um objektives und uneigennütziges Interesse für einen Mitmenschen zu entwickeln und zu üben.

Die karmische Richtung

Wie auch bezüglich der Konstitution können wir Fragen stellen, die uns helfen, anschauliche Vorstellungen über den karmischen Hintergrund eines Menschen zu bilden. Zu zwei grundsätzlichen Fragen, die in den Workshops unter Leitung von Ate Koopmans häufig behandelt wurden, sei im Folgenden einiges ausgeführt.

Die Inkarnationsrichtung von Ost nach West oder von West nach Ost

Steiner spricht einige Male darüber, dass ein Mensch eine Inkarnationsrichtung haben kann, die über mehrere Leben konstant bleibt.[78] Er führt aus, wie bestimmte Menschenseelen sich im Lauf vieler Jahrhunderte von West nach Ost inkarnieren, andere von Ost nach West. Welchen Gesichtspunkt nimmt er dabei ein?

In der Vortragsreihe über Karma, die er gegen Ende seines Lebens hält, stellt Steiner einige frühere Leben von Menschen dar, die damals bereits verstorben waren. Durch seine Schilderungen werden Menschen in geschichtlichen Rollen erkennbar, die in ihrer Bedeutung über *ein* Leben weit hinausgehen. Bemerkenswert dabei ist, dass Steiner hauptsächlich Menschen schildert, die sich *von Ost nach West* inkarnieren. Die meisten von ihnen inkarnieren sich mit jener Richtung mit, welche die Entwicklung der Kulturen genommen hat, die wir als Vorgänger der modernen europäischen Kultur kennen. Diese waren, in rückwärtiger Reihenfolge, die Kultur des europäischen Mittelalters, die römische und griechische sowie die ägyptische, die persische und die indische Kultur. Sie folgen einander in zeitlicher Abfolge von Ost nach West, genauer von Südost nach Nordwest.

Die beiden Blickrichtungen von Ost nach West und von West nach Ost sind an der Sonne orientiert, denn diese nimmt ihren Lauf am Tag von Ost nach West, während sie ihren Gang durch den Tierkreis im Lauf eines Jahres – entgegen dem Uhrzeigersinn – von West nach Ost vollzieht.

Diese Tatsache lässt eine Verbindung mit dem Lebensleib des Menschen vermuten. Wie wir im eigenen Astralleib die Gesamtheit des

Planetensystems erfahren können, so hat der Lebensleib (der «Vitalitätsleib») eine starke Beziehung zur Sonne.[79]

Die zwei Richtungen des Sonnenlaufs, die tägliche von Osten nach Westen und die jährlich vollzogene von Westen nach Osten, spiegeln die beiden Aufgaben des menschlichen Lebensleibs wieder: zum einen das Sorgetragen für den biologischen Leib mit seinen Funktionen, zum anderen die Aufgabe im Zusammenhang mit den Vorstellungs- und Denkkräften, deren leibliches Instrument das Gehirn bildet.

Menschen, die sich in ihren aufeinander folgenden Inkarnationen von Ost nach West bewegen, sind insbesondere mit der Entwicklung der ätherischen Vorstellungsfähigkeiten verbunden. Seit der Yoga-Kultur des alten Indien wurde nach und nach der freie Anteil des Lebensleibs kultiviert, der die Grundlage für eine selbstständige Entwicklung und Ausbildung von Erkenntnis und Weisheit bildet. Die griechische Kultur als die Wiege von Philosophie und demokratischer Gesellschaftsbildung sowie die mittelalterliche Klosterkultur bilden dabei weitere wesentliche Stationen.

Jene Menschen, die sich im Verlauf mehrerer Inkarnationen von West nach Ost verkörpern, bilden hingegen gerade den biologisch orientierten Anteil des Lebensleibs besonders aus, der bewirkt, dass die Funktionen des physischen Leibes aufrechterhalten und versorgt werden. Dieser Anteil richtet sich auf den menschlichen Körper und letztlich auf die Erde. Das «Zurück zur Natur» der Romantik, die pragmatische Haltung der angewandten Wissenschaften, die Ideale natürlicher Gesundheit sowie die Reformbewegung, verbunden z.B. mit dem Heraufkommen der Homöopathie in der zweiten Hälfte des 19. Jahrhunderts, aber auch die Volkswirtschaft, sofern sie einem gesunden Finanzhaushalt verpflichtet ist, und die gesamte Umweltbewegung unserer Zeit – sie alle sind typische Früchte des Inkarnationsstroms von West nach Ost.

Im Hintergrund all dessen steht Steiner zufolge die Kultur der Indianer. Diese war u.a. durch eine tiefe und uneigennützige Verbundenheit mit der Erde und der Natur und deren Elementen gekennzeichnet. Viele Dokumente indianischer Kultur zeugen davon. Es war den Indianern z.B. völlig fremd, Boden oder Wasser als persönlichen Besitz zu betrachten.

Wie Menschen, die sich von Ost nach West inkarnieren, der Entwicklung des freien Teils des Lebensleibes «dienen», so dienen diejenigen, die sich von West nach Ost inkarnieren, der Kultivierung des irdisch orientierten Teils des Lebensleibes, der uns sowohl mit unserem Körper als auch mit der Erde verbindet.

Jene Menschen, die ihren Weg von Ost nach West nehmen, dienen in erster Linie der Entwicklung von Erkenntnis und Weisheit. Anliegen derer, die den umgekehrten Inkarnationsweg vollziehen, ist die Pflege des Impulses der Zivilisation. Ihr vornehmstes Anliegen besteht in der Verwirklichung praktischer Antworten auf Fragen folgender Art: Wie lässt sich ein Impuls in der Kultur der Menschheit verwurzeln? Wie wird etwas zu einer Angelegenheit von Erde und Menschheit? Wie kann etwas *auf den Boden* gebracht werden?

Die erstere Gruppe will Dinge «emporheben», auf ein höheres Niveau bringen, die zweite Gruppe hingegen will Dinge auf der Erde umsetzen, bis hinein in die Ecken und Winkel des gesellschaftlichen Lebens realisieren.

Blicken wir auf die Anfangszeit der Anthroposophie, so fällt auf, dass diese gegen 1900 als eine Art Weisheits- und Weltanschauungsbewegung ihren Ausgang nahm und sich im Laufe von 25 Jahren zunehmend in gesellschaftlichen Angelegenheiten zu engagieren begann. Nachdem die Schwerpunkte anfänglich bei philosophisch-gedanklicher Fundierung und künstlerischer Formgebung lagen, begann die Anthroposophie seit 1917 immer mehr Anregungen auf gesellschaftlich-sozialen Gebieten zu geben. Schulbewegung, Landwirtschaft und Heilkunde entstanden und wurden *auf den Boden* gebracht. In der für Steiner und die gesamte anthroposophische Bewegung heiklen und entscheidenden Phase um den Brand des ersten Goetheanums formuliert Steiner als neue Zielsetzung, das Initiationsprinzip müsse Zivilisationsprinzip werden. Eine Formulierung, die den Auftrag der Anthroposophie im Kern erfasst, sich nämlich von einer Weisheitsbewegung zu einem Kulturimpuls zu wandeln, der mit allen Aspekten gesellschaftlichen Lebens in Verbindung treten will.

Zu Steiners Zeit lag das Hauptgewicht der anthroposophischen Bewegung noch auf Erkenntnis und Weisheit. Die damals anwesenden Anthroposophen stammten hauptsächlich aus den südlichen und östlichen Weisheitskulturen. Steiner selbst warf jedoch den Blick bereits auf das Ende des 20. Jahrhunderts und auf Menschen, die sich zu seiner Zeit nicht auf Erden befanden, sich dann aber mit den erneut verkörperten Anthroposophen zusammenschließen würden, um eine qualitative und quantitative Ausbreitung der Anthroposophie zu ermöglichen.[80]

Es ist eine Tatsache, dass sich Anthroposophie seit dem letzten Drittel des vorigen Jahrhunderts aus dem bis dahin geltenden Rahmen ihres Erscheinungsbildes sowie ihres Auftretens gelöst hat. Die Anzahl der durch Anthroposophie inspirierten Schulen sowie therapeutischen Initiativen nahm erheblich zu, auch kamen verschiedene Lebensbereiche bzw. Berufsfelder ganz neu hinzu wie beispielsweise im Bankwesen oder in der Betriebs- und Organisationsberatung, auf denen Anthroposophie praktisch angewendet wurde. Außerdem traten in den zurückliegenden Jahrzehnten in wachsendem Umfang Menschen auf die Anthroposophie zu, die ihr zum ersten Mal zu begegnen scheinen und die sie unter Beibehaltung der eigenen Selbstständigkeit in ihre jeweiligen Bestrebungen einbeziehen wollen. Schließlich zeigt sich insbesondere seit dem letzten Drittel des 20. Jahrhunderts, dass Anthroposophie zunehmend von Seiten der Öffentlichkeit auf Inhalt und Erscheinungsform hin befragt und geprüft wird.[81]

Die Annahme, die Entwicklung der anthroposophischen Bewegung seit dem letzten Drittel des 20. Jahrhunderts werde mitunter durch Menschen geprägt, die ihre Vergangenheit in westlichen Kulturen haben und die sich für den Impuls der Zivilisation stark machen, entspricht den beobachteten Entwicklungen.

In der Arbeitssituation der Workshops ist die Frage entscheidend, zu welcher der geschilderten Inkarnationsbewegungen jemand eine persönliche Verbindung hat. Besteht eine stärkere Verwandtschaft zu der erhebenden, spiritualisierenden Seite der Geistigkeit, oder ist die Neigung zur irdisch-organisierenden Seite die stärkere?

Dabei spielt übrigens nicht nur eine Rolle, woher jemand in dieser Beziehung stammt bzw. welchen Ansatz er mitbringt, interessant ist vielmehr auch, was er in seinem Leben daraus macht. Bleibt er ausschließlich dem eigenen karmischen Strom verbunden? Sucht er die Zusammenarbeit? Vollzieht er einen Umschwung? Falls dies der Fall ist: *Wie* tut er dies und in welcher Phase seines Lebens?

Platonische und aristotelische Seelen

Eine andere karmische Richtung charakterisiert Steiner, indem er so genannte platonisch veranlagte von aristotelisch veranlagten Menschen unterscheidet. In seinen Betrachtungen von 1924 wählt er eine historische Perspektive, die zugleich rückblickenden wie zukunftsbezogenen Charakter hat. Van Manen gibt eine gute Zusammenfassung der Darstellungen Steiners zu diesem Thema.[82]

Aus menschenkundlich-karmischer Sicht lässt sich das Thema auf verschiedene Weise betrachten. Geschichtlich gesehen sind die aristotelische wie die platonische Richtung zwei philosophische Strömungen, die seit der griechischen Zeit ihre Spuren in der europäischen Kultur hinterlassen haben. Genau betrachtet gibt es natürlich nur wenige Menschen, die in strengem Sinne als aristotelisch oder platonisch bezeichnet werden können, denn im Umkreis der beiden Lehrer haben ja nicht sehr viele Menschen gelebt. Es geht vielmehr um einen Unterschied im Denken, der im Folgenden aufgezeigt werden soll. Unabhängig jedoch von den Persönlichkeiten, die im Umkreis von Platon und Aristoteles lebten, haben viele in den Jahrhunderten nach ihnen ausführlich ihre Gedanken zur Kenntnis genommen. In den ersten nachchristlichen Jahrhunderten war der Neuplatonismus weit verbreitet. In der Scholastik erfuhr der Aristotelismus eine erneute Hochblüte. Wir brauchen die Charakterisierung «platonisch» oder «aristotelisch» daher nicht allein in strikt historischem Sinn zu verstehen. Auch in späteren Jahrhunderten bestand die Möglichkeit, die beiden Strömungen kennen zu lernen.

Steiners Darstellung besitzt aktuelle Bedeutung für die Entwicklung der anthroposophischen Bewegung. Er schildert die Zusammenarbeit platonisch und aristotelisch denkender Menschen über die Jahrhunderte. In Griechenland löst Aristoteles Platon gewissermaßen ab. Im Mittelalter lösen erneut die Aristoteliker die Platoniker ab. In der Schule von Chartres herrscht bis um 1200 ein platonisch geprägtes Denken,[83] während in der sich anschließenden Scholastik, unter Führung von Albertus Magnus und Thomas von Aquin (1224 – 1298), Aristoteliker wirksam werden. Die Anfangsjahre der Anthroposophie waren Steiner zufolge stark aristotelisch dominiert. Es waren vor allem aristotelisch gestimmte Individualitäten, die zu Beginn des 20. Jahrhunderts im Umkreis der Anthroposophie verkörpert waren. Wo Steiner vorausblickend auf das Ende des 20. Jahrhunderts zu sprechen kommt, wird es in dieser Hinsicht hoch interessant. Er führt aus, dass zu jenem Zeitpunkt die beiden Gruppen von Menschen zum ersten Mal auf der Erde zusammenwirken werden. Am Ende des 20. Jahrhunderts, so schildert er, werden sie einander nicht ablösen, wie dies früher geschah, sondern auf Erden zusammenarbeiten (müssen).[84] Dies kann zu der Frage führen, wie die Vertreter der beiden Gruppen erkannt werden können und wie ihre Zusammenarbeit aussehen wird. Worin besteht der Unterschied zwischen einem Menschen, der auf eine platonische Art denkt, und einem solchen, der dies auf aristotelische Weise tut? Worauf ist dabei zu achten?

Die folgende Darstellung Steiners in seinen *Leitsätzen* verstand Ate Koopmans als einen Fingerzeig in dieser Frage. Es geht um die Leitsätze 97 bis 99.

> «97. Eine gröbere Darstellung darf sagen: in der Seele des Menschen leben *Denken, Fühlen* und *Wollen.* Eine feinere muss sagen: Denken enthält immer einen Untergrund von Fühlen und Wollen, Fühlen einen solchen von Denken und Wollen, Wollen einen von Denken und Fühlen. Im Gedankenleben ist nur das Denken, im Gefühlsleben das Fühlen, im Willensleben das Wollen gegenüber den anderen Seeleninhalten vorherrschend.
>
> 98. Das Fühlen und Wollen des Gedankenlebens enthalten das karmische Ergebnis voriger Erdenleben. Das Denken und Wollen des Gefühlslebens bestimmen auf karmische Art den Charakter. Das Denken und Fühlen des Willenslebens reißen das gegenwärtige Erdenleben aus dem karmischen Zusammenhange heraus.
>
> 99. Im Fühlen und Wollen des Denkens lebt der Mensch sein Karma der Vergangenheit aus; im Denken und Fühlen des Wollens bereitet er das Karma der Zukunft vor.»[85]

Diese Sätze verweisen auf das interessante Phänomen, dass wir es nie ausschließlich mit dem Denken zu tun haben, dass sich vielmehr in einem bestimmten Verhältnis Fühlen und Wollen in dieses hineinmischen. Genauso steht es mit dem Fühlen, das mit Denken und Wollen gemischt auftritt, und mit dem Wollen, das auch Denken und Fühlen beinhaltet. (Wie bei jedem menschenkundlichen Phänomen kann natürlich nie etwas isoliert betrachtet werden; die verschiedenen Aspekte durchdringen sich vielmehr. Das hindert jedoch nicht, dass jemand richtig charakterisiert werden kann, indem man darauf hinweist, welche Aspekte bei der betreffenden Person vorherrschend sind.)

Steiner beschreibt den Anteil des im Denken anwesenden Fühlens und Wollens als eine karmische Folge früherer Erdenleben. Offensichtlich handelt es sich um eine karmische Veranlagung. Man kann sich nun fragen, wie denn Fühlen im Denken wirkt und wie das Wollen darin wirkt. Wille im Denken ist eine Angelegenheit der Spannkraft, des logischen und kohärenten Denkens, des stringenten Verfolgens philosophischer Gedankengänge. Das Fühlen im Denken hingegen vermittelt eher einen Zugang zu bildhaftem Denken, in dem Gefühlsqualitäten wie Wärme und Kälte einen Platz haben und das als «reich» erfahren werden kann. Was den Willen im Denken angeht, wird man ohne Umschweife an das knappe und klare Denken z.B. eines Thomas von Aquin erinnert, während im Vergleich dazu die Weisheit der Märchen, die seit dem Mittelalter so viele Menschen begleitet hat, mit einem starken Gefühlsanteil durchdrungen ist.

Gegenwärtig wird häufig unterschieden zwischen Menschen, die eher begrifflich, und anderen, die bildhaft denken, was vor dem oben ausgeführten Hintergrund interessant ist. Es verdeutlicht nämlich, dass die Vorherrschaft des Denkens in Begriffen, die derzeit unsere Kultur prägt, nicht selbstverständlich ist. Auch das Denken in Bildern ist eine Realität. Das Denken in Begriffen wird vom Willen geleitet, während das bildhafte Denken stark vom Gefühl geprägt wird.

Die Anlagen zu einem eher vom Willen oder eher vom Gefühl dominierten Denken haben Steiner zufolge karmische Ursachen. Die Auffassung, das aristotelische Denken sei vor allem vom Wollen, das platonische Denken dagegen eher vom Fühlen geprägt, ist unseres Erachtens nicht weit hergeholt.

Bei der Arbeit an der «Praktischen Menschenkunde» wird gelegentlich die Frage zu behandeln sein, ob ein Mensch, dessen Biografie gemeinsam betrachtet wird, eher zu einem platonischen, gefühlsdurchdrungenen oder mehr zu aristotelisch-willensmäßigem Denken neigt. Da sich diese Frage speziell auf Merkmale des Denkens bezieht, gehört sie naturgemäß nicht in jedem Fall zu den wichtigsten Fragen, die zu stellen sind. Bei Menschen jedoch, die ihr Leben wesentlich auf der Grundlage von Wissen und Erkenntnis angehen, ist sie entscheidend.

Bei ihrer Beantwortung kann man sich jedoch auch irren, denn nicht jeder Mensch folgt in dieser Hinsicht seiner Veranlagung. Gerade in unserer Zeit sind viele Menschen auf der Suche nach neuen Wegen. Es kann daher sein, dass jemand mit einer platonischen Grundstimmung, der als Kind in einer bildhaften Religiosität lebte und der Welt mit viel Fantasie begegnete, in seiner Jugend beschließt, nicht mehr aus dem Gefühl heraus zu leben, sondern die Dinge erkenntnismäßig zu erfassen. Wie ein Betroffener sich einmal ausdrückte: «Eine Entscheidung, die zwar weh tat, nach einigem Ringen jedoch getroffen wurde.» So kann man das Leben platonisch geprägt antreten und nach aristotelischer Ergänzung streben.

Derartige Differenzierungen sind unverzichtbar, will man nicht Gefahr laufen, einer Art Schubladen-Denken zu verfallen. Die auf Schicksalsfragen gerichtete Aufmerksamkeit liefert keine fertigen Antworten. Erst nach und nach entstehen Eindrücke, die mehr oder weniger deutlich umrissen sind. Dass bei sorgfältiger Beschäftigung mit einem Lebenslauf Nuancen zum Vorschein kommen, ist ermutigend. Die Wirklichkeit des Menschen ist so vielschichtig, dass jede einfache «karmische Diagnose» zu kurz greifen und niemandem gerecht werden würde.

Abrundung

Mit den beiden Darstellungen karmischer Ausrichtungen wurden zwei von vielen möglichen Beispielen gegeben. Diese beiden sind allerdings kennzeichnend und wesentlich. Sie mögen dazu dienen, den Blick dafür zu schärfen, in derartigen Kategorien zu denken und zu beobachten.

Im zweiten Teil dieses Buches werden in zwei von drei Kapiteln die beiden behandelten Richtungen nochmals aufgegriffen werden.

Anhänge

Bei der menschenkundlichen Behandlung biografischer Darstellungen in den Workshops zeigte es sich, dass einige grundlegende Themen immer wieder auftraten. Im Rahmen eines Buches über die «praktische Menschenkunde» – eine Bezeichnung, mit der auf konkrete Karmaforschung hingewiesen werden soll – ist es sinnvoll, zwei solche wiederkehrenden Themen näher zu betrachten und zu vertiefen. Anliegen dabei ist es, die betreffenden Themen so auszuführen, dass sie zu allgemein brauchbaren Instrumenten für die hier dargestellte Arbeit werden können.

Es geht insbesondere um Gesichtspunkte zu den vier Temperamenten sowie den vier Organen – zwei Themenstellungen, zu denen sich Rudolf Steiner wiederholt geäußert hat und mit denen in der pädagogischen bzw. medizinischen Arbeit täglich konkret umgegangen wird.

Anhang 1: Die vier Temperamente

Die Charakterisierung von Menschen, insbesondere Kindern, unter Gesichtspunkten der vier Temperamente wird vor allem in der Waldorfpädagogik und dort in der Unterstufe angewandt. Es hat sich für die Lehrer als hilfreiche Sichtweise erwiesen, eine Einteilung der Kinder nach psychosozialen Eigenschaften vorzunehmen, d.h. nach der Art und Weise, wie sie im Leben Erfahrungen machen. Die Gliederung nach Temperamenten erfährt hin und wieder die Kritik, sie vermittle einen schablonenartigen Zugang zu einer differenzierten Wirklichkeit. Nun wird selbstverständlich jede Einteilung oberflächlich, sobald sie zu starr und unbeweglich gehandhabt wird. Die entsprechenden Urteile werden dann als fehl am Platz und unrichtig erfahren. Eine Gliederung von

Menschen nach bestimmten Eigenschaften kann jedoch hilfreich sein, wenn derjenige, der sich ihrer bedient, selbst weiß und *deutlich machen kann,* wie er mit ihrer Hilfe arbeitet und wie er die Menschen, um die es geht, mit ihr betrachtet. Bei sorgfältigem Umgang mit entsprechenden Gesichtspunkten werden fruchtbare pädagogische Maßnahmen und Vorgehensweisen möglich, wenn die unterschiedlichen Temperamente in die Arbeit einbezogen werden.

In diesem Kapitel sollen vornehmlich methodische Aspekte zu den Temperamenten dargestellt werden. Wenn es darum geht, den Lebenslauf eines Erwachsenen ins Auge zu fassen, so bezieht sich die Behandlung der Temperamente natürlich nicht auf pädagogisches Handeln. Hier kann sie vielmehr bei der Suche nach der Grundstimmung von Nutzen sein, die das Wesen eines Menschen prägt und bestimmt. Dabei stellen sich folgende Fragen:

- Woran sind die verschiedenen Temperamente zu erkennen?
- In welcher Hinsicht ist eine Unterscheidung der Temperamente im Rahmen der Karmaforschung sinnvoll?
- Was ist die menschenkundliche Grundlage der Temperamente?
- Welche Rolle spielt das Temperament im Lebenslauf?
- Was ist die karmische Perspektive eines Temperaments?

Was ist ein Temperament – und was nicht?
Woran erkenne ich die Temperamente?

Die Einteilung in vier Temperamente hat eine lange Tradition. Bereits in der griechischen Kultur wurden das phlegmatische, cholerische, sanguinische und melancholische Temperament beschrieben. Dass damals schon und seitdem durchgängig von *vier* Temperamenten die Rede ist, hängt mit den vier Gliedern des menschlichen Wesens zusammen, nämlich dem physischen, dem ätherischen, dem astralischen Leib und der Ich-Organisation. An anderer Stelle in diesem Kapitel führen wir dies näher aus.

Mit dem Temperament ist die Grundstimmung eines Menschen gemeint. Wie ist dieser Erwachsene, dieses Kind gestimmt? Wie ist das psychische Grundklima eines Menschen? Es sind also nicht die Stimmungen gemeint, das Auf und Ab der Seele, ihr «Himmelhoch jauchzend – zu Tode betrübt». Vielmehr geht es um das beinahe unveränderliche innere «Klima» eines Menschen, das sich als ein spezifischer Hauch über alles breitet, was eben mit dieser Persönlichkeit zusammenhängt, einschließlich der natürlich ebenfalls vorhandenen Höhen und Tiefen. So betrachtet, unterscheidet sich das Temperament auch deutlich von dem, was meist als Charakter bezeichnet wird. Der Charakter ist eher eine Art komplizierter seelischer «Oberbau», der sich ab der Pubertät langsam als Eigenart eines Menschen herausbildet. Der Charakter bildet sich aus einem Zusammenspiel von Veranlagung und Lebenserfahrungen, während das Temperament in erster Linie rein als Anlage gegeben ist. Es kann sich zwar unter dem Einfluss der Umgebung entwickeln, und es ist durchaus möglich, ein einseitiges Temperament beherrschen zu lernen, als solches ist es jedoch veranlagt. Woran ist es zu erkennen?

Zwei Fragen

In einer Arbeitsbesprechung mit Lehrern der ersten Freien Waldorfschule gibt Steiner dazu einmal einen ganz einfachen Hinweis.[86] Wenn man dem Temperament eines Kindes auf die Spur kommen will, so möge man sich zwei Fragen stellen:

- Besitzt dieses Kind in stärkerem oder schwächerem Maße Empfänglichkeit für Reize von außen?
- Verfügt es über größere oder geringere Ausdauer bzw. Beharrlichkeit?

Mit der Frage nach der *Empfänglichkeit* lenkt Steiner die Aufmerksamkeit auf den Umfang, in dem ein Kind auf Reize und Anregungen aus der Außenwelt reagiert. Wie leicht oder wie schwer, wie problemlos oder widerwillig wird ein Reiz aufgenommen? Ist das Kind ein Blümlein «Rühr-mich-nicht-an» oder eher das Gegenteil? Ist es wach für Umgebungsreize, oder lässt es sich von ihnen nicht leicht stören? Es gibt Kinder, an denen so gut wie alles vorbeigeht, die also in dieser Hinsicht außerordentlich stabil sind, während andere Kinder umso empfindlicher und extrem erregbar und empfänglich sind. Wie leicht und ungehemmt strömt die Welt in dieses Kind ein?

Mit der zweiten Frage nach Ausdauer und Beharrlichkeit eines Kindes wird darauf hingeschaut, in welchem Ausmaß das Kind bei der Sache bleiben kann, wie intensiv oder wie oberflächlich, gleichsam «luftig», es sich mit etwas verbindet, wie rasch oder eher selten und langsam sein Interesse an den Dingen wechselt.

Beide Fragen sind mehr oder weniger eindeutig mit Ja oder Nein zu beantworten. Ist das Kind leicht erreichbar? Ja / nein. Besitzt das Kind Ausdauer? Ja / nein.

Natürlich ist bei manchen Kindern die Antwort nicht eindeutig. Sie kann sich mehr oder weniger zur Mitte hin bewegen. In den meisten Fällen wird sie jedoch deutlich auf der einen oder anderen Seite von der Mitte liegen.

> «Sie können unterscheiden, wenn der Mensch sich äußert, nach seinem ganzen Seelenhabitus, ob er etwas stark empfindet, das etwas Äußerliches ist, oder stark empfindet seine inneren Zustände.
> Dann haben wir zu unterscheiden das Wechseln. Entweder man bleibt stark dabei und wechselt wenig, oder man bleibt weniger stark dabei und wechselt sehr viel. Dadurch unterscheiden sich die Temperamente.»[87]

Vier Gruppen von Kindern

Schematisch gesprochen ergeben die Antworten auf die zwei genannten Fragen vier Gruppen von Kindern:
- Kinder, die empfänglich und ausdauernd sind
- Kinder, die weder empfänglich noch ausdauernd sind
- Kinder, die empfänglich, jedoch nicht ausdauernd sind
- Kinder, die ausdauernd, jedoch nicht empfänglich sind

Das klingt sehr schematisch und bedarf der Erläuterung.

Ein Kind, das empfänglich ist, aber eher wenig bei der Sache bleibt, wird leicht eingehen auf alles, was in seiner Umgebung geschieht. Sein Interesse ist leicht zu wecken, es verfolgt alles um sich herum mit Wachheit und Aufmerksamkeit. Da die Beharrlichkeit gering ist, wechselt es leicht den Gegenstand des Interesses und kann die Dinge schnell wieder vergessen. Ein so geartetes Kind hat ein *sanguinisches* Temperament.

Ein unempfängliches oder wenig empfängliches Kind, das andererseits

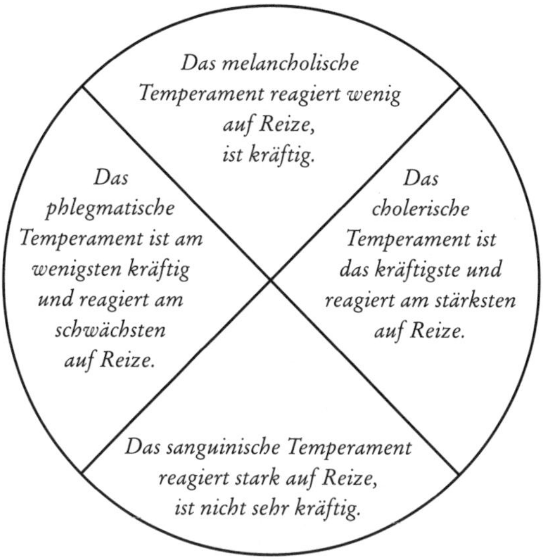

Beharrungsvermögen besitzt, wird nicht ohne weiteres erreicht, denn sein Interesse ist nicht leicht zu wecken. Sind Aufmerksamkeit und Interesse schließlich doch geweckt, geht die Berührung tief, und das Kind nimmt das gebotene Thema mit kräftiger Ausdauer auf. Dies ist das *melancholische* Kind. Weil die Empfänglichkeit gering, die Ausdauer jedoch groß ist, besitzen diese Kinder oft eine starke Innerlichkeit. Sie machen sich die einmal aufgegriffenen Themen ganz zu Eigen und pflegen sie beharrlich. Werden solche Kinder seelisch verletzt, so kann das lange nachwirken. Ganz anders ist dies beim sanguinischen Kind, das durch seine große Empfindsamkeit stark in der Außenwelt lebt und an negativen Erfahrungen nicht lange festhält.

Ein Kind, das sowohl empfänglich als auch ausdauernd ist, erfährt die Dinge intensiv. Es ist schnell berührt *und* bleibt engagiert. Diese Kinder sind leicht für alles Mögliche zu haben. Kaum ist ihr Interesse geweckt, schon werden sie aktiv. Das sind die *cholerischen* Kinder. Da sie sowohl gut ansprechbar als auch leicht zu aktivieren sind, kann bei ihnen schnell ein «Kurzschluss» auftreten: Kaum angesprochen und interessiert, schießen sie auch schon in die Aktion. Sie stapfen (oder hauen) drauf los.

Kinder, die weder leicht erreichbar noch ausdauernd sind, haben ein *phlegmatisches* Temperament. Sie sind nicht leicht empfänglich und haben von sich aus wenig Beharrungsvermögen. Dadurch sind sie wenig verletzlich und zeigen oft große Stabilität. Sie treten grundsätzlich wenig in Erscheinung und stehen nicht im Rampenlicht.

Was bildet den Hintergrund der beiden Eigenschaften von Empfänglichkeit und Ausdauer? Empfänglichkeit ist ein beim Kind auftretender Vorläufer des Wahrnehmungslebens beim Erwachsenen. Ist jemand empfindsam, leicht erreichbar und reagiert eventuell sogar empfindlich auf bestimmte Dinge, oder kann man neben ihm eine Kanone abfeuern, ohne dass er etwas bemerkt? Beharrlichkeit bzw. Ausdauer bilden beim Kind den Vorläufer des Willenslebens beim Erwachsenen. Ist jemand leicht zu engagieren, steht er für eine Sache gerade, oder lässt er sich von Vorhaben wieder abbringen? Mit der Gliederung nach Temperamenten treffen wir beim kleinen Kind also eine Einteilung auf der Grundlage von zwei früh auftretenden, gleichsam embryonalen seelischen Eigenschaften.

Das Temperament hat instrumentellen Charakter, nicht mehr und nicht weniger

Mit dieser Gliederung sind die Grundstimmungen des Menschen in der *Kindheit* beschrieben. Sein physisches Instrumentarium hat eine bestimmte Konfiguration, außerdem ist die Rede von einer Färbung des frei werdenden Teils des Ätherleibs, die eine bestimmte Grundstimmung in der Seele hervorruft. Keines der Temperamente ist «besser» als ein anderes. Alle vier haben sie ihre Vor- und Nachteile, alle vier haben ihre erfreulichen und weniger erfreulichen Seiten. Es hängt nicht in erster Linie vom Instrument ab, wie auf ihm gespielt wird, sondern vom Musiker. Die entscheidende Frage lautet also: *Wie* lernt ein Kind mit dieser Konfiguration als mit seinem *eigenen* Instrument umzugehen? In der Kindheit können Eltern und Lehrer bei Einseitigkeiten helfen und ausgleichend eingreifen, als Erwachsener wird der Besitzer und Spieler des Instruments dies selbst tun müssen.

Das Temperament als solches gehört zur Konstitution, während sein Einsatz und Gebrauch sowie deren Korrektur Angelegenheit des erwachsenen Ich sind.

Das Temperament entsteht in den ersten sieben Jahren

Wodurch entsteht das Temperament in der kindlichen Entwicklung? Es ist ohne weiteres erkennbar, dass das menschliche Seelenleben im Lauf der Entwicklung vom Säugling zum Erwachsenen immer vielschichtiger und komplexer wird. Die seelischen Probleme eines einjährigen oder vierjährigen Kindes sind wesentlich überschaubarer als die Problematik eines Pubertierenden, der mit sich selbst und seiner Umgebung nicht zurechtkommt. Und wenn ein Erwachsener richtig tief in der Krise steckt, kann er seinerseits geradezu mit Wehmut an die verhältnismäßig einfachen Probleme der Pubertät zurückdenken. Mit ihr beginnt erst der Prozess der eigenständigen seelischen Entwicklung. Und doch muss beim Kind durchaus schon früher von seelischen Qualitäten gesprochen werden. Woher stammen sie?

Das Temperament ist eine Funktion des Lebensleibs

In Kapitel 4 stellten wir dar, wie der Lebensleib in der Kindheit eine entscheidende Wandlung durchmacht. Bei der Geburt ist er fast vollständig an seine biologischen Funktionen gebunden. Er erfüllt biologische Aufgaben. Um das sechste oder siebte Lebensjahr herum wird ein Teil seiner Energie verfügbar – «frei» – für Lernfunktionen. Das Kind wird schulreif. Der physische Körper ist dann so weit ausgebildet, dass ein Teil der Lebenskräfte für seelische Funktionen verwendet werden kann. Eine biologische Entsprechung dieses Übergangs kann in der Tatsache gesehen werden, dass der Kopf verhältnismäßig viel langsamer wächst als der Rest des Körpers. Die Lebenskräfte im Kopf sind nur zum geringen Teil Wachstumskräfte.

Aber nicht nur aus dem Haupt, auch aus anderen Teilen des Organismus werden Lebenskräfte für das seelische Leben frei. Je nach Organ ist das Verhältnis ein anderes. Die Leber bleibt bis ins hohe Alter ein außerordentlich vitales Organ (mit sehr wenig Bewusstsein), schon das Herz ist wesentlich weniger vital, das Gehirn hingegen verliert rasch an Vitalität. Die für das seelische Leben frei werdenden Lebenskräfte bilden nicht nur die leibliche Grundlage für das Vorstellungs- und Denkvermögen, sondern auch die Grundstimmung der Seele. Durch diese Kräfte entsteht im Verlauf der ersten sieben Jahre das Temperament. In der Grundschulzeit erfährt es seinen Höhepunkt, während es in der Pubertät von anderen seelischen Vorgängen überlagert wird, die dann in den Vordergrund treten.

Temperament und Lebensleib

Das Temperament ist also eine Eigenschaft des kindlichen Lebensleibs und markiert die Entwicklung der kindlichen Psyche. Die vorrangige Aufgabe des Lebensleibs ist es, all jene Vorgänge zu lenken, die mit Flüssigkeiten im menschlichen Organismus zu tun haben. Von alters her werden die Temperamente nach Körperflüssigkeiten benannt: Blut (sanguinisch), Galle (cholerisch), Schleim (phlegmatisch) und schwarze Galle (melancholisch). In den unterschiedlichen Temperamenten begegnen wir verschiedenen Flüssigkeitsqualitäten, besonders kennzeichnend ist dabei die so genannte Viskosität, die Fließqualität verschiedener Flüssigkeiten. Sumpfiges Wasser fließt anders als das Wasser eines Bergsees, eine glatte Wasseroberfläche ruft einen völlig anderen Eindruck hervor als kochendes Wasser. Die Fließqualitäten einer Flüssigkeit nehmen zu, je mehr Wärme ihr hinzugefügt wird. Man kann sich vorstellen, dass der Lebensleib des Menschen eine Konsistenz hat, die mit der Fließqualität einer Flüssigkeit verglichen werden kann. Beim cholerischen Temperament spielt das Wärmeelement (Feuer) eine große Rolle, beim sanguinischen Temperament hingegen tritt das pulsierende Element (Luft) in den Vordergrund. Beim melancholischen Temperament ist die Flüssigkeit träge und undurchsichtig geworden, während beim phlegmatischen Temperament der schleimige Charakter der Flüssigkeit vorherrscht.

Temperament und Körperbau

Der Bau des physischen Leibes korrespondiert mit dem Temperament. Das wird begreiflich, wenn man bedenkt, dass Letzteres eine Äußerung des Lebensleibes ist. Dessen Hauptfunktion ist es, den physischen Leib aufzubauen und am Leben zu halten. Wird das kindliche Temperament untersucht, so wird denn auch der Körperbau mit einbezogen. Die Gestalt des phlegmatischen Kindes wird durch eher rundliche Körperformen gekennzeichnet. Da diese bei einem kleinen Kind ohnehin vorhanden sind, macht die Gestalt des phlegmatischen Kindes oft einen jungen Eindruck. Das melancholische Kind erscheint stets *verhältnismäßig* lang, die Körpergröße fällt bedeutend mehr auf als dessen Umfang. Damit ist gemeint, dass dieser Kindertypus nicht in absolutem Sinn länger ist, sondern nur einen längeren Eindruck macht (vgl. den Hinweis über die relative Groß- und Kleinköpfigkeit in Kapitel 8). Das cholerische Kind ist kräftig gebaut, wobei es den Anschein hat, als sei der Kopf etwas zwischen die Schultern gesackt. Das sanguinische Kind hat einen leichten, unauffälligen Körperbau.

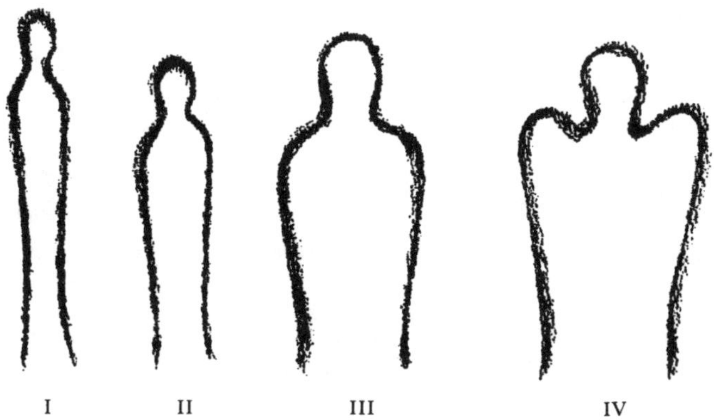

Stark schematische Wiedergabe des Körperbaus zu den vier Temperamenten. Von links nach rechts: melancholisch, sanguinisch, phlegmatisch, cholerisch. (Zeichnung aus: Rudolf Steiner, Erziehungskunst. Seminarbesprechungen und Lehrplanvorträge[88]*)*

Warum in diesem Buch die Temperamente behandelt werden

Wie bereits zu Beginn der Ausführungen über die Temperamente erwähnt wurde, ist eine pädagogische Zielsetzung bei der menschenkundlich-karmischen Betrachtung eines Erwachsenen – anders als beim Umgang mit Kindern – nicht gegeben. Hat es trotzdem einen Sinn, die Temperamente in einem solchen Zusammenhang zu behandeln? Die Frage kann bejaht werden.

Wir schilderten das Temperament als ein Instrument, mit dessen Hilfe der Mensch auf diese oder jene Weise der Welt begegnet, und zwar sowohl aufnehmend als auch handelnd. Da das Temperament vor allem in jungen Jahren von Bedeutung ist, hat es einen enormen Einfluss darauf, wie wir als junge Menschen die Welt kennen lernen. Wir begegnen allem, was um uns geschieht oder was uns entgegenkommt, durch dieses persönliche Instrument. Dieselben Eltern, dieselbe Schule, dasselbe Haus – dies alles kann sehr unterschiedlich erscheinen, je nachdem, mit welchem Temperament es erfahren wird. Es macht einen erheblichen Unterschied für unsere Wahrnehmung der Wirklichkeit und die Erfahrungen mit ihr, ob wir in unseren ersten Jahren die Welt durch eine phlegmatische oder eine melancholische Brille kennen lernen! Musikalisch ausgedrückt könnte man sagen, das Temperament sei die Tonart der Ouvertüre für das Leben eines jeden von uns.

Wenn das Temperament auch in erster Linie in jungen Jahren aktiv ist, so kann es doch auch bei Erwachsenen eine Rolle spielen. Das Temperament der Kindheit kann sich als bleibend erweisen, das muss jedoch keineswegs so sein. In manchen Fällen verschiebt es sich im Lauf der Entwicklung, sodass beim Erwachsenen ein anderes Temperament in den Vordergrund treten kann.

Oft allerdings verliert die deutlich ausgeprägte Farbe des Temperaments mit zunehmendem Alter an Prägnanz, sobald sich ab der Pubertät das Seelenleben mit Kraft entfaltet. Dabei gewinnen vor allem der Seelenleib und sein Zusammenspiel mit dem Ich an Bedeutung. Die Grundstimmung, die der Lebensleib der Seele gibt, tritt dabei leicht in den Hintergrund.

Vielfach bleibt jedoch eine deutliche Prägung zurück, die auf eines der Temperamente verweist. In dem Fall geht es darum, dessen Einseitigkeit beherrschen zu lernen. Ein einseitig ausgebildetes Temperament ist sowohl für den betreffenden Menschen als auch für seine Umgebung hinderlich. Letzteres gilt besonders dann, wenn der Betreffende das eigene Temperament nicht als *seine* subjektive Art erkennt, auf die Welt zuzugehen.

In diesem Buch mit seiner menschenkundlich-karmischen Zielsetzung behandeln wir die Temperamente unter dem Blickwinkel der Frage, welchen Zugang zur Welt jemand in seiner Kindheit und Jugend gehabt hat. Dies ist im Hinblick auf das Schicksal ein wichtiges Thema, das wir an anderer Stelle als einen Aspekt des so genannten Mondenkarmas darstellten (vgl. Kap. 5). Das Temperament ist *eine* der Früchte des Mondenkarmas. Auf der Erde wird es sichtbar, wenn es gelingt, einen Blick *hinter* das Tun und Lassen der Gliedmaßen zu werfen. So gesehen kann es auch als der Beginn einer Karmaübung verstanden werden, wenn wir uns dem Temperament eines Menschen forschend zuwenden!

Temperamente und Wesensglieder

Das Auftreten eines Temperaments, so führten wir aus, sei dem Freiwerden eines Teils des Lebensleibes zuzuschreiben, nachdem dieser seine biologische Aufgabe weitgehend abgeschlossen hat. Diese Erklärung reicht nicht ganz aus.

Wenn auch der anthroposophische Ansatz vier Wesensglieder unterscheidet und der leichteren Handhabbarkeit zuliebe gesondert charakterisiert, so funktionieren diese in der Wirklichkeit des menschlichen Organismus selbstverständlich nicht unabhängig nebeneinander. Im Gegenteil, sie durchziehen und beeinflussen einander als vier Funktionsbereiche so sehr, dass exakte Untergliederung und Trennung unmöglich sind.

Jedes Wesensglied steht mit jedem anderen in unterschiedlichen Beziehungen und Wechselwirkungen. So üben auch in dem freien Anteil des Lebensleibes sämtliche Wesensglieder ihren Einfluss aus. Physischer Leib, Lebensleib, Seelenleib und das Ich wirken in ihm. Ihre je besonderen Verhältnisse untereinander sind von Mensch zu Mensch verschieden. So entstehen vier mögliche Temperamente. Bei jedem von ihnen dominiert mehr oder minder eines der Wesensglieder. Darüber hinaus hat jeder Mensch seine eigene Temperamentsmischung, sodass schließlich nicht ein Temperament dem anderen gleicht.

Dominiert der Lebensleib selbst, so steht die schäumende Vitalität und Lebenslust des noch jungen Lebensleibs im Vordergrund. Das entsprechende Kind hat ein sanguinisches Temperament. Da der Lebensleib grundsätzlich das Fundament des Temperaments bildet, besitzt jedes Kind im Ansatz sanguinische Züge. Völliges Fehlen sanguinischer Eigenschaften gibt denn auch Anlass zur Sorge. Die Temperamentseigenschaften äußern sich sowohl körperlich als auch seelisch. Das Wort Lebenslust beinhaltet die biologische Seite (Leben) wie auch die seelische Seite (Lust).

Herrscht der physische Leib im freien Teil des Lebensleibs vor, so tritt ein phlegmatisches Temperament zutage. Bei diesem Temperament tritt vor allem das «Haus» des Leibes in Erscheinung und dessen in jungen Jahren noch gänzlich vitale Kraft. Für das entsprechende Kind ist die leibliche und seelische Behaglichkeit besonders wichtig. Sie bildet den Ausgangspunkt aller Aktivitäten.

Beim cholerischen Temperament dominieren Trieb- und Aktionskraft des Seelenleibes. Sowohl Aktion als auch Reaktion sind in körperlicher und seelischer Hinsicht kräftig ausgebildet.

Das Kind mit melancholischem Temperament ist stark auf sich selbst bezogen. In körperlicher Hinsicht kann dies in einer gewissen Trägheit zum Ausdruck kommen, in seelischer Beziehung zeigt sich schon früh in der Entwicklung ein verhältnismäßig starkes Ich-Gefühl. Stärker als in diesem Alter üblich werden Begebenheiten und Geschehnisse auf die eigene Person bezogen. Dadurch gerät in der Lebensstimmung des melancholischen Kindes das Ich-Gefühl stark in den Vordergrund, und zwar sowohl im Sinne des Gefühls «ich bin etwas Besonderes» als auch im Sinne der Stimmung «das kann ja auch wirklich nur mir passieren!».

Temperament	*Wesensglied*
phlegmatisch	physischer Leib
sanguinisch	Lebensleib
cholerisch	Seelenleib
melancholisch	Ich-Organisation

Medizinische Perspektive

Aus medizinischer Sicht kann man sagen, dass das phlegmatische und das sanguinische Temperament die gesündesten sind. Das phlegmatische Kind sorgt gut für seine leiblichen Bedürfnisse, das sanguinische Kind geht relativ unbekümmert durch das Leben. Das cholerische Temperament kann sich in etwas verbeißen. Das Engagement kann solche Formen und Kraft annehmen, dass es Gefahr läuft, auf Kosten der ausgeglichenen Entwicklung zu verlaufen. Beim melancholischen Kind steht die Bewusstseinsentwicklung im Vordergrund mit der möglichen Folge einer – bildhaft gesprochen – Unterernährung des Stoffwechsels. Konkret kann diese auftreten als Blässe, als eine etwas kümmerliche oder kränkliche Entwicklung sowie als unterschiedliche Stoffwechselbeschwerden wie Bauchschmerz, Kälteempfindlichkeit usw.

Das Genannte gilt ausdrücklich für das *kindliche* Temperament.[89]

Der karmische Hintergrund der Temperamente

Rudolf Steiner beschreibt das Temperament als ein wesentliches Element des Mondenkarmas.[90] Dies ruft die Frage nach der karmischen Ursache des jeweiligen Temperaments hervor, mit dem man im Leben antritt. Was führt uns in einem früheren Leben dazu, dass wir im gegenwärtigen Leben in jungen Jahren die Welt auf diese spezifische Art und Weise kennen lernen?

Im gegenwärtigen Leben ist das Temperament eine Sache der Veranlagung, es gehört zum Naturkarma. *Wie* wir mit einer solchen Anlage umgehen, ist nicht karmisch bestimmt, darin sind wir frei. Ob wir uns als Opfer unseres Temperaments verhalten, ob wir uns geschickt seiner bedienen oder es möglicherweise korrigieren, das ist eine Frage der Gestaltung und Führung im heutigen Leben.

Steiner führt zu den karmischen Ursachen für das Auftreten der Temperamente Folgendes aus:

> «Das melancholische Temperament wird karmisch besonders dann hervorgerufen, wenn ein Mensch im vorhergehenden Leben gezwungen war, im kleinsten, engsten Kreis zu leben, viel für sich allein zu sein, immer nur

sich mit sich selbst zu beschäftigen, sodass er kein Interesse für anderes in sich wecken konnte. Wer dagegen viel kennen gelernt hat, wer mit vielen Dingen zusammengekommen ist und sie nicht bloß angeschaut hat, mit dem das vorige Leben hart umgegangen ist, der wird ein Choleriker. Wenn man ein angenehmes Leben ohne viel Kämpfe und Mühsale hatte, oder auch wenn man viel gesehen hat, an vielem vorbeigekommen ist, es aber nur angesehen hat, so geht das alles karmisch immer im nächsten Leben im Grundwesen auf den nächstdichteren Leib über. Man wird ein Phlegmatiker oder Sanguiniker.»[91]

Dabei fällt auf, dass die Ursache eines Temperaments auf den ersten Blick diesem selbst außerordentlich ähnlich sieht! Ein Mensch beispielsweise, der unmittelbar auf die Welt zugeht, das Leben gründlich kennen lernt und viele starke Erfahrungen macht, entwickelt Steiner zufolge im folgenden Leben ein cholerisches Temperament. Ein anderer hingegen, der abgesondert in einer kleinen Welt sein Leben verbringt, wird ein melancholisches Temperament erhalten. Auf den ersten Blick scheint sich nichts zu verändern. Schaut man jedoch genauer hin, so bemerkt man einen deutlichen Unterschied. Im ersten Leben geht es um konkret gelebtes, tatsächliches Verhalten. Im zweiten Leben geht es um eine Anlage, die in jungen Jahren die Begegnung mit der Welt prägt und bestimmt. Das *Verhalten* im Erwachsenenalter des ersten Lebens bildet die karmische Ursache für die *Veranlagung* einer Grundstimmung in der Jugend des folgenden Lebens.

Ob übrigens das Verhalten im ersten Leben vollständig aus freier Entscheidung erfolgte oder stark durch die Umgebung bestimmt war, ist dabei nicht ausschlaggebend. Es geht nicht um eine Art karmischer Strafe oder Belohnung, sondern um karmischen Ausgleich. Steiner führt das Beispiel eines Menschen an, der lange Jahre gefangen gehalten wurde und infolgedessen nur wenig Begegnungen hatte. Möglicherweise wurde der Betreffende sogar schuldlos festgehalten. Das kam früher und kommt heute durchaus noch vor. Das Karma gleicht nun die Handlungskomponente aus, indem sie in eine Veranlagung umgewandelt wird. Mit Blick auf die Wesensglieder kann man davon sprechen, dass sich das Verhalten des ersten Lebens vor allem im Seelenleib abspielt, während sich die Anlage des nächsten Lebens im Lebensleib manifestiert. Wir haben es hier mit einer Art karmischen Psychosomatik zu tun. (In Kapitel 6 über die karmischen Entwicklungsgesetze wurde dieses Phänomen bereits erläutert.)

Handelt es sich dabei um ein zwangsläufig ablaufendes Schicksal? Nein. Schließlich ist die Veranlagung in Form eines Temperaments keine zwingende Gegebenheit. Es ist Sache des Erwachsenen zu beschließen, ob er aus freien Stücken versuchen will, die in ihm veranlagte Neigung zu modifizieren. Ein Mensch, der zu oberflächlichem Umgang mit den Dingen neigt, kann sich vornehmen, daran etwas zu ändern. Ein anderer, der von Natur aus nicht dazu neigt, aktiv die Welt zu entdecken, kann sich als Erwachsener dazu entschließen, dies fortan doch zu tun. Niemand ist gezwungen, Opfer der eigenen Veranlagung zu sein, selbst wenn sie in vielen Fällen Grenzen setzt. Man kann diese Form des karmischen Ausgleichs auch als eine Art der Verarbeitung von Eigenschaften und Verhaltensmustern aus früheren Leben betrachten, um neuen Möglichkeiten eine Chance zu geben. Das Karma gleicht ein konkret ausgeübtes Verhalten dadurch aus, dass es den entsprechenden Verhaltenstyp im folgenden Leben als Veranlagung «anbietet». Es modifiziert die Art und Weise, durch die wir in unserer Jugend die Welt kennen lernen, lässt uns jedoch frei darin, wie wir als erwachsene Menschen damit umgehen.

Zusammenfassung

Will man die Unterscheidung nach Temperamenten als Typologie nuanciert anwenden, ohne in determinierende Aussagen zu verfallen – die übrigens unmittelbar am Widerstand der Betroffenen zu bemerken sind! –, so ist es dabei von Bedeutung, eine Reihe von Punkten gut im Gedächtnis zu behalten.

Was wird betrachtet? Jede Typologie hat einen von ihr fokussierten Beobachtungsgegenstand. Es ist entscheidend und von Nutzen, diesen gut im Bewusstsein zu haben, um zu verhindern, dass alles Mögliche (und Unmögliche) hinzugezogen und gleichfalls behandelt wird. Um das Temperament herauszufinden, sind zwei Grundfragen zu stellen: Wie empfänglich ist ein Kind? Und: Wie ausdauernd ist ein Kind?

Was ist die menschenkundliche Grundlage einer Typologie? Das Temperament eines Kindes wird um das sechste Lebensjahr herum erkennbar, wenn ein Teil des Lebensleibes von seinen bisherigen Funktionen entbunden und für neue Aufgaben frei wird. *Welches* Temperament zum Vorschein kommt, das wird bestimmt durch die Vorherrschaft eines der vier Wesensglieder in dem frei gewordenen Teil des Lebensleibes, der nun der seelischen Entwicklung zur Verfügung steht.

Welche Bedeutung hat eine Typologie? Das Jugendtemperament färbt und bestimmt die Art, wie wir die Welt kennen lernen. Indem wir bemerken, in welcher Lebensphase das Temperament im Vordergrund steht, erkennen wir dessen Bedeutung in der Kindheit und im Erwachsenenalter. So gehandhabt, kann eine Typologie biografische Motive sichtbar machen. Sie gleicht einer Brille, durch die wir bestimmte Aspekte in den Mittelpunkt der Betrachtung rücken.

Wann und für wen kann eine Typologie der Temperamente hilfreich sein? Für Lehrer oder Eltern. Deren Frage kann lauten: Wie kann ich ein Kind mit dieser spezifischen Anlage am besten begleiten? Im Fall eines Erwachsenen, der sich selbst zu erkennen bemüht ist, lautet die Frage anders: Wie hat die mir eigene spezifische Veranlagung meine Begegnung mit der Welt geprägt?

Was bildet den karmischen Hintergrund der Temperamente? Da Steiner sich über den karmischen Hintergrund der Temperamente geäußert hat, können wir seine Darstellung in diesem Fall als karmisches Entwicklungsgesetz verstehen. Bei Eigenschaften, die Steiner nicht in karmischem Sinn gedeutet hat, ist dies schwieriger. Die Antwort auf die Frage nach dem Temperament eines Menschen vermittelt uns neben biografischen Gesichtspunkten, die für dieses Leben gelten, auch Anknüpfungspunkte für die Karmaforschung. Das Temperament sagt etwas über das Verhalten eines Menschen in den Erwachsenenjahren des vorigen Lebens aus.

Anhang 2: Vier Organe und ihre Eigenschaften

Außer der Typologie der vier Temperamente, die vor allem für Lehrer und Eltern eine gute Hilfe im Umgang mit den entsprechenden Kindern darstellt, schildert Steiner auch eine Typologie, die von vier Organen ausgeht.[92] Sie wird in medizinischen Zusammenhängen angewandt, insbesondere bei psychologischen oder psychiatrischen Beurteilungen. Wie auch die Typologie der Temperamente erweist sie sich, mit einer entsprechend angepassten Fragestellung, als sehr hilfreich bei allgemeinen menschenkundlichen Fragen.

Im medizinischen Zusammenhang steht die Bitte um Hilfe von Seiten eines Klienten im Mittelpunkt. Arzt und Therapeut beurteilen Möglichkeit und Dringlichkeit einer Behandlung. Im Kontext dieses Buches ist weder von erbetener Hilfe noch von der Beurteilung einer Behandlung die Rede. Vielmehr geht es hier um das Interesse an der Individualität eines Menschen und an dessen Schicksal. Die Typologie der vier Organe kann dabei einen hilfreichen Beitrag leisten.

Vier Organe?

Rudolf Steiner spricht von vier Hauptorganen, die eine gewisse charakteristische «seelische» Ausstrahlung besitzen: Herz, Leber, Lunge und Nieren.

Natürlich hat ein Mensch mehr Organe als nur diese vier. Steiner behandelt diese nicht alle gesondert, sondern erwähnt einige von ihnen bei der Besprechung eines der – in dieser Hinsicht – vier Hauptorgane. So nimmt er bei Besprechung der Leber die anderen Oberbauchorgane wie Bauchspeicheldrüse und Milz als dazugehörig. Im Zusammenhang mit den Nieren sieht er die Nebennieren sowie die Geschlechtsorgane. Die vier Organe stehen als *pars pro toto* für vier Arbeitsprinzipien im menschlichen Organismus.

Unerwartete Organeigenschaften

Es ist gewöhnungsbedürftig, wenn Steiner in seiner Darstellung den genannten vier Organen Eigenschaften zuweist, die normalerweise nicht mit ihnen verbunden werden. So bringt er sie in Verbindung mit der Art des Gedächtnisses, die ein Mensch besitzt, mit der Art der Wahrnehmung und mit psychopathologischen Erscheinungen. Dies alles würde man eher mit dem Gehirn als mit «unbewussten» Organen wie Leber und Niere in Verbindung bringen. Das Paradigma einer engen und eindeutigen Beziehung zwischen seelischem Leben und Gehirn wird heute sowohl innerhalb der Wissenschaft als auch in der Öffentlichkeit so durchgängig und zweifelsfrei akzeptiert, dass es schwierig ist, sich ohne weiteres davon zu lösen bzw. sich anderen Gesichtspunkten zu öffnen. Selbst wenn man dem Herzen das Fühlen und möglicherweise sogar eine Art von Wissen zugesteht, selbst wenn man davon spricht, jemand sei auf Herz und Nieren geprüft, es gehe einem etwas an die Nieren oder man habe etwas auf dem Herzen, so wird doch jede seriöse und wissenschaftliche Betrachtung ausschließlich die Beziehung zwischen Gehirn und Psyche ernsthaft gelten lassen. Und die biologische Psychiatrie, die in leiblichen Vorgängen eine Ursache für seelische Leiden zu finden meint, untersucht vor allem molekulare Prozesse im Nervengewebe.

Bewusstsein und Unbewusstes

Steiner sieht das anders. Da die naturwissenschaftliche Hypothese ebenso wenig bewiesen ist wie die seine, gehen wir guten Gewissens mit dieser an die Arbeit!

Steiner schreibt dem Gehirn und den Sinnen alle Bewusstseinsprozesse zu. Aus seiner Sicht können diese Organe jedoch nicht die unbewussten und halb bewussten Vorgänge für sich beanspruchen. Was das Gedächtnis betrifft, ist der Unterschied zwischen bewusst und unbewusst übrigens nicht eindeutig zu treffen: Erst in dem Augenblick, wo ich mich an etwas erinnere, bin ich mir dessen bewusst. Aber glücklicherweise erinnere ich mich nie an alles, was ich weiß. Und doch kann ich problemlos zu jedem gewünschten Zeitpunkt relevante Dinge aus dem Gedächtnis «heraufholen». Woher hole ich sie denn real? Von unten? Von «unterhalb» der Bewusstseinsschwelle? Wo befindet sich der Gedächtnisinhalt, dessen ich mir nicht bewusst bin?

Seit Freud gehört das Wissen zum Allgemeingut, dass Bewusstsein und Unterbewusstes ständig in- und durcheinander spielen. Dies geschieht in jedem beliebigen Urteilsvorgang. Zwei unterschiedliche Zeugen ein und desselben Autounfalls, beide in der Absicht, ehrlich zu sein, geben zwei offensichtlich völlig verschiedene Darstellungen desselben Geschehens. Es kommt vor, dass Zeugen in aller überzeugter Ehrlichkeit etwas gesehen haben wollen, das objektiv nicht einmal hat geschehen *können*. Menschen mit den gleichen guten Augen nehmen offenbar ganz verschieden wahr, wobei diverse Faktoren unbewusst eine Rolle spielen.

Um Steiners Sicht der seelischen Vorgänge in den vier genannten Organen einigermaßen offen aufnehmen zu können, müssen wir die enge Beziehung, die wir zwischen Seele und Gehirn für gewöhnlich einfachheitshalber annehmen, probeweise in Frage stellen. Auch von Autoren nach Steiner wurde einiges zu diesem Thema publiziert, so u.a. von Treichler und Holtzapfel.[93] Ihre Gesichtspunkte haben in die folgende Betrachtung Eingang gefunden.

Der Beitrag der Organe zum Gedächtnis

Jeder Mensch hat eine andere Art von Gedächtnis. Oft wird nur unterschieden, ob das Gedächtnis gut oder schlecht ist, die Frage nach dessen qualitativer Beschaffenheit ist möglicherweise jedoch viel interessanter: Welche Art von Dingen behält jemand gut und welche gerade nicht? Oder: In welchen Situationen behält jemand etwas, und wann behält er nichts? Manche Menschen können Dinge, die sie nicht interessieren, geradezu verblüffend gründlich wieder vergessen, während sie zugleich für anderes ein fehlerfreies Gedächtnis haben. Die qualitativen Aspekte des Gedächtnisses bringt Steiner mit den erwähnten Organen in Verbindung.

Den Lungen beispielsweise schreibt er die Wirkung eines guten Gedächtnisses für abstrakte Gedanken und konkrete Fakten zu, wie z.B. für Telefonnummern und sonstiges Faktenwissen. Die Leber hingegen ermöglicht gefühlsmäßig geprägte Erinnerungen. Der eine Gesprächsteilnehmer kann ein Gespräch wörtlich wiedergeben, ein anderer kann genau die Stimmungsnuancen schildern, die dabei eine Rolle spielten. Beide Arten der Wiedergabe enthalten Beobachtungen und Erinnerungen, beide können korrekt sein. Im Zusammenhang mit der Leber verweist Steiner darauf, dass die griechische Bezeichnung Hypochondrie wörtlich «Knorpeligkeit des Unterleibs» bedeutet. Damit wurde gemeint, dass die Leber (sowie andere Organe unterhalb des Zwerchfells) zu fest oder, bildhaft gesprochen, knorpelig wurde. Im Begriff der Hypochondrie kam zum Ausdruck, dass der Beitrag der Leber zur Seelenstimmung als gewichtig eingeschätzt wurde, mit den Folgen von Depression und eben – Hypochondrie.

Die Nieren unterstützen gemäß dieser Sichtweise die «bleibenden Gewohnheiten», während das Herz Organ für die Stimme des Gewissens ist. Die Frage, was dies alles mit dem Gedächtnis zu tun habe, liegt auf der Hand. Ist es aber nicht so, dass auch die bleibenden Gewohnheiten in der Tat eine Art Gedächtnis darstellen, das zwar nicht bewusst ist, sich jedoch in Handlungen äußert? Jeder Mensch verfügt über ein regelrechtes Gerüst bewusster und unbewusster Gewohnheiten. Sie sind im Lauf der Jahre entstanden und machen einen wesentlichen Teil der Struktur des Lebens aus. Die Eigenart der Gewohnheiten ist es nun aber gerade, dass wir für ihre Ausführung kein gutes Gedächtnis benötigen. Gewisse Gewohnheiten leugnen wir sogar am liebsten ab! Und doch muss sich bei ihrem Auftreten eine Art von Erinnerungsvorgang abspielen. Dass wir zum Beispiel jeden Morgen gern eine Tasse Kaffee oder Tee zu uns nehmen, lässt sich als die Äußerung eines leiblichen «Gedächtnisses» auffassen. Angenommen, wir würden einige Monate lang keinen Kaffee trinken, dann wäre die Chance groß, dass der Körper den Kaffee schlichtweg vergisst.

Ähnlich ist es mit dem Gewissen. Allein das Wort ist in diesem Zusammenhang schon vielsagend, es ist Ausdruck der Gedächtnisqualität des Herzens. Ob wir unser Gewissen als die von uns ins eigene Innere übernommene Stimme derer verstehen, die uns erzogen haben, oder als einen höheren moralischen Sachverhalt, der mit dem eigenen höheren Wesen zu tun hat, in beiden Fällen beschreiben wir das Gewissen als Teil des Gedächtnisses. Mit dem Wörtchen *gewissenlos* verweisen wir nicht auf eine Demenz, sondern auf einen Mangel an moralischen Werten. Gewissensbisse und -qualen können in einem Leben eine alles bestimmende Rolle spielen, z.B. in der Unfähigkeit, eine Tat bzw. Unterlassung vergessen zu können, oder im Bedürfnis, einer früher erfolgten Handlung ergänzend oder ausgleichend etwas hinzuzufügen. Die an einer Tat erfahrene Scham ist so gesehen auch ein Aspekt des Erinnerns, in ihr kann sich das moralische Gedächtnis ausdrücken. Der Bezug zum Herzen ist bei dem Genannten, zumindest gefühlsmäßig, gewiss gut nachzuvollziehen.

In allen Fällen erkennt Steiner dem Gehirn die Funktion zu, Erinnerungen *bewusst zu machen.* Jedoch sind es die angeführten Organe, welche die *Qualität,* die *Farbe* der Erinnerungen geben. Sie tun dies, indem die jeweilige Organoberfläche die gemachten Sinneserfahrungen gewissermaßen spiegelt. In der Spiegelung verleiht das betreffende Organ den Erinnerungen seine eigene Nuance. Ob ein Organ wie z.B. die Lunge an der Qualifizierung der Erinnerungen stärker oder weniger stark beteiligt ist, hängt offensichtlich nicht mit dem Gesundheitszustand des jeweiligen Organs zusammen. Diese beiden Organeigenschaften, Gesundheit einerseits und modifizierender seelischer Einfluss auf das Gedächtnis andererseits, sind offenbar voneinander unabhängig. Wie diese beiden beschaffen sind, ist in hohem Maße eine Frage der Veranlagung.

> «Wenn es sich zum Beispiel handelt um die Erinnerung – sagen wir – sehr abstrakter Gedanken, da ist außerordentlich stark beteiligt daran die Lunge, die *Lungenoberfläche.* Wenn es sich mehr um gefühlsgefärbte Gedanken handelt, um Gedanken also, die eine Gefühlsnuance haben, da ist sehr stark die *Leberoberfläche* daran beteiligt ... Zum Beispiel, wenn jemand dazu veranlagt ist, seine Erinnerungen immer in einem Depressionszustand heraufkommen zu sehen, so nannten das die Griechen Hypochondrie = Unterleibsknorpeligkeit, eine Verknöcherung im Unterleib, wo also die Spiegelung durch diese Verknöcherung in einer solchen Weise zustande kommt, dass der Betreffende in seinen Erinnerungen einen Quell der Hypochondrie hat. (...)
>
> Wenn wir Lungen-Reflektionen, Leber-Reflektionen nehmen, so sind das mehr die Gedächtnis-Vorstellungen, die eigentlichen Gedächtnisvorstellungen. Gehen wir zum Nierensystem, so haben wir das, was wir als bleibende Gewohnheiten dieser Inkarnation haben. (...) an dem Herzen wird aller-

dings etwas reflektiert, was schon nicht mehr bloß eigentlich Gedächtnis- oder Gewohnheitssache ist, sondern es spiritualisiert sich da schon, wenn es an die Außenwand des Herzens kommt, das Leben. Denn was da zurückgeworfen wird vom Herzen, das sind die *Gewissensbisse* … die Gewissensbisse, die in unser Bewusstsein hereinstrahlen, sie sind dasjenige, was von unseren Erlebnissen durch das Herz reflektiert wird.»[94]

Der Beitrag der Organe zur Wahrnehmung

Den Erinnerungen gehen Wahrnehmungen voraus. Wie das Erinnern, so ist auch das Wahrnehmen eine subjektive Angelegenheit. Wie gern wir auch objektiv wahrnehmen wollen, allein die Auswahl dessen, worauf wir uns in der jeweiligen Situation mit unserer Wahrnehmung beschränken, macht diese immer zu etwas Subjektivem.

Auch hierauf haben jene vier Organe offensichtlich einen Einfluss. Sie liefern einen Beitrag zu den Wahrnehmungsqualitäten und prägen die Art und Weise der Wahrnehmung. Die Lunge unterstützt die Wahrnehmung sinnlicher Tatbestände. Sie ermöglicht die Aufmerksamkeit für die mit den Sinnen wahrnehmbare Welt. Dabei ist es unbedeutend, mit welchem Sinnesorgan die betreffende Beobachtung gemacht wurde. Von den anderen Organen spricht Steiner in diesem Kontext nicht. Im Hinblick auf die Leber könnte man an die Wahrnehmung von Lebensvorgängen in Mensch und Natur denken. Hierunter fiele die Beobachtung sozialer Vorgänge und Verhaltensweisen, also wie Menschen sich verhalten, was sie in verschiedenen Lebenssituationen tun und was nicht.

Lunge und Leber unterstützen die Wahrnehmung der uns umgebenden Außenwelt. Nieren und Herz dagegen unterstützen die Wahrnehmung der Innenwelt. Dabei sind die Nieren hilfreich für die Wahrnehmung der eigenen Leiblichkeit, das Herz schließlich bildet ein Wahrnehmungsorgan für den moralischen (menschlichen) Gehalt der eigenen Taten.

Rudolf Steiner zufolge erhalten die Funktionen, die mit dem Bewusstsein zusammenhängen, ihre qualitative Prägung durch Organprozesse. Dies ergibt sich aus der Rolle, welche die vier Organe bei Wahrnehmung und Erinnerung spielen. Indem wir die Frage stellen, *wie* jemand seine Wahrnehmungen und sein Gedächtnis gebraucht, und dies auf die möglichen Modifikationen durch die vier Organe beziehen, erhalten wir ein menschenkundlich reich differenziertes Bild. Denn jeder Mensch tut dies vollständig anders und lebt in dieser Hinsicht in seiner völlig eigenen Welt. Wie kommt das?

Im zweiten Kapitel stellten wir dar, wie der Mensch in der geistigen Welt nach seinem Tod mehr oder weniger intensiv in einen Austausch mit den Urbildern kommt, je nachdem, wie Aufmerksamkeit und Interesse auf Erden beschaffen waren. Die dabei geschilderten qualitativen Unterschiede im Wahrnehmen verweisen auf verschiedene Möglichkeiten, wie wir während des Lebens auf der Erde dieser begegnen können. Wie wir uns im Leben nach dem Tod in der geistigen Welt zurechtfinden und wie sich unser Dasein dort gestaltet, hängt davon ab, ob wir zuvor auf der Erde eine starke Beziehung zur sinnlichen Außenwelt, zu ihren weniger fixierten beweglichen Vorgängen oder aber zu den verschiedenen Aspekten der reichen menschlichen Innenwelt hatten. Umgekehrt bilden unsere Stärken und Schwächen zwischen Tod und neuer Geburt die Vorbereitung von Eigenschaften und Qualitäten des Lebens auf der Erde. Das Leben in den vier Regionen der unteren geistigen Welt zeigt große Verwandtschaft mit den Qualitäten der vier Organe. Die vier Regionen wie die vier Organe besitzen in den vier Elementen von Erde, Wasser, Luft und Feuer ihre Urbilder.

Karmische Folgen

Die erwähnten Organe haben aus Steiners Sicht unterschiedliche Beziehungen zur wahrgenommenen Welt. Im Fall der Erinnerung spricht er über die spiegelnde Funktion, welche die Organe haben. Sie spiegeln die Wahrnehmungen. Durch diese Spiegelung verleiht ein Organ der Erinnerung seine Prägung. Es geschieht jedoch noch etwas anderes. Wirkung und Einfluss der Wahrnehmungen werden nicht nur zurückgeworfen, vielmehr dringen sie teilweise auch in die Organe ein. Was auf diese Weise in sie eingeht, kommt ihnen zu, indem es durch das aktive Interesse, mit dem der Mensch wahrnimmt, in gewissem Sinn aufgesogen wird. Das aktive, engagierte Wahrnehmen bestimmter Einzelaspekte der Welt bildet die seelische Kraft des entsprechenden Organs.

Der Vorgang kann mit dem Einsatz der Muskeln verglichen werden. Man gebraucht die Muskeln und tut etwas mit ihrer Hilfe, gleichzeitig entwickelt man sie durch die Tätigkeit. Auch die Knochen werden aufgebaut, indem sie ordentlich eingesetzt werden, das weiß jeder, der irgendwann einmal einen Arm oder ein Bein gebrochen hat. So ist es auch im oben geschilderten Zusammenhang. Der gesunde Gebrauch eines Organs baut dieses auf und entwickelt es.

Alles, was im lebendigen Organismus viel gebraucht wird, entwickelt sich, so z.B. die Ohren. Das Hören der reinen Quint – erforderlich für das Stimmen eines Saiteninstruments – kann entwickelt werden. Das Heraushören einzelner Vogelstimmen aus einem Vogelkonzert ist erlernbar. Wenn man aufmerksam und sorgfältig sinnliche Gegebenheiten beobachtet, dann bringt man die dabei aufgewendete Intensität gewissermaßen mit der Lunge hervor bzw. «erzeugt» sie mit dieser. Umgekehrt schärft und verfeinert die wiederholte Aktivität ihrerseits die Kraft der Lunge.

Aktives Wahrnehmen in diesem Leben entwickelt also auch bestimmte Fähigkeiten der Organe. Allerdings können diese nicht unmittelbar im selben Leben auch angewandt werden. Es handelt sich bei ihnen um eine Art schlummernde Potenz, die gleichsam in den Organen aufbewahrt wird und sich erst in einem folgenden Leben entfaltet. Nicht die Fähigkeit, die reine Quint zu hören, wird also mitgenommen, sondern eine sozusagen in der Lunge versammelte Potenz als Folge des konkreten Gebrauchs der Ohren. Es sind Einsatz und Engagement, die eine karmische Folge hervorrufen, nicht der Inhalt der Wahrnehmungen.

Im Fall der Lunge hat das entwickelte Interesse an der Welt der Fakten Folgen für den Aufbau des *physischen Leibes* im nächsten Leben. Aktivität und Engagement, die in diesem Leben für die Beobachtung der exakten Tatbestände der physischen Welt aufgebracht werden, werden im Leben zwischen Tod und neuer Geburt in die Kraft verwandelt, die den «exakten» Teil des Leibes aufbaut, namentlich das Skelett. So kann ein kräftiges, erdverbundenes Skelett entstehen oder aber, infolge geringen Einsatzes auf diesem Gebiet im vorigen Leben, ein eher zartes, «kosmisches» Skelett.

Was die Leber betrifft, so ist das Verhältnis gegenüber der Menschengemeinschaft maßgeblich, in der wir leben, unser Verhältnis zur Welt als ganzer. Die Leber vermittelt ein Gefühl für Atmosphärisches, z.B. für ein seelisches oder soziales «Klima».[95] Aktivität und Einsatz in dieser Richtung bringen die Kraft hervor, die in einem folgenden Leben die *qualitative Anlage des Gehirns* bestimmt. Es stellt sich also die Frage, wie das Denken seinen Qualitäten nach beschaffen ist, das jemandem zur Verfügung steht. Handelt es sich um ein geübtes Denkinstrument, oder ist es ungeübt und sozusagen schwer zu handhaben? Konkreter gefasst: Ist das Denken scharf und analytisch oder eher synthetisch? Verläuft es in Begriffen oder in Bildern? Ist der Betreffende Legastheniker oder nicht? Geschieht das Denken assoziativ, oder verläuft es in geordneten Bahnen? Besitzt es philosophische Züge oder nicht?

Die Anlage des Gehirns ist im Wesentlichen eine Anlage des Ätherleibs. Es geht nicht nur darum, ob jemand intelligent ist oder nicht, sondern um eine bestimmte Dynamik, das Gehirn zu gebrauchen.

Was die Nieren betrifft, so spielt das Verhältnis zur eigenen Leiblichkeit eine Rolle. Es kann zur Askese oder im Gegenteil zur Selbstverliebtheit neigen, zum Hedonismus. Ganz verschiedene Verhältnisse sind denkbar. Der eigene Körper kann vernachlässigt werden, es kann aber auch jede Schramme, jedes Wehwehchen hypochondrisch vermerkt werden. Schließlich kann es auch vorkommen, dass er aus einer Neigung zum Narzissmus gepflegt und verwöhnt wird. Die in dieser Hinsicht aufgebrachte Aktivität (oder deren Fehlen) kommt im folgenden Leben darin zum Ausdruck, was Steiner die «emotionale Anlage des Gehirns» nennt. Die Veranlagung, mehr oder minder temperamentvoll zu sein, hat zumindest teilweise ihren Sitz im Gehirn. Eigenschaften wie Jähzorn, Launenhaftigkeit oder Gleichmut sind hier gemeint. Das emotionale Leben eines Menschen, der sich in einem vorigen Leben besonders intensiv seinem leiblichen Befinden gewidmet hat, wird im darauffolgenden Leben in überdurchschnittlichem Ausmaß von körperlicher Seite beeinflusst sein. Das Gefühlsleben eines Menschen hingegen, der Verzicht geleistet oder genügsam gelebt hat, wird von Gelassenheit und Gleichmut, bei vorangehender Askese mitunter von einer gewissen Stumpfheit und Öde gekennzeichnet sein.

Im Herzen schließlich wird das veranlagt, was Steiner die «karmische Anlage» nennt. Wir verwenden in diesem Zusammenhang den Begriff des «karmischen Hungers» oder des «karmischen Antriebs». Ausmaß und Intensität des Strebens nach Erfüllung karmischer Bedürfnisse werden hier veranlagt. Wie wir größeren oder geringeren Hunger haben können und uns entsprechend mehr oder weniger darum kümmern, etwas zu essen zu bekommen, so können wir mehr oder weniger «karmischen Hunger» haben und *unbewusst* nach Erfüllung und Eintreten bestimmter Geschehnisse und Begegnungen streben. Die im vorigen Leben aufgewandte Kraft, ein nach moralischen Werten gestaltetes Leben zu führen, bildet die maßgebliche Vorbereitung dieses karmischen Verlangens. Dabei geht es *nicht* um einen bewussten Antrieb oder gar um eine Ambition! Letztere entspringt eher einem irdischen (astralischen) Begehren als einem karmischen (aus dem Ich entspringenden) Motiv. Ein Betrachter der biografischen Auswirkungen dieses «karmischen Hungers» könnte stärker oder schwächer vorhandene Richtungsqualitäten im Leben erkennen, die von ihm ausgehen. Das eine Leben erscheint einem soliden Plan gemäß oder im Sinne einer Komposition gestaltet, bei einem anderen ist es viel schwieriger, Ziel und Richtung zu erkennen.

«Gliedmaßen werden zum Haupt»

Auch hier ist interessanterweise wieder die Rede von der karmischen Umwandlung einer *Aktivität* in eine *Anlage*. Steiner betont, dass Einsatz und Engagement zur Anlage umgewandelt werden und nicht das Resultat des Engagements. Natürlich richten wir unter irdischen Gesichtspunkten unser Augenmerk gern auf greifbare Resultate. Diese sind jedoch für die karmischen Auswirkungen in einem folgenden Leben nicht von Belang. Hier zählen vielmehr die aufgebrachte Aktivität und Mühe. Diese werden karmisch gesehen Rendite abwerfen. Aktivität wird zu Anlage, anders gesagt, ein Stoffwechselvorgang (in dem Aktivität herrscht) wird zur Anlage des Hauptes. Dieses Grundgesetz der Verwandlung von Eigenschaften des einen in die eines anderen Lebens wurde in Kapitel 6 bereits formuliert.

Aktivität in einem Leben wird zu Anlage in einem nachfolgenden Leben. Damit ist eins der zentralen karmischen Gesetze beschrieben. Steiner fasst diese Gesetzmäßigkeit mehrfach kurz zusammen mit den Worten: Die *Gliedmaßen* des einen Lebens werden zum *Haupt* des folgenden Lebens. Er spricht von «Gliedmaßen», da er sich auf die Aktivität der Bewegung bezieht, die in den Stoffwechselorganen zu finden ist. Indem er vom «Haupt» spricht, bezieht er sich auf den Anteil, den das Haupt daran besitzt, die menschliche Gestalt in eine Form gerinnen zu lassen (vgl. Kap. 1 über Identität und Bildcharakter des Menschen).

Psychopathologie

Es ist nicht zu unterschätzen, dass die Organe ihrem inneren Aspekt nach in solch kräftiger Weise am Aufbau des folgenden Lebens mitwirken. In der Lunge hat die Kraft ihren Sitz, welche das Skelett aufbaut. Die Leber hat ihren Anteil an der Beschaffenheit des Denkens. Die Nieren wirken an der Veranlagung des emotionalen Lebens mit. Das Herz schließlich wirkt so auf uns, dass wir im folgenden Leben mehr oder weniger stark das Verlangen entwickeln, unser Karma zu suchen.

Wenn es gut geht, werden die entsprechenden Kräfte im jeweiligen Organ gesammelt und ruhen dort, bis sie im Leben nach dem Tod aktiv werden. Steiner führt aus, dass sie unter Umständen allerdings schon im selben Leben frei werden und anschließend zu Krankheiten führen. Sie rufen dann auf der Grundlage ihrer zukunftschaffenden Kraft in diesem Leben zwanghafte Krankheitserscheinungen hervor.

Werden die Kräfte der Lunge in diesem Sinne vorzeitig frei, so tragen sie nicht zum Aufbau des Skeletts bei, sondern erzeugen Zwangsgedanken und Illusionen. Das Wort «Luftschloss» deutet treffend an, worum es dabei geht, nämlich um Gebilde, die zwar so hart sind wie ein Gebäude, zugleich aber in der Luft stehen, also sowohl Zwangs- wie auch Illusionscharakter besitzen. Auch zwanghaftes Handeln und paranoide Wahnvorstellungen (mit ihrem kleinen Bruder, dem Argwohn) gehören dazu. Diese seelischen «Gebäude» können so massiv sein, dass sie schwer zu heilen sind.

Die Leberkräfte, die im kommenden Leben die innere Anlage des Gehirns prägend unterstützen, können im aktuellen Leben «ruhige Halluzinationen, Visionen» hervorrufen. Das sind innere Bilder, die als wahr erlebt werden (Haupteigenschaft der Halluzination), jedoch außerhalb der sinnlichen Wirklichkeit stehen. Aus dieser Sicht wird die

Leber als Mitverursacher auch der depressiven Stimmung betrachtet. In der anthroposophischen Heilkunde wird denn auch die Behandlung der Depression mittels einer leberorientierten Therapie vorgenommen. Leberbedingte psychische Erkrankungen sind im Allgemeinen weniger hartnäckig als entsprechende Erkrankungen, die von der Lunge verursacht werden.

Die Kräfte der Nieren liefern unruhige und aufrührende Halluzinationen. Zu ihnen gehören beispielsweise schizophrene Vorgänge, im Kleinen findet man Entsprechendes jedoch auch bei ausgesprochen unruhigen Menschen mit heftigem emotionalem Leben.

Die Herzkräfte schließlich können im gegenwärtigen Leben schon frei werden lassen, was eigentlich erst im folgenden Leben verwirklicht werden will. In diesem Leben führt das zur Raserei, der Betreffende gerät völlig außer sich. In milderer Form findet sich dasselbe bei Menschen mit extremem Getriebensein, das für die Umgebung schwer zu verkraften sein kann.

Ängste

Der Psychiater Rudolf Treichler fand heraus, dass die besprochenen vier Hauptorgane auch die Ängste prägen, die ein Mensch haben kann. In einen Zusammenhang mit der Lunge stellt er Angst vor der Außenwelt, vor der Umgebung, z.B. vor Begegnungen, Angst vor dem sozialen Leben. Die Leber kann Lebensangst hervorrufen, Angst vor dem Fluss des Lebens, d.h. davor, was das Leben und der morgige Tag bringen werden. Die Nieren verursachen körperbezogene Ängste, beispielsweise Angst vor Schmerzen (beim Zahnarzt), Angst vor unangenehmen Krankheiten. Das Herz verursacht Todesangst. Die Angst zu versagen kann als eine leichtere Form davon betrachtet werden.

Wir können für uns selbst herauszufinden suchen, zu welcher Art von Angst wir neigen. Mehr oder minder verborgene Ängste kennt wohl ein jeder. Das Auftreten einer bestimmten Angst verweist auf die entsprechende organische Veranlagung.

Schaut man die zuvor erwähnten Qualitäten von Gedächtnis und Wahrnehmung eines Menschen zusammen mit seinen Neigungen zu seelischen Schwächen und Erkrankungen sowie den Grundzügen der ihm bekannten Ängste, so entsteht zumeist ein Bild davon, welches Organ bei dem betreffenden Menschen besonders dominiert, sowie das Bild eines anderen Organs, das weniger stabil ist und bei dem die Schwachpunkte des Betreffenden liegen.

Die Physiognomie

Schließlich verweisen auch bestimmte Aspekte des körperlichen Gestaltaufbaus bzw. der Leibesphysiognomie auf die vier genannten Organe.

Steht die Wirkung der Lunge im Körper im Vordergrund, so dominieren die physischen Qualitäten. In solchen Fällen ist das Skelett für die physiognomische Erscheinung ausschlaggebend. Medizinisch gesehen kann hier Sklerose verschiedener Organe wie beispielsweise Aderverkalkung früher als gewöhnlich auftreten.

Im Fall der Leber sind es vor allem das Unterhautbindegewebe sowie das Fettgewebe, die vordergründig in Erscheinung treten. Eine entsprechende Person erscheint leicht als füllig, während die typische Lungenphysiognomie jemanden eher eingefallen und von Wind und Wetter gegerbt erscheinen lässt.

Die Nieren äußern sich insbesondere durch stark hervortretende seelische Qualitäten, z.B. durch strahlende oder stechende Augen, während das Herz eher eine ausgeglichene Physiognomie hervorbringt.

Das Grundmuster dieser Typologie anhand der vier Organwirkungen hängt mit den vier Elementen zusammen. Die Lunge wird dabei in einem Zusammenhang mit dem *Erd*element gesehen, die Leber mit dem *Wasser*, die Nieren werden mit der *Luft* in Verbindung gebracht und das Herz mit der *Wärme*. Dass die Lunge dabei mit dem Element Erde und nicht mit dem der Luft verbunden wird, ruft nur auf den allerersten Blick Verwirrung hervor. In der Tierevolution bildet sich die Lunge dort, wo Tiere «an Land gehen», Säuglinge beginnen ihre Lunge erst nach der Geburt zu gebrauchen, also nach ihrer Ankunft «auf der Erde». Was die Nieren betrifft, so reagieren sie mit der Harnbildung vornehmlich auf das subtile Verhältnis der Blutgase im Organismus, was übrigens kein Zufall ist. Weiter oben deuteten wir bereits den Zusammenhang der vier Regionen der Urbilder mit den Organen an. Diese vier Regionen schildert Rudolf Steiner als den Ursprungsort der Elemente (vgl. Kap. 2 über die zweifache Biografie). Man könnte sagen, dass die vier Organe in seelischer Hinsicht eine jeweils spezifische Aufnahmefähigkeit besitzen für die Gebiete des Festen, des Flüssigen, des Luftigen sowie im Falle des Herzens für eine Qualität, die man als «Intensität» bezeichnen könnte.

Wir nannten die Organtypologie eine Entdeckung Rudolf Steiners. Dass jedoch schon in lang vergangenen Zeiten mit ihr gerechnet wurde, ergibt sich aus dem Umstand, dass die alten Ägypter außer der Mumie vier Organe separat bewahrten. Diese befanden sich in vasenähnlichen Gefäßen, die häufig aus Alabaster waren und Kanopen genannt wurden. Mit der gesonderten Aufbewahrung wurde eine Metamorphose im Totenreich vorbereitet, wie aus Abbildungen in den ägyptischen Totenbüchern hervorgeht. Die vier Organe der Ägypter waren jedoch nicht exakt dieselben wie die von uns behandelten. Bei ihnen bildete der Magen eines der vier, während das Herz allein auf die Mumie gelegt wurde.

Zusammenfassung – ein somato-psychischer Gesichtspunkt

Der im Zusammenhang mit den vier Organen behandelte Gesichtspunkt bildet ein prächtiges Beispiel für «Somato-Psychik». Nicht nur unser Tun und Lassen hat Einfluss auf unseren Körper, vielmehr beeinflusst auch die leibliche, organisch bedingte «Stimmung» unsere seelische Stimmung und Verfassung. Die körpereigene «Stimmung» beruht großenteils auf Veranlagung, auch wenn sich Letztere erst nach der Pubertät entfaltet, zu einer Zeit also, zu der auch der Astralleib in der persönlichen Leiblichkeit eine Rolle zu spielen beginnt.

Die vier Organe haben in verschiedener Hinsicht eine Bedeutung für unser seelisches Leben. Sie macht sich geltend in Form von Qualitäten unseres Wahrnehmens und Erinnerns sowie als Neigung zu Ängsten oder ausgesprochenen seelischen Erkrankungen. Darüber hinaus treten sie in unserer Leiblichkeit in Erscheinung, einerseits in Gestaltbild und Körperbau (Physiognomie), andererseits in der Neigung zu bestimmten Krankheitsprozessen, die hier nicht weiter behandelt werden.

Für die praktische Anwendung der geschilderten Organtypologie ist es wichtig, unterschiedliche Beobachtungen und Charakteristika eines Menschen zusammenzutragen, bevor ein Urteil in ihrem Sinne gefällt wird, denn ein einzelnes Phänomen ergibt noch keinen Organtyp. Gerade im Zusammenspiel verschiedener Erscheinungen wird die einzigartige Komplexität eines Menschen erfahrbar. Und bei keinem Menschen wirkt eines der vier Organe allein, vielmehr wirken sie in uns allen in- und miteinander.

Temperament und Organstimmung

Sowohl hinsichtlich der Temperamente als auch der vier Organe lässt sich eine Viergliedrigkeit erkennen. Beide Gliederungen beruhen auf den vier so genannten Wesensgliedern und damit mittelbar auf den vier Elementen. Es ist erfreulich, die Übereinstimmungen zu bemerken, interessanter jedoch sind die Unterschiede.

Eine Viergliederung der Temperamente entsteht, sobald der Lebensleib des Kindes partiell für Funktionen des seelischen Lebens frei wird und in der Seele des Kindes vier Grundstimmungen hervorbringt.

Zusammenhängend mit den Organen erkennen wir vier leiblich bedingte physiologische Grundstimmungen, die ebenfalls in der Seele ihren Niederschlag finden. Unter dem Gesichtspunkt der vier Organe blicken wir vor allem auf eine Vierheit in jenem Teil des Lebensleibs, der leibbildend tätig ist.

Es wäre ein Kurzschluss, ein phlegmatisches Temperament mit einer seelischen Stimmung gleichzusetzen, die von der Leber hervorgerufen wird. Genauso wenig darf ein melancholisches Temperament mit einer «Lungen-Konstitution» verwechselt werden. Es kann zwar sein, dass ein Mensch mit melancholischem Temperament in seinem Seelenleben vor allem die Wirkung der Lunge erfährt, zwingend ist dies jedoch keineswegs. Die Neigung zur Zwanghaftigkeit ist zwar mit der Lunge verbunden, nicht aber mit dem melancholischen Temperament. Emotionale Unausgeglichenheit kann man aus dieser Sicht den Nieren zuschreiben, während sich das sanguinische Temperament eher durch das Vermögen zu raschem Wechsel der Aufmerksamkeit hervortut.

Es ist interessant, beide Gesichtspunkte probeweise zusammenzuschauen. Welche Organtingierung entwickelt jemand *nach* der Pubertät auf der Grundlage eines bestimmten Temperaments *vor* der Pubertät? Tritt beispielsweise bei einem Menschen mit gleichmäßigem phlegmatischem Temperament in späterem Alter vornehmlich die Wirkung der Nieren in Erscheinung? Unterschiedliche Gesichtspunkte einzunehmen und sie zusammenzuschauen kann vor der Neigung bewahren, alles in schematischem Sinne in Übereinstimmung bringen zu wollen und gegensätzliche Aspekte miteinander zu verkleistern.

Es ist grundsätzlich erforderlich, das zeigt die Erfahrung im Umgang mit der «praktischen Menschenkunde», ganz verschiedene Gesichtspunkte anzuwenden, um die einzigartige Komplexität eines Menschen angemessen erfassen und ihr gerecht werden zu können. In diesem Sinne sind die beiden Exkurse zu den Temperamenten und den vier Organen Beispiele für viele weitere Aspekte, die ebenfalls hinzugezogen werden könnten. Die Kunst besteht darin, in jeder einzelnen Situation den Gesichtspunkt zu finden, der den fruchtbarsten Einstieg in die Arbeit am jeweiligen biografischen Beispiel ermöglicht.

Zwischenbetrachtung: Mensch und Kosmos – Abbildungen aus dem Bereich der Kunst

Auf den folgenden Seiten befinden sich eine Reihe von Kunstabbildungen. Es handelt sich um eine beschränkte, vom Augenblick eingegebene und persönliche Auswahl. Die Abbildungen sind ausdrücklich nicht illustrativ zu verstehen. Der Kunst stehen andere Mittel zur Verfügung als dem Wort. Sie sucht auf ihre Weise einen Zugang zu den Geheimnissen der Beziehung zwischen Mensch und Kosmos.

Jeder kann sich auf die Suche nach Bildern machen, die durch Form und Farbe demjenigen einen Ausdruck verleihen, was im Augenblick an Verständnis der Beziehung zwischen Mensch und Kosmos in ihm lebt, und er kann den Bildern die Zeit geben, sich auszusprechen.

Abb. 1: Rudolf Steiner (1861 – 1925) – Freiheit und Vorherbestimmung (Tafelzeichnung zu einem Vortrag vom 23.2.1924).
Ist der Mensch frei, oder wird er durch Faktoren bestimmt, die außer ihm (und eventuell in ihm selbst) liegen? In dieser Zeichnung deutet Steiner mit weißer Kreide das Gebiet an, in dem der Mensch seine Freiheit erlebt, nämlich den Bereich seines irdischen Bewusstseins. Dieser wird von einem roten Feld umrahmt, das die Rahmenbedingungen des Karmas darstellt. Das eine schließt das andere nicht aus, so erläutert er mit einem scherzhaften Bild: Die Tatsache, dass der Fisch nicht außerhalb des Wassers schwimmen kann, nimmt ihm nicht die Freiheit (und auch nicht das Freiheitsgefühl), sich innerhalb dessen frei bewegen zu können.

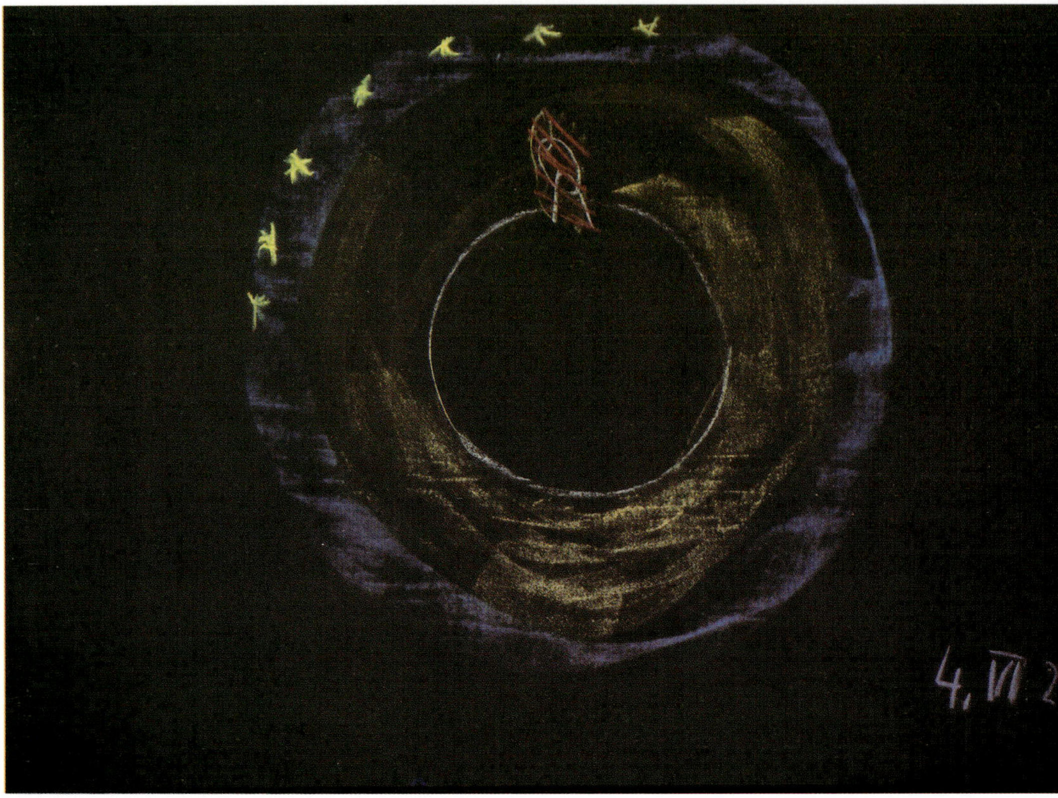

Abb. 2: Rudolf Steiner (1861 – 1925) – Der Mensch auf Erden (Tafelzeichnung zu einem Vortrag vom 4.6.1924).
In dieser Zeichnung gibt Steiner den Ätherleib des Menschen auf der Erde mit Gelb wieder und seinen Astralleib dunkel schraffiert. Der Mensch steht durch seinen Ätherleib im Kontakt mit dem Weltenäther (ebenfalls gelb). Im blauen Himmel nehmen wir nach Steiner die Grenze des Weltenäthers wahr. Durch seinen Astralleib steht der Mensch im Kontakt mit der Weltenastralität, der Welt der Planeten und Sterne.

Abb. 3: Alexej Jawlensky (1864 – 1941) – Johannes der Täufer als Indianer (1917).
«... da ich verstanden hatte, dass die große Kunst nur mit religiösem Gefühl gemalt werden soll. Und das konnte ich nur in das menschliche Antlitz bringen. Ich verstand, dass der Künstler mit seiner Kunst durch Formen und Farben sagen muss, was in ihm Göttliches ist.»[96]

Abb. 4: Alexej Jawlensky (1864–1941) – Johannes der Täufer. Meditation (1938).
«Jawlensky hat mit den Meditationen keine Kultbilder geschaffen … Sie gehören nicht auf die Altäre der Zukunft …, sondern sie gehören in die stille Kammer und in die Hand des Einzelnen. Jawlensky verband sich, wenn er die Meditationen malte, wie er selbst sagte, im Geiste immer mit einer bestimmten Person, sei es einer lebenden oder schon verstorbenen … Sie können keine allgemeine und überindividuelle Bedeutung für sich beanspruchen. Sie sind ganz und gar Ausdruck einer immer wieder verschiedenen menschlichen Situation, die in jedem einzelnen Falle von Mal zu Mal Bild wird.»[97]

Abb. 5: Kinderzeichnung, «Kopffüßler» (Reinke, fast 3 Jahre alt).
Als entstammten sie einer unmittelbaren Erfahrung der zwei Pole des eigenen Wesens, bestehen die ersten Bilder, die ein Kind von einem Menschen (von sich selbst!) malt, häufig allein aus einem Kopf mit Gliedmaßen, die direkt mit diesem verbunden sind. Ein Rumpf ist dabei nicht zu finden. Manchmal schweben sie auch noch umgekehrt in der Luft, das in sich abgeschlossene Haupt zur Erde gerichtet, Arme und Beine wie Nabelschnüre in den Himmel strahlend.

Abb. 6: Francis Bacon (1909 – 1992) – Schlafende Gestalt (1959).
Auf ein felsenähnliches dunkelbraunes Sofa hingegossen, liegt eine nackte menschliche Gestalt in Embryostellung und schläft. Tiefem Schlaf hingegeben, sind die Augen geschlossen. Hände und Füße sind vage und entstellt bloß angedeutet, sie wecken den Eindruck zu verfließen. Möglicherweise hat die Gestalt etwas in ihren Händen, ein aufgeschlagenes Buch oder Ähnliches. Die in der Kopfpartie zum Ausdruck kommende Konzentration ist nicht darauf gerichtet, sondern auf etwas, das sich unserem Auge entzieht.

Abb. 7: Lucio Fontana (1899 – 1968): Raumkonzept – Warten (1965).
«Die Einschnitte oder besser das Loch bedeuten nicht die Zerstörung der Leinwand – wessen ich so häufig beschuldigt werde –, sondern sie eröffnen eine Dimension jenseits des Gemäldes, als wollten wir sagen: Danach, da sind wir frei zu tun, was wir wirklich wollen … Nun ja, ich werde das Jahr 2000 nicht erleben; das Wesentliche ist aber, dass wir begonnen haben, davon Zeugnis abzulegen, in dieser Richtung zu suchen.» (Lucio Fontana in einem Interview mit Daniele Palazzoli, Mailand, Okt.–Nov. 1967, sinngemäße Wiedergabe.)

Abb. 8: Rob Otte (1936) – Schwellenlicht (1999).*
«Während drei Jahren malte ich jede Woche am Küchentisch ein kleines Bild für einen Freund, der sich in einer Krise befand. Es entstand eine Art anatomischer Atlas des Menschen. Eine Anatomie allerdings, die mehr als die physische Gestalt sichtbar macht. Manchmal malte ich das Drama der Seele, ein andermal entstand ein Bild des Ich. Am Sonntagnachmittag kamen die Bilder immer auf die Post. Dieses ist Nummer 117, wiedergegeben in Originalgröße.» (R.O., 16.4.2002)

Lili Chavannes
Teil II: Die Praxis der Forschung

Einleitung

Interesse üben

Jetzt, wo wir bei der praktischen Ausführung der «Theorie» angelangt sind, ist es hilfreich, Sinn und Zweck der Karmaforschung nochmals ausdrücklich an den Anfang zu stellen. Sein Nachwort zum zweiten Band der Vorträge Steiners zur Karmaforschung schließt Ate Koopmans mit Worten, die als eine Grundsatzerklärung praktischer Verwirklichung der Karmaforschung zu verstehen sind. Er schreibt:

«Sie [die Karmaforschung, d.Ü.] bedeutet, sich auf den Weg zu machen, wie anfänglich auch immer, nicht in erster Linie um der Ergebnisse, sondern um einer anderen inneren Haltung willen dem eigenen Mitmenschen gegenüber.»[98] Denn heutzutage ist ein unaufhaltsamer Individualisierungsvorgang zu bemerken, «ein Vorgang der immer weiter fortschreitenden Isolierung und Verselbstständigung des Individuums. Unsere Zeit leidet unter dem antisozialen Aspekt dieses Vorgangs, der den Schatten der Bewusstseinsseele darstellt. Der Mensch muss daher eine Gegenkraft entwickeln, die Kraft des ehrlichen Interesses am anderen. Wirkliches Interesse ist jedoch nur in seltenen Fällen von vornherein gegeben. Es muss entwickelt und bewusst geübt werden.»[99]

Karmaforschung bezweckt keine Befriedigung sensationslüsterner Neugier an früheren Leben. Ihr Ziel ist es vielmehr, einen Sinn für den anderen Menschen mit seinen individuellen Gaben und Aufgaben zu entwickeln. Somit ist Karmaforschung, kurz gesagt, eine soziale Tätigkeit.

Die eigentliche Arbeit

Die Arbeitsweise, die in den so genannten Workshops angewandt wurde, beinhaltete, dass wir den konkreten Lebensbericht eines der Teilnehmer als Arbeits- und Übungsmaterial verwendeten. Mit dem begrifflichen Rüstzeug von Rudolf Steiners Vortrag vom 17. Februar 1924 machten wir uns an die Arbeit, um in der Folge die dargestellten Schritte der Karmaübung vom 4. Mai 1924 durchzuführen und in der Gruppe zu besprechen. In seltenen Fällen wurde die Karmaübung vom 9. Mai 1924, die so genannte dreitägige Übung, hinzugezogen. Die überwältigende Vielschichtigkeit jedes dargestellten Lebensberichts sowie die zahlreichen menschenkundlichen Ausflüge, die dabei unternommen werden mussten, erleichterten es oftmals nicht eben, den Faden der Untersuchung beizubehalten.

In der Praxis hat sich erwiesen, dass es nur selten gelingt, die gesamte Karmaübung mit ihren drei Schritten, den makrokosmischen Menschen im Monden-, Sonnen- und Saturngebiet sichtbar werden zu lassen, systematisch zu vollziehen.[100] Im Licht der oben genannten Zielsetzung einer Ausbildung aktiven Interesses am Menschen scheint das realisierte Stückwerk dennoch gerechtfertigt.

Es gibt zwei Gründe für die Tatsache, dass die Durchführung der Übung nie bis in alle Einzelheiten zustande kommt. Erstens ist der gesamte Arbeitsbereich, um den es geht, für Nicht-Eingeweihte, wie wir sie sind, ein noch unbeackertes Feld. Unter vielem Straucheln und Einander-Stützen suchten wir uns selbst und einander voranzuhelfen, bis wir wenigstens «etwas» sahen, was allerdings mit wirklicher (Über-)Sicht noch wenig zu tun hatte. Zweitens bezogen sich unsere Bemühungen stets auf nicht abgeschlossene zeitgenössische Biografien, die in ihrer Ganzheit und historischen Einbindung noch nicht überschaut werden konnten. Weitreichende Aussagen dazu hätten, wenn überhaupt möglich, übereilt und unhygienisch sein müssen.

Doch sollte schließlich geübt werden! Insbesondere in den kürzeren Kursen wurde aus diesem Grund gelegentlich der Beschluss gefasst, einführend die Biografie einer historischen Persönlichkeit zu bearbeiten. Die Wahl von Seiten Ate Koopmans' fiel auf Johannes Kepler. Bei dieser Entscheidung wird gewiss mitgespielt haben, dass Steiner Kepler in einigen Vorträgen im Hinblick auf dessen Anteil an der Begründung der modernen Naturwissenschaft in der westlichen Kulturgeschichte erwähnt.[101]

Für die Aufgabenstellung dieses Buches hielt Koopmans die Biografie von Kepler ebenfalls für geeignet, und dies trotz der Tatsache, dass die Mond-Sonne-Saturn-Übung so in das Gewebe der Erörterung einbezogen wurde, dass ihre Methode noch nicht klar didaktisch übertragbar in Erscheinung tritt.

«44. Ein Übergang zu der geisteswissenschaftlichen Betrachtung der Schicksalsfrage sollte dadurch herbeigeführt werden, dass man an Beispielen aus dem Erleben einzelner Menschen den Gang des Schicksalsmäßigen in seiner Bedeutung für den Lebenslauf erörtert; zum Beispiel wie ein Jugenderlebnis, das ganz sicher nicht in voller Freiheit durch eine Persönlichkeit herbeigeführt ist, das ganze spätere Leben zu einem großen Teile gestalten kann.»[102]

Johannes Kepler, 1571 - 1630.
Titelblatt der Tabulae Rudolphina, Ulm 1627.

Johannes Kepler

Die Biografie

Porträt

Auf einem 1627 gemalten Porträt von Kepler, das sich in der St. Thomas-Stiftung in Straßburg befindet, ist eine eher schmächtige, nicht eben große, knochige Gestalt zu sehen. Vor dem Hintergrund des taillierten Anzugs von schwarzem Stoff aus dem 16. Jahrhundert, der mit weißem Spitzenstehkragen und eben solchen Manschetten versehen ist, wirkt das Gesicht mit dem spanischen Bärtchen ausdrucksvoll. Die dunklen Augen blicken nachdenklich am Betrachter vorbei in die Ferne. Oder ist ihr Blick nach innen gerichtet? Seit seiner Pockenerkrankung in früher Jugend scheint Kepler lebenslang ein ernsthaftes Augenleiden gehabt zu haben! Der Mund ist fest geschlossen.

Neue Astronomie und Harmonie des Kosmos

Wer ist Johannes Kepler? Ein Mathematiker und Astronom – angetreten als Theologe –, der gegen Ende des 16. und zu Beginn des 17. Jahrhunderts in Mitteleuropa lebte, in Süddeutschland, Österreich und Böhmen, dem heutigen Tschechien. Geboren wurde er im Jahr 1571, sein Todesjahr ist 1630. Seine Zeit war geprägt durch einen Befreiungsprozess der Naturwissenschaft von der Vorherrschaft der Theologie. An diesem Prozess hat Kepler großen Anteil gehabt. Als einer der ersten Wissenschaftler erkannte er das heliozentrische Weltbild des Kopernikus an. Mithilfe des Beobachtungsmaterials des dänischen Astronomen Tycho Brahe (1546–1601) entdeckte er eine Reihe heute noch gültiger mathematischer Gesetze der Planetenbewegungen *(Astronomia nova* 1609 und *Harmonices mundi*

1619). So war er ein direkter Wegbereiter für Newtons Formulierung der Theorie der Schwerkraft (1642 – 1727), die man gewissermaßen als die Antrittsvorlesung der Naturwissenschaften bezeichnen könnte.

Dabei hielt Kepler an seiner Überzeugung fest, dass das Planetensystem die Gestalt von fünf ineinander geschobenen regelmäßigen Vielflächnern besitze, den so genannten platonischen Körpern. Auffallend seine diesbezügliche schriftliche Äußerung: «Nun aber seht, wie Gott durch mein Bemühen auch in der Astronomie gefeiert wird.»[103] Denn bei aller wissenschaftlichen Annäherung blieb die Natur für Kepler doch Gottes Werk. Und in diesem offenbart sich Gott ebenso wie durch sein Wort, die Bibel. Die Schrift, in der Kepler diese Sicht im Jahr 1596 entfaltete, trägt denn auch den Titel *Mysterium cosmograficum.*

Die Gegenreformation

Nach den kirchlichen Reformen durch Luther und Calvin zu Beginn des 16. Jahrhunderts, die von Süddeutschland ausgegangen waren, hatte gegen dessen Ende die gegenreformatorische Bewegung der «allgemeinen» – katholischen – Kirche an Stärke zugenommen. Kepler, von Hause aus lutherischen Glaubens, bekam unmittelbar mit den Folgen dieser Bestrebungen zu tun. Nicht dazu bereit, seinen Glaubenseinsichten untreu zu werden, wurde er mit Frau und Kindern 1599 aus Graz in Österreich ausgewiesen, wo er Mathematik unterrichtete.

Wohin sollte er sich wenden? Seine Hoffnung, mit Unterstützung seines ehemaligen Lehrers Mästlin einen Lehrstuhl in Tübingen zu erhalten, wurde zunichte gemacht, und er reist nach Prag, um sich dort nach der Lage der Dinge zu erkundigen. In Prag residierte zu dieser Zeit Kaiser Rudolf II., der großes Interesse an Alchimie und Astronomie hatte und soeben im Nordosten der Stadt dem dänischen Astronomen Tycho Brahe in Schloss Banatek eine Sternwarte errichtet hatte. Keplers *Mysterium cosmograficum* war von Tycho nicht unfreundlich aufgenommen worden. Er hatte in Kepler den genialen Denker erkannt, der seinen eigenen Schatz an Beobachtungsunterlagen zu den Planetenbewegungen möglicherweise in ein System würde bringen können.

Die Begegnung

Am 4. Februar 1600 findet die erste Begegnung zwischen Kepler und Tycho Brahe statt. Kepler ist zu diesem Zeitpunkt 28, Tycho 53 Jahre alt. An der Schwelle zur Neuzeit finden sie einander in ihrer Leidenschaft für die Astronomie. Die neue Lehre des Kopernikus dürfte ein dankbares und bewegendes Gesprächsthema zwischen ihnen gewesen sein, dies umso wahrscheinlicher, wenn man bedenkt, dass keine zwei Wochen später Giordano Bruno auf Betreiben der Inquisition seine Übereinstimmung mit Kopernikus mit dem Tod auf dem Scheiterhaufen bezahlen muss (am 17.2.1600).

Ihre Ansichten gehen jedoch auseinander, und noch größer erweisen sich die Gegensätze auf sachlichem sowie persönlichem Gebiet. Tycho, von adliger Herkunft und daran gewöhnt, alles von den Augen abgelesen zu bekommen, gebärdet sich als ein lästiger alter Patron. Kepler muss um den Zugang zu seinem Beobachtungsmaterial geradezu betteln. Eine ihn beleidigende Sitzordnung bei Tisch bildet den Tropfen, der das Fass für den selbstbewussten Kepler zum Überlaufen bringt. Die gemeinsame Liebe zu den Sternen und der Wunsch nach Zusammenarbeit sind jedoch stärker als ihre Uneinigkeit. Allerdings kommt es auch weiterhin von Zeit zu Zeit zu gegenseitigen Irritationen.

Das geistige Erbe

Nachdem er im August als Protestant aus Graz «auf ewig» verbannt worden ist, findet im September der Umzug des völlig mittellosen Kepler mit seiner Familie nach Banatek statt. Ein schwieriges halbes Jahr ist vorausgegangen, in dem der Achtundzwanzigjährige viel krank war. Er hatte Malaria mit schubweise alle paar Tage auftretendem hohem Fieber.

Dann stirbt Tycho Brahe ganz unerwartet im Oktober 1601. Ein knappes Jahr nur war ihnen für die gemeinsame Arbeit vergönnt. Kaiser Rudolf II. ernennt Kepler als Nachfolger Tychos zum Hofmathematiker. Die Früchte von dessen Lebenswerk, das außerordentlich sorgfältig erstellte sternkundliche Beobachtungsmaterial, entfaltet in Keplers Händen unschätzbaren Wert und wird zur Grundlage der Naturwissenschaft

Tycho Brahe. Gravur, Mansell Collection, London.

der Neuzeit. Kepler selbst äußert sich dazu folgendermaßen: «Wenn Gott um die Himmelskunde besorgt ist, was zu glauben Frömmigkeit verlangt, so hoffe ich, dass ich auf diesem Gebiet etwas leisten werde, da ich sehe, wie mich Gott durch ein unabänderliches Schicksal mit Tycho verbunden hat und mich selbst durch die drückendsten Beschwernisse nicht hat von ihm getrennt werden lassen.»[104]

Vater: Söldner – Mutter: Hexe

Johannes Kepler wird im siebten Monat als ältestes Kind am 27. Dezember 1571 in Weil der Stadt in Süddeutschland geboren. Er wird zeitlebens eine anfällige Konstitution behalten. Sein Vater Heinrich, von Kepler als jähzornig und eigensinnig beschrieben, kämpft als Söldner für den Herzog von Alba und – obwohl Protestant! – für die katholische Sache. Seine Mutter Catharina übersteht die Pest, lässt anschließend die Kinder bei ihrer Schwiegermutter zurück und macht sich in die südlichen Niederlande auf den Weg, ihren Mann zu suchen. Zur selben Zeit erkrankt Johannes an den Pocken, die er überlebt, von denen er jedoch ein schwerwiegendes Augenleiden davonträgt. Auch von seiner Mutter schreibt Kepler, dass sie nicht einfach gewesen sei, sondern dazu neigte, Streit zu suchen. Viel später, im Jahr 1615, wird sie als Hexe verfolgt und angeklagt. Der Sohn bemüht sich ganze sieben Jahre lang bis zum Äußersten, sie freizubekommen. 1577 sieht er, von seiner Mutter geführt, den damaligen großen Kometen; auch sein Vater nimmt ihn einmal mitten in der Nacht mit und zeigt ihm eine Mondfinsternis. Als Johannes neun Jahre alt ist, verliert der Vater in einer Seeschlacht sein Leben.

Trotz der weiterhin chaotischen Familienverhältnisse entwickelt der Sohn sich intellektuell erfreulich. Wegen seiner schwächlichen Konstitution sorgt die Mutter dafür, dass er von allzu schwerer Landarbeit verschont bleibt, und Johannes will auch gern lernen! Nach dem Besuch regionaler Schulen protestantischer Provenienz beginnt er als Siebzehnjähriger in Tübingen mit dem Studium der Theologie.

Lehrzeit

Im Rahmen des Propädeutikums begegnet Kepler hier seinem verehrten Lehrmeister, dem Mathematiker und Astronomen Michael Mästlin. Dieser schiebt seinen Studenten unter dem Tisch das gewagte heliozentrische Weltbild des Kopernikus als eine Denkmöglichkeit zu. Und ist auch Keplers Herzensanliegen das Predigeramt, so zeigt sich doch rasch seine besondere Begabung für Zahlen und Verhältnisse. Kepler lernt in dieser Zeit gut Griechisch, wodurch es ihm möglich wird, sich im Urtext mit Pythagoras, Platon, Plutarch und Aristoteles zu befassen. Tübingen ist zu jener Zeit der Brennpunkt der theologischen Auseinandersetzung im reformatorischen Streit zwischen Calvinisten und Lutheranern, wodurch sogar die Katholiken als der gemeinsame Feind aus dem Blickfeld verschwinden. Kepler nimmt hier eine gemäßigte Rolle ein. Von Natur aus sucht er nach harmonischen Verhältnissen. Später wird er sein großes Werk *Harmonices mundi* nennen, die «Harmonien der Welt», die aus seiner Sicht das Fundament jeglicher Harmonie in der Menschenwelt bilden. Kepler versucht wiederholt mithilfe von Mästlin, u.a. durch geradezu rührende Inanspruchnahme ihrer Freundschaft, Anschluss an die etablierte und alteingesessene Welt der Universität von Tübingen zu erlangen. Es gelingt ihm nicht. Seine Treue gegenüber dem reformatorischen Gedankengut verbietet es ihm, Wasser in den Wein zu mischen oder zu heucheln.

Rechtschaffen und geradlinig

Seine Eigenschaft der Treue und Konsequenz in allem, was er als Wahrheit erkannt und angenommen hat, fällt auch im Kontakt mit seinem Zeitgenossen Galilei auf. Tatsächlich kommt der Kontakt nicht wirklich zustande. Kepler schickt Galilei, der als Mathematiker an der Universität von Padua tätig ist, unmittelbar nach Erscheinen im Jahr 1597 sein *Mysterium cosmograficum.* Eine inhaltliche Erwiderung erhält er von ihm nicht. Galilei ist zwar von den Erkenntnissen des Kopernikus überzeugt, will vorläufig jedoch für sie nicht öffentlich eintreten – aus Angst vor möglichen Repressalien aus Rom. Kepler ermutigt ihn: «Seien

Sie guten Mutes, Galilei, und kommen Sie in die Öffentlichkeit. Wenn ich nicht irre, gibt es unter den bedeutenden Mathematikern Europas nur wenige, die sich von uns trennen wollen. So mächtig ist die Wahrheit.»[105]

Der zweite, ziemlich einseitig verlaufende Briefwechsel zwischen Kepler und Galilei erfolgt dreizehn Jahre später, nachdem Galilei mithilfe eines neuen optischen Instruments, dem Fernrohr, aufsehenerregende Beobachtungen gemacht hat. Kepler ist freigiebig mit seinem Lob, doch obwohl auch ihm bereits zuvor in der Optik bahnbrechende, allerdings schwer zugängliche Berechnungen gelungen waren und er sich auch nun wieder begeistert über weitere Verbesserungen Gedanken macht (in der berühmten kleinen Schrift *Dissertatio Cum Nuncio Sidereo)*, geht Galilei nicht auf ihn ein – anders als später Christiaan Huygens und Isaac Newton. Auch weigert sich Galilei auf Keplers Bitte, ihm ein Fernrohr zu senden, und verschlüsselt seine eigenen Beobachtungen in dunklen Anagrammen. So zerbricht sich Kepler den Kopf über die Buchstabenkombination «smaismrmilmepoetaeumibunenugttauiras», deren Auflösung Galilei erst auf wiederholtes Drängen preisgibt: «altissimum planetam tergeminum observavi» («ich habe den höchsten Planeten – Saturn – dreifach gesehen»). Galilei und Kepler, zwei Riesen auf dem Feld der neueren Naturwissenschaften: Es ist eine Tragik, dass sie einander aufgrund ihrer so völlig verschiedenen Charaktere nicht wirklich begegnen.

Astronomia nova

Nach dem Tod von Tycho Brahe, im Jahr 1601, wirkt Kepler von 1601 bis 1612 in dessen Nachfolge als Mathematiker und Astrologe am Hof Kaiser Rudolfs II. in Prag. Während dieser Zeit bildet Prag ein in religiöser Hinsicht tolerantes kulturelles und geistiges Zentrum.

Zwar besitzt Kepler eine ehrenvolle und gut dotierte Anstellung, doch ist die Hofschatulle in Folge des Krieges gegen die Türken häufig so leer, dass Kepler zwar viel zu fordern hat, jedoch nie über eine gut gefüllte Börse verfügt. Trotzdem ist es ihm dank Kaiser Rudolf möglich, in jenen Jahren die Beobachtungen des Planeten Mars, die

Tycho während zwanzig Jahren äußerst gewissenhaft unternommen hat, ungestört auszuwerten. Die dem Kaiser gewidmete *Astronomia nova* ist das Ergebnis. Der Primat der Beobachtung ist für die Wissenschaft eine Tatsache.

Kepler selbst äußerst sich dazu so: «Das ist mein Entzücken, dass es mir gelungen ist, eine Astronomie *ohne* Hypothesen zu errichten.» Und weiter: «Ich bringe eine Physik des Himmels anstelle einer himmlischen Theologie und der Metaphysik des Aristoteles.»[106] Über sein Verhältnis zu den Lehren der Kirche lässt er kein Missverständnis aufkommen: «Die Bibel ist kein Lehrbuch der Optik und Astronomie – widersetzt euch diesem Missbrauch, ihr Theologen! … Wer zu einfältig ist, die Astronomie zu verstehen, oder zu kleinmütig, um ohne Angst für seine Frömmigkeit dem Kopernikus zu glauben, dem gebe ich den guten Rat, die Schule der Astronomen zu verlassen und sich seinen Geschäften zu widmen.»[107]

Harmonices mundi

Es ist durchaus charakteristisch für Kepler, dass er für die eigene Frömmigkeit im Grunde nichts befürchtet. Die gesamte neue Astronomie, die er einführt, dient der höheren Ehre des Schöpfers. Kepler bleibt sich selbst treu in der einst getroffenen Wahl, Theologe zu werden. Der Seitenpfad der Astronomie, den er dabei so leidenschaftlich eingeschlagen hat, ist und bleibt ein Seitenweg innerhalb der religiösen Grundausrichtung seines Leben. Das geht nur allzu deutlich aus jenem Werk hervor, das er als sein zentrales betrachtet, den *Harmonices mundi*. Das ganze Werk atmet Keplers Metaphysik, seine lebenslange Suche, aus den astronomischen Fakten, aus der Natur selbst den göttlichen Schöpfungsplan zu erschließen. Im dritten Buch der *Harmonices mundi* behandelt er die Musik. Der menschliche Geist, so Kepler, folgt in der Entfaltung der musikalischen Gesetzmäßigkeiten denselben Verhältnissen, nach denen Gott die Bewegungen der Gestirne am Himmel angeordnet hat.

Arbeitsdisziplin

Ab 1612 nehmen die täglichen Sorgen wieder zu. Der aufgeklärte, okkult interessierte, aber auch etwas weltfremde Rudolf wird durch seinen Bruder Matthias vom Thron gestoßen und stirbt im selben Jahr. Kepler kann nicht länger in Prag bleiben. Eines seiner Kinder erliegt den Pocken, und auch seine Frau Barbara stirbt. Er heiratet erneut und zieht nach Linz in Österreich. Dort ist er neben seinen publizistischen Aktivitäten gezwungen – allerdings auch dazu imstande –, eine ungeheure Arbeitsproduktivität zu entfalten.

Keplers Arbeitsdisziplin muss außerordentlich gewesen sein. Außer in seiner Prager Zeit muss die gesamte Schreibarbeit in der Freizeit geschehen. In den 59 Jahren seines Lebens verfasst er 80 Bücher und schreibt Hunderte von Briefen, in denen er eine auffallende und beinahe modern erscheinende Wortgewandtheit an den Tag legt und zudem ausführlich über seine ständigen Geldsorgen spricht. Alles in allem hat er zwölf Kinder zu versorgen! Zusätzlich reist Kepler sehr viel. Auf der Reisekarte im Kepler-Museum zu Weil der Stadt ist zu sehen, wie er das ganze deutsche Reich seiner Zeit durchquert, wobei man bedenken muss, dass es in der damaligen Zeit eine äußerst zeitraubende und gefährliche Angelegenheit ist zu reisen. Häufig unternimmt Kepler sogar Reisen zu Fuß.

Hexenprozess

Im Jahr 1615 eskaliert ein Streit zwischen Nachbarinnen und mündet in den Hexenprozess gegen seine Mutter, der sechs Jahre dauert. Dank Keplers unablässigem Einsatz gelingt es, sie vor Folter und Verbrennung zu retten. Nach monatelangem Aufenthalt im Kerker kommt sie schließlich frei. Die ganze Geschichte ist ein plastisches Beispiel mitteleuropäischen Lebens zu Beginn des 17. Jahrhunderts. Die Verteidigung, die Kepler unternimmt, ist übrigens zur damaligen Zeit keineswegs selbstverständlich. Die Wahrscheinlichkeit ist groß, den eigenen guten Namen zu riskieren. Und er selbst kennt seine Mutter nur zu gut: In einem Brief spricht er von den «nicht wenigen Fehlern, von welchen meine Mutter geplagt wird, als da sind Geschwätzigkeit, Neugier, Jähzorn, Böses wünschend, hartnäckig sich beschwerend»(!).[108] Jedoch gewinnt sie 1621 in der entscheidenden Abschlussverhandlung dank einer würdig vollzogenen Verteidigung den gegen sie angestrengten Prozess, womit sich Keplers treuer Einsatz bewährt.

Exkommunikation

In Linz bekommt Kepler es aufs Neue mit den internen Streitereien auf Seiten der Reformation zu tun. Schon immer hat er sich eingehend mit theologischen Streitfragen befasst, hat dabei allerdings eine starke Abneigung dagegen, die Streitpunkte auf die Spitze zu treiben. Vielmehr strebt er nach Versöhnung zwischen den verschiedenen protestantischen Richtungen. In eigenen Streitsachen wählt er die Lösung, die er persönlich verantworten kann. Für einen Lehrstuhl in Tübingen wird er zu Beginn seines Wirkens als zu calvinistisch erachtet, in Linz wird er 1619 gar exkommuniziert, indem man ihn vom Abendmahl ausschließt, da er den im Konflikt zwischen Calvinisten und Lutheranern gefundenen Kompromiss nicht gutheißen will. Er schreibt: «Ich weiß wohl, ich könnte den ganzen Streit niederschlagen, wenn ich die Konkordienformel ohne Vorbehalt unterschriebe. Aber mir steht nicht an, in Gewissensfragen zu heucheln ... Ich werde über die Brüder nicht richten; denn mögen sie stehen oder fallen, sie sind des Herrn und meine Brüder ...»[109]

Traum des Mondes

1618 beginnt der Dreißigjährige Krieg, der das Ende des Habsburger Kaiserreichs einläutet. Aus dem Gegensatz zwischen Katholiken und Protestanten entsprungen, wird er schnell zu einer internationalen politischen Angelegenheit. Indirekt ist Kepler beteiligt. Der abergläubische kaiserliche Feldherr Wallenstein, für den er bereits früher einmal ein (übrigens nicht besonders schmeichelhaftes) Horoskop erstellt hat, will Kepler, den berühmten Wissenschaftler, als Astrologen an sich binden. Er versieht ihn mit fürstlichem Portefeuille und eigener Druckerei und sorgt für seine Niederlassung in Sagan, einem Städtchen in der Gegend von Prag. Wallenstein kämpft auf katholischer Seite, ist jedoch bei Kepler an den Falschen geraten, als er ihn dazu bewegen will, zum Katholizismus überzutreten. Auch hierin ereilt ihn das Los jener Zeit, die Glaubenskämpfe. Jesuiten errichten in Sagan ein Gymnasium, Beichte und Kommunion werden zur Bürgerpflicht erklärt, und wenn Kepler auch seine zuvor ausbedungene Glaubensfreiheit behält, frei atmen kann er unter diesen Bedingungen nicht. Er zieht sich in seinen Familienkreis zurück. Seine älteste Tochter heiratet einen geschätzten Mitarbeiter, seine jüngste Tochter wird im April 1630 geboren! Und er schreibt: «Wenn der Sturm wütet und der Schiffbruch des Staates droht, können wir nichts Würdigeres tun, als den Anker unserer friedlichen Studien in den Grund der Ewigkeit zu senken.»[110] Er gibt seine *Ephemeriden* heraus, Tabellen mit Planetenständen, die heute noch zum grundlegenden Instrumentarium jedes Astronomen und Astrologen gehören. Und er verfasst seinen *Traum oder Astronomie des Mondes*, in dem er mit weitgehend durchgeführten Berechnungen einen poetisch anmutenden gedanklichen Scherz zum Argument ausarbeitet, um damit die Gegner des Kopernikus mundtot zu machen. Es wird sein letztes Werk. Im November 1630 erkrankt er während einer Reise und stirbt in Regensburg, wo er vom Kaiser Geld einzufordern hatte. Seine sterblichen Hüllen werden außerhalb der Stadtmauern beigesetzt – in der Stadt selbst befindet sich kein Friedhof für Protestanten.

Karmaforschung, erster Schritt

Beginnen

Die Biografie wurde gelesen oder angehört. Was nun? Im eigenen Innern kann man deutlich miterleben, dass eine Hürde genommen werden muss, um mit der karmischen Untersuchung zu beginnen. Man empfindet eine gewisse Scheu davor, die Darstellung eines Menschenlebens ohne weiteres als Forschungsgegenstand zu behandeln.

Diese Scheu ist natürlich und im Grunde unverzichtbar. Sie zeigt uns, dass wir jedenfalls mit dem eigenen Gefühl ein Organ für die Bildqualität der biografischen Tatsachen besitzen, wie in Kapitel 1 erörtert wurde. Die Individualität, die sich hinter den Tatsachen verbirgt und sich zugleich durch sie offenbart, wird niemals ganz und gar enthüllt werden.

Jenes Gefühlsorgan, das sich in der Scheu ankündigt, muss während des Forschungsprozesses aktiviert werden. Gleichzeitig müssen wir jedoch im Widerspruch zu diesem Gefühl auch einen gewissen Mut aufbringen, um bei aller Vorläufigkeit doch zur Tat zu gelangen. Denn wie gehen wir nun vor?

Erster Versuch: Was fällt mir auf?

Zumeist können wir unter den biografischen Gegebenheiten irgendeine auffallende und interessante Einzelheit entdecken, die uns einen geeigneten Einstieg ermöglicht. In seinen Karmavorträgen führt Steiner eine Reihe möglicher Zugangswege an.

Wir wählen den Zugang anhand eines Sachverhalts, der *uns auffällt.* Es ist durchaus legitim, als Einstieg sogar empfehlenswert, bei etwas anzusetzen, was einem auffällt. Gewiss hat die Wahl einen subjektiven Aspekt, allerdings mit dem Vorteil, dass wir damit etwas in der Hand haben, was uns persönlich interessiert und berührt. Im Lebenslauf von Johannes Kepler z.B. springt seine Begegnung mit Tycho Brahe ins Auge.

Welche «Art von Schicksal» stellt eine wichtige Begegnung dar? Im Vortrag vom 17. Februar 1924 in Dornach spricht Rudolf Steiner über menschliche Begegnungen, die grundlegende Bedeutung für eine ganze Biografie haben und die durch bestimmte Geschehnisse im Leben eines Menschen vorbereitet werden.[111] Diese Geschehnisse kommen durch die Mitwirkung geistiger Wesen aus der ersten Hierarchie zustande, die am Schicksal eines Menschen mitarbeiten, wo es um dessen Lebensaufgabe geht. In Kapitel 2 nannten wir dies das «biografische Schicksal».

Keplers Begegnung mit Tycho Brahe besitzt den Charakter dieses biografischen Schicksals. «Ganz erstaunlich, ein solches Zusammentreffen verschiedener Umstände!», so könnte man sagen. Wie ist es möglich, dass der 28-jährige Sohn eines Söldners aus Süddeutschland, dessen

Plan es war, Theologe zu werden, dessen mathematische Begabung und standfester Charakter ihn jedoch ins Zentrum der sich entwickelnden Astronomie jener Zeit geraten lassen, ausgerechnet dem adeligen Dänen Tycho Brahe, 56 Jahre alt und «ungekrönter König der Beobachtungsastronomie», begegnet? Wie kann es außerdem sein, dass Letzterer noch kein Jahr darauf stirbt, sodass Kepler, der sehr schlechte Augen hat, frei über dessen Beobachtungsmaterial verfügen kann und damit den neuen Naturwissenschaften – dank Tycho und beinahe könnte man sagen trotz seiner selbst – die empirische und somit selbstständige Grundlage verleiht, welche die Zukunft der Menschheit erfordert!? Alle Schichten des individuellen Schicksals von Kepler spielen gewissermaßen zusammen, um das Menschheitsschicksal einen kleinen Schritt weiterzubringen.

Folgt man Steiner in dem erwähnten Vortrag, so sind es die Wesen der ersten Hierarchie, welche die Begegnung zwischen Kepler und Tycho «arrangieren». Es geht um die *konkrete Begegnung* zwischen zwei Individualitäten, eine Begegnung, die weitreichende Folgen hat.

Die *Bedingungen* dieser Begegnung sind vorgeburtlich in den Reichen der Sonne und des Mondes (wie Rudolf Steiner es darstellt: in Zwiegespräch und Zusammenwirken mit jenen Wesen, die in den Reichen beheimatet sind, den Wesen der zweiten und dritten Hierarchie) veranlagt. Man sollte sich die Zusammenhänge einmal richtig klarmachen. Es lohnt sich! Tycho selbst ist nicht in der Lage, die komplizierten Berechnungen anzustellen, die erforderlich sind. Kepler wird in der Sonnensphäre mit einer außerordentlichen mathematischen Veranlagung begabt. Tycho, damals noch ausschließlich auf das bloße, allerdings scharfe Auge angewiesen, hat die Beobachtungen angestellt. Kepler ist dazu gar nicht in der Lage. Sie benötigen einander. Ihre Begegnung wird die Disposition zu schlechten Augen ausgleichen, welche die Individualität Keplers in der Mondensphäre als Naturkarma in sich aufgenommen hat.

Der naive Betrachter allerdings ist verblüfft über den unwahrscheinlichen Zufall sowie über dessen geradezu selbstverständliche und alltägliche biografische Einbettung. Tycho liefert Kepler gewissermaßen die ihm fehlende Fähigkeit, damit dieser seine Lebensaufgabe von Weltrang vollbringen kann.

Incompatibilité des humeurs

Die Angelegenheit droht übrigens fast an der Unvereinbarkeit von Temperament und Charakter der beiden Herren zu scheitern. Nicht allein was den täglichen Verkehr miteinander betrifft – Kepler berichtet empört über Brahes unmögliches Verhalten und verlässt ihn selbst im Streit, um anschließend doch wieder zurückzukehren –, vielmehr auch in ihrem wissenschaftlichen Ansatz, was die Astronomie betrifft, denken die beiden verschieden. Das neue kopernikanische System, in dem die Erde ihre seit alters zentrale Stellung einbüßt, ist Brahe unsympathisch, wenn er auch aufgrund seiner Beobachtungen erkennt, dass das alte ptolemäische System nicht mehr aufrechterhalten werden kann. Er entwirft ein eigenes System, eine Art «Zwischenlösung».[112] Kepler hingegen sympathisiert mit Kopernikus' Theorie, derzufolge die Sonne Regent des Planetensystems ist und die Erde dessen Bestandteil bildet – eine Sichtweise, die Folgen bis in das Lebensgefühl hinein hat. Es ist nicht länger die Erde, um die sich alles dreht, sondern die Sonne. Physisch gesprochen wird der Mensch zu einem Staubkörnchen im Weltall. Für die religiöse Empfindung Keplers wird der Mensch dadurch nicht unbedeutender, vielmehr erlebt Kepler den Menschen in seinem Kern als in einem göttlich-geistigen Ganzen aufgehoben. Die «Wahrheit» der zentralen Stellung des Menschen ist für ihn nicht unvereinbar mit der «Richtigkeit» des kopernikanischen Modells.

Die fundamentalen Unterschiede in sozialem Wesen und wissenschaftlicher Stimmung machen aus der Begegnung zwischen Kepler und Brahe ein existenzielles Abenteuer. Dieses enthält exakt jenes Quäntchen an Freiheit, das es trotz aller Lenkung von Seiten der Hierarchien zu einer Angelegenheit von Menschen macht.[113]

Die Augen

Über Keplers schlechte Augen mag in diesem Zusammenhang noch mehr gesagt werden. Dazu müssen wir etwas ausholen. Im Jahr 1910 hält Rudolf Steiner in Hamburg eine Reihe von Vorträgen über Karma. Ohne auf Einzelheiten einzugehen, nennt er Kepler als Beispiel, während er darstellt, dass in der Entwicklung des allgemeinen Menschheitskarmas allerlei Entsprechungen und Wiederholungen auf jeweils anderem Niveau zu finden sind.[114] Beiläufig erwähnt er, dass in früheren Zeiten der Individualität Keplers von ägyptischen Priesterweisen die Geheimnisse des Sternenhimmels offenbart wurden und dass es dieselbe Individualität in der Person Keplers war, die zu Beginn der Neuzeit jene Weisheit mit dem aufkommenden Materialismus zu verbinden hatte. Im Anschluss daran, jedoch *ohne* direkte Bezugnahme auf Kepler, spricht Steiner über das Phänomen der Epidemien, wobei er die Pocken als Beispiel wählt. Wie können wir, so fragt er, aus karmischer Sicht die Pocken begreifen?

Dieser Frage soll im Weiteren nachgegangen werden. Zunächst jedoch mag es erst einmal überraschen, dass Steiner im Kontext dieses Vortrags (über sich wiederholende Motive in der Menschheitsgeschichte), bei dem er am Rande Kepler erwähnt, auf die Erscheinung der Pocken zu sprechen kommt. Was ist der Fall? Der kleine Johannes Kepler hat 1575 im Alter von vier Jahren die Pocken gehabt! Er ist am Rande des Todes, wird gesund, trägt jedoch ein Augenleiden davon, das ihn sein Leben lang begleitet. Einerseits scheint er stark kurzsichtig gewesen zu sein, andererseits macht sich bei ihm ein Symptom geltend, das als *monokulare Polyopie* bezeichnet wird, eine Art mehrfaches Bild-Sehen. Für einen Sternkundler eine unangenehme Behinderung.

Es ist an dieser Stelle wesentlich zu vermerken, dass Kepler nicht mit schlechten Augen geboren wird, sondern dass die Verschlechterung des Augenlichts auftrat, während er die Pocken durchmacht. Es ist Keplers Astralleib zuzuschreiben, dass er diese Krankheit aufgreift. Schließlich zieht sich nicht jeder, der mit einer Infektionskrankheit in Berührung kommt, die betreffende Krankheit auch wirklich zu. Der eine steckt sich an, der andere nicht. Es handelt sich also um eine Affinität, um ein «Hingezogen-Werden» zu den Pocken. Kepler neigt, mit anderen Worten, zu dieser Krankheit, er ist anfällig für sie.

Gleichzeitig besitzt er eine leibliche Disposition für die Pocken, die ihren Sitz im Ätherleib hat, gleichsam eine gesundheitliche Schwachstelle. Er macht die Krankheit durch, und sie hinterlässt ihre Spuren in seinem physischen Leib. Zunächst hat Kepler vermutlich keine schlechten Augen gehabt. Die Augenschwäche *entsteht*, sie *entwickelt sich.* Die dritte Hierarchie (schlechte Augen als körperliches Symptom) benötigt die zweite Hierarchie (Anfälligkeit für Krankheit), um die schlechten Augen bei Kepler zu bewirken.

Manches deutet darauf hin, dass in Keplers Schicksal an diesem Punkt, an dem seine Handlungen eine überpersönliche Dimension erhalten und für die gesamte Menschheit Bedeutung erlangen, die drei Ebenen des Karmas (vgl. Kap. 5) zusammenwirken. Vereinfacht gesagt: Saturn führt ihn zu Tycho Brahe; die Sonne sorgt dafür, dass er sich die Pockeninfektion tatsächlich zuzieht; der Mond zeichnet deren Auswirkungen in Ätherleib und physischen Leib ein, und zwar in den Bauplan der Augen.

Irdischer Protest

Die Frage entsteht: Was tut Kepler eigentlich selbst? Unser moderner Begriff von (oder unser Bedürfnis nach) Autonomie revoltiert gegen die Annahme nicht beherrschbarer Beeinflussung, gleichgültig ob diese nun als Wirksamkeit der Mond-, Sonnen- oder Saturnsphäre bezeichnet wird oder als Einfluss geistiger Wesen.

Vielleicht kommen wir in dieser Frage am besten weiter, wenn wir die Fähigkeit des Menschen in den Blick fassen, Pläne zu schmieden. Jemand nimmt sich vor, am nächsten Morgen in die Stadt zu fahren, um Schuhe zu kaufen. Er führt dies auch aus und trifft ausgerechnet beim Schuhkauf die Frau seines Lebens. Im Nachhinein sagt er sich vielleicht: «Ich bin also in die Stadt gefahren, um meine Frau zu treffen, und bin einfach auf sie zuspaziert.» Dem war eigentlich nicht so, denn er ging ja Schuhe kaufen, und doch erkennt er mit dieser Aussage an, dass in seiner bewussten Planung des Vorhabens, am nächsten Tag Schuhe zu kaufen, eine ganz andere, tief unbewusste Willensschicht mitspielte. Woher stammt diese Schicht? Wir gehen von der Annahme aus, dass diese Schicht aus einer Willenssphäre stammt, die ihren Ursprung zwischen Tod und neuer Geburt hat und sich im Leben auf der Erde in einem Drang manifestiert, einem sozusagen karmischen Instinkt. Die bewusste Planung, Schuhe zu kaufen, ist gleichsam der Schatten des unmittelbaren Lichtes, das von jenem unbewussten Drang ausgeht. Die erste Hierarchie bildet das «Milieu» unserer persönlichen, aber unbewussten Motive. Dabei ist keine Rede von Manipulation, vielmehr geht es um eine *unmittelbare vorgeburtliche Umgebungsqualität*, die in das Leben auf der Erde hineinwirkt.

Das Problem besteht darin, dass es in unserer Sprache keine bildhaften, leicht verständlichen Begriffe gibt, um über die Biografie zwischen Tod und neuer Geburt zu sprechen, Begriffe, die der äußerst subtilen Einwirkung vorgeburtlicher Qualitäten auf das innere wie äußere Schicksal eines Menschen gerecht werden. Wir können uns im Grunde «abergläubischen» anthropomorphen Formulierungen nicht entziehen. Unseren Ausdrucksweisen geht zwangsläufig ein «sozusagen» bzw. «gleichsam» voraus. Aus einem Mangel an geeigneten Alternativen umschreiben wir die Dinge andeutend und vorläufig. Die Vorstellung der Manipulation entsteht durch den Eindruck, wir seien Sphären oder Wesen ausgeliefert, die uns quasi *gegenüberstehen*. Dies geht dem modernen autonomen Lebensgefühl so sehr gegen den Strich, dass es sich dagegen aufbäumt und davon abwendet. Genau das ist auch eines der Themen in Harry Mulischs Buch *Die Entdeckung des Himmels.*[115] Der Verfasser löst das Dilemma, indem er in seinem Himmel eine Art Komplott zweier Hauptengel schafft, von denen der ausführende Engel (man kann an Michael denken) in die Enge getrieben wird und, so gut es ihm möglich ist, den Erhalt der menschlichen Freiheit zu gewährleisten sucht.

Nochmals erster Schritt: Biologisches, psychosoziales und biografisches Karma

Wie zuvor bemerkt, kann es durchaus sinnvoll sein, die Untersuchung des Karmas dort zu beginnen, wo einem in einer geschilderten Biografie etwas besonders *auffällt*. Dies macht eine systematischere Vorgehensweise jedoch nicht überflüssig. Wenn einem zu Beginn nicht sofort etwas Besonderes ins Auge fällt, so besteht der sicherste Arbeitsansatz auf jeden Fall darin, die karmischen Schichten der verschiedenen Wesensglieder eine nach der anderen systematisch zu untersuchen.

Können wir im Lebenslauf von Kepler weitere Sachverhalte entdecken, die uns etwas über Art und Beschaffenheit seiner Wesensglieder (Ätherleib, Astralleib und Ich-Organisation) vermitteln?

Buntstifte

Ein brauchbares Verfahren, zum oben genannten Zweck eine Ordnung in biografisches Material hineinzubringen, ist die von uns so genannte Buntstiftmethode. Das verfügbare Faktenmaterial einer Biografie wird nochmals sorgfältig anhand der Fragestellung untersucht: Handelt es sich bei dem, was ich gerade vor mir habe, um biologisches, psychosoziales oder biografisches Karma? Drei verschiedene Buntstifte liegen bereit. Man sollte sich vornehmen, diese recht spontan aus dem Handgelenk zu gebrauchen. Unter dem Vorbehalt, dass die Ergebnisse vorläufiger Art sein werden, kann dies hilfreich sein. Eine gewisse Freimütigkeit und Großzügigkeit des Vorgehens ist nicht verboten, vorausgesetzt, es wird bewusst gehandhabt. Anschließend werden einige der so gekennzeichneten Motive ausgewählt, die besonders ins Auge springen.

Entscheidend ist bei diesem Vorgehen einerseits, dem Zusammenspiel zwischen Material, untersuchter sowie untersuchender Person – wie neu oder unwissend diese auch sein mag – eine Chance zu geben, und andererseits, den Prozess wach mitzuverfolgen. Einseitigkeit ist dabei weiter nicht schlimm, solange sie als solche erkannt wird. Wenn die Biografie in einer Gruppe bearbeitet wird, kann durch die Einseitigkeiten vieler doch ein umfassendes gemeinsames Bild mit einer gewissen Objektivität entstehen.[116]

Das biologische Schicksal

Was das biologische Schicksal betrifft, so beschreiben die Biografen, dass Kepler klein war und eine labile, wenn nicht kränkelnde Konstitution besaß. Er ist beweglich und ausgesprochen zart in einem Maße, dass ihn seine Mutter von schwerer Landarbeit freistellt (was ihm seinen autobiografischen Aufzeichnungen zufolge gut passte, da er diese

Arbeit nicht eben liebte). Er taugt mehr zum Studium. Im dritten Jahrsiebt entwickelt er große Ausdauer, die auch während seines weiteren Lebens auffällt. Trotz seiner Konstitution erweist er sich als äußerst zäh, und es ist erstaunlich, was er alles leistet: Er zieht oft um, zieht viele Kinder groß, hinterlässt ein umfassendes schriftliches Werk, führt eine außerordentlich ausführliche Korrespondenz, unternimmt regelmäßige Reisen quer durch Mitteleuropa, die zu der Zeit alles andere als komfortabel sind; gelegentlich reist er sogar zu Fuß! Er ist häufig fieberkrank und hat Probleme mit Magen und Gallenblase, weshalb er oft strenge Diät einhalten muss. Kepler bezeichnet sich selbst als «schmächtig, saftlos, mager ... Ich habe eine ungeschickte Hand, meine Liebe gilt allein der Theorie.»[117]

Zusammengefasst:
- eine labile Konstitution, klein und schmächtig, auch zäh
- als Kind beweglich
- gute Lernfähigkeit
- seine Neigung gilt besonders der Theorie
- oft krank mit Fieber.

Als kleines Kind erliegt er, wie wir sahen, beinahe den Pocken. Kurz nach der ersten Zusammenkunft mit Brahe im Jahr 1600, als er 28 Jahre alt ist, hat er ein in gesundheitlicher Hinsicht besonders schlechtes Jahr. Er bekommt Malaria und leidet unter den charakteristischen immer wiederkehrenden Fieberschüben. Oft hat er Probleme mit Magen und Gallenblase und muss Diät halten.

Das psychosoziale Schicksal

Das psychosoziale Karma weist folgende Motive auf:
- Er kann sich mit großer Hingabe in sein (Kinder-)Spiel vertiefen.
- Er wird in der Schule gehänselt, weil er besonders fleißig ist.
- Er hat einen starken Wissens- und Erkenntnisdrang, was ihn einsam macht – er ist Einzelgänger.
- Schwierige Aufgaben fordern ihn heraus; er liebt sie.
- Antipathie gegen körperliche Arbeit; er findet diese abstoßend.

- Er hat ein Bedürfnis nach Lob und Anerkennung.
- Er hat eine scharfe Feder, bis hin zur Spottlust, neigt zu Wider spruch.
- Er liebt es, unorthodoxe Ansichten zu vertreten.
- Er will als Kind «Prophet» werden, fürchtet sich jedoch davor, dies wegen eigener «Sünden» nicht zu erreichen; neigt zu Askese.
- Er ist hochbegabt in Mathematik, hat aber auch ein Talent für Sprachen (Griechisch und Latein) und die Gabe sehr unterhaltsamen und klaren schriftlichen Ausdrucks.
- Er hat keine Affinität zum Milieu des Elternhauses, entwächst diesem rasch, auch die eigene Familie scheint nur im Hintergrund eine Rolle zu spielen; trotzdem legt Kepler fürsorgliche Gewissenhaftigkeit an den Tag, wenn dies erforderlich ist, so in dem jahrelangen Hexenprozess gegen seine Mutter sowie in anderen familiären Angelegenheiten, wie der Wahl seiner zweiten Frau, als auch bei der Suche nach einem guten Ehemann für seine Tochter.

An dieser noch lang nicht vollständigen bunten Auflistung von Fähigkeiten, Vorlieben und Abneigungen, guten und schlechten Gewohnheiten, charakteristischen Merkmalen im Verhältnis zu Umwelt, Familie, Freunden und Kollegen lässt sich der unerschöpfliche Nuancenreichtum des astralischen Leibes erkennen. Mit der Beschreibung des Astralleibs wird man niemals fertig. Auch ist es gelegentlich unklar, wo das psychosoziale Karma aufhört und das biografische Karma beginnt. Sie neigen dazu, ineinander überzugehen. Wo hören die «logischen» Faktoren der Umgebung auf, eine Rolle zu spielen, und wann neigen wir dazu, eine Begegnung oder eine Begebenheit als einen unwahrscheinlichen oder erstaunlichen Zufall oder als furchtbares Verhängnis zu begreifen?

Der Versuch, die Grenze zwischen beiden zu beschreiben, führt zu dem Begriff des *Auftakts* in der Musik: Die ersten Töne unterliegen noch dem vorangehenden Takt, zugleich bilden sie aber bereits Bestandteile der Phrase, die sich in den folgenden Takten erst voll entfalten wird.

Das biografische Schicksal

Im Europa des 16. und beginnenden 17. Jahrhunderts spielen die Bewegungen von Reformation und Gegenreformation (Protestanten und Katholiken) eine große Rolle, insbesondere im Zusammenhang mit der wachsenden Säkularisierung und der damit einhergehenden freien Entfaltung der Wissenschaft. Kepler befindet sich mitten im Geschehen. Die Entscheidung zwischen Ptolemäus und Kopernikus hat er als 17-Jähriger ein für alle Mal vollzogen. Darin zeigt er sich als ein unabhängiger Denker, und das in allen Lebenslagen und gegen jeglichen Widerstand.

Nebenbei sind zur Zeit Keplers die Glaubensstreitigkeiten zwischen Lutheranern und Calvinisten in Mitteleuropa in vollem Gange. Auf dem Boden seines tief wurzelnden Vertrauens in den Wert christlicher Bruderliebe will sich Kepler in den Auseinandersetzungen keinem extremen Standpunkt anschließen. Dies macht ihn für alle Parteien verdächtig und versperrt ihm grundsätzlich den Weg zu dem von ihm so heiß begehrten wie nahe liegenden, ruhigen und lebenslangen Professorat in Tübingen.

Sind dies nun Lebenstatsachen, die zu Keplers biografischem Schicksal zu rechnen sind? Sie bilden den Hintergrund einer Reihe deutlicher Ereignisse in Keplers Leben, u.a. der vielen notgedrungenen Umzüge und seiner ständigen finanziellen Sorgen, und werden für ihn durch wichtige Begegnungen aktuell – in erster Linie mit Tycho Brahe, aber auch mit seinem geliebten Tübinger Lehrer Michael Mästlin, der mit ihm die wissenschaftliche Begeisterung über das heliozentrische Weltbild des Kopernikus teilt, der ihn aber auch im Stich lässt, als Kepler sich um eine Berufung an die Universität Tübingen bewirbt; Begegnungen außerdem mit dem italienischen Astronomen Galileo Galilei, mit Kaiser Rudolf II. sowie dessen Feldherrn im Dreißigjährigen Krieg, Wallenstein. Entsprechende Aktualität herrscht auch, nun allerdings mit umgekehrtem Vorzeichen, durch das Verhältnis zum eigenen Vater, der in diesen Dingen, anders als sein Sohn Johannes, keine klare Stellung bezieht und sich als Soldat anwerben lässt durch den, der am meisten bezahlt.

Ein weiteres Motiv, das in Keplers Leben ebenfalls von Bedeutung ist, bildet sein Studium von Platon und Aristoteles, von Pythagoras und Plutarch. Einer seiner Lehrer in Tübingen, der Philologe Martin

Crusius, der selbst auf geradezu grandiose Weise im Griechischen beheimatet ist, erschließt ihm diese Welt und aktiviert damit einen grundlegenden Zug in Keplers Persönlichkeit – sein philosophisch-religiöses Streben nach Harmonie zwischen Himmel und Erde.

Eine weitere Anmerkung, die man auf der Suche nach Elementen des biografischen Karmas in Keplers Leben anbringen kann, bezieht sich auf die Tatsache, dass Kepler mit dem Studium beginnt, um Prediger zu werden. Bevor er das Studium jedoch hätte abschließen können, lässt er sich dazu verleiten – möglicherweise ist er auch aus Geldnot dazu gezwungen –, eine Stelle als Mathematiklehrer am Gymnasium von Graz zu übernehmen. Wer ihn für diese Stelle geworben hat, ist nicht überliefert.

Dadurch jedoch, aufgrund also seines Talents für Mathematik, kommt Kepler zur Astronomie. Das hindert nicht, ist vielmehr sogar von großer Bedeutung, dass sein Anliegen, Theologe zu werden, allen seinen Leistungen in der Astronomie eine ganz spezielle religiöse Note verleiht.

Vorsichtige Schlussfolgerung aus menschenkundlicher Perspektive

Es ist natürlich ein ziemlich lächerliches Unterfangen, über die Verhältnisse der Wesensglieder eines Menschen ein Urteil gewinnen zu wollen, der vor fast vierhundert Jahren gelebt hat. Selbst ohne dass es bewusst registriert wird, hat alles, was sich in der aktuellen Begegnung mit einem lebendig anwesenden Menschen abspielt, einen korrigierenden Einfluss auf allzu rasche Schlussfolgerungen ihm gegenüber, während andererseits die direkte Begegnung auf der Gefühlsebene gerade Vorurteile hervorrufen kann.

Unter diesem einschränkenden Vorzeichen mögen einige vorsichtige Bemerkungen über die körperliche Wirksamkeit der Wesensglieder bei Johannes Kepler gemacht werden.

Der ätherische Leib hat beim Menschen zwei Seiten: Ein Teil (a) bezieht sich auf Aufbau, Unterhalt und Regeneration des Körpers, ein anderer Teil (b) wird für seelische Funktionen frei und ermöglicht es, in Fantasie, Erinnerung und Gedankenwelt Bilder hervorzubringen. Bei

Kepler beginnt dieser freie Teil gegenüber dem körpergebundenen Teil schon früh zu dominieren. Mit zunehmendem Alter verstärkt sich diese Dominanz. Das bedeutet eine starke Tätigkeit des astralischen Leibs und der Ich-Organisation im und durch den Ätherleib. Einerseits (a) ist Keplers ätherischer Leib also schwach, andererseits (b) stark.

Dass Kepler viel krank war und in Anbetracht seiner Diät wahrscheinlich sogar an chronischen Gallen- und Magenbeschwerden litt, deutet auf eine Schwäche der Ich-Organisation im Stoffwechsel hin. Diese hat nicht die erforderliche Kraft zur Verfügung, um sich im Stoffwechsel ausreichend mit den drei anderen Wesensgliedern zu befassen. Es bleibt allerdings die Frage, worin die Ursache dieses Mangels besteht: Hat die Ich-Organisation in diesem Punkt eine Schwäche, oder wird sie auf einem anderen Gebiet zu stark beansprucht?

Offenbar gilt Kepler nämlich durchaus als recht ausdauernd und zäh. Trotz seiner empfindlichen Gesundheit unternimmt er viel, ist häufig unterwegs und arbeitet hart. Wie hat man sich dies unter dem Aspekt der Wesensglieder vorzustellen?

Koopmans führt dazu aus: «Im Allgemeinen entwickelt sich ‹Zähigkeit› im dritten Jahrsiebt, sobald der Astralleib aktiv wird und in der Körperlichkeit die Geschlechtsreife bewirkt. Bei manchen Menschen bedient sich die Ich-Organisation dieser Körperorientiertheit des Astralleibs, um intensiv auf das Bewegungssystem der Muskeln einzuwirken. Der astralische Leib vermittelt dabei die Tätigkeit der Ich-Organisation in günstigem Sinn in das physisch orientierte Ätherische, und zwar insbesondere in jenen Bereich, wo sich die Ich-Organisation vor allem auslebt, den der Bewegung. Dies manifestiert sich dann in dem, was wir Zähigkeit nennen.»

Abschluss von Schritt eins

Ohne nun die Konturen im Einzelnen darstellen zu müssen, beginnt sich im Untersuchungsprozess ein Bild der Individualität Keplers abzuzeichnen. Es entsteht eine «Zeichnung», die sich bereits ein wenig von der historischen Schilderung seiner Person zu lösen beginnt, eine Zeichnung mit imaginativem Charakter, d.h. ein Bild, das auf etwas anderes verweist. Ein Abbild verweist auf das Original. Was ist nun in diesem Fall «das Original»?

Das Original ist das geistig-seelische Wesen – das höhere Ich als das Geistprinzip im Menschen, zusammen mit dem Astralleib, der Träger des Seelenprinzips ist. Das Ich lässt sich in den Intentionen erahnen, in den Beschlüssen, den biografischen Geschehnissen – alles Dinge mit willenshaftem Charakter. Der Astralleib enthält die Neigungen und Sympathien, die Anlagen zu bestimmten Fähigkeiten oder Begabungen. Das geistig-seelische Wesen bringt aus früheren Leben und aus der Zeit zwischen Tod und neuer Geburt ein komplexes Ganzes von Eigenschaften in das neue Leben mit, das auf Erden als Biografie in Erscheinung tritt.

Karmische Entwicklungsgesetze

Was ist der nächste Schritt?

Gerne wollte man eine klar erkennbare Reihe methodischer Schritte nacheinander «abarbeiten» können. Man besäße dann zumindest einen gewissen Halt in dieser unbekannten, erst noch zu erforschenden Welt. Doch auch in dieser Hinsicht ist es wohl notwendig, sich von der vertrauten Sicherheit eines geregelten, schrittweise verlaufenden Plans zu lösen. Das erforderliche Vorgehen ähnelt einem Gang im Gebirge auf schmalem und unsicherem Pfad, bei dem man stets darauf achten muss, ob der folgende Stein den nötigen Halt gibt oder nicht, während man vorsichtig den Fuß von einem Stein auf den nächsten setzt – schließlich erweist sich auf dem hier vollzogenen Weg das gesamte Gewicht naturwissenschaftlicher Denkmuster, die wir mit uns tragen, als belastend.

Wie in Kapitel 7 dargestellt, gibt es für die Erforschung einer sinnlich nicht wahrnehmbaren Welt methodisch gesprochen dreierlei Zugänge: einen imaginativen, einen inspirativen und einen intuitiven. Theoretisch ergänzen die drei Zugangsweisen einander. Will man z.B. den (inspirativen) Mond-Sonne-Saturn-Weg einschlagen, so ist die Vorarbeit des imaginativen Schrittes außerordentlich hilfreich. Mit ihm wird der

Versuch unternommen, sich auf der Grundlage der geschilderten Biografie ein Bild der karmischen «Ladung», des karmischen Gehalts, der unterschiedlichen Wesensglieder des Menschen zu machen, der sich hier auf der Erde bewegt oder – wie Kepler – früher einmal auf ihr lebte. Und für die Aufgabe des allmählichen Auslöschens, wie sie von der Mond-Sonne-Saturn-Übung gestellt wird, ist es hilfreich, zuerst im Bild vor sich zu sehen, was anschließend ausgelöscht werden soll. Daher empfiehlt es sich, den imaginativen, bildschaffenden Arbeitsschritt dem inspirativen Schritt vorangehen zu lassen.

In Kapitel 9 wurde des weiteren die Möglichkeit erörtert, karmische Gesetzmäßigkeiten zu untersuchen, die für die in Frage stehende Person relevant sind. Methodisch betrachtet handelt es sich dabei ebenfalls um eine imaginative, bildgestaltende Aktivität. Wenn die mit den Wesensgliedern verbundenen karmischen Schichten untersucht werden, so bezieht sich dies auf den irdischen Teil der Biografie. Das Verfolgen eines karmischen Entwicklungsgesetzes hingegen hängt mit jenem Teil der Biografie zusammen, der sich auf das Leben zwischen Tod und neuer Geburt bezieht. Dabei wird von einer konkreten Einzelheit des gegenwärtigen Lebens ausgegangen, und die von Rudolf Steiner genannte Ursache in einem vorigen Leben wird als Hypothese angenommen.[118] Auf diesen beiden Säulen ruhend, wird anschließend eine Brücke zu bauen versucht, die das Geschehen der Karmabildung in den verschiedenen geistigen Regionen sozusagen überwölbt. Dieses Letztere erfordert eine Art exakter Fantasie und bildet im Grunde einen Teil von Schritt eins.

Wird der Versuch gemacht, karmische Verwandlungen einzelner menschlicher Eigenschaften in den Regionen der geistigen Welt zu verfolgen, so gewährleistet dieses Vorgehen aus der Sache heraus nicht dasselbe Maß an Sicherheit, das beim Erforschen irdischer Angelegenheiten selbstverständlich ist. Dieser Forschungsansatz hat denn auch vor allem zum Ziel, eine Empfänglichkeit für die Tatsache zu wecken, dass eine menschliche Individualität im Leben zwischen Tod und neuer Geburt eine bestimmte Entwicklung durchläuft, kurzum, dass sie *lebt*.

Der imaginative Schritt umfasst damit sowohl die Buntstift-Übung, bei der es darum geht, den karmischen Gehalt der Wesensglieder zu erkunden (vgl. Kap. 3), als auch die eben beschriebene Übung des «Brückenbauens».

Sammeln

In der Zusammenstellung zahlreicher unspezifischer und durchaus alltäglicher Beispiele karmischer Entwicklungsgesetze, die Rudolf Steiner in den so genannten Karmavorträgen behandelt,[119] finden sich ein paar, die sich auf das Leben von Kepler anwenden lassen. Diese sind, um nur die auffallendsten zu nennen, die Pocken, die er im fünften Lebensjahr durchmacht, die Malariaerkrankung im 28. Lebensjahr, seine labile, eher schwächliche Konstitution, schließlich die zwei linken Hände, die er sich selbst zuschreibt. Auch die harmonisch verteilten Begabungen für Mathematik und Sprachen sind karmisch-menschenkundlich gesehen sehr interessant.

Von jedem dieser biografischen Elemente könnte man im Prinzip den Verwandlungsverlauf zu entwerfen versuchen, die sie in der geistigen Welt durchlaufen haben, ausgehend von den beiden Säulen (in diesem und im vorigen Leben), die Steiner zur Verfügung stellt. Um sich in diese Art von Entwicklungsvorgänge einzuleben, muss die Ursache in einem vorigen Leben, diese verwandelnd, mit der Folge im heutigen verbunden werden. Dabei befindet sich die Ursache auf der Ebene des Handelns – eine einzelne Tat, eine Gewohnheit oder eine ganz bestimmte Handlungsweise liegt vor –, während die Folge menschenkundlich betrachtet gewissermaßen eine Ebene tiefer auftritt und sich in Gesundheit oder Krankheit manifestiert. Dies alles ist dann spezifiziert im Zusammenhang mit der Keplerschen Individualität zu betrachten.

Im Rahmen dieses Buches ist es nicht möglich, die genannten Motive im Einzelnen auszuarbeiten, wie dies in Kapitel 6 am Beispiel jenes Entwicklungsgesetzes geschah, das sich auf das Interesse an irdischen Erscheinungen bezieht. Wir wählen hier ein Thema zur exemplarischen Bearbeitung aus. Anhand dessen wollen wir übungsweise sowie das bisher aufgebaute Bild ergänzend versuchen, eine Vorstellung dessen zu bilden, was sich mit dem gewählten Thema während der Periode der Schicksalsbildung vollzogen hat – *vor* Keplers Geburt im Jahr 1571 und *nach* seinem Tod (Datum unbekannt) in einem früheren Leben.

Krankheit und Krankheitsanlagen gehören zu dem, was wir das biologische Karma genannt haben. In Keplers Leben fallen diesbezüglich Pocken und Malaria auf.

Ganz allgemein könnte man sagen, das Ausbrechen einer Krankheit sei ein karmischer Endpunkt. Angenommen, eine Krankheit trete im physischen Leib auf. Die sich gemeinhin anschließende Frage ist die nach der Übertragung bzw. der Ursache: «Wie wurde die Infektion übertragen?» Allgemeiner gefragt: «Wie ist die Krankheit entstanden?» Die Antwort darauf befriedigt in der Regel unser heutiges Denken. Wir betrachten die Übertragung einer Infektion als deren Ursache. In karmischem Sinn ist dies jedoch eine Halbwahrheit, eine rein äußerliche Erklärung. Denn es gibt dabei auch eine innere Seite, die darin besteht, dass sich jemand die Krankheit *holt*. Es besteht offensichtlich eine bestimmte Art von Bereitschaft, eine Disposition, die Krankheit zu bekommen. Diese Bereitschaft ist dem ätherischen Leib eingeschrieben.

Der Ätherleib wurde vor der Geburt aufgebaut. Er setzt sich aus zahllosen Elementen und Impulsen zusammen, die zum großen Teil von dem betreffenden geistig-seelischen Menschenwesen (d.h. von Ich und Astralleib *vor* der Geburt) stammen. In diesem höheren Menschen wirkt das Ergebnis der durchlaufenen Läuterungszeit. Indem das abgelaufene Erdenleben in der Läuterungsphase erneut durchgemacht wird, entsteht im betreffenden Menschen der Impuls, manches auszugleichen, es anders und besser zu machen. Ein solcher Ausgleich kann auf vielerlei Weise erfolgen, so z.B. durch eine Krankheit.

Malaria

Kepler erkrankt im achtundzwanzigsten Lebensjahr an Malaria, zu Beginn seiner Zusammenarbeit mit Brahe. Steiner äußert über diese Krankheit, ihr Auftreten sei die karmische Folge eines zu starken Ichbewusstseins in einem vorigen Leben.[120] Es geht um ein zu selbstbewusstes Verhalten, von dem man sagen kann, dass es sich nicht auf Kräfte stützt, die dem Ich entstammen, sondern z.B. auf einen sehr kräftigen Körper, ein besonders teures Auto oder auf die Errungenschaften einer bestimmten Umgebung, das also im Grunde auf einer geliehenen Identität beruht.

Im Leben zwischen Tod und neuer Geburt lösen sich die zur Stärkung der eigenen Identität gleichsam «geliehenen» Anteile vollständig auf. In der Situation nach dem Tod geht es um die klare Erkenntnis – die dort den Charakter einer Erfahrung besitzt – der wahren Art und Beschaffenheit des eigenen irdischen Tuns und Verhaltens. Nachdem die Seele dies im Kamaloka durchlebt hat, wird sie mit den entsprechenden Urbildern konfrontiert, in diesem Fall in der Sphäre der dritten Region des Geistgebiets.

Welche Urbilder sind dort vorhanden? Es sind die reinen Bilder all dessen, was als Gehalt des Astralleibs in der Seele lebt, Triebe und Begierden, Emotionen, Lust- und Unlustgefühle. Auf der Erde treten diese individualisiert in Erscheinung und sind dadurch ausnahmslos mehr oder weniger selbstbezogen, mit zu viel Ego «behaftet». Im Geistgebiet der Urbilder sind sie auf das Ganze hin orientiert, man könnte sagen holistisch. Die Erlebnisse und Gefühle aller Wesen dort bilden eine gemeinschaftliche Welt, Steiner vergleicht sie mit der Lufthülle der Erde. In diese Sphäre kann der Mensch eintreten mit allem, was er auf der Erde an Uneigennützigem für einen Mitmenschen oder für die Gemeinschaft getan hat. Denn die Seelenkräfte verlieren ihren selbstsüchtigen Charakter, wenn sich ein Mensch mit ihnen für ein überpersönliches Ideal einsetzt. Je nachdem, was wir aus dem vergangenen Leben in diese Sphäre einbringen, haben wir etwas auszugleichen, oder es entzündet sich eine Anlage für einen über das Persönliche hinausgehenden Einsatz der Seelenkräfte in einem folgenden Leben. Das «Königs»-Thema (Herrschen oder Dienen) gehört in diesen Bereich.[121]

Auf ein zu starkes Ichbewusstsein im vorigen Leben folgt in der Vorbereitungsphase einer neuen Verkörperung von außen eine Art Imprägnierung jener reinen Bilder in das eigene Wesen. Dadurch entsteht der Impuls, zu einem wirklichen biografischen Durchbruch zu gelangen, eine erteilte Lektion gleichsam wirklich ernst zu nehmen und damit das veranlagte Schicksal wie einen biografischen Verdauungsprozess bis in die eigene Leiblichkeit hinein umzusetzen. Der neue Ätherleib wird mit einer Disposition für Malaria versehen.

Wie sieht aber nun das Krankheitsbild der Malaria aus? In einer gewissen Phase der Krankheit findet im Blut eine Explosion großer Mengen roter Blutkörperchen statt, verursacht durch bestimmte Parasiten. Die Krankheit geht mit hohen und wiederkehrenden Fieberschüben einher. Menschenkundlich gesehen ist das Blut der Träger des Ich. Dieses verliert während der Malaria also zeitweilig seine leibliche Stütze. Es kann dann gewissermaßen seine *eigene* Kraft kennen lernen. Daraus lernt es für die Zukunft. Stützt sich das Ich zu sehr auf die leibliche Unterlage ab, so verliert es seinen eigentlichen Charakter. Malaria heilt im aktuellen Leben karmisch gesprochen eine Ich-Schwäche, die sich zuvor als überstarkes Ego ausgelebt hat.

Eine derartige Heilung vollzieht sich bei Kepler, kurz bevor er seine Zusammenarbeit mit Tycho Brahe beginnt.

Die Pocken

Die Pocken treten bei Kepler auf, als er vier Jahre alt ist. Pocken sind eine epidemische Krankheit.[122] Er ist also disponiert, sich anzustecken. Wir erfahren z.B. nichts darüber, ob auch sein jüngerer Bruder die Krankheit bekommt. Im normalen Sprachgebrauch sprechen wir von einer Anfälligkeit für Krankheiten. Selbst für die ansteckendsten Krankheiten ist nicht jeder Mensch im selben Maße anfällig. Im hier behandelten Zusammenhang kann die Anfälligkeit für eine Krankheit als etwas betrachtet werden, das wir als Affinität unseres Astralleibs mitbringen. Im Folgenden gehen wir einmal davon aus, die Disposition für die Krankheit sei bei Kepler die karmische Folge einer Tat, Gewohnheit oder Handlungsweise aus einem früheren Leben.

Der Pfeiler in diesem Leben:

Was geschieht nun bei der Pockenerkrankung? Es tritt hohes Fieber auf, der Körper steht gleichsam in Brand. Anschließend entwickeln sich rote Flecken, die erst zu blutigen Blasen, dann schwarz werden, schließlich verkrusten und hässliche Narben auf Haut und Schleimhäuten zurücklassen. Davon erfahren wir nichts, was Kepler betrifft. Seine Haut ist offenbar weniger angreifbar, wohl aber sind seine Augen in Mitleidenschaft gezogen.

Wir haben es folglich mit zwei Arten von Symptomen zu tun: einerseits einem extremen Wärmeprozess, andererseits einer Missbildung der physischen Gestalt an deren Oberfläche.

Steiner bespricht das Entwicklungsgesetz der Pocken im Grunde als ein Beispiel für den Doppelcharakter jener Wesen, die einer gesunden Entwicklung der Menschheitsgeschichte im Wege stehen.[123]

Sowohl der Wärmeprozess als auch der Gestaltbildungsprozess des physischen Leibes spielen eine zentrale Rolle bei allem, was mit Erblichkeit und Blutsverwandtschaft zu tun hat: die Wärme und die auf sie bezogenen Kräfte wie Liebe, Begierde und Verlangen als eine Bedingung der Fortpflanzung einerseits, die leibliche Gestaltbildung als elementare Frucht der Erblichkeit andererseits.

Die Pocken gehören nicht zu den ausgesprochenen Kinderkrankheiten, auch Erwachsene werden von ihnen befallen. Johannes ist zum Zeitpunkt der Erkrankung vier Jahre alt. Ein Kind ist in solchem Fall von seinen Eltern besonders abhängig. Diese jedoch, und das bildet eine auffällige Nebenerscheinung in Keplers Fall, sind gar nicht da, als die Krankheit ausbricht. Vater und Mutter sind lange Zeit abwesend. Der Vater ist Söldner im spanischen Heer in den südlichen Niederlanden, die Mutter macht sich, nachdem sie die Pest überstanden hat, auf den Weg zu ihrem Mann und leistet ihm Gesellschaft. Ihre beiden kleinen Kinder lässt sie im großelterlichen Haus zurück. Sie werden von der Großmutter versorgt. Vier Jahre sind ein Alter, in dem die Dinge genommen werden, wie sie kommen. Wenn es sein muss, auch ohne die Eltern.

Der Pfeiler in einem früheren Leben – wann und wo?:

Als allgemeine karmische Ursache für die Pockenerkrankung nennt Steiner «Lieblosigkeit gegenüber den eigenen Nächsten». Um welche Art von Tat oder Lebensstil der Lieblosigkeit könnte es sich handeln?

Wenn wir von Steiners allgemeiner Andeutung ausgehen, dass sich eine Individualität einmal in 600 Jahren inkarniert, so müssten wir das vorangehende Leben von Kepler irgendwann zwischen 900 und 1100 n. Chr. ansiedeln, im Übergang vom Früh- zum Hochmittelalter. Wo sollen wir es suchen? Wir können nur der eigenen Fantasie freien Lauf lassen, zugleich aber versuchen, dies nach Möglichkeit so exakt wie möglich zu tun und dabei von vorliegenden Anknüpfungspunkten bei Rudolf Steiner Gebrauch zu machen. Exakte Fantasie: das Steckenpferd von Ate Koopmans!

In einem seiner letzten Karmavorträge, in dem er über die eigentliche Aufgabe des Christentums spricht, verfolgt Steiner die Individualität von Julian Apostata, jenem geistvollen römischen Kaiser, der zwar äußerst empfänglich für das Christentum war, sich aber doch von diesem distanzierte. Steiner berichtet, wie er mit seiner Untersuchung ankam «… an einer merkwürdigen Stelle, die eigentlich gar nicht historisch ist, die aber historischer als historisch ist: Man landet endlich bei einer weiblichen Persönlichkeit, in der man die Seele Julian Apostatas findet (…) Sehen Sie, das ist *Herzeloyde*, die Mutter des Parzival, die eine historische Persönlichkeit ist, über die aber die Historie nicht berichtet».[124] Und dieselbe Individualität sieht Steiner im weiteren Verlauf im 16. Jahrhundert als die historisch bekannte Persönlichkeit des dänischen Astronomen Tycho de Brahe wieder auftreten.

Koopmans: «Sonnenkarma verwirklicht sich durch Beziehungen zwischen Menschen. Die Begegnung zwischen Tycho und Kepler im Jahr 1600 bildete für beide ein zentrales Ereignis in ihrem Leben. Gehen wir einmal davon aus, dass sie bereits in einem früheren Leben miteinander zu tun hatten. Dann könnte man, was ein voriges Leben von Kepler betrifft, in der Umgebung Herzeloydes suchen, im Umkreis des esoterischen Christentums. Denn diese Deutung einer zentralen Aufgabenstellung im Zusammenhang mit dem esoterischen Christentum verleihen Chrétien de Troyes und Wolfram von Eschenbach der Parzivalsage: sie sei die Geschichte vom Heiligen Gral.»

Der Pfeiler in einem früheren Leben – was?:

Die Frage war: Welche Art von liebloser Handlung gegen einen Nächsten könnte es gewesen sein, die in einem folgenden Leben durch die Pockenerkrankung ausgeglichen werden musste? Steiner behandelt das entsprechende Entwicklungsgesetz im Vortrag vom 16. Mai 1910 im Zusammenhang mit dem Thema der Epidemien. Wir können nun unsere Fantasie schweifen lassen und in die Zeit der Kreuzzüge zurückgehen, zwischen 1099 und 1190. Wir können uns dann einen Menschen vorstellen, der Familie und Arbeit zugunsten der Befreiung des Heiligen Grabes in Palästina im Stich lässt. Dies beinhaltet eine lieblose Tat gegen die eigenen Nächsten, eine Tat der Treulosigkeit gegenüber Menschen zugunsten eines Ideals. Das kam in jenen Jahren so häufig vor, dass es möglicherweise im 15., 16. Jahrhundert zu Pockenepidemien führte.

Es braucht sich jedoch nicht um eine einzelne lieblose Tat gehandelt zu haben. Ebenso gut lässt sich an einen lang andauernden Mangel an Liebe gegenüber nahe stehenden Menschen denken, z.B. an eine Vernachlässigung der eigenen Eltern oder Kinder um wissenschaftlicher oder anderer Ambitionen der eigenen Laufbahn willen. Dabei handelte es sich dann um eine Lieblosigkeit mit einem gewissen egoistischen Anstrich, die eher eine Eigenschaft des erwachsenen Menschen in der Blüte seiner Jahre ist.

Weiter gibt es auch eine Form der Lieblosigkeit gegen die eigenen Nächsten aus einer Art innerer Erstarrung, einem Dürr-Werden in Alltagstrott und Gleichgültigkeit. Dies ist auch als eine einzelne Tat denkbar, z.B. als grobe Verletzung des Gastrechts, indem man jemanden wegschickt oder vor die Tür setzt.

Etwas allgemeiner verstanden, kann man sagen, dass ein jeder Prozess des Erwachsenwerdens, in dessen Verlauf das elterliche Heim verlassen und ein eigenes Leben aufgebaut wird, Züge einer sozusagen natürlichen Lieblosigkeit trägt. Das Ausbrechen aus dem Familienzusammenhang hat eine «kalte» Seite, das Ideal des angehenden Erwachsenen, man selbst werden und zu sich selbst finden zu wollen, hat eine gleichsam «warme» Seite. Wiewohl unvermeidbar, so findet sich auch darin ein Element der Lieblosigkeit gegen die Nächsten; das findet man auch im Fall des jungen, sich emanzipierenden Menschen in der Pubertät, mit reinem Gespür für die Welt, aber auch mit unmöglichen Manieren!

Als Beispiel kann man sich hier auch die treffende Darstellung vergegenwärtigen, die Wolfram von Eschenbach in seinem *Parzival* von jenem Augenblick gibt, wo Parzival seine Mutter Herzeloyde, ohne sich nach ihr umzublicken, einem leuchtenden Ritterideal zuliebe verlässt, und wie jene vor Gram über diesen Abschied des Sohnes stirbt.

Ob nun literarisch gefasst oder nicht, es handelt sich um ein menschliches Grundmotiv. Es hätte sich so abspielen können. Nicht historisch, sondern «historischer als historisch». Trotzdem empfindet man unmittelbar, dass man sich auf äußerstes Glatteis begibt, sobald man nach schlüssigen Urteilen Ausschau hält! Der Hauptzweck bleibt die Vorstellungsübung.

Der «Brückenbogen»:

Wie betritt jemand die geistige Welt, der in seinem Leben «lieblos» gewesen ist – lieblos gegen die ihn umgebenden Menschen, sei es durch eine Reihe kleiner Lieblosigkeiten, sei es durch eine einmalige, herausragende Tat der Lieblosigkeit? Klar ist, dass es nicht nur um ein Gefühl geht, sondern um größere oder kleinere Taten mit moralischem Wert und Charakter. Als solches besitzt liebloses Handeln in der geistigen Welt großes Gewicht und ist weithin wirksam.

In der ersten Phase nach dem Tod – nach dem dreitägigen Panorama des zurückliegenden Lebens – wird alles, was wir durch unsere Handlungen in der Welt angerichtet haben, im Besonderen unter unseren Mitmenschen, erneut erlebt. Dies geschieht nicht aus der Sicht des eigenen irdischen Standpunkts, so schildert Steiner, sondern unter dem Erlebnis-Gesichtspunkt des Gegenübers (vgl. Kap. 2). Eine Haltung naiver Lieblosigkeit, man könnte auch sagen des Egoismus, bewirkt dort gleichsam einen Grauschleier kleiner Enttäuschungen, die andere Menschen am eigenen Handeln erfahren haben. Ein Mensch, der Kinder oder Eltern zugunsten eigener Ambitionen vernachlässigt hat, wird die Erfahrung des Verlassenseins, des Auf-sich-selbst-Zurückgeworfenseins kennen lernen. Eine ausgesprochene Tat der Lieblosigkeit wird diese Erfahrung noch verstärken, wodurch der Drang entstehen wird, die Individualität des anderen in einem folgenden Leben mit dem Anliegen aufzusuchen, die Schuld auszugleichen.

Welche menschlichen Werte und Urbilder geben gleichsam als Hintergrund einer Tat aus Lieblosigkeit Gestalt und Kontur? Man könnte an das Verletzen der sozialen *Lebenssphäre* eines Menschen denken, die mit dessen rechtmäßigem Platz auf der Erde zusammenhängt. Jemand wird von seinem Platz innerhalb des Ganzen verstoßen, von seinem «Platz an der Sonne», die für alle gleichermaßen scheint. Ein Baum, der zu groß wird, nimmt den Pflanzen, die unter ihm wachsen, das Licht und damit die Lebenschancen weg. Das soziale «Ökosystem» eines natürlichen Umkreises nahe stehender Menschen wird zerstört. Es geht um einen sehr fundamentalen Wert, der jedem Menschen einzig aufgrund der Tatsache zusteht, dass er Mensch auf Erden ist.

Blindheit hierfür wird insbesondere einen gestörten Zugang zu den

Urbildern der ersten Region herbeiführen; das sind diejenigen Urbilder, denen das physische Sein, die körperlich-räumliche Wirklichkeit entspringt sowie die Tatsache, dass wir als Menschen auf der Erde einen Platz einnehmen.[125] Durch ein ernstliches Vergehen gegen diese Wirklichkeit wird der Betreffende auch die zweite Region der Geistwelt teilweise als unzugänglich erleben, insofern nämlich durch seine Lieblosigkeit das Leben eines anderen Menschen in Mitleidenschaft gezogen wurde. Wenn die Seele ihren erneuten Weg zur Erde durch diese Regionen nimmt, so sucht sie in der Folge eine Gelegenheit, um das eine oder andere umzuschmelzen. Dies kann dazu führen, dass sie sich die Disposition für eine Erkrankung an den Pocken sucht und gleichsam einverleibt. Die Tat des einen Lebens wird leibliche Veranlagung im folgenden Leben.

So weit der Versuch, einigen karmischen Entwicklungsgesetzen anhand der Metamorphose biografischer Elemente von einem Leben zum folgenden nachzuspüren.

Ergebnisse für unsere Untersuchung:

Wie könnte nun ein solcher Mensch beim Herabstieg zu einer neuen Inkarnation und in Zusammenarbeit mit den geistigen Wesen der beiden genannten Regionen sein Schicksal für ein folgendes Leben gestalten, um die eigene Tat oder Handlungsweise auszugleichen? Vielleicht ist das Folgende denkbar.

Wieder haben wir Johannes Kepler vor Augen, der in seiner Kindheit die Pocken durchmacht. Er stirbt nicht an ihnen, was in der damaligen Zeit nicht selten vorkam, er trägt aber schlechte Augen davon. Durch seine partielle Blindheit für jene zweite Region der Urbilder alles Fließenden und Strömenden entsteht mithilfe der in ihr gestaltend mitwirkenden geistigen Wesen als körperliche Anlage eine Disposition für die Pocken. Deren Krankheitsbild ist dadurch gekennzeichnet, dass das Blut nicht aufhört zu fließen, sondern gleichsam über seine Ufer bis in die Blasen auf der Haut austritt. Indem diese Krankheit durchlitten und ausgeheilt wird, verarbeitet Kepler in körperlicher Hinsicht, was er möglicherweise in einem vorigen Leben in Form einer lieblosen Handlung gegenüber einem Nahestehenden als deren Ursache vollbracht hat.

Infolge seiner schlechten Augen ist das Werk Tycho Brahes für ihn von lebenswichtiger Bedeutung. Trotz der starken persönlichen Verschiedenheiten, sowohl in ihrer beider Art des Menschseins als auch in den Weltbildern, aus denen sie ihre Wissenschaft betreiben, verleiht Kepler den Beobachtungsresultaten Tychos den Stellenwert, der ihnen gebührt, indem er sie übernimmt und gleichsam fruchtbar macht für die Zukunft, nämlich für die Entwicklung des autonomen naturwissenschaftlichen Denkens.

«46. Es sollte an Schicksalsfällen, die in das Dasein des Menschen so eintreten, dass man ihre Bedingungen im jeweilig gegenwärtigen Erdenleben nicht finden kann, gezeigt werden, wie gegenüber solchen Schicksalsfällen schon rein die verstandesmäßige Lebensansicht auf früheres Erleben hindeutet. Es muss natürlich aus der Art der Darstellung klar sein, dass mit solchen Darstellungen nichts Verbindliches behauptet, sondern nur etwas gesagt werden soll, das die Gedanken nach der geisteswissenschaftlichen Betrachtung der Schicksalsfrage hin orientiert.»[126]

Dies Letztere reicht bereits über das unmittelbar biologische Karma (der Disposition zur Pockenerkrankung) hinaus. Es verdeutlicht, wie unmöglich es ist, das eine vom anderen getrennt sehen zu wollen. In der Realität von Keplers Leben erscheint dies alles als ein Gewebe von karmischen Erbschaften, die einander gegenseitig beeinflussen, Erbschaften seiner selbst aus einem vorigen Leben. Bei ihm sind die drei Schichten des biologischen, psychosozialen und biografischen Karmas sozusagen durchsichtig miteinander verwoben. Die Frage nach dem exakten Wie und Was jenes vergangenen Lebens tritt angesichts der Frage nach seiner Aufgabe in diesem Leben zurück.

Mond-Sonne-Saturn-Übung

Beide vorangehenden Schritte hatten eine bildschaffende Dynamik. Biografische Gegebenheiten in Karma-«Paketen» zu ordnen, die sich auf die verschiedenen Wesensglieder beziehen, ist Bildgestaltung im Hinblick auf die irdische Hälfte der zweifachen Biografie. Sich mithilfe der eigenen Fantasie und anhand des Leitfadens eines oder mehrerer Entwicklungsgesetze (die Steiner uns anbietet) zum «Leben zwischen den Leben» Vorstellungen über den Gang zwischen Tod und neuer Geburt zu bilden und sie gegen den Hintergrund von Steiners Entwurf der geistigen Welt zu halten, ist eine, wenn auch spekulative, Bildgestaltung im Hinblick auf die kosmische Hälfte der zweifachen Biografie. Beide Betätigungen haben neben ihrem bildschaffenden auch einen analytischen Charakter. Sie differenzieren, ordnen und untergliedern, dass man allmählich regelrecht Beklemmungen bekommen kann. «Es muss natürlich aus der Art der Darstellung klar sein, dass mit solchen Darstellungen nichts Verbindliches behauptet ... werden soll»,[127] schreibt Rudolf Steiner, doch das heutige Bedürfnis ist so zentral auf Bestimmtheit und Entschiedenheit ausgerichtet, dass etwas anderes schwerlich zu ertragen ist.

Als ich die bis hierher vorliegenden Resultate, einschließlich meines Gefühls der Beklemmung, Ate Koopmans vorlegte und ihn fragte, wie es nun weitergehen solle, erwiderte er nachdenklich: «Es gibt einen Unterschied zwischen aktivem Umgang mit dem Ganzen und passiver Beschäftigung damit. Eigentlich müsstest du Keplers Lebensgeschichte nun *noch einmal* ganz durchlesen. Beim ersten Mal liest du sie als eine Faktensammlung, eine Zusammenstellung von Ereignissen, Taten, Erfahrungen und Erlebnissen von Kepler im Wechselspiel mit seiner Umgebung sowie im speziellen zeitlichen Kontext des Übergangs vom 16. zum 17. Jahrhundert. Ein zweites Lesen erfordert einen anderen Ansatz. Man könnte ihn als künstlerisch-imaginativ bezeichnen. Du könntest versuchen, die Themen seines Lebenslaufs wie ein Mosaik aufzubauen und es nicht allein vor dir zu sehen, sondern auch in seinen Proportionen und den Verhältnissen der Themen untereinander zu belauschen. Das ‹Belauschen› von Verhältnissen ist ein inspirativer Prozess. Du wirst dann z.B. bemerken, dass die Begegnung zwischen Tycho Brahe und Kepler psychologisch gesehen zwar nicht einfach ist, dass sie jedoch beide der Auffassung sind, einander zu benötigen. Bei Kepler spielen zwei ganz unterschiedliche Lebensthemen – eine Krankheit und eine Begegnung – einander gleichsam in die Hand. Zusammen hat dies überpersönliche Konsequenzen. In der Folge wirst du dich an die Darstellung des biologischen wie auch des biografischen Karmas *erinnern;* das eine stammte gewissermaßen von innen, das andere von außen.

Du tust das erinnernd, lauschend, ohne mit der eigenen Begierde, eine Erklärung zu finden, dazwischenzuschießen. Einen Gedanken zu erinnern ist etwas anderes als über einen Gedanken nachzudenken. Im letzteren Fall handhabst du den Gedanken als Instrument, du willst etwas mit ihm erreichen. Du willst ein Bild aus den Erscheinungen herausholen. Du willst, dass das Bild ‹spricht›. Du zwingst es beinahe zu sprechen. Beim Erinnern, wenn du beispielsweise den Lebensbericht bis hierhin zum zweiten Mal liest, kannst du einfach darauf aufmerksam sein, wie er erscheint, und dich jedes erklärenden Eingriffs enthalten. Wie antwortet mein Gefühl, mein Gemüt auf die Erscheinung dieser Zusammenstellung von Fakten innerhalb des Horizonts meines Vorstellungsvermögens? Hier setzt die Mond-Sonne-Saturn-Übung ein. Sie bezweckt eigentlich nur, einen Sinn für die Gesamtheit zu geben. Dann hört die Analyse auf, und es beginnt eine Empfindung für die Komposition als eine Gesamtheit aufzudämmern.»

In der Phase der imaginativen Aktivität in der Karmaforschung sind Eifer und Ausdauer nützlich und hilfreich. Wird mit der inspirativen Annäherung begonnen, so ruft dies in erster Linie Gefühle der Ohnmacht hervor. Sie sind offensichtlich Bestandteil dieses Schrittes. Koopmans' Antwort machte die weitere Arbeit nicht einfacher, doch beruhigte sie wenigstens einigermaßen.

Der «Monden»-Schritt

«Also Sie müssen ihn herausreißen aus den Zusammenhängen, in die er durch die Verrichtung seiner Arme und Beine gekommen ist. Wenn Sie ihn dann betrachten, dann wird etwas von ihm durchsichtig», stellt Steiner dar.[128]

Fort also mit Mitteleuropa, fort mit dem 16. Jahrhundert, weg mit protestantisch-lutherischem Milieu, weg auch mit Tycho und sternkundlichen Berechnungen, weg mit den dienstlichen Beziehungen zu drei Kaisern seiner Zeit: Alles, was sich von der Person Kepler auf der Erde sichtbar manifestiert, ist ausgelöscht, verschwunden, weggeschafft. Achten müssen wir nun auf ein Gestimmt-Sein, eine gewisse Art von Stimmung. Koopmans nannte es eine bestimmte kosmische Ökologie des Ätherleibs.

Wenn man an Kepler denkt – was ergibt sich da? Sanftmütige Cholerik? Eine starke treibende Kraft in einem verletzlichen Körper? Gewissenhafte Selbstständigkeit? Eigensinnige Religiosität?

Und welche Art von Fantasie hat dieser Mensch? Er war klassisch gebildet, aber was brachte er mit? Fantasie für Figuren, für räumliche Bewegungen?

Der «Sonnen»-Schritt

Den Sonnenschritt beschreibt Steiner zweifach: «Sagen wir, wir suggerieren uns das weg, was den Menschen emotionell macht, was ihn mit einem gewissen Temperament begabt macht, was eben die mehr seelischen Äußerungen des alltäglichen Lebens sind.» Und kurz darauf ein Weiteres: «Und wir können weitergehen (…) Jetzt fragen Sie sich, was bleibt von dem Menschen noch übrig, wenn ich absehe davon, dass er durch seine Sinne etwas wahrgenommen hat? Da bleibt noch eine gewisse Denkrichtung übrig, eine gewisse Impulsivität seines Denkens, eine gewisse Richtung seines Lebens.»[129]

Denkrichtung, Lebensrichtung? Bei Kepler denken wir an seine reformatorische Glaubensrichtung, an die unabhängige wissenschaftliche Einstellung, mit der er sich der irdischen, den Naturgesetzen unterliegenden Seite des Sternenhimmels zuwendet. Und wir denken an die Loyalität, die er beiden Richtungen gegenüber aufbringt. Für uns sind Glaube und Wissenschaft zweierlei. Für ihn sind sie von vornherein eines, gehören zusammen. Auch sein Wille, hierüber Gespräche zu führen und zu korrespondieren, der seiner Hingabe an die Sache und seinem Verantwortungsgefühl entspringt, gehören hierher.

Der Sonnenschritt brachte mir eine Überraschung. Ich erwartete: Wenn ich das alles wegdenke, seine ganzen Seelenäußerungen, alles, was ihn zu einem Gefühlswesen macht, dann wird wohl nicht viel mehr übrig bleiben als ein Schemen. Es trat jedoch etwas ganz anderes ein. Und zwar bildete sich bei mir eine Neugier dahingehend, was sich in der damaligen Zeit eigentlich ereignete, worum es in ihr ging, nicht so sehr eine Neugier auf die historischen Gegebenheiten als vielmehr auf den großen geschichtlichen Zug hinter ihnen. Was ist dort in Mitteleuropa auf der Schwelle vom

16. zum 17. Jahrhundert eigentlich «dran» für die Menschheit? Anstatt undeutlicher und schemenhafter zu werden, während ich alles Persönliche wegzuschaffen versuche, nimmt mich die Individualität Keplers in große überpersönliche Entwicklungszusammenhänge mit.

Als ich damit bei Koopmans ankam, schien es, als ob er genau darauf gewartet hätte. «In jedem Menschenleben spielen persönliches Karma, sozial-zwischenmenschliches Karma und jenseits des Persönlichen liegendes (Zeiten-) Karma ineinander. Im Rückblick kann man feststellen, dass ab dem 16., 17. Jahrhundert in Europa einerseits die Entwicklung des autonomen naturwissenschaftlichen Denkens in den Mittelpunkt trat und andererseits die Weiterentwicklung sowohl des exoterischen wie des esoterischen Christentums eine zentrale Rolle zu spielen begann.

Es besteht ein direkter Zusammenhang zwischen der Entwicklung des exoterischen, kirchlichen Christentums und dem aufkommenden Materialismus. Der Astronaut, der von seiner Reise ins Weltall zurückkehrt und sagt, er habe keinen Gott gesehen, bildet in dieser Hinsicht einen bis zur Karrikatur verzerrten Endpunkt. Auf diesen Zusammenhang deutet die Bemerkung Rudolf Steiners über die Individualität von Kepler in der altägyptischen Zeit, in der sie die Sternenweisheit der damaligen Mysterien aufgenommen habe.[130] Steiner sieht diese Individualität bereits seit der damaligen Verkörperung im Strom der sich emanzipierenden Naturwissenschaft tätig. Wie schon erwähnt, betrieb Kepler seine Wissenschaft stets unerschütterlich zur Erhöhung der Ehre Gottes.[131]

Eine vergleichbare Dynamik erkennt man im Entwicklungsgang von Tycho Brahe. Im bereits erwähnten Vortrag nennt Steiner außer der mittelalterlichen Inkarnation von Tycho als Herzeloyde auch eine vorangehende Verkörperung, nämlich als Julian Apostata.[132] Dieser Julianus ‹der Abtrünnige› lebte um 350 n.Chr. und war jener spirituell begabte römische Kaiser, der seine Bekehrung zum Christentum widerrief. Eine vergleichbare Ambivalenz lässt Tycho Steiner zufolge in seinem astronomischen System erkennen. Er sieht zwar ein, dass das alte ptolemäische Weltbild im Licht seiner eigenen Beobachtungen des Sternenhimmels nicht mehr aufrechterhalten werden kann, doch versucht er gleichsam mit seinem Entwurf eines Weltbilds das alte Prinzip der im Mittelpunkt des Universums wesenhaft ruhenden Erde gegenüber den Bewegungen von Mond, Sonne und Planeten zu retten.»

Und Koopmans führt weiter aus: «Dem heutigen Bewusstsein ist der Unterschied zwischen den exoterischen und den esoterischen Aspekten des Christentums viel fremder als damals. Doch er spielte für viele in Europa lebende Menschen eine wichtige Rolle. Das können wir erkennen, wenn wir den Hinweis von Steiner ernst nehmen, dass Tycho Brahe in einer vorigen Inkarnation Herzeloyde war. Sie ist keine historisch bekannte Persönlichkeit, wurde aber in sagenhafter Form durch Wolfram von Eschenbach und Chrétien de Troyes in ihren Erzählungen über Parzival beschrieben. Die Gestalt der Herzeloyde steht hier am Anfang eines wesentlichen Stroms innerhalb des verborgenen esoterischen Christentums. Wenn sie als Mutter auch daran zugrunde geht und stirbt, so ist es doch sie als Persönlichkeit, die Parzival in die Welt schickt, damit er Ritter des Grals wird. Und das bedeutet, sie bringt ihn auf den Weg, um in das christliche Mysterium des Blutes Christi eingeweiht zu werden.

Auch im offiziellen Christentum steht das Geheimnis des Blutes im Mittelpunkt. Doch hat es sich seit dem 4. Jahrhundert stark dogmatisch entwickelt, mit der Folge einer Erstarrung in der Art des Denkens, Vorstellens und Fühlens. Im esoterischen Christentum bestand der Kern des Blutsmysteriums in der Suche nach dem Leben. Eines der Merkmale dieser Suche ist es, den Zusammenhang zwischen dem Leben auf der Erde und der kosmischen Wirksamkeit in der Ätherwelt zu finden.

Wir dürfen vermuten, dass sowohl bei Brahe als auch bei Kepler viel alte Geistigkeit aus früheren Leben in der Tiefe der Seelen lebt. Wahrscheinlich machen sie beide eine Inkarnation innerhalb der Gralsbewegung durch, die vor allem einer Vertiefung der Herzenskräfte und der Veranlagung von Wärmekraft im Seelenleben dient. Gewappnet durch diese Kräfte können sie in sich ein Gegengewicht bilden zum aufkommenden Materialismus und zu der damit einhergehenden Mechanisierung des Gedanken- und Vorstellungslebens. Sie stehen am Beginn der Entwicklung zur menschlichen Freiheit, mitten in einem Stück Menschheitskarma. Manche Individualitäten wirken in vorderster Linie an diesem mit.»

Der «Saturn»-Schritt

«Und wenn Sie jetzt auch noch absehen von seinen Gedanken, seiner Denkrichtung, dann verschwindet der Kopf auch noch. Der ganze Mensch ist fort. Sie sehen durch und sehen zuletzt Saturn im Hintergrunde. Aber in diesem Augenblicke liegt Ihnen das Karma des Menschen (...) bloß da.»[133]

Hier stocken die Schritte. Man steht wie ein Blinder im Licht reinen, sinnerfüllten Willens, wie ein Tauber inmitten einer Symphonie von Entwicklungsrichtkräften. Der Abstand zur Erde ist der größtmögliche; das Individuelle und das Allgemein-Menschliche fallen zusammen.

Im Nordportal der Kathedrale von Chartres ist dieser Geburtsaugenblick in der Sphäre des Saturns in Stein abgebildet. Gottvater ist im Begriff, den ersten Menschen zu schaffen. Zielgerichtet blickt er den Betrachter an. Adam steht etwas hinter ihm und schaut halb wach über seine Schulter in Richtung seines eigenen künftigen Platzes auf der Erde.

Auf Erden manifestiert sich dieses Geschehen als das Gewissen. Nicht umsonst wird Saturn als der Mann mit der Sense abgebildet. Er ist der Tod, der Schnitter, jedoch auch der Erntende.

Kepler verfasste seine eigene Grabinschrift:

Himmel hab' ich gemessen, jetzt mess' ich die Schatten der Erde,
Himmlischen Lebens mein Geist, Schatten mein Leib, der hier liegt.[134]

Zum Abschluss

Es ist deutlich, dass die Mond-Sonne-Saturn-Übung nicht dem Zweck dient, vorigen Leben auf die Spur zu kommen. Sie dient vielmehr dazu, ein Empfinden für Entwicklungskräfte und -richtungen innerhalb der Menschheit auszubilden sowie für die Tatsache, dass sie ausschließlich von konkreten Menschen getragen und verwirklicht werden – von Menschen der geschichtlichen Vergangenheit und von lebenden Menschen um uns. Die Frage ‹Wohin willst du? In welchem Strom stehst du?› weckt Bewusstsein und Respekt und eröffnet neue Möglichkeiten der Zusammenarbeit.

Anna

Einstieg

Eine Gruppe von 22 Teilnehmern sitzt angeregt um den Tisch. Wir haben fünf aufeinander folgende Abende praktischer Karmaforschung vor uns, «praktische Menschenkunde», wie Ate Koopmans es am liebsten nennt. Karmaforschung klingt etwas zu anspruchsvoll für den Versuch, den wir hier unternehmen. Unter Koopmans' Leitung haben wir bereits eine ganze Reihe solcher Runden von fünf Abenden hinter uns. Dieses Mal ist Anna an der Reihe. Sie wird ihre Biografie als Forschungsgegenstand zur Verfügung stellen.

Roggenbrot

Wir beginnen die gemeinsame Arbeit auf einem scheinbaren Nebengleis. Eine Dreiviertelstunde beschäftigen wir uns mit «Roggenbrot fürs Gehirn», wie Koopmans es nennt, kurz formulierten Grundgedanken aus der Anthroposophie, von Steiner gegen Ende seines Lebens unter der Bezeichnung «Anthroposophische Leitsätze» in der Zeitschrift veröffentlicht, die vom Goetheanum herausgegeben wurde. Die drei Leitsätze, die wir soeben behandeln, betreffen die Bildqualitäten der menschlichen Erscheinung. Das Thema wird uns immer wieder begegnen.[135]

Die betreffenden Leitsätze handeln davon, dass wir uns, wenn wir einen Menschen vor uns haben, immer dabei bewusst sein sollten: Was wir sehen, ist seine menschliche *Erscheinung* und nicht sein *Wesen*. Der sichtbare Anteil des Menschen hat wirklich etwas mit *Schein*, mit *Scheinen* zu tun. Die eigentliche Individualität, die Lichtquelle, verrät oder besser offenbart sich durch die Erscheinung, ist mit dieser jedoch nicht identisch. Wenn wir also auf der Suche nach dem Wesen eines anderen Menschen (oder dem eigenen) sind, so richten wir uns innerlich auf etwas Übersinnliches. Zugleich sind wir jedoch auf das angewiesen, was in Erscheinung tritt. Die Gesamtheit der Erscheinungen ergibt ein Bild. Dieses Bild lässt sich bei gründlicher Übung auf drei verschiedenen Ebenen «lesen». Zum einen können wir betrachten, was fix und fertig erschienen ist. Rudolf Steiner vergleicht diese Schicht mit einem Gemälde.[136] Wir können auch auf das achten, was im Moment dabei ist, in Erscheinung zu treten. In dem Fall ist das, was wir sehen, noch nicht fertig, es steht sozusagen noch auf der Staffelei. Dem steht allerdings gegenüber, dass in diesem Fall der Maler selbst, während er damit beschäftigt ist, sich mit seinem Material auseinander zu setzen, gleichsam mit im Bild ist. Der dritte Ansatz ist, dass wir das zu «sehen» versuchen, was der Maler noch nicht hervorgebracht hat, was er vielmehr künftig hervorbringen will.

Fragen werden gestellt, und wir versuchen einander darzustellen, was dieser Gedanke in uns hervorruft. Gelegentlich werfen wir, um das Ganze auch praktisch werden zu lassen, verstohlene Blicke auf unseren übernächsten Nachbarn, um einen Eindruck davon zu erhaschen, wie er auf diese drei Arten in Erscheinung tritt ... Denn auf diese dreierlei Weise erscheint der Mensch auf verschiedenen Ebenen der Sichtbarkeit.

Koopmans fasst kurz zusammen und weist uns anschließend darauf hin, worin der Zusammenhang mit der Untersuchungsmethode besteht, die wir uns anzueignen versuchen. «Drei Formen von Bildqualitäten kommen zur Sprache. Sie werden mit dem Nerven-Sinnes-System, dem rhythmischen System und dem Stoffwechselsystem in Verbindung gebracht. Vom System der Nerven und Sinne, das vornehmlich im Haupt zu lokalisieren ist, gehen beim Embryo und beim kleinen Kind die Kräfte aus, welche die Gestalt bilden. Im Grunde ist das nicht genau genug formuliert: Die eigentlichen Anstoßgeber sind das Geist- und das Seelenwesen des Kindes, die über das Nerven-Sinnes-System im ätherischen Leib wirksam sind; dieser formt die Gestalt und baut sie auf. Hat er diese Aufgabe mehr oder weniger vollbracht – natürlich ist während des ganzen Lebens weiterhin eine aufbauende und regenerierende Aktivität vonnöten –, dann bekommt ein Teil des (menschlichen) Ätherleibs die ‹Hände frei›. Dieser richtet seine bildschaffende Kraft nun auf seelische Funktionen, und in der Folge entwickelt das Kind Erinnerungsvermögen, Fantasie und Denkfähigkeit.»

Das geht uns zu schnell, es ist zu viel auf einmal. Außerdem wollen wir endlich mit Anna beginnen. Es werden ein paar Fragen gestellt, aber außer etwas Entspannung bringt das nicht viel. Manchmal ist das Bedürfnis nach begrifflichem Verständnis übereilt, muss das Unverständnis ertragen werden, und man kann nur vorwärtsgehen: tiefer in die Sache hinein. Doch nach und nach entsteht eine Atmosphäre gemeinschaftlicher Bemühung und gegenseitigen Interesses.

Und schließlich sagt Koopmans dann doch: «Anna, darf ich dich bitten, mit deiner Darstellung zu beginnen?»

Die Biografie

Kindheit

«Ich werde zu Beginn der sechziger Jahre geboren, im Dezember, in den bewaldeten Hügeln bei einem Dörfchen an der Westküste des nordamerikanischen Kontinents. Meine Eltern sind Holländer. Mein Vater arbeitet dort in der Forstwirtschaft als Chemieingenieur. Ich bin zehn Tage über der Zeit, mache es meiner Mutter bei der Entbindung schwer, aber einmal geboren, bin ich ein verträumter und zufriedener Säugling, der während des Trinkens in Schlaf fällt. Ich bin die Älteste. Pascha, unser großer Schäferhund, der sogar manchmal den Kinderwagen zieht, ist ständig um mich. Gekrabbelt bin ich nicht, das Sprechenlernen verlief übergangslos: Zuerst kamen einzelne Worte, dann sprach ich auf einmal und ohne Fehler in ganzen Sätzen.

Ich bin fast zwei Jahre alt, als wir in die Niederlande zurückkehren und in eine Mietwohnung im Osten des Landes einziehen. Als mein Bruder geboren wird, bin ich fünf und bin ganz vernarrt in ihn. Jahre später kommt noch ein Schwesterchen, zu dem ich eine enge Beziehung entwickle.

Zwischen fünf und sieben Jahren mache ich einige Kinderkrankheiten durch: Röteln, Windpocken und Mumps.

Frühe Erinnerungen

Meine erste Erinnerung ist die, dass ich in einem Kindersitz im Auto sitze. Ein Unfall ist geschehen, und meine Eltern haben Angst, dass ich einen Schreck bekomme. Aber ich überschaue das Ganze wie von oben und bin ganz sicher, dass ich mich nicht erschrecken werde!

Ein zweites sehr frühes Erinnerungsbild ist das eines hellen und hohen Korridors, in dem ich auf einem Dreirad auf und ab fahre. Ich habe eine starke Empfindung von Behagen und Wonne bei der Bewegung in diesem Raum.

Schulkind

In der Grundschule muss ich mir bei der Rechtschreibung ziemlich große Mühe geben. Ich schreibe schlampig (was später durch große Anstrengung besser wird), auch Auswendiglernen bereitet mir ziemlich viel Mühe (auch heute noch). Rechnen hingegen kann ich auffallend gut. Einmal während einer Lesestunde blättere ich in unserem Lesebuch weiter. Plötzlich entdecke ich dabei, dass ich das Wörtchen ‹es› selbstständig lesen kann. Das verursacht ein Gefühl großer Euphorie! In der Schule wird großer Wert gelegt auf handwerkliches Arbeiten wie Modellieren, Zeichnen und Holzbearbeitung. Als ich in der dritten Klasse bin, verbringen wir ein halbes Jahr in den Vereinigten Staaten. Was die dortige Schule betrifft, so erinnere ich mich daran, dass durch mein Zutun ein falsches niederländisches Wort, nämlich ‹Brief›, unter die Abbildung einer Fahne zu stehen kommt. Das finde ich sehr schlimm.

Mein linkes Auge scheint schwach und weitsichtig zu sein. Rechts bin ich kurzsichtig. Dass das für Ballspiele lästig ist, bemerke ich beim Hockeyspielen, das ich mit acht Jahren beginne. Um dieses Handikap zu kompensieren, habe ich mich übrigens seit meinem fünfzehnten Lebensjahr intensiv im Hockeyspiel engagiert. In die ‹Zweiten Damen›[137] zu gelangen, die zweitbeste Mannschaft des Clubs, bedeutet einen persönlichen Sieg!

Seit meinem zehnten Jahr habe ich des Nachts regelmäßig Alpträume, aus denen ich schreiend erwache. In ihnen träume ich jedes

Mal, dass etwas auf mich herabfällt: die Zimmerdecke, eine Lawine, ein Baum. Zwar wird dies nach und nach seltener, tritt aber bis in mein fünfundzwanzigstes Lebensjahr auf. Mit elf Jahren bekomme ich eine Zahnspange zur Regulierung des Überbisses. Ungefähr bis zum Alter von zehn Jahren habe ich am Daumen gelutscht. Meine Körpergröße ist immer durchschnittlich. Heute liegt sie sogar eher etwas unter dem Durchschnitt. Um mein zwölftes Jahr beginne ich stärker zu wachsen, aber ohne einen richtigen Wachstumsschub.

Mittelschule

Auf der Mittelschule bin ich den Winter über immer sehr blass und jedes Mal erkältet und kränkelnd, habe aber kaum Fieber. Um mein dreizehntes Lebensjahr herum bekomme ich die Menstruation. Bis heute habe ich ernste Beschwerden während der monatlichen Regel. Anstatt ordentlich zu fließen, stoppt der Fluss und beginnt nach anderthalb Tagen aufs Neue mit heftigen schmerzenden Krämpfen, Durchfall und kaltem Schweiß. Während dieser Tage habe ich ein dumpfes Bewusstsein, bin vollkommen träge und zu nichts zu gebrauchen. Da kann es vorkommen, dass ich eine Teekanne nur halb auf den Tisch stelle, sodass sie herunterfällt. In dieser Phase habe ich überhaupt keinen Sinn dafür, was meine Umgebung von mir will. Wenn der Fluss stoppt, werde ich in meinem Bewusstsein wieder klarer.

An die Zeit vor meinem zwölften Lebensjahr erinnere ich mich kaum. Die Erinnerungen an die Zeit bis ungefähr achtzehn bleiben vage, erst danach hellen sie sich auf. Es gibt allerdings eine Reihe kleiner Nachlässigkeiten oder Dummheiten, die mir passiert sind und die hängen geblieben sind und zum Vorschein kommen, wenn ich mich für etwas schuldig fühle oder schäme. Zum Beispiel habe ich einmal einen Knick in den Umschlag eines geliehenen Büchleins gemacht. Da war ich vierzehn. Fürchterlich fand ich das damals.

Mir steigen recht schnell die Tränen in die Augen, wenn mich bei Freude und Ergriffenheit, bei Erschrecken oder Wut irgendetwas berührt. Das ist im sozialen Umgang manchmal recht lästig.

In der Schule gehöre ich zu einer Gruppe beliebter Mädchen, obwohl ich die soziale Härte, die das erfordert, auf Dauer nicht aufbringen kann. Ich habe Freunde, sehne mich aber unbestimmt nach tieferen Freundschaften. – Ich genieße den Unterrichtsstoff. Der Akzent dabei verschiebt sich immer mehr vom Wissen zur Erkenntnis; Zusammenhänge kann ich gut behalten. In der fünften Klasse bekommen wir einen Niederländischlehrer, der starkes soziales Interesse weckt. Er ist ein echter Lehrer, und ich bewundere ihn sehr.

Etwa mit fünfzehn Jahren entwickle ich ein vages Interesse für Gott, suche eine Verbindung zu ihm, gelegentlich bete ich.

Ein Unfall

Mit siebzehn werde ich von hinten auf dem Fahrrad durch ein Moped angefahren, als ich in Gedanken versunken einem Loch im Fahrradweg ausweiche. Drei Wochen muss ich mit einer schweren Gehirnerschütterung im Krankenhaus liegen und mich danach mittags noch lange hinlegen. Seitdem habe ich bei Müdigkeit ein leichtes kopfwehähnliches Gefühl.

Vor diesem Hintergrund wird entschieden, ja, es *wird* von meinen Eltern entschieden, dass ich nicht gleich mit dem Studium beginnen soll – ich will Mathematik studieren –, sondern das propädeutische Jahr an der *Vrije Hogeschool* in Driebergen besuchen soll. Eine Phase des wirklichen Sich-Absetzens gegen meine Eltern gibt es in dieser Zeit nicht. Die kommt erst viel später. Mein fünf Jahre jüngerer Bruder und meine fünfzehn Jahre jüngere Schwester hingegen machten die Pubertät gründlich durch.

Anthroposophie und Studium

Das Jahr auf der Vrije Hogeschool wird ein unvergessliches Jahr: unmittelbares Wiedererkennen der Menschen und der Art des Umgangs miteinander wie auch des Hintergrunds, auf den dies alles verweist, nämlich der Anthroposophie. Das Bewusstsein reift, dass dies alles eine Aufgabe beinhaltet, und nach einem Jahr werde ich Mitglied in der Anthroposophischen Gesellschaft. Auch die Sehnsucht nach einer tiefen Freundschaft geht in Erfüllung – ich finde die Freundin, die ich gesucht habe.

Anschließend beginne ich in Leiden Mathematik zu studieren, wechsle jedoch nach zwei Monaten zur Psychologie. Das soziale Leben enttäuscht mich schwer. Ich wohne in einem Studentenwohnheim für Mädchen und vertue viel Zeit mit dem üblichen sozialen Trallala. An den Wochenenden entdecke ich unter Führung meiner Freundin die Natur. Wir unternehmen ausgedehnte Spaziergänge, fahren Schlittschuh und reiten. Außerdem führen wir tief befriedigende Gespräche.

Krisenjahr

Als ich dreiundzwanzig bin, wird im vierten Studienjahr im Rahmen des erfahrungsbezogenen Gruppenunterrichts mein ‹Funktionieren› ausgewertet. An mir scheint so ziemlich alles verkehrt zu sein. Überdies findet meine Freundin einen festen Freund, und ich bin nicht mehr an erster Stelle. Ich werde absolut eifersüchtig und beginne mich zu fragen, ob ich etwa in sie verliebt bin.

Seit meinem achtzehnten Lebensjahr neige ich dazu, bei Schwierigkeiten viel zu essen. Nun verliere ich die Kontrolle über meine Essgewohnheiten und entwickle eine Form von Bulimie. Ich beginne mit einer Therapie, dies setzt einen Aufwachprozess in Gang. Es ist, als ob ich aus einer Welt von Pastelltönen in klare Farben komme.

Medizin

Nach meiner schriftlichen Abschlussarbeit über anthroposophische Psychiatrie finde ich Arbeit als Psychologin in einem allgemeinen Krankenhaus. Nach einem Jahr ist mir deutlich, dass ich mich zu dieser Arbeit im Grunde nicht eigne und Medizin studieren will. Meine Eltern ermöglichen mir dies. Bei der Entscheidung spielt das unbestimmte Bewusstsein eine Rolle, dass ich vielleicht in der Zukunft keine Familie und keine Kinder haben werde. Zwar habe ich in der Zwischenzeit kurz einen Freund gehabt, aber die alte Verliebtheit spielt noch immer eine Rolle.

Die Medizin erfahre ich als eine Art Heimkehr. Ich labe mich an den exakten Fächern und finde Freunde in einer Studentenarbeitsgruppe.

Als ich achtundzwanzig bin, kommt meine sehr viel jüngere Schwester in die Pubertät. In mancher Hinsicht mache ich ihre Entwicklung mit und entwickle harsche Kritik an Menschen meiner Umgebung. Durch stetiges Studium vertieft sich gleichzeitig mein Verständnis der Anthroposophie. Mit dreißig mache ich mit einer Freundin eine lange Reise durch Russland. Ich genieße es, gemeinsam etwas Derartiges zu unternehmen. Mit zweiunddreißig gleite ich morgens beim Aufstehen aus und ziehe mir zum zweiten Mal eine Gehirnerschütterung zu.

Nach meinen Arztexamen 1996 wähle ich die Fortbildung zum Hausarzt. Während ich auf einen Praxisplatz warte, arbeite ich in der Geriatrie. Ich schule mich an dem nackten Elend des kranken Körpers und an der geistigen Schönheit des alten Menschen, die zugleich so sichtbar sein kann.

So weit einmal …»

Wahrnehmen: Schauen, Zuhören und Mitvollziehen

Vorgehen

Wie gehen wir vor? Wir haben Annas Geschichte angehört; die Schilderung einer Biografie ist immer eindrucksvoll. Wir sehen Anna vor uns sitzen und erleben sie mit – wie sie aussieht, wie sie spricht und wie sie sich bewegt. Wo beginnen wir nun mit unserer Erkundung des Karmas? Koopmans' Ausgangspunkt ist menschenkundlicher Art. Können wir einen Einblick in die Beschaffenheit und das wechselseitige Verhältnis ihrer Wesensglieder gewinnen?

Bereits hier ergibt sich sofort eine Schwierigkeit. Denn außer dem physischen Leib entziehen sich die Wesensglieder – ätherischer und astralischer Leib sowie das Ich – der direkten Beobachtung durch unsere gewöhnlichen Sinnesorgane. Sie sind übersinnlich, darum jedoch nicht weniger wirklich. Folgt man der Anthroposophie, so besteht keine andere Möglichkeit als die, das Erkenntnisvermögen über die alltägliche Sinneswahrnehmung hinaus zu erweitern.

Koopmans: «Allgemein kann man sagen, dass das imaginative Erkenntnisvermögen den Ätherleib zum Gegenstand hat, die inspirative Erkenntnis den Astralleib und die intuitive Erkenntnis das Ich. Das gewöhnliche Bewusstsein ist auf den physischen Leib gerichtet. Dies bedeutet sogleich ein Hindernis, denn wir können uns diese höheren Erkenntnisfähigkeiten nicht eins, zwei, drei aneignen. Sie werden langsam entwickelt werden müssen, indem wir meditativ übend an die Arbeit gehen. Daneben können wir aber auch vorbereitend arbeiten, wobei die Gruppensituation hilfreich sein kann. Wir können einander auf unsere Beobachtungen aufmerksam machen.

Um das imaginative Bewusstsein vorzubereiten, können wir uns z.B. einleben, gleichsam ‹ein-schauen› in Gestaltveränderungen. Ein äußeres Hilfsmittel dabei sind Fotos aus der Zeit der Wachstumsperiode. Es geht darum, eine möglichst exakte Fantasie auszubilden.

Das inspirative Bewusstsein bereiten wir vor, indem wir zuzuhören üben, und insbesondere dadurch, dass wir uns lauschend in die menschliche Stimme einleben. Dabei sehen wir vom Inhalt ab und achten vollständig auf Qualität und Dynamik, mit denen ein Mensch seinen Sprachorganismus handhabt (Atmung, Sprachfluss, Umgang mit Vokalen und Konsonanten usw.).

Das intuitive Bewusstsein schließlich kann durch Beobachtung und Erfahrung der Bewegungen eines Menschen geschult werden. Wie sind sein Gang, seine Haltung, Mimik und Gestik?»

Die Stimme

Wir beschließen, mit der Stimme zu beginnen.

Koopmans: «Die Sprache bedient sich der Ein- und Ausatmung. Einatmen und Ausatmen sind Verbinden und Loslassen des Astralleibs. Es gibt drei Punkte bei der Stimme, die besondere Aufmerksamkeit verdienen:

Wie wird der Ausatmungsstrom gelenkt? An der Art, wie er gelenkt wird, hört man, wie sich das Ich im Astralleib inkarniert. Die Sprachorgane bilden eine Art Klangkörper. Wo befindet er sich? Klingt es nasal oder eher kehlig? Manche Menschen bringen die Laute nur zögernd hervor, mit wenig Klang, andere haben eine schrille Stimme (ähnlich Trompeten), mehr oder weniger krampfhaft und durchdringend. Steiner spricht davon, dass sich hier vorgeburtliche, karmische Impulse stauen. Der Impuls kommt nicht durch, er wird gestaut. Das hat mit dem Verhältnis zwischen Ich und Astralleib zu tun, das allerdings auf das Physisch-Ätherische bezogen ist, denn ohne Instrumentarium kann man nichts mit ihm anfangen. Zugleich ist dies die Welt der Vokale.

Die zweite Inkarnationsbewegung beim Sprechen ist das Artikulieren. Das betrifft viel stärker die Form und hat mit der Frage zu tun, wie das Ich sich im ätherischen Leib inkarniert, mit der Welt der Konsonanten. In ihr gerinnt beinahe der Klang, in den Stoßlauten kommt er völlig zu einem Ende. Dies ist eine Inkarnationsbewegung bis ins Physisch-Ätherische.

Zuletzt greift das Ich noch eine Schicht tiefer, nämlich ins Physische. Wie sich das ausnimmt, ist schwer zu beschreiben. Wir können fragen: Was ist der Anteil des Substanziellen am Laut? Nicht das Klangvolumen ist gemeint, sondern eher – im Bild des Flusses ausgedrückt –, ob die Stimme ein glattes oder ein raues, körniges Flussbett besitzt.»

Können wir uns über die Beobachtungen austauschen, die wir an Annas Stimmgebrauch machen? Die Gruppe versucht dies. Es erweist sich jedoch als ziemlich schwierig, charakterisierend in Worte zu fassen, was wir im Einzelnen hören. Mit größter Mühe gelingt es einigen Teilnehmern, es annähernd in Worte bringen. Andere aus der Gruppe hören erstaunt zu und bestätigen oder verneinen das Geschilderte. Es ist beinahe wie ein Gesellschaftsspiel und hat auf jeden Fall die gleiche verbindende Wirkung. Anna, das «Opfer», sitzt wie eine Sphinx dabei. Sie hätte sich dies alles nicht ausdenken können, aber es ist wahr: So gebraucht sie ihre Stimme! Trotz der Sprödheit der unterschiedlichen Beiträge entsteht etwas wie ein gemeinsames Bild:

– Die Laute dringen tief aus ihrer Kehle;
– als ob sie aus dem Stoffwechsel kommen;
– meinst du das Raue?
– das Ganze hat eher etwas Umflortes und der Farbe nach Dunkles;
– ich finde, dass es gerade besonders geformt klingt;

- der Klang der Stimme und die Lautbildung widersprechen einander: die Form kommt ganz am Ende, bildet einen prächtigen Abschluss;
- wie das in Schichttechnik gemalte Bild eines Kristalls; ein schleierartiges Ganzes, jedoch mit exakten Formen;
- verschleiert und doch klar;
- der S-Ansatz nimmt viel Raum ein und hat viel Substanz;
- gerade noch kein Lispeln;
- ich habe auch ein Licht-Luft-Gefühl gegenüber dem Sprachfluss, als ob in dessen Melodie etwas Tänzerisches wäre;
- es wirkt so, als ob jemand nicht ganz unten ankommt;
- ja, ich erwarte immer, wenn ein Satz fertig ist, dass noch etwas hinterher kommt; sie setzt nicht wirklich einen Punkt;
- … aber wohl ein Komma! Es ist ein starker Rhythmus darin: etwas nach oben, Komma, neuer Beginn, immer gleich, aber ohne langweilig zu werden;
- es gibt auch Momente, wo ganz deutlich etwas sozusagen hingestellt oder abgeschlossen wird, z.B. als sie eben sagte: Und jetzt ist Pause!
- aber das sind Ausnahmen;
- sie sagt es ganz bewusst, aber das Abschließende sitzt nicht im Klang ihrer Stimme; sie weiß genau, was sie will, und dies überlagert das Weiterlaufen des Klanges;
- es ist auch etwas in der Stimme, als ob diese leicht gestört oder irritiert werden könnte;
- als wäre da eine dauernde Frage an die Welt, während Anna unterdessen entschieden behauptet, was Sache ist.

Wir belassen es dabei. Wir haben mit unserem Versuch an etwas geschnuppert, was man eine «auditive Phänomenologie» nennen könnte. In der Praxis erfuhren wir, wie schwierig es ist, Ton und Timbre der menschlichen Stimme zu beschreiben. Zugleich erlebten wir die Freude, die es bereitet, auf solche Weise danach zu suchen, was sich in der Stimme offenbart, und das kommunizierbar in Worte zu fassen. Jeder weiß, dass von Interpretation in irgendeinem Sinne dabei nicht die Rede sein kann. Und doch beinhalten die entsprechenden Beobachtungen deutliche Hinweise darauf, in welchen Verhältnissen sich Annas Wesensglieder zueinander befinden. Wir werden später darauf zurückkommen.

Erster Schritt – Menschenkunde

Der organisch gebundene Ätherleib

Die Gestalt:

Wir beginnen mit jenen Elementen in Annas Biografie, die etwas über die Beschaffenheit ihrer ätherischen Organisation aussagen können, zuerst über die Beschaffenheit des organisch gebundenen Anteils, der sozusagen vollständig im physischen Leib untergetaucht ist (vgl. Kap. 4, S. 68 f.). Was kann über die Entwicklung von Annas Gestalt gesagt werden?

Wir haben eine hübsche Auswahl an Fotos von Anna zu sehen bekommen, von ihrer Zeit als Baby über alle Altersstufen bis dahin, wie sie nun vor uns sitzt – eine gute «Reportage» nicht nur ihrer Wachstumsentwicklung über die Jahre, sondern auch eines zumindest äußerlich stabilen und sicheren Familienlebens mit den bekannten Geschehnissen und Unternehmungen, von denen ein Familienleben in der Regel geprägt wird, wie Ferien, Ausflüge, Geburtstage, der Geburt eines weiteren Brüderchens oder Schwesterchens, sportlichen Leistungen und, nicht zu vergessen, den Bildern des Schulfotografen: Anna in der Schulbank mit dem Füller in der Hand.

Indem wir die Fotos betrachten, kommt fast unvermerkt etwas zu der biografischen Darstellung hinzu, die wir von ihr erhalten haben. Diese war eine Geschichte, die Fotos hingegen machen anschaulich, dass sich jene Geschichte irgendwo abgespielt hat, in einer bestimmt gearteten räumlichen Umgebung. Dieselbe Anna, die hier vor uns sitzt, saß damals an einem ganz bestimmten Tag vor dem Schulfotografen; und doch hat das Bild von ihr, das wir nun miteinander anschauen, auch etwas Zeitloses, Ewiges.

Unter Anleitung von Koopmans versuchen wir, in Worte zu fassen, was wir sehen. Was kann über ihre Gestalt berichtet werden?

– «Auf den Fotos sieht man überall eine gewisse Kompaktheit.»
– «Wie kommst du darauf?»

– «Es steckt in den Verhältnissen. Sie ist auf den Fotos nirgends dick, gegenwärtig übrigens auch nicht, und doch besteht eine Neigung zur Rundlichkeit. Wenn ihre Gestalt eine Vase wäre, würde mehr Wasser hineingehen, als man denkt!»
– Ja, man schaut unwillkürlich mit dem Auge eines Plastikers. Man schaut auf die Verhältnisse zwischen konvexen und konkaven Formen. Auf den Fotos sieht man ein zartes Kind mit vielen Rundungen. Während des Heranwachsens bleibt das so. Auch jetzt noch: Sie macht keinen dicken Eindruck, aber man würde sie nicht als mager bezeichnen oder gar dünn.»
– Ist es bei einem Kind nicht ganz normal, wenn es rund ist?

Koopmans: «Doch, das ist wahr. Im Allgemeinen ist die von innen heraus wölbende Kraft, in der man die Wirkung des Ätherleibs erkennt, in Kindheit und Jugend vorherrschend. Sie macht erst nach und nach im Laufe des Älterwerdens dem von außen wirkenden aushöhlenden Prinzip der Astralkräfte Platz. Der ausgemergelte Greis gegenüber dem prallen Säugling, das ist das Bild der entsprechenden Extreme. Bei dem prallen Baby dominiert der ätherische Leib, beim Greis der Astralleib. Um nun im Rahmen dieses allgemeinen Bildes ein (in diesem Fall bei Anna) spezifisches Verhältnis zwischen den konvexen, wölbenden und den konkaven, aushöhlenden Kräften zu bemerken, dazu ist Übung erforderlich oder ein stark ausgebildetes Empfinden für Verhältnisse. Man legt die Fotos von damals neben das heutige Bild und schaut sie an: Fällt daran etwas auf? Als Maßstab nimmt man eine durchschnittliche Entwicklung, auch wenn dies im Grunde eine Abstraktion ist. Bei dem Kind Anna ist eigentlich nichts Besonderes zu sehen, bemerkbar ist aber, dass sich das konvexe Prinzip über die Jahre und sogar bis heute recht gut zu behaupten weiß.»

«Aber was sagt das jetzt über den Ätherleib?»

Koopmans: «Um sich davon ein Bild zu machen, kann man sagen: Der ätherische Leib gehorcht wie eine Gruppe Bauarbeiter übergeordneten Anweisungen und bildet mithilfe der stofflichen Bausteine die Gestalt (vgl. Kap. 4, S. 66). In diesem Fall sieht man, so könnte man es nennen, einen Trupp, der den Bauvorgaben gut folgt und professionell arbeitet – mit einer gewissen Neigung zu übertriebenem Eifer!»

Die Art des Wachstums:

Betrachten wir nun auch die Wachstumsart. Wir rufen uns die Fotogalerie nochmals ins Bewusstsein:

- Die Art des Wachstums ist regelmäßig;
- enthält keine auffälligen Wachstumsschübe;
- Klassendurchschnitt;
- nichts Besonderes darüber zu sagen.

Koopmans: «Ein ausgeglichenes Wachstum, ja. Der Ätherleib von Anna lässt sich nicht aus dem Takt bringen. Er ist aus sich selbst heraus stark und verrichtet seine Arbeit gut. Dies hat unmittelbar mit der Ich-Organisation zu tun. Die Kraft des ätherischen Leibes hängt zum großen Teil von der Art und Weise ab, wie die höheren Wesensglieder, Ich und Astralleib, den Ätherorganismus durchdringen. Die Tatsachen zeigen, dass Annas Ätherleib gut auf die Ich-Organisation eingespielt ist und dass er vor allem auch brauchbares Material liefert. Das kann man in Annas Gebiss bestätigt finden. Der substanzielle Aspekt ist in Ordnung, die Zähne faulen nicht weg. Der Überbiss macht allerdings deutlich, dass ein Formproblem vorhanden ist. Die Ich-Organisation hat gleichsam keine guten Anweisungen für die Stellung und räumlichen Verhältnisse der Zähne gegeben. Beim Zahnwechsel lässt die Ich-Organisation sozusagen eine Masche fallen.»

Die Gesundheit:

«Wie steht es mit der Gesundheit?» Darüber ist nicht viel Nennenswertes in Annas Schilderung zu finden. Die Gesundheit ist einigermaßen stabil, sollte man meinen. Das spricht ebenfalls für einen ordentlich funktionierenden Ätherleib.

Koopmans: «Der Ätherleib versorgt und regelt unsere Gesundheit. Der Astralleib ist sozusagen die ‹Büchse der Pandora› in uns, er bringt die Krankheiten hervor. Dies beruht auf dem fundamentalen Gegensatz zwischen ätherischem und astralischem Prinzip von Aufbau und Abbau. Einerseits haben wir den Ätherleib, vegetativ, wachsend, sogar wuchernd, andererseits den Astralleib, der Bewusstsein bildet und damit Abbauprozesse hervorbringt. Das Ganze läuft auf die Frage nach Gesundheit und Krankheit hinaus, die einen anderen Aspekt des Verhältnisses von Äther- und Astralleib als den eben genannten bildet, wobei natürlich beides miteinander zu tun hat. Jemand, der krank ist, neigt zu konkaven Formen, könnte man sagen.»

Ein Teilnehmer fragt: «Wie steht es mit den jährlichen kleinen Grippeinfektionen bei Anna?»

Koopmans: «Die werden immer wieder gut bewältigt. Auch daran sieht man, dass der Ätherleib die Dinge gut im Griff hat, während die Ich-Organisation sich sozusagen nicht darum kümmert. Sie greift nicht stark ein, indem sie z.B. ein tüchtiges Fieber verursacht.»

Der freie Teil des Ätherleibs

Bis hierher ging es um den physiologischen Aspekt des Ätherleibs, um Gestalt, Wachstumsweise und Gesundheitsanlage. Damit sind wir mit dem Ätherleib aber noch nicht fertig. Das zweite Kapitel, das sich immer wieder als Überraschung entpuppt, weil sich das ganze Klima der Untersuchung dabei so verändert, betrifft das Freiwerden eines Teils des Ätherleibs für seelische Funktionen, insbesondere für all dasjenige, bei dem das bildliche Vorstellungsvermögen eine Rolle spielt, also Fantasie- und Traumbilder, Erinnerungen und Gedankenleben (vgl. Kap. 4).

Wir besinnen uns auf Annas Schilderung. Welche Phänomene aus ihrem Leben verraten uns etwas in dieser Richtung?

Die Verträumtheit:

Jemand stellt fest: «Als Kind war Anna ausgesprochen verträumt.»

Ein anderer hält entgegen: «Was ist das für eine Verträumtheit? Die verbindet man doch mit Fantasiekräften, mit einem gewissen Reichtum an inneren Bildern ... Dann erfährt man aber, dass sie sich an nichts mehr erinnern kann! Kann Verträumtheit nicht auch manchmal schlichtweg Schläfrigkeit sein? Also kein Vorstadium der Fantasie, sondern eine Art dumpfes, schläfriges Bewusstsein?»

Koopmans: «Gewiss, das kommt vor. Es ist aber eine falsche Annahme zu meinen, Fantasie setze waches Bewusstsein voraus, das zur Erinnerung erforderlich ist. Tatsächlich sehen wir bei Anna, wenn wir die weitere Schilderung mit einbeziehen, dass sie auf dem Weg ist zu überdurchschnittlicher Intelligenz. Allerdings auf eine ungewöhnliche Weise, nämlich Schritt für Schritt, es gibt keinen Schock, durch den sie plötzlich wachgerüttelt wird. Aber als solches braucht Verträumtheit, das Aufgehen in Märchen und Geschichten, keine klar umrissenen Vorstellungen hervorzurufen.»

«Wie kann man aber in einer Geschichte aufgehen, wenn man den Ritter auf dem Pferd nicht sieht?», beharrt der Betreffende auf seinem Gesichtspunkt.

Anna antwortet direkt: «Ich *sah* das Pferd nicht, ich *saß* auf dem Pferd ...» und stellt in diesem Punkt unser Erwachsenenbewusstsein mit einem Schlag zufrieden.

Es gibt jedoch mehr dazu zu sagen.

Koopmans: «Annas Erinnerung enthält in der Tat erst relativ spät visuelle Elemente, also Bilder. Erst im fünfundzwanzigsten Lebensjahr kommt die entsprechende Entwicklung so richtig in Gang, das ist spät. Auch auffallend ist ihr blinder Fleck, was Wörter und Jahreszahlen betrifft. Es scheint bei ihr eine Schwäche im Visuellen vorzuliegen. Wörter und Jahreszahlen zu behalten wird unterstützt durch ein visuelles Vermögen. Zugleich liegt eine deutliche Begabung vor, in Verhältnissen zu operieren. Darauf deutet z.B. ihre besondere Rechenbegabung schon in der Grundschule hin, später dann die Mathematik und die exakten Fächer im Medizinstudium.»

Dies alles scheint etwas über das Verhältnis ihrer Wesensglieder zueinander auszusagen; was aber genau, das entzieht sich uns hier. Auf die Frage, ob die Schwäche im Visuellen mit Annas schlechten Augen zusammenhänge, antwortet Koopmans: «Das ist in der Tat ein markantes Motiv. Nicht jeder hat ein weitsichtiges und ein kurzsichtiges Auge, wovon das linke, das weitsichtige, zusätzlich noch schwach ist! Darauf kommen wir zurück.»

Das Temperament:

Wir nehmen den Faden wieder auf. Die Frage nach dem Temperament ist an der Reihe. Dies ruft einige Verwunderung, ja Verwirrung hervor. Das

Temperament scheint schließlich eine mehr seelische Angelegenheit zu sein. Inwiefern hat es mit dem Lebensleib zu tun?

Koopmans: «Wir müssen uns klar darüber sein, dass das kindliche Temperament auf der Wirksamkeit des ätherischen Leibs beruht. In dem Alter, wo ein Teil davon frei wird für menschlichen Gebrauch, für die Seelenfunktionen, um das sechste, siebte Jahr herum, wird eine bestimmte, sehr persönliche und in gewissem Sinn leibliche Dynamik sichtbar hinsichtlich dessen, wie das Kind mit Umgebungsreizen und Reizen aus der eigenen Leiblichkeit umgeht. Ab diesem Alter steht der Ätherleib dem Temperament zur Verfügung.[138] Das sanguinische Temperament ist dem Kind daher auf den Leib geschrieben. Es ist *das* kindliche Temperament überhaupt, weil gerade in dieser Zeit die ätherischen Lichtkräfte auf eine neue Weise für die Seele verfügbar werden. Nur wenn eines der anderen Wesensglieder ausgesprochen vorherrscht, treten beim Kind Cholerik (Astralleib), Melancholie (das Ich) oder Phlegma (physischer Leib) auf, wobei zumeist das sanguinische Element zusätzlich erkennbar bleibt. Beim Erwachsenwerden, wenn sich auch Astralleib und Ich mit der Persönlichkeit verbunden haben, tritt häufig eine Verschiebung des Temperamentes ein (vgl. den Anhang über die Temperamente, S. 191 ff.).

Bei Anna fällt das Temperament nicht besonders auf. Es manifestiert sich nicht so deutlich. Aus dem Jugendbild spricht als Stimmung eine gewisse sanguinische Leichte; man denke diesbezüglich z.B. an jenen Moment der Euphorie, als sie im Schulbuch plötzlich selbstständig das Wörtchen ‹es› lesen kann. Wenn man sie nun so erlebt, vermittelt sie allerdings zugleich den Eindruck einer gewissen leiblichen Behaglichkeit und Unerschütterlichkeit, als sei sie nicht aus dem Gleichgewicht zu bringen; darin liegt eine Tendenz zum Phlegma. Ihre Art zu sprechen verstärkt diesen Eindruck. Beim Anhören ihrer Stimme fiel uns auf, dass sie keine Schlusspunkte setzt. Die Stimme läuft oder springt dabei aber nicht, sondern rollt mit einer gewissen Leichte dahin. Dies alles zusammen könnte darauf hindeuten, dass der Ätherleib bei ihr als Kind entsprechend dem natürlichen Entwicklungsverlauf für einen sanguinischen Grundton gesorgt hat und dass diese Vorherrschaft des ätherischen Leibes sich beim Erwachsenwerden behauptet und ein leichtes Phlegma hervorruft.»

Koopmans hat noch etwas Wichtiges auf dem Herzen: «Der Versuch, die Dynamik der Wesensglieder in Worte zu fassen, ist in mehr als einer Hinsicht dazu verurteilt, zu einem unbefriedigenden Ergebnis zu führen. Zunächst ist unsere gewöhnliche Sprache dazu reichlich ungeeignet, beispielsweise das Ätherische zum Ausdruck zu bringen. Wir machen uns selten bewusst, dass die Sprache in hohem Maße und mit großer Einseitigkeit auf das Physisch-Materielle gerichtet ist, wenn dies auch natürlich nicht ausschließlich der Fall ist. Die Wesensglieder (und ihre jeweiligen Welten) erfordern unzählige neue Ausdrücke, die unseren Sprachgewohnheiten allerdings oft Gewalt antun. Der gesamte Versuch in dieser Richtung hat daher einen behelfsmäßigen Charakter. Ein anderes Hindernis beim Austausch über die Wesensglieder liegt in der Denkkultur unserer Gesellschaft. Auch hier ist die massive Beschränkung zu spüren, die darin besteht, dass unser Denken an der physischen Welt orientiert ist. Dabei geht es nicht einmal so sehr um einen Mangel an Begriffen. Eher mangelt es an Denkbewegungen, an Beweglichkeit des Denkens, die den Reichen des Ätherischen, Astralischen und des Ich angemessen wären. Auf dem anthroposophischen Schulungsweg wird der Ausbildung und dem Erwerb entsprechender Fähigkeiten viel Aufmerksamkeit, Zeit und Mühe gewidmet.»[139]

Der Astralleib

Nach dem ätherischen Leib gehen wir nun dazu über, den Astralleib zu erkunden. Auch hier ist die Frage am Platz: Worin manifestiert sich die besondere Verfassung von Annas Astralleib? In welchen biografischen Tatsachen, die wir von Anna erfahren haben, spricht er sich besonders aus, und wie kommt er in ihren Bewegungen zum Ausdruck, in ihrer Art der Darstellung sowie ihren Antworten, also in all dem, was wir direkt von ihr erleben? Zu welcher Art von Aussage fügt sich beides zusammen?

Der Hintergrund:

Rudolf Steiner äußert sich darüber, wie sich das Prinzip des Astralischen manifestiert: «Der physische Anblick der Lebensrhythmen trägt im

Sinnesbilde den Charakter des Inspirierten.»[140] Er sagt also: Betrachtet einfach die Lebensrhythmen (es geht um den physischen Anblick)! Betrachtet das Hin und Her zwischen Innen und Außen.

«Einfach!» Leichter gesagt als getan – was soll man sich darunter vorstellen? Was ist innen, was außen? Was ist Wachen, was Schlafen? Was ist Leben, was Tod? Wir kommen zwar nicht zu irgendeiner endgültigen Klarheit, die Anstrengung trägt jedoch gewisse Früchte.

Koopmans: «Wir können den Herzschlag eines Menschen hören, wir können sehen, wie jemand atmet. Schlafen und Wachen können wir auch sehen. Wenn man diese Lebensrhythmen beobachtet, findet man in ihnen ein Bild dafür, was Inspiration ist. Was ist charakteristisch für sie? Es findet immer eine zweifache Bewegung statt, ein – aus, Zusammenziehen – Entspannen, waches Bewusstsein – nicht-waches Bewusstsein. Der astralische Leib verbindet sich in der Einatmung und löst sich wieder in der Ausatmung. Aus seiner Heimat der Urbilder bringt der Astralleib bei jeder Einatmung gleichsam die Urbilder mit, welche die Organe benötigen, um sich wieder aufzubauen.»

«Eine Art übersinnlicher Einflüsterung also», konstatiert einer der Teilnehmer. Koopmans: «Ja, dazugehört jedoch die ‹Ausflüsterung› von vermenschlichten Urbildern bei der Ausatmung. Es ist keine Einbahnstraße. Im Großen haben wir die erste Einatmung bei der Geburt und die letzte große Ausatmung beim Eintritt des Todes. Dann kehrt die Seele in das Land ihres Ursprungs zurück, in die (untere) geistige Welt (vgl. Kap. 2) und nimmt ihre Erdenerfahrungen dorthin mit. Atmung und Schlaf-Wach-Rhythmus bilden eine Miniatur dieser großen Ein- und Ausatmung.»

Zurück zu Anna.

Der Astralleib ist unendlich vielschichtig. Er ist ein «bunter Geselle»; will man ihn untersuchen und kennen lernen, so muss man selektiv vorgehen. Was fällt uns in ihrer Lebensbeschreibung auf, wenn wir unter menschenkundlichem Aspekt nach Beiträgen des Astralleibs Ausschau halten? Um Anknüpfungspunkte zu finden, mit denen wir uns an die Arbeit machen können, sollten wir das Leben in einem Licht betrachten, das dem Astralischen besonders angemessen ist – und ergänzend vielleicht mithilfe eines roten Farbstifts.

Koopmans: «Der Astralleib ist im rhythmischen System tätig, das stellten wir soeben fest, im Wechsel von Schlafen und Wachen. Anna hatte über einen längeren Zeitraum regelmäßig Beschwerden durch Alpträume, während sie schlief. Auch der Gebrauch der Stimme, der auf der Ein- und vor allem der Ausatmung beruht, sagt etwas aus über den Astralleib.

Es ist auch der Astralleib, der das Element der *Krankheit* an den Menschen heranträgt. Der Ätherleib kann für eine Krankheit disponiert sein, ist gewissermaßen der Träger, aber der Astralleib sorgt dafür, dass die Krankheit auch wirklich auftritt. Wir können z.B. Annas Menstruationsbeschwerden betrachten, außerdem das bulimieähnliche Krankheitsbild, von dem sie berichtete, sowie die Alpträume.»

Alpträume:

Vom zehnten Lebensjahr an treten Alpträume bei Anna auf, in denen etwas auf sie herabstürzt – die Zimmerdecke, eine Lawine, ein Baum –, anschließend erwacht sie jedes Mal mit einem Schrei. Es geht um etwas Organisches, das zwar in verschiedenen Bildern auftritt, aber immer mit derselben Dynamik, demselben bedrückenden Charakter. Sie wird im Traum nicht verfolgt, sie träumt von einem erdrückenden Gewicht.

Einer der Teilnehmer versucht diese Dynamik näher zu charakterisieren: «Das kommt mir vor wie ein Einbruch. Als ob der Astralleib tagsüber nicht gut in den Leib hineinkommt und dann als reaktive Gegenmaßnahme in der Nacht heimlich in ihn einbricht …»

Koopmans: «Dies hat in der Tat mit einem Ein- und Austritt des Astralleibs zu tun, der sozusagen nicht einfach selbstverständlich vonstatten geht. Rudolf Steiner spricht davon, dass der Alptraum durch eine Ansammlung von Kohlensäuregas im Organismus verursacht werden könne. Der Strom der Ausatmung wird also gleichsam im Blut aufgehalten, bevor er eine Angelegenheit der Lungen, eine eigentliche Ausatmung wird. Im Blut häuft sich sozusagen die Kohlensäure an. Das wird physisch als bedrohlich erfahren, es ist beängstigend. Anna erwacht mit einem durchdringenden Schrei, das heißt mit einer besonders starken Ausatmung als Reaktion!»

Auf die Frage, was die Ursache dafür sein mag, dass der normale Verlauf hier ins Stocken gerät, gibt Koopmans die Erklärung: «Wir nehmen Nahrung zu uns. Sie wird abgebaut und aufgelöst in verschiedene Grundelemente, die anschließend die Darmwand passieren. Bevor wir nun als Mensch diese Elemente gebrauchen können, geschieht alles Mögliche mit ihnen. Die Nahrungssubstanz wird zunächst ätherisch durchsetzt, anschließend astralisiert und zuletzt ‹durch-icht›, mit Ich-Kraft durchdrungen und verbunden.[141] Beim ‹Durch-Astralisieren› spielt die Verarbeitung des Sauerstoffs eine zentrale Rolle. Die biochemischen Vorgänge, die mit der Sauerstoffverarbeitung zu tun haben, bilden in gewissem Sinn den Ausdruck des eingreifenden Astralleibs. Nach der ‹Durch-Ichung›, also dem Durchdrungen-Werden von der Ich-Organisation, wird die Nahrungssubstanz für den individuellen Menschen überhaupt erst brauchbar. Aber nicht alle aufgenommene Materie verbleibt in uns. Im Grenzbereich zwischen ätherischem und astralischem Element wird auch ausgeatmet, und zwar in der Hauptsache Kohlensäure. Die Frage stellt sich, was bei Anna geschieht, während die Ernährungsvorgänge aus der Einflusssphäre des Ätherleibs an den Astralleib übergeben werden. Da scheint es sozusagen etwas zu hapern. Die beiden arbeiten nicht ordentlich zusammen. Der ätherische Leib neigt dazu, zu stark festzuhalten, er hat zu viel Einfluss. Der astralische Leib wird gehemmt. Er kann seiner Aufgabe nicht richtig nachkommen, das Kohlensäuregas auszuscheiden.»

Die Menstruation:

Koopmans: «Im Grunde weisen die Beschwerden der Menstruation ein vergleichbares Bild auf. Der Fluss setzt ein und hört dann plötzlich wieder auf. Der Astralleib besorgt das Abstoßen, das Ausscheiden. Der Ätherleib hält das Fließen auf, er staut den Fluss. Mit Blick auf Anna erhält man den Eindruck eines kraftlosen Astralleibs, während der Ätherleib bildhaft gesprochen ein zu starkes Polster bildet. Dieses federt zurück, wenn der Astralleib versucht, etwas wegfließen zu lassen. Als Reaktion beginnt der Astralleib krampfartige, kolikähnliche Schmerzen zu erzeugen. Es zwickt und zwackt überall, aber am verkehrten Ort. Bildlich vergleichbar mit einer machtlosen Lehrerin, die vor der Klasse steht und schreit. Es wird zwar laut geschrien, aber ein Zeugnis von Stärke ist das nicht. Das lässt sich auf den Astralleib übertragen.

Des weiteren ist bezeichnend, dass ein warmes Bad Anna hilft. Die

Wärme führt dazu, dass der Prozess wieder in Gang kommt, dass also der Astralleib wieder am richtigen Ort zu zwicken beginnt. Daran erkennt man, dass es nicht nur um den Astralleib geht, sondern vor allem um das Verhältnis von Ich und Astralleib. Der Letztere als Schrittmacher heizt ein und löst am falschen Ort die Kolik aus. Das Ganze geschieht jedoch unter Leitung der Ich-Organisation. Sie lenkt das Geschehen und sorgt dafür, dass der Astralleib vernünftig seine Arbeit tut. Sie wird dafür benötigt, dass Vorgänge eine zeitliche Struktur erhalten, also Beginn, Mitte und Ende. Der Astralleib leistet gute Arbeit, bekommt jedoch, wenn man so sagen will, nicht die erforderliche Anleitung. Das Ich kann nicht richtig eingreifen. Wird ihm durch ein warmes Bad – Wärme ist das Element des Ich –, also durch zusätzliche Wärmezufuhr von außen, geholfen, dann gelingt der Zugriff. Es sieht so aus, als könne die Ich-Organisation im Verhältnis zwischen Äther- und Astralleib nicht richtig vermitteln. Bei Anna neigt der Astralleib dazu, zu stark an die Ich-Organisation gebunden zu sein. Er bleibt gleichsam oberhalb der ätherisch-physischen Ebene hängen.»

Bulimie:

Koopmans: «Es geht hier bei Anna um eine leichte Form der Bulimie, das sei vorangestellt. Wenn ihre Ich-Kraft aufgerufen wird, wie in der Therapie, von der sie berichtete, dann kann sie der Krankheit Herr werden. Wir werden nicht tiefer darauf eingehen. Aber im Allgemeinen können wir uns ein Bild davon machen, was Bulimie ist. Vergleichen wir sie dazu mit der Anorexie: Bei dieser zieht sich der Astralleib gewissermaßen zu stark zurück. Er setzt sich mit seinem Inkarnationsprozess nicht durch, sondern strebt zurück. In der Bulimie verbindet sich der Astralleib sozusagen in unbeherrschter Weise mit dem Ätherleib und vor allem dem physischen Leib. Ein Eintauchen ins Physisch-Ätherische wechselt ab mit einem Sich-Herausziehen aus ihm, insbesondere was die Stoffwechselvorgänge betrifft. Schließlich geht es um das Essen, das heißt um ein Anfüllen bzw. Beschweren des physischen Leibes. Den Anstoß dazu bildet eine Lust, die Esslust. Sie ist eine Art von Begierde. Auf die Nahrungsaufnahme folgt das Verarbeiten der Speisen, das Verdauen. Dabei handelt es sich um einen komplizierten Vorgang, bei dem auch die ätherische und die Ich-Organisation eine wichtige Rolle spielen. Bei der Bulimie kommt diese Phase nicht oder nur unzureichend zustande. Nach dem Begehren von irdischer Substanz stößt der Astralleib mit einer Gegenbewegung diese wieder ab, indem das Aufgenommene erbrochen wird. Eine leibliche Sympathie-Geste wechselt mit einer Geste der Antipathie ab. Bei der Anorexie herrscht die Letztere einseitig vor, und zwar im Sinne einer Exkarnationsbewegung, einer Art Flucht zurück ins Vorgeburtliche. Bei der Bulimie wechselt ein Impuls zum Aufbau (Essen) mit einer Bewusstseinsbetätigung ab, die Abbau (Sterben) verursacht. Man kann auch sagen, der Astralleib geht abwechselnd eine Verbindung mit dem physischen Leib ein und dann wieder mit dem freien Teil der ätherischen Organisation, in dem das Bewusstsein lebt.»

Die Stimme:

Nach und nach tritt ein Bild in Erscheinung und nimmt Konturen an. Es besteht schon eine Kunst darin, allein die Nuanciertheit und wechselseitigen Beziehungen der Wesensglieder im Bewusstsein zu behalten. Annas Astralleib hat eine ganz bestimmte Beschaffenheit.

Koopmans: «Erinnern wir uns nun noch einmal, was wir an der Art und Weise beobachteten, wie Anna ihre Stimme einsetzt. Sie hat eine leise, samtartige Stimme mit einem Anflug von Belegtheit. Wenn sie etwas sagt, so beginnt das mit einer Bewegung, als stelle sie etwas auf den Boden. Im weiteren Verlauf entsteht der Eindruck, als werde der Satz nicht zu Ende geführt. Manchmal taucht auch etwas ganz Entschiedenes auf, aber das kommt bezeichnenderweise aus dem Bewusstsein. Der Klang ist ‹jung›, er hat etwas Dünnes und Leichtes. Die Konturiertheit der Stimme ist nicht besonders stark. Wohl ist der Gedankeninhalt klar geformt, aber bei ihm hat man es mit etwas anderem zu tun. Für ihn bildet die Stimme das Transportmittel.»

Die Art der Sexualität:

In Annas Schilderung kommt eine Vorliebe für das gleiche Geschlecht zum Ausdruck.

Trotz aller Offenheit, die in unserer Gesellschaft im Hinblick auf Sexualität im Allgemeinen und Homosexualität im Besonderen herrscht, erfordert es in einer Gruppe eine gewisse Besonnenheit, dieses Thema anzusprechen. Es berührt nicht nur die Person ganz unmittelbar, um deren Sexualität es geht – auch bei den anderen Teilnehmern ist zu bemerken, dass sie ihr Bestes tun, um den Ton zu finden, der erforderlich ist, damit sie das Thema frei miteinander erörtern können.

Koopmans: «Schwierige Themen brauchen nicht umschifft zu werden. Allerdings erweist es sich häufig als ein fruchtbarer Ansatz, bei entsprechenden Themen den Gesichtskreis umfassend zu weiten und ganz grundsätzlich anzugehen. Um das Motiv der Sexualität unter menschenkundlichen Aspekten in den Blick zu nehmen, müssen wir erneut die gegenseitigen Verhältnisse und das Zusammenspiel der verschiedenen Wesensglieder ins Auge fassen.»

Entsprechend fährt Koopmans fort: «Das Ganze der geschlechtlichen Fortpflanzung ist umfassendes und grundlegendes Menschheitskarma. Rudolf Steiner deutet an, dass in früheren Zeiten, als die Leiblichkeit des Menschen völlig anders gestaltet war als heute, von zwei Geschlechtern keine Rede war, sondern dass sich im Menschen ein Vorgang vollzog, der verglichen werden kann mit der eingeschlechtlichen, sozusagen jungfräulichen Fortpflanzung, die heute im Pflanzenreich, z.B. beim Löwenzahn, noch vorkommt, dessen unbefruchtete Eizellen zu neuen Samen werden können. Die zweigeschlechtliche Fortpflanzung und damit die Sexualität ist in einem sehr frühen Stadium der Menschheitsentwicklung entstanden. Alles, was wir gegenwärtig mit der Sexualität in einem Zusammenhang betrachten, steht noch immer in jenem Strom der zweigeschlechtlichen Fortpflanzung. Darum haben traditionell konfessionelle Kreise es oft so schwer mit der Homosexualität.»

Es wird unterbrochen: «Ist das wirklich so? Der bei weitem größte Anteil der Sexualität dreht sich heute um Lust und nicht um Fortpflanzung. Nur die römisch-katholische Kirche hält weiterhin dogmatisch an einer unauflöslichen Verbindung von Sexualität und Fortpflanzung fest.»

Koopmans pariert: «Ja, das *ist* so! Sexualität ist eine normale biologische Tatsache in der Entwicklung der Menschheit. Wir blicken nun nicht darauf, wie Sexualität erlebt wird. Sie ist Instrument der zweigeschlechtlichen Fortpflanzung. Diese wurde in der Geschichte der Menschheit einmal begründet und wurzelt in der Entwicklung des astralischen Leibes (vgl.

die Pubertät als den Zeitpunkt der so genannten Geburt des Astralleibs). Man kann sagen, die Sexualität bildet *das* herausragende Beispiel für die Tätigkeit des Astralleibs, nämlich entweder anzuziehen oder eben abzustoßen. Sexualität ist eine Frage von Affinität reinster Prägung.»

Koopmans schiebt eine kleine Ausführung zu diesem Punkt ein. «Die Entwicklung zur zweigeschlechtlichen Fortpflanzung war die Folge einer Affinität des Astralischen (der menschlichen Seele) zum Erdenelement. Dabei handelte es sich also in erster Linie nicht um eine horizontale zwischenmenschliche Anziehungskraft, sondern um eine vertikale, auf die Erde gerichtete Bewegung. Die Notwendigkeit des ‹Stoff-Wechselns› bildet die Folge dieses Vorgangs. Wir finden dies auch in den imaginativen Bildern vom Sündenfall: dem Verlangen nach dem ‹Apfel›, einer Frucht der Erde, und der Schlange, die sich fortan flach auf der Erde fortbewegen muss.

Diese Affinität wirkt im Verhältnis des Astralleibs zur Welt und in seinem Verhältnis zum eigenen Organismus. Das Wechselverhältnis der Wesensglieder untereinander ist dabei je nach Organgebiet verschieden beschaffen. Im Bereich des Stoffwechsels, zu dem auch die Fortpflanzungsorgane gehören, sind astralischer, ätherischer und physischer Leib wie durch eine magnetische Anziehungskraft aufs allerengste miteinander verbunden. Das Thema der Fortpflanzung ist da letzten Endes die Erschaffung eines physischen Leibes, eine ‹Erdengeburt›. Seinem Wesen nach fußt der Fortpflanzungsprozess auf der Affinität des Astralleibs zum Physischen. Das gilt für das Endergebnis ebenso wie für die menschliche Begegnung, die der Fortpflanzung zugrunde liegt.

Im Fall der Homosexualität liegt die Sache graduell anders. Im Stoffwechsel-Gliedmaßen-Bereich, in dem sich auch die Fortpflanzungsorgane befinden, ist, grundsätzlich gesagt, der Astralleib sowohl mit dem Ätherischen als auch mit dem Physischen intensiv verbunden. Die Art der Affinität jedoch kann erheblich differieren.

Der Abstand zwischen Astralleib und physischem Leib ist bedeutend größer als der zwischen astralischem und ätherischem Leib. Der Ätherleib befindet sich gewissermaßen in der Mitte zwischen Astralleib und physischem Leib. Von Seiten des ätherischen Leibes strömt Substanz empor, welche die Grundlage für die seelischen Äußerungen des Menschen bildet.

Was nun die Homosexualität betrifft, so lässt sich grundsätzlich feststellen, dass die Affinität des Astralleibs zum Ätherleib gegenüber derjenigen zum physischen Leib dominiert. Es geht hier um eine Vorherrschaft und nicht um ein Entweder-Oder. Bei jedem Menschen sind sowohl Homo- als auch Heterosexualität in einem besonderen Verhältnis vorhanden (90:10 oder 10:90 und alle denkbaren Verhältnisse dazwischen; nicht jeder Mann ist schließlich ein typischer ‹he-man›!). Dieses kann sich außerdem im Lauf des Lebens und unter dem Einfluss aller möglicher Umstände verändern.

Die Affinität des Astralleibs zum Ätherleib in der Entwicklung der Menschheit bildet ein gesondertes Kapitel. Sie verändert sich im Lauf der Zeiten, was mit der Bewusstseinsentwicklung der Menschheit zu tun hat. Der menschliche Intellekt beispielsweise ist einer solch schnellen Veränderung unterworfen, was direkt an der rasch zunehmenden Individualisierung in der Gesellschaft erkennbar ist. Im Hinblick auf die *Leiblichkeit* bedeutet das eine relative Verselbstständigung des freien Teils des ätherischen Leibes, genau genommen des Verhältnisses von Astralleib zu Ätherleib. Grundsätzlich kann man sagen, dass in der Affinität des Astralleibs zu der physisch-ätherischen Leiblichkeit seine Verbindung mit dem Ätherleib eine immer dominantere und autonomere Rolle zu spielen beginnt, die auf Kosten der Verbindung zwischen astralischem und physischem Leib stattfindet. Dass die Homosexualität in den zwischenmenschlichen Beziehungen eine zunehmende Rolle spielt, hängt hiermit zusammen.»

Ein Teilnehmer fügt nachdenklich hinzu: «Dies ist also eine Tatsachenfeststellung. Aber was schlägt eine solche Entwicklung gesellschaftlich und individuell doch für enorme Wellen, bevor sie sachlich betrachtet werden kann …»

Koopmans: «Es ist übrigens, ohne moralisieren zu wollen, durchaus interessant, sich einmal anzuschauen, wie die Sexualität bei Homosexuellen und Heterosexuellen moralisch legitimiert wird. Von alters her sieht man – stark unbewusst – die Erfüllung der Sexualität in der Fortpflanzung, in dem neu geborenen Kind und dessen Ernährung, Erziehung, Versorgung usw. Bei der Homosexualität fehlt diese Erfüllung – dank des menschlichen Intellekts und aufgrund abnehmender Fruchtbarkeit übrigens in zunehmendem Maße auch bei Heterosexualität. Dadurch dringen von Generation zu Generation verstärkt moralische Themen aus der instinktiven Sphäre ins Bewusstsein. Und damit nähert sich die Sexualität immer mehr der menschlichen Freiheitssphäre.

Was Anna betrifft, will ich keine Schlussfolgerungen ziehen, wohl aber darauf hinweisen, dass ihre Affinität zum gleichen Geschlecht mehr oder weniger im Zusammenhang mit den bereits behandelten Themen der Bulimie und der Menstruationsbeschwerden gesehen werden kann. In leiblicher Hinsicht weisen alle diese Erscheinungen in die Richtung eines spezifischen Verhältnisses zwischen astralischer und ätherischer Organisation. Offensichtlich ist bei Anna eine recht starke Selbstständigkeit des Ätherleibs vorhanden. Mit einer solchen Aussage will ich ausdrücklich keinen allgemeinen ursächlichen Zusammenhang zwischen den erwähnten Phänomenen konstruieren. Wohl aber können wir dadurch eine Empfindung gewinnen für eine gewisse Verwandtschaft in der Dynamik der Wesensglieder im Hinblick auf die genannten Erscheinungen, die alle im Zusammenhang mit dem Ätherleib und seinem Verhältnis zum Astralleib stehen.»

Das Ich

Nachdem wir untersucht haben, wie sich Äther- und Astralleib in Annas Biografie und ihrem Erscheinungsbild äußern, stehen wir nun vor der Frage, worauf zu achten ist, wenn wir Äußerungen der Ich-Organisation bei Anna entdecken wollen.

Wenn wir diese Frage formulieren, stoßen wir auf eine Art mangelnder Entsprechung zwischen dem sachlichen Bezug der Fragestellung einerseits und der erhabenen und geheimnisvollen Wesensart des menschlichen Ich andererseits, die verwirren kann. Der Ausdruck «Ich-Organisation», mit dem auf das Instrumentarium hingedeutet wird, welches das Ich-Wesen in seiner leiblichen Konstellation gleichsam verwendet,[142] macht die Sache nicht besser. Stärker noch als bei der Besprechung von Ätherleib und Astralleib berührt es uns unangenehm, dass wir miteinander *über* Anna – genauer über das Ich von Anna – sprechen, während sie mitten unter uns sitzt. Dies kommt in der Bemerkung eines Teilnehmers zum Ausdruck, der die Frage stellt:

«Sollen wir eigentlich ‹sie› und ‹ihr Ich› sagen oder sie anschauen und über ‹dich› und ‹dein Ich› sprechen?»

Irgendwelche Vorschriften gibt es hier selbstverständlich nicht. Und doch empfinden alle Gesprächsteilnehmer, wie merkwürdig es ist, über das Ich eines anderen Menschen in der dritten Person zu sprechen, während wir den Betreffenden – in unserem Fall Anna – direkt vor uns haben. Und obwohl das so ist, wird zugleich auch deutlich empfunden, dass wir Anna nicht einfach geradewegs auf ihr Ich hin befragen können.

Die Gliedmaßen:

Erneut beginnen wir unsere Zusammenkunft mit einem Gespräch über die von Steiner in «Leitsatz 37» gegebene Charakterisierung des dreifachen Bildes, das in der menschlichen Erscheinung zum Ausdruck kommt.[143]

Nachdem «Haupt» und «Brust» als Anknüpfungspunkte des Sinnes-Nerven-Systems beziehungsweise des rhythmischen Systems behandelt wurden, kommen wir nun zu den «Gliedmaßen». Welches ist das Hauptmerkmal der Gliedmaßen? Sie bringen den Menschen in Bewegung. Durch die Gliedmaßen tritt das Bewegungssystem in Erscheinung. Dieses ist das primäre Arbeitsfeld der Ich-Organisation.

Steiner schreibt: «Im Stoffwechsel- und Gliedmaßensystem hat man, wenn man diese in voller Aktion, in der Entfaltung ihrer notwendigen oder möglichen Verrichtungen betrachtet, ein sinnlich-übersinnliches Bild des rein übersinnlichen Intuitiven.»[144]

Wir stellen uns die Frage, was mit dem «sinnlich-übersinnlichen Bild» gemeint sein könne. Ist es für uns *sichtbar* oder nicht?

Koopmans: «Der Bildcharakter dieses Bereichs ist nicht leicht zu fassen. Es geht natürlich nicht einfach um ein Bild, wie wir es zu verstehen gewohnt sind. Steiner nennt es ‹sinnlich-übersinnlich›, das klingt widersinnig, paradox. In dem Wörtchen *Bild* kann man das Prozesshafte des *Bildens* und *Formens* noch hören. Und *darum* geht es hier eigentlich. Die *Bewegung* der Gliedmaßen *als solche* ist ein Ausdruck des Ich – gerichtete Bewegung, die noch nicht abgeschlossen ist. Wäre sie fertig, so hätte sie ihren Bewegungscharakter bereits verloren. Das Bewegen ist auf eine bestimmte Art sinnlich beobachtbar und verweist so auf dasjenige bzw.

ist *Bild* dessen, was nicht sinnlich wahrnehmbar ist, nämlich auf das Ich als *Wesen.*»

Die nächste Frage meldet sich sofort: «Wie kann man so etwas beobachten?» Streng genommen kann man Bewegung schließlich nicht in einem abgeschlossenen Bild *sehen.* Vielmehr sieht man wie bei einem Film im Grunde nur kleine aneinander gereihte Endergebnisse, und aus diesen schließt man auf die Bewegung.

Koopmans: «Wir nehmen es mit der Intuition wahr. Das beinhaltet eine Art des *Sich-Mitbewegens*, dieses aber als Erkenntnisinstrument aktiv eingesetzt. Die Intuition zeichnet sich durch eine Teilhabe an der *Geistesgegenwart* des Ich aus. Um diese zu realisieren, ist die seelische Eigenschaft des *Mutes* vonnöten. Ohne Mut gibt es keine Geistesgegenwart. In der Intuition fallen Handeln und Bewusstsein zusammen.»

Wir fragen weiter: «Geht das überhaupt zusammen? Streng genommen entwickeln wir Bewusstsein immer erst hinterher.»

Koopmans: «Ja, das ist für die Beobachtung dieses Bereichs nicht anders möglich. Es ist unmöglich, um es einmal so auszudrücken, auf dem Stuhl zu sitzen und sich zu fragen, was da werden will. Die Frage ist nicht: Was will sich aussprechen? Diese Frage geht der Inspiration voran. Hier ist die Frage: Was will *geschehen?*

Intuition richtet sich auf die Wahrnehmung des Willens, auf die Richtung des Willensimpulses und auf seine Intensität, darauf, wie ‹geballt› er ist. Wahrnehmen ist hier ein Sich-Mitbewegen, äußerlich oder innerlich. Im Sich-Mitbewegen entsteht Bewusstsein der Bewegung.»

Und er fährt fort: «Dies alles zu denken bringt eine zusätzliche Schwierigkeit mit sich. Denn das Denken ist immer in Eile. Es steuert auf ein Ziel zu. Intuition hat in diesem Sinn kein Ziel. Sie ist teilhabende Beobachtung. Die Beobachtung des Ich ist zwar auf ein Ziel gerichtet, aber die Aktivität des Wahrnehmens selbst ist ichhafter als der Gedanke an das Ziel.»

Durch das Gespräch ist eine ungewöhnliche Stimmung entstanden. Wir erfahren gleichsam am eigenen Leib, dass es sich bei diesem Forschungsgebiet um völliges Neuland handelt, das die Möglichkeiten gängiger Vorstellungs- und Formulierungsmuster übersteigt. Es kann unmittelbar empfunden werden, dass entsprechende Argumentationen und gedankliche Konstruktionen die Wirklichkeit nicht entfernt erreichen, der sie sich zu nähern versuchen. Diese Wirklichkeit hat etwas Ehrfurchtgebietendes. Schließlich sitzen wir hier beisammen mit ebenso vielen Ich-Wesen wie Anwesenden!

Worauf muss geachtet werden?:

Wie gehen wir nun vor, um nach den Äußerungen der Ich-Organisation bei einem bestimmten einzelnen Menschen zu suchen? Schließlich treffen wir uns hier um Annas willen!

Koopmans: «Theoretisch gibt es verschiedene Bereiche, die sich aufsuchen lassen (vgl. Kap. 4, S. 81 f.). Wesentliche Elemente sind z.B. die folgenden:

Wie lassen sich bei einem bestimmten Menschen Haltung, Bewegung und Gestalt charakterisieren? Letztere ist von Bedeutung, da ihre Integrität eine der Voraussetzungen für gute Bewegungsmöglichkeiten darstellt. Das Ich ist der ‹Architekt› unserer Leibesgestalt, und es ist derjenige, der Haltung und Bewegung gleichsam von innen heraus erfüllt und durchdringt.

Wie ist der Wärmehaushalt eines bestimmten Menschen organisiert? Der Kohlehydrat-Stoffwechsel ist in erster Linie für die Fähigkeit verantwortlich, Aktivität zu entfalten, für die Wärmehülle ist der Fettstoffwechsel verantwortlich.

Wie nehmen sich die Beziehungen der Wesensglieder untereinander aus, insbesondere deren Zusammenspiel und Abgestimmtheit aufeinander? Wie sind Physisches und Ätherisches aufeinander abgestimmt, wie Ätherisches und Astralisches? Auch Zusammenspiel und Koordination der Wesensglieder sind Aufgaben des Ich, und dabei spielt die Wahrnehmungsaktivität eine wichtige Rolle.

Ich schlage vor, Anna zu bitten, noch einmal für uns auf und ab zu gehen.»

Der Gang:

Anna geht in dem begrenzten Raum vor uns hin und her. In einer solchen Situation ist es für sie nicht leicht, das auf entspannte Weise zu tun. Das einzig Beruhigende ist, dass die gespannt blickenden Augen der

Umsitzenden nicht wissen, was sie sehen. Allmählich geht es besser, man gewöhnt sich daran. In der lockeren Atmosphäre überwiegt letztlich das Interesse. Schließlich darf sie sich setzen. Wir versuchen es:

- Der Bewegungsansatz liegt in Schultern und Hüften; zwischen Schultern und Hüften rührt sich nichts;
- als ob der Rumpf eine Art Standbild wäre, das eine eigene Existenz besitzt. Er bleibt ganz bei sich, darin liegt etwas Vorsichtiges;
- es wirkt, als ob sich im Becken Scharniere befänden, mit einer gewissen Steifheit in den Knien, als ob sie in einem Verband steckten;
- man kann auch sagen: Die obere Hälfte befindet sich in Ruhe, die untere Hälfte ist kräftig, die Ferse wird mit Nachdruck aufgesetzt;
- in dem Ganzen steckt eine Kraft, die stärker ist, als die physische Form ahnen lässt;
- sie bewirkt, dass der Raum hinter ihr stark beteiligt ist.

Nach Worten suchend, teilen wir einander mit, was wir beobachten. Dabei entsteht eine Stimmung der Verwunderung. Wir bemerken etwas, doch zu gleicher Zeit entzieht es sich uns.

Wärmehaushalt und Koordination:

Koopmans: «In organischer Hinsicht scheint Annas Ich, was den Wärmehaushalt betrifft, ziemlich kraftlos zu sein. Da ist viel zu überwinden. Ein warmes Bad bildet ab und zu eine Lösung. Bei den jährlichen Erkältungen entsteht kein vernünftiges Fieber.

Auch mit der Koordinationsaufgabe hat die Ich-Organisation es nicht leicht, und dies nicht nur im Verhältnis von physischem und ätherischem Leib – das deutlichste Beispiel sind hier, wie wir feststellten, die Augen –, sondern insbesondere auch zwischen Äther- und Astralleib, wie wir im Zusammenhang mit der Menstruation erkennen konnten.

Es gibt mehrere Hinweise dafür, dass ein Teil des Ätherleibs sich gewissermaßen aufbauscht, es ist gleichsam zu viel Ätherkraft vorhanden. Dem Astralleib gelingt es nicht, besonders im unteren Bereich des Leibes, diese überschüssigen Anteile genügend zu durchdringen. Am Verlauf der Menstruation kann man feststellen, dass der Astralleib entsprechende Versuche macht, sich jedoch wieder zurückzieht; er setzt an und zieht sich wieder zurück. Anna bemerkt, sie sei während der

Menstruation unerträglich für ihre Umgebung, was vor allem an der auftretenden Unaufmerksamkeit liege. Dadurch, dass der Astralleib in das Physisch-Ätherische richtig eindringen muss, gerät Annas Bewusstsein für die eigene Umgebung in einen dumpfen und traumartigen Zustand, vor allem was die räumliche Wahrnehmung betrifft. Sie stellt z.B. die Teekanne so auf den Tisch, dass sie herunterfällt. Zugleich tritt aber *nach* den Krämpfen eine Art Euphorie auf, eine starke Leichte, die auffällig ist im Gegensatz zu der Melancholie, die *vor* der Menstruation vorhanden ist. Wenn der Astralleib in die anderen Leiber einzudringen versucht, kommt es also zu einer Schwere, wenn er wieder zurückweicht, zu einer Leichtigkeit, von der Anna feststellt, sie sei beinahe die schmerzlichen Krämpfe wert. Inkarniert-Sein scheint für sie etwas zu sein, das gewissermaßen wehtut.»

Folgsam:

Koopmans: «Was den organischen Anteil betrifft, mag das Ich ein schwacher Regisseur sein. In jenem Teil des Ätherleibs, der für seelische Aktivitäten zur Verfügung steht, ist eine innere Aktivität erkennbar, die man als ‹Anerkennung der Regie› bezeichnen könnte. In ihrer Kindheit empfängt Anna die Regieführung von Eltern und Erziehern: die Handschrift verbessern, Diktat üben, Eselsbrücken anwenden, sich im Hockey engagieren. Verhältnismäßig spät, dann aber sehr prägnant und zielsicher kommt es zu eigenen Entscheidungen aus dem Ich, was die Wahl bzw. das Auffinden einer eigenen Lebensauffassung und eigenen Gedankenguts betrifft sowie der eigenen sexuellen Verfassung und eines eigenen Arbeitsfeldes. Anna ergreift allerlei Initiativen und ist offenbar dazu in der Lage, Berge von Arbeit zu bewältigen.»

Aufgabenverteilung und Zusammenspiel der Wesensglieder:

Unterdessen entwickeln die Teilnehmer zunehmend ein Verständnis für den Arbeitsverlauf. Es ist deutlich geworden, dass dieser erste, *menschenkundliche* Schritt in der Karmaforschung von entscheidender Bedeutung ist. Die Qualität der menschenkundlichen Analyse, sowohl in der Kunst unbefangenen Beobachtens als auch im Handhaben der zugehörigen Begriffe, entscheidet in hohem Maße darüber, wie weit man mit der Untersuchung gelangt. In jeder Gruppe wird das verschieden ausfallen, abhängig von der «sozialen Chemie» der beteiligten Menschen sowie von Wissen und Erfahrung jedes Einzelnen.

Das der Arbeit zugrunde liegende menschenkundliche Konzept der vier Wesensglieder, die jeweils an besonderen Phänomenen erkannt werden können, spricht uns als moderne Menschen an, analytisch eingestellt, wie wir sind. Unsere Begeisterung für Systematisierung und Einteilung kennt kaum Grenzen.

Hier lauert jedoch eine Gefahr! Koopmans kann nicht genug davor warnen: «Auf die Analyse muss immer auch eine Synthese folgen, sonst werden wir der Wirklichkeit nicht gerecht und haben es mit einem zerstückelten Bild zu tun. Es ist wichtig, die Eigenschaften der einzelnen Wesensglieder zu erforschen, doch letztlich geht es viel mehr darum, eine bestimmte Dynamik in deren gegenseitigen Beziehungen zu erkennen.

Die Dynamik ist charakteristisch. Außerdem müssen wir ganz zentral nach dem Bildcharakter der Erscheinung fragen, mit dem wir uns bereits so viel beschäftigt haben. Wir müssen uns stets dessen bewusst bleiben, dass selbst das vielschichtige dynamische Ganze der Wesensglieder untereinander immer *auch* Bild der geistigen Wirklichkeit einer Individualität ist, das sich in mehr oder weniger dichter Materie spiegelt. Letzten Endes geht es um die Dynamik der Verhältnisse und Beziehungen.

Die Augen:

Koopmans: «Es ist also wichtig zu analysieren, ohne den Zusammenhang der einzelnen Glieder miteinander aus dem Bewusstsein zu verlieren. Schauen wir uns einmal die besondere Konstellation von Annas Augen an und versuchen wir, dem eben Gesagten dabei gerecht zu werden. Ein schwaches weitsichtiges linkes Auge neben einem aktiven kurzsichtigen rechten Auge ist kein alltägliches Bild. Alle Wesensglieder sind daran beteiligt.

Einerseits ist das Auge ein Sinnes-‹Werkzeug›, ein Instrument, andererseits können mit ihm *sehen*. Das sind zwei Aspekte, die bei der Behandlung des Auges in menschenkundlicher Hinsicht unterschieden werden müssen. Auf der einen Seite haben wir es mit dem Bau des Instruments zu tun, auf der anderen Seite mit dessen Aktivität, dessen Funktion als solcher. Letzteres ist mehr eine Sache der Durchdringung und Führung von Seiten des Ich: Wie wird das Instrument angewandt? Dabei hat man es direkt mit der Ich-Organisation zu tun, die von dem Gebrauch macht, was in physischer Hinsicht vorhanden ist.

Für den Bau-Aspekt betrachten wir ebenfalls die Ich-Organisation – immerhin hat sie den Bau im vorgeburtlichen Stadium entworfen –, vor allem aber den Astralleib als den ‹Bauunternehmer› und den Ätherleib gleichsam als die Summe der Bauleute, welche die Bauzeichnung im physischen Leib zur Ausführung bringen.

Bei Annas Augen ist mit beiden Aspekten etwas nicht in Ordnung. Zum einen liegt ein zweifaches Bauproblem vor (rechts kurzsichtig, links weitsichtig), zum anderen auch ein Problem der Beherrschung des Instruments durch das Ich (die Schwäche des linken Auges).»

Wir beginnen mit Letzterem.

Durchdringung und Führung von Seiten des Ich:

Was bei Anna besonders auffällt, ist der große Unterschied von rechts und links. Kein einziger lebendiger Organismus ist vollkommen symmetrisch gebaut. Der Unterschied von rechts und links hängt dabei grundsätzlich mit den wechselseitigen Strömungen zwischen ätherischem und astralischem Leib zusammen.

Die Wesensglieder sind keine Gebilde, die starr und unbeweglich nebeneinander stehen. Sie üben ihre Einflüsse aufeinander aus und spielen in vielfältiger Weise ineinander. Fortwährend verlaufen Ströme vom Physischen zum Ätherischen und umgekehrt, die sich in den räumlichen Verhältnissen spiegeln und ausdrücken. Steiner verweist darauf, dass die Rechts-Links-Unterschiede, die im Physischen als etwas Räumliches erscheinen (rechts ist rechts und links ist links), in Wirklichkeit der Niederschlag einer Dynamik zweier sich begegnender und durchdringender Strömungen sind.[145] Das Ätherische strömt von links nach rechts und schlägt sich im physischen Leib nieder. Was man rechts an einem Menschen beobachten kann, das ist, so könnte man sagen, «physischer», «schwerer» als das, was man links an ihm sieht.

Das Physische dagegen strömt von rechts nach links und wird auf der linken Seite gewissermaßen in den ätherischen Leib erhoben.

Betrachtet man dies im Zusammenhang mit der Fähigkeit des Auges zu sehen, so lassen sich dabei zwei Komponenten unterscheiden. Einerseits hat man links, etwas erhoben ins Ätherische, die empfangende, eigentlich wahrnehmende Komponente, während sich andererseits auf der rechten Seite, mehr im Bereich der Schwere, die Motorik befindet, die tastende, greifende Komponente, welche die erhaltenen Sinneseindrücke gleichsam bestätigt.

Beim Neugeborenen verrichten anfänglich beide Augen die wahrnehmende Tätigkeit. Die Händchen, oft auch die Füßchen, betätigen sich im Greifen und bestätigen auf diese Weise motorisch die Wahrnehmungseindrücke der Augen. Vermittels der Aktivitäten von Augen und Gliedmaßen zusammen *schaut* das neugeborene Kind. Die Motorik (das Ergreifen der Welt) und das Sehen (die Wahrnehmung) dienen noch demselben Ziel. So bildet sich ein «Urgefühl» des Raumes, es entwickelt sich die Fähigkeit, das Wunder der «Gottvater»-Qualität in demjenigen zu erfahren, was als Raum um uns besteht. Das verleiht uns unsere tiefste leibliche Seinserfahrung. Dieses leibliche Seinsgefühl ist außerordentlich fundamental, mit unserem Bewusstsein finden wir dazu kaum Zutritt. Wenn wir ausschließlich *sehen* könnten (wahrnehmen) und nicht *tasten, berühren*, dann würden wir nicht «landen».[146] Umgekehrt, wenn wir nur berühren und nicht sehen könnten, dann würde dies als Wirklichkeitsgefühl nur in beschränktem Umfang in unser Bewusstsein dringen.

Nach einigen Monaten übernimmt das linke Auge beim Säugling die zuvor auf beide Augen verteilte Wahrnehmungsaufgabe, während das rechte Auge die visuell-motorische Funktion der Händchen übernimmt, es «ergreift» und bestätigt den Eindruck, der links empfangen wird.

Koopmans: «Die Tatsache, dass Annas linkes Auge schlecht sieht, sagt etwas darüber aus, dass bei ihr der Strom vom Physischen zum Ätherischen nicht problemlos verläuft. Die wahrnehmende Funktion im visuellen Prozess erhält sozusagen nicht die erforderliche aufwärts gerichtete Unterstützung durch den physischen Strom. Es gelingt dem Auge nicht ausreichend, an dem lichtätherischen Prozess der Wahrnehmung teilzunehmen. Der physische Leib besitzt zu geringe Affinität zu jenem Teil des Ätherleibs, der am visuellen Prozess beteiligt ist, insbesondere zu dessen wahrnehmendem Aspekt. Er versagt, was die empfangende Seite des Sehens betrifft, und erhebt sich nicht genügend vom Boden, als sei er zu schwer.

Bis hierher scheint das Ganze ein Problem zwischen physischem und ätherischem Leib zu sein. Das wäre jedoch zu einfach. In Wirklichkeit ist jede Aktivität innerhalb des Organismus etwas, woran auch das Ich unmittelbar beteiligt ist. Letzten Endes handelt es sich um ein Problem des Ergreifens und Meisterns des Leiblichen von Seiten des Ich. Es investiert sozusagen nicht genügend in den physischen Leib, um ihn ins Ätherische ‹emporzuheben›, wo es seine wahrnehmende Aktivität entfalten kann.

Am aktiven rechten Auge lässt sich etwas erkennen, was das Verhältnis des Ätherleibs zum physischen Leib betrifft. Das Ätherische strömt von links nach rechts bis ins physische rechte Auge. Dieses Auge hat früher einmal von den Händen die Greiffunktion übernommen. Es hat die bestätigende Funktion beim Sehvorgang. Diese Aufgabe übt es gut aus. Der Strom vom Ätherischen zum Physischen wird diesbezüglich also nicht gestört. Aber auch hier darf der Anteil des Ich nicht vergessen werden. Bei Anna hat das Ich im Ätherleib sozusagen einen guten Stand, es ist handlungsfähig. Das stellten wir bereits fest. Hingegen stockt der Strom des Physischen zum Ätherischen. Im Physischen findet sich das Ich sichtlich nicht leicht zurecht.»

Der Bau der Augen:

Das zweite ausgeprägte Charakteristikum von Annas Augen besteht darin, dass das linke weitsichtig und das rechte kurzsichtig ist. Dies ist ein Bauproblem und hat in ihrem Fall die zwei gegensätzlichen Ausprägungen der Weitsichtigkeit und Kurzsichtigkeit.

Koopmans: «Das linke Auge (weitsichtig) besitzt primär eine anatomische Abweichung in physischer Hinsicht. Die Ursache sämtlicher Mängel im physischen Leib liegt jedoch nie in diesem selbst. Vielmehr handelt es sich um einen Mangel im Ausgestaltungsprozess des Auges, der seine Ursache im Verhältnis zwischen ätherischem und physischem Leib hat. Und das wiederum rührt anderswo her. Denn der Ausgestaltungsvorgang vollzieht sich unter dem Einfluss des vom Ich durchdrungenen Astralleibs. Es ist der Ich-Architekt, der seine Arbeit nicht zufriedenstellend ausgeführt hat.

Dieser Mangel entsteht in jener Zeit, in der das Auge veranlagt wird, nämlich in der embryonalen Phase und den ersten sieben Lebensjahren. Bei gesundem Entwicklungsverlauf wirken Ich und Astralleib währenddessen aus dem Sinnes-Nerven-System (dem ‹Haupt›) in den übrigen Menschen hinein. Die dabei vorherrschende Wirkrichtung verläuft von oben nach unten. Bei der Kurzsichtigkeit erkennen wir die umgekehrte Wirkrichtung.

Dies ruft selbstverständlich die Frage nach der karmischen Veranlagung hervor, welche die höheren Wesensglieder mitbringen. Sie wird im weiteren Verlauf zur Sprache kommen.»

Etwas völlig anderes liegt bei Annas rechtem Auge vor. Es weist eine häufig auftretende Form von Kurzsichtigkeit auf.

Im Lauf der Kindheit verbinden sich die zwei höheren Wesensglieder, astralischer Leib und Ich, immer intensiver mit dem körperlichen, physisch-ätherischen «Apparat». Vor allem geschieht dies im zweiten Jahrsiebt. Die Ich-Organisation beginnt mit diesem Verbindungsvorgang im Bereich von Stoffwechsel und Gliedmaßen und durchdringt aufwärts strahlend den übrigen Menschen. Der abwärts gerichtete sowie der aufwärts strebende Strom erfahren durch das rhythmische System ein Harmonisierung, sie werden in ein Gleichgewicht gebracht. Rudolf Steiner drückt dies gelegentlich mit den Worten aus, der Mensch werde erst im zweiten Jahrsiebt ein dreigliedriges Wesen. Erst dann erhält das rhythmische System seinen eigenständigen Charakter und wird also vom Ich ergriffen und gestaltet.

Kurzsichtigkeit in der am häufigsten auftretenden Form ist die Folge davon, dass Ich und Astralleib beim Heranwachsen des Kindes vor dem Einzug in die unteren Wesensglieder sozusagen zurückschrecken. Sie weichen davor zurück, in jenen Strom unterzutauchen, der von unten nach oben verläuft und der in seelischer Hinsicht verwandt ist mit dem *Wollen* (und Begehren) bzw. in physisch-ätherischer Hinsicht mit der *Wärme*.

Diese Form der Kurzsichtigkeit wird meist entdeckt, wenn das Kind zwischen acht und zehn Jahren alt ist, also ein paar Jahre, *bevor* der Astralleib in die Leiblichkeit einzieht. In der Regel nimmt die kindliche

Sehschwäche in den folgenden Jahren etwas zu, bis sich der Prozess in den meisten Fällen im Alter zwischen 18 und 25 Jahren stabilisiert. Bei verhältnismäßig vielen Kindern ist dies so der Fall.

Die Kurzsichtigkeit von Annas rechtem Auge ist also karmisch gesehen weniger spezifisch. Sie verweist auf ein ziemlich allgemeines Wachstumsphänomen, dass es nämlich den höheren Wesensgliedern nicht vollständig gelingt, den physischen Apparat zu durchdringen. Dass sich dies als Kurzsichtigkeit äußert, ist folgendermaßen zu begreifen: Wir müssen, was das Sehen betrifft, grundsätzlich zwischen dem *visuellen* Element (der Funktion der Retina) und dem dazugehörigen Willensaspekt unterscheiden. Der Letztere ist eine Art imponderables *Ergreifen*. Weicht das Ich in diesem willensverwandten Strom zurück, so äußert sich dies in einem ungenügenden «Ergreifen» des Raumes und somit in der Kurzsichtigkeit.

Zusammengefasst erkennen wir dabei zwei Grundzüge. Das linke Auge besitzt einen Mangel in anatomischer Hinsicht, also in seiner Bildung, der auf das Affinitätenkarma des Astralleibs verweist. Das rechte Auge unterliegt einer eher häufig auftretenden Inkarnationsschwäche. Dieser Doppelcharakter macht die Sache kompliziert, er macht sie aber auch besonders interessant. Links bleibt gleichsam schwebend etwas über die Welt erhoben, während Rechts auf die ihm mögliche Art sein Bestes daraus macht.

Hockey, «Zweite Damen»:

In den Arbeitsgesprächen der Workshops erweist es sich immer wieder als eine Kunst, bei den Untersuchungen eine strenge und systematische Reihenfolge einzuhalten. Manchmal wird das strikte Vorgehen der Lebendigkeit eines Gesprächs oder dem Engagement der Teilnehmer geopfert. Die vielfältigen Fragen tragen auch dazu bei, dass wir uns im Gespräch gelegentlich verzetteln. Das Motiv von Annas Augen bringt uns ganz selbstverständlich darauf zu sprechen, wie Anna damit lebt und seit ihrem fünfzehnten Jahr mit dieser Behinderung umgeht.

«Dass es mit einem solchen Handicap gelingt, Hockey zu spielen und sogar bis in die ‹Zweiten Damen› zu gelangen, das ist schon auffällig!»

Koopmans: «Allerdings! Das ist eine ziemlich eigenständige Antwort auf das Problem. Anna tut etwas, sie nimmt es in die Hand. Im Grunde gibt es zwei Möglichkeiten, mit einer solchen körperlichen Besonderheit umzugehen: Entweder man erträgt sie, oder man macht etwas aus der Situation. Aristoteles erkannte das bereits. *Tun* und *Leiden* zählte er zu seinen zehn Kategorien, den Grundelementen für den Zugang zur Wirklichkeit. Anna unternimmt etwas, um ihr Handicap auszugleichen. Sie bleibt beim Hockey und bringt es sogar ziemlich weit damit.»

Ein Teilnehmer erinnert sich: «Was sie darüber erzählte, wie sie in der Schule lernte, war genauso: Diktate in der Muttersprache bereiteten ihr Schwierigkeiten, und doch wird sie aus eigener innerer Aktivität damit fertig, indem sie mit Eselsbrücken und grammatischen Regeln arbeitet. Für ein Kind ist das schon ungewöhnlich. So lernt man eine Fremdsprache, aber nicht die eigene Muttersprache! Entwickelt sie damit ihren Willen?»

Koopmans: «Durchaus, und das auf eine sehr spezielle Weise. Menschen, die Kinderlähmung durchgemacht haben und mit Beinschienen oder im Rollstuhl das Leben verbringen, sieht man häufig eine auf den Körper gerichtete starke Willenskraft entfalten. Bei Anna geschieht etwas Verwandtes in einer mehr innerlichen Hinsicht, im Bereich des Vorstellungsvermögens. Der Wille entwickelt sich bei ihr auf einem eher unwägbaren Gebiet. Das nimmt schon in jungen Jahren seinen Anfang.»

«Das fühlt sich wie ein karmisches Thema von ihr an», bemerkt ein Teilnehmer.

Koopmans: «In der Tat! Allerdings sollten wir fragen, warum das so ist. Karma ist eine Angelegenheit des menschlichen Willens. Bei dem genannten Beispiel aus Annas Leben begegnen wir einem deutlichen Willensmotiv, das sich überdies durch Kontinuität auszeichnet. Dieses Motiv durchzieht ihr Leben. Kontinuität, Ausdauer gehören zur Ich-Qualität des Willens. Es handelt sich um Durchhaltekraft und Treue zu einem Motiv.

Die karmische Beschaffenheit des Willens hängt aber noch mit etwas anderem zusammen. Und zwar ist sie unmittelbar mit der Wirklichkeit der geistigen Welt verbunden. Der Wille ist gleichsam die Welt des Geistes *in* uns. In den anthroposophischen Grundwerken finden wir verschiedene Bilder, die diese Welt charakterisieren. Rudolf Steiner spricht vom Seelen- und Geistgebiet, verwendet aber auch das Bild der Planetensphären, anderswo deutet er auf denselben Sachverhalt hin, indem er von verschiedenen Hierarchien geistiger Wesen spricht. Das ruft in unserem gewöhnlichen, auf die irdischen Verhältnisse gerichteten Bewusstsein die Neigung hervor, diesen ‹Himmel› *außerhalb* von uns selbst zu suchen. Der Himmel ist ‹hoch› oder ‹weit weg› – bis wir realisieren, dass jene Welt des Himmels unsere durchaus unmittelbare Lebensumgebung zwischen Tod und neuer Geburt ist und sich in unserem irdischen Leben auswirkt.»

Zusammenfassung und karmischer Aspekt

Der erste Schritt ist hiermit vorerst getan. Er besteht darin, Anzeichen und Hinweise in der biografischen Darstellung von Anna sowie in der Beobachtung ihrer Erscheinung zu finden, darin also, wie sie aussieht, spricht und sich bewegt, die uns etwas vermitteln können über Art und Beschaffenheit ihres Physisch-Ätherischen, Astralischen und ihrer Ich-Organisation. Diese menschenkundliche Herangehensweise beabsichtigt nicht mehr, aber auch nicht weniger, als die einzelnen Wesensglieder und ihre gegenseitigen Beziehungen zu erforschen.

Das oben aus der Arbeit Berichtete beruht auf einem «Lesen der Phänomene», in denen sich der dreifache «Überbau» manifestiert, den der Mensch «auf» seiner sichtbaren Leiblichkeit trägt. Wenn sie auch auf eine übersinnliche Wirklichkeit verweisen, so sind die Erscheinungen selbst doch irdischer Natur. Immer sind es ganz konkrete Phänomene, die auf die spezifische Beschaffenheit und die Beziehungen der Wesensglieder untereinander verweisen. Das eigentliche Ziel der dargestellten Arbeit soll damit jedoch nicht aus dem Auge verloren werden: Es geht um die Karmaforschung.

Daher soll hier nun die Frage gestellt werden: Welchen Beitrag leisten die Ergebnisse dieser anthroposophischen menschenkundlichen Untersuchung für die angestrebte Karmaforschung?

Koopmans: «Die Beschaffenheit jedes der Wesensglieder beinhaltet ganz offensichtlich einen karmischen Aspekt. Jeder von uns trägt Elemente in sich, die für das Leben nicht unwesentlich sind, sowohl aus der Äthersphäre als auch aus der astralischen sowie der Ich-Sphäre. Die spezifische Beschaffenheit des Ätherleibs wird als Naturkarma ausgelebt, als *biologisches* Schicksal. Was Anna betrifft, so können wir dabei an ihre Augen denken, an die Art und Weise, wie ihre Menstruation verläuft, und an den Charakter ihrer Angstträume als Kind.

Die besondere Verfassung des Astralleibs äußert sich im *psychosozialen* Schicksal, in allen Talenten und Unfähigkeiten sowie darin, wie und in welcher Hinsicht man sich im Leben mit der Umgebung verbindet. Darunter fallen Annas Begabung für Mathematik, ihre Abkehr von dem, was sie «soziales Trallala» genannt hat, ihre Sehnsucht nach einer tiefen Freundschaft und der Hang zu sportlichen Leistungen. Der besondere Charakter des Ich schließlich prägt das *biografische* Schicksal. Rudolf Steiner nennt dies das Karma der Erlebnisse und Ereignisse. Gemeint ist das Schicksal, das durch das gebildet wird, was scheinbar von außen auf uns zukommt und sich doch als Eigenes erweist, was uns also wie aus einem ‹peripheren Ich› entgegenkommt, das aus der Umgebung auf uns wirkt. In Annas Schilderung ist zu erkennen, wie z.B. ihre Eltern diese Rolle einnehmen, wo sie ihr zeitweise eine ‹Regieführung› anbieten, die sie selbst akzeptiert. Aber auch ihren Fahrradunfall kann man dazu zählen ebenso wie die Begegnung mit dem sozial engagierten Lehrer der holländischen Sprache.»

Der folgende Schritt: Mond-Sonne-Saturn-Übung

Die zweifache Biografie

«Bis hierher», sagt Koopmans, «haben wir uns intensiv mit einem im Grunde vorbereitenden Stadium beschäftigt. Wir sind bislang bei jener Anna geblieben, wie sie hier und jetzt auf der Erde herumläuft. Wir haben Phänomene aus ihrer Biografie betrachtet, die uns halfen, ein Bild davon zu gestalten, wie ihre Wesensglieder miteinander verbunden sind und wie sie zusammenwirken. Wir müssen uns nun klarmachen, dass wir damit sozusagen nur den halben Menschen ins Auge gefasst haben. Der irdische Lebenslauf bildet die *eine* Hälfte. Die andere Hälfte hat sich im

Leben zwischen einem früheren Tod und der diesmaligen Geburt abgespielt. Diese Hälfte hat eine kosmische Dimension.»

Können wir diese zweite Hälfte in unsere Betrachtung konkret mit einbeziehen? Wie fangen wir das an?

In einem seiner Karmavorträge (vgl. Kap. 5, S. 91 ff.) beschreibt Rudolf Steiner ein geisteswissenschaftliches Vorgehen, dies zu tun. In Kürze geht es dabei um Folgendes: Gelingt es, die sorgfältig ermittelten irdisch-biografischen Gegebenheiten anschließend aus dem Bewusstsein zu löschen, so lässt dies ein bestimmtes Nachbild in Erscheinung treten. Dieses Nachbild enthüllt etwas von dem, was sich zwischen Tod und heutiger Geburt vollzogen hat.[147]

Im Grunde genommen ist dies eine Methode der Meditation. Ein Bild oder einen Gedanken mit großer Kraft aufzurufen, um sie in der Folge wieder loszulassen und auf eine Antwort von Seiten des untersuchten Phänomens zu warten, ist eine bewährte Methode des Meditierens.

Übrigens ist dabei von einer Gruppenmeditation ganz und gar nicht die Rede. Vollkommen individuell bemüht sich jeder Teilnehmer darum, in der zwischen den Zusammenkünften zur Verfügung stehenden Zeit eine vorbereitende Arbeit zu leisten. Durch die intensive Vorarbeit kann eine objektive Atmosphäre der Empfänglichkeit entstehen.

Die Übung wird gemeinsam besprochen. Dadurch entsteht ein Bild der verschiedenen Sphären, welche die sich inkarnierende Individualität vor ihrer Geburt durchläuft.

Der Auftrag:

Welche biografischen Elemente aus Annas Leben eignen sich nun für diese Karmaübung? Koopmans macht einen Vorschlag, mit dem wir uns zunächst zu Hause an die Arbeit begeben.

«Für den Schritt in die Mondensphäre versuchen wir uns Annas konkret erfolgte Taten wegzusuggerieren. Das betrifft alles, was sie mithilfe ihrer ‹Arme und Beine›, wie Steiner es ausdrückt, im Leben verrichtet hat, also die berufliche Tätigkeit, die sie ausgeübt hat, die von ihr unternommenen Reisen usw. Anschließend muss gleichsam im Hintergrund dessen eine Art Stimmungsbild aufgebaut werden. Dabei handelt es sich noch nicht um etwas Geistiges, sondern um eine Seelenstimmung. Wir stellten bereits bei der Behandlung von Annas Ätherleib fest, dass jene Grundstimmung, die als ein quasi ‹schwebender Mensch› fast sichtbar hinter dessen Phänomenen erkennbar wird, etwas Träumerisches und seelisch Leichtes hat. Wir blicken damit auf das Temperament, die Fantasie. Sie sind das Ergebnis der kosmischen Mondenwirkung, sie sind die Komposition des vorgeburtlichen Ätherleibes.

Für den Zugang zur Sonnensphäre nehmen wir als biografisches Beispiel das ‹Drama› von Annas Augen zu Hilfe, deren Weit- bzw. Kurzsichtigkeit. Beide haben stark damit zu tun, welches Bild man als Mensch von der Welt gewinnt. In der Tatsache, dass sich jemand anschickt, auf diese recht extreme Weise die Welt zu erleben, spricht sich etwas vom Sonnenkarma aus.

Für den Schritt in die Saturnsphäre betrachten wir Annas Begegnung mit der Anthroposophie, aber beispielsweise auch die Art und Weise, wie sich ihre Erinnerung vollzieht. In allen drei Fällen sollte anschließend die Frage gestellt werden: Was wirkt im Hintergrund als geistiger Wille? Es geht darum, anhand dieser Frage gleichsam hinter die Phänomene zu hören.»

Gaben der Sonne

Die letzte Zusammenkunft hat begonnen. Eine erwartungsvolle und festliche Atmosphäre ist spürbar. Wohin werden wir gelangen? Obwohl Koopmans fast unausgesetzt das Wort hat, haben wir doch das Gefühl mitzuarbeiten. Unser Beitrag besteht denn wohl in der Aufmerksamkeit, mit der wir seiner Darstellung folgen.

Anna selbst eröffnet die Zusammenkunft: «Von den drei gestern genannten möglichen Blickwinkeln scheint mir der mittlere, jener der Augen, der persönlichste. Die Verträumtheit als eine Gabe des Mondes wie auch die Begegnung mit der Anthroposophie aus der Saturnsphäre habe ich mit vielen anderen Menschen gemein.»

Koopmans: «Gut, beginnen wir damit. Dann lassen wir den ersten Schritt zunächst einmal aus. Dieser würde darin bestehen, die Gaben aus der Mondensphäre aufzusuchen.»

Wir beginnen also direkt mit dem Schritt in die Sonnensphäre. Er bildet die zweite Phase der Mond-Sonne-Saturn-Übung. In ihr wird die individuelle Bildung des Astralleibs gesucht, wie sie vor der Geburt stattgefunden hat. *Einen* Einstieg könnte das vorläufige Ergebnis bilden, was sich im Hinblick auf den Mond ergab, nämlich die Stimmung der Verträumtheit und Leichtigkeit in der Seele, die hinter Annas Tun und Lassen aufleuchtet. – Eine andere Möglichkeit des Einstiegs (vgl. Kap. 5, S. 100 f.) besteht darin, diejenigen biografischen Elemente zu untersuchen, die mit den Sinnen zu tun haben. In seelischer Hinsicht bilden sie die Tore zur Umgebung, zur Welt. Sie bestimmen sozusagen den Verkehr zwischen innen und außen.

Koopmans: «Was Annas Wesen in der Sonnensphäre erfährt – wir sprechen jetzt von dem Geist- und Seelenwesen, das sich zur folgenden Verkörperung anschickt –, das manifestiert sich auf der Erde in Anlage und Gebrauch der Augen und natürlich noch in vielem anderen. Wir beschränken uns jetzt auf die Augen. Wenn das Astralische wirksam wird, tritt mit ihm ein Spannungsfeld zwischen innen und außen auf. Eine Innenwelt nimmt Gestalt an, und mit dieser bildet sich eine Außenwelt. Auf der Erde vermitteln die Sinnesorgane in diesem Spannungsfeld.»

Nicht zu tief!:

«Deshalb versuchen wir im Hinblick auf das Geschehen in der Sonnensphäre sozusagen einen Blick hinter den persönlichen Gebrauch der Sinne zu werfen, bei Anna nun insbesondere hinter den der Augen. Der Bereich des Visuellen hat mit der physischen Inkarnation zu tun, mit der ganzen Art, in der das Geist-Seelen-Wesen im und durch das physisch-ätherische Instrument wirksam ist. Annas aktuelle physische Verkörperung zeigt die Tendenz, nicht besonders tief zu dringen. Das findet selbstverständlich ganz unbewusst in der frühen Kindheit statt, während im Tasten und durch die Augen die physische Welt kennen gelernt wird. Bei Anna tritt da etwas auf, das gleichsam sagt: ‹Halt dich zurück! Nicht zu tief die physische Welt ergreifen!› Mit ihrem rechten Auge versucht sie diese Neigung zwar etwas auszugleichen, ihrer Anlage nach blickt sie jedoch nicht *in* die Welt, sondern gleitet mit dem Blick über sie hin. Wenn man einen Blick besitzt, der weitsichtig mehr oder weniger über die irdische Welt hinschweift, dann kann das so wirken, als halte man etwas in Reserve, als verbinde man sich nicht tiefer mit dem Gesehenen, sondern warte vielmehr auf etwas. Was will man mit einer derartigen Veranlagung? Eine Antwort auf diese Frage ist natürlich nicht ohne weiteres zu geben. Es geht um den Versuch zu erlauschen, was eine solche Anlage sagen will.»

Willensreaktion:

«Wir stellten bereits fest, dass die mangelnde Anwesenheit (die Verträumtheit, aber auch die Anlage der Augen) auf einem anderen Gebiet ein starkes Bewusstsein nach sich zieht. Beispielsweise rufen jene Lernprozesse, über die Anna wegzuträumen neigt, eine willenshafte Reaktion hervor. Die entstehenden Mängel werden in einem etwas späteren Alter aus einer initiativen Gedankensphäre heraus kompensiert.

Dies geschieht mithilfe des freien Teils des Ätherleibs. Doch entsteht bei Anna der Eindruck, dass auch von dem leibgebundenen Teil des Ätherleibs ein gewisser Anteil nicht gebraucht wird, dass eine Art Überschuss vorhanden ist. Ihr Astralleib hat etwas Zartes, Zurückhaltendes. Er setzt sich nicht mit Macht dafür ein, von seinem leiblichen Instrument Gebrauch zu machen. Ganz besonders erkennt man das daran, was während der Menstruation im urogenitalen Bereich stattfindet. Der Astralleib hat etwas Zögerndes und Tastendes. Darüber hinaus ist die Verbindung zwischen physischem und ätherischem Leib auch relativ locker.»

Ätherischer Überschuss:

«Was bedeutet es, wenn im ätherischen Leib eine gewisse Freiheit vorhanden ist? Es geht um etwas sehr Subtiles. Wir sprachen von einem kindlichen Eindruck, den Anna auf uns machte, einem Eindruck der Unschuld. Der Ursprung dieses Eindrucks scheint in einem freien Element des Ätherleibs zu liegen, der von keiner bestimmten organischen Aufgabe in Anspruch genommen wird und der auch nicht von persönlicher Denkkraft, von Gemüts- oder Willenskräften benötigt wird. Er lässt gewissermaßen ein Stückchen Kindnatur im Menschen zurück, die etwas Unschuldiges und Reines bewahrt hat. Solch ein reines Stückchen Sonnensphäre im Menschen ist zart, es ist empfänglich für allerlei Einflüsse, gute wie schlechte. Es kann daher auch leicht zurückgedrängt werden.»

Anna erinnert sich: «Ja, als ich mit achtundzwanzig plötzlich so kritisch wurde …»

Koopmans: «In solch einem Augenblick ergreift das Scharfe, das Intellektuelle seine Chance, man blickt dann messerscharf auf das, was auf der Erde geschieht. Auf der Erde kann solch ein reines Element leicht übergangen oder auch übersehen werden. Wir wollen jetzt jedoch versuchen, den anderen Menschen in den Blick zu nehmen, und dann wird die Frage interessant, wie sich dieses Kindheitselement zum Karma verhält. Was sind das für Kräfte? Worin haben sie ihren Ursprung?»

Weiter:

«Bisher betrachteten wir die Sonnensphäre, der gegenüber zwei Fragen ganz entscheidend sind: Wie will jemand im Leben auf der Erde der Welt begegnen? Und: Wie wird das zu menschlicher Leiblichkeit? Bei Anna schien etwas zurückgehalten worden zu sein, das mit Unschuldskräften zu tun hat. Dem schloss sich die Frage an: Wie kommt es, dass jemand das mitbringt? Handelt es sich dabei um eine Intention oder um eine Frucht? Diese Frage ist nicht so einfach zu beantworten.

Wenn wir mit der Übung fortfahren, gelangen wir vielleicht trotzdem noch zu einer Antwort. Machen wir uns zunächst einmal auf die Suche nach den Qualitäten des Saturns. Wie steht es z.B. mit Annas Begegnung mit der Anthroposophie?»

Gaben des Saturns

Anthroposophie:

Koopmans: «Die Begegnung mit der Anthroposophie hat bei Anna eine Art Doppelcharakter. Einerseits findet sich da eine starke jugendliche

Seelenqualität, z.B. im Wiedererkennen der Menschen in ihrem Kurs an der Vrije Hogeschool und in den auch heute noch wiederauflebenden Gefühlen der Freude, wenn sie auf deren Gelände kommt. Das ist ein klassisches Beispiel dafür, wie die Empfindungsseele wirkt. Andererseits gibt es da auch eine sehr energische Qualität des Lernens – sie macht sich geradezu über die Lerninhalte her –, die mit viel Initiativkraft einhergeht. Sie unternimmt alles Mögliche. Im Gegensatz zu dem erstgenannten Motiv von ‹Wiedererkennen und Freude›, durch das eher das Bild einer Atmosphäre entsteht, werden hier Verstandes- und Bewusstseinsseele sehr persönlich angesprochen. Es scheint vielleicht ein wenig gesucht, ich glaube jedoch, dass es wichtig ist, die Art einer solchen Begegnung als ein objektives Seelenphänomen zu verstehen. Auf das *Wie* kommt es dabei an. Die ganze Begegnung hat für sie offensichtlich ganz entscheidenden karmischen Charakter.»

«Herz-Erinnerungen»:

«Und dann gibt es noch etwas, das auffällt. Anna erzählte, dass ihre Erinnerungen an Kindheit und Jugend vage und undeutlich seien. Es gibt jedoch eine Ausnahme, und das sind die Begebenheiten, die mit Schuldgefühlen zusammenhängen.

Die Qualität des Gedächtnisses ist, wie wir feststellten, differenziert und hat mit dem Spiegelungsvermögen der so genannten vier Hauptorgane zu tun. Diese vier Organe repräsentieren gleichsam die vier Elemente im menschlichen Leib (vgl. Anhang II zu den Organen). Lunge und Leber spiegeln bei ihr nur schwach, die Nieren tun dies etwas besser (dabei kann man an die Dramatik der Verliebtheiten und Beziehungen in Annas Schilderung denken), aber das Herz tritt deutlich hervor. Das Herz spiegelt die am stärksten vom Ich getragenen Erinnerungen. Herzerinnerungen haben einen moralischen Gehalt. Hier ist es das Schuldgefühl, das schlechte Gewissen. Die Erinnerungsrichtung – welche Art von Erinnerungen wir vornehmlich haben – gehört auch zur Saturnsphäre. Annas Erinnerungsleben ist insgesamt eher verschwommen und schwach ausgeprägt, ein Gedächtnisbereich setzt sich jedoch davon ab. Sie leiht ein Buch, macht aus Versehen einen Knick in den Umschlag – und fühlt sich schuldig. Jedes Mal, wenn etwas Derartiges passiert, tauchen aus dem Gedächtnis eine Reihe von Situationen auf, in denen sie sich schuldig fühlt.»

Koopmans schließt mit der Frage: «Wenn ihr dem allem zu folgen versucht, wohin gelangt ihr dann? Woran lässt euch das denken?»

Wir sind an einem entscheidenden Punkt im Untersuchungsprozess. Die Frage ist, ob aus dem lebendigen Vertrautsein mit geschichtlichen Zusammenhängen und Themen der Entwicklung der menschheitlichen Kulturgeschichte bei einem der Teilnehmer ein Anknüpfungspunkt auftritt. Für die Karmaforschung – mit dem direkten Hintergrund der Reinkarnation – ist ein Geschichtsbewusstsein aus der Sache heraus von Bedeutung.

Was die sich inkarnierende Individualität insbesondere als Gaben des Saturns an karmischen Intentionen im engeren Sinn in das Leben auf der Erde mitbringt, das steht mehr oder weniger offensichtlich im Zusammenhang mit großen Entwicklungsströmungen in der Menschheitsgeschichte. Steiner weist darauf hin, dass bei den Inkarnationen von Menschen, die eine deutliche Affinität zur Anthroposophie empfinden, die geschichtliche Entwicklung Europas oft eine wichtige Rolle spielt. Wir können dabei an die vorchristlichen Mysterienschulen denken, an die philosophischen Schulen und Richtungen, die sich seit Platon und Aristoteles entwickelten, eng verbunden mit dem Christentum in seiner bunten Entfaltung; wir können denken an den Arabismus des 8. und 9. Jahrhunderts, der sich, beeinflusst durch die Eroberungszüge (um 300 v. Chr.) Alexanders des Großen – der Aristoteles' naturwissenschaftliche Schriften in den Osten brachte – über Nordafrika und Spanien wieder in Europa meldete; weiter an das Mönchswesen und die Scholastik des Mittelalters, an die großen Mystiker, an die Entwicklung und Ausbreitung des naturwissenschaftlichen Denkens seit dem 16. Jahrhundert, an die großen Strömungen der Kunst sowie an unendlich viel mehr, was die menschliche Kultur auf ihrer Suche nach dem Geist hervorgebracht hat.

Dies alles scheint so unfassbar viel und großartig zu sein, dass die Existenz unseres Grüppchens, das mit praktischer Karmaforschung im Hinblick auf Anna beschäftigt ist, sich völlig unbedeutend dagegen ausnimmt. Doch ist es wesentlich, mit einem gewissen Mut und Vertrauen den Sprung zu wagen. Schon allein durch den Versuch wird die persönliche Schilderung eines Lebens in einen umfassenderen überpersönlichen

Zusammenhang gestellt. Indem wir die Frage stellen, wie sich eine Individualität in das Ganze der Menschheitsentwicklung einfügt oder eingefügt hat, wird die Darstellung einer Biografie gewissermaßen herausgehoben über ausschließlich alltägliche Dimensionen und kann somit ein Gewicht erhalten, das intuitiv als berechtigt erfahren wird.

Platonische Gedankenwelt:

Koopmans: «Ihr kennt das Thema des aristotelischen und des platonischen Denkstroms, die unsere Kultur durchziehen. Es wird unter Anthroposophen mit besonderem Interesse behandelt.[148] Ich bringe dies nicht leichthin ins Gespräch, habe jedoch bei Anna den Eindruck, dass die Frage nach dem Verhältnis zwischen Aristotelikern und Platonikern am Platz ist, exakter ausgedrückt die Frage nach dem Verhältnis zwischen aristotelischer und platonischer Seelen- und Geistesart.»

Vor Anbruch der Moderne herrschte ein Denkklima, das noch ein gänzlich anderes Verhältnis zur Natur hatte als unser heutiges. Die neuere Naturwissenschaft ist auf der Suche nach Naturgesetzen. Im Mittelalter bestand häufig noch eine Art wesenhafte Beziehung zur Natur. Namentlich in der Schule von Chartres, in Orléans und an anderen Orten wurde die Göttin Natura – ein Wesen also – als das Wesenhafte der Natur betrachtet. Steiner zufolge sind es ganz besonders die Lehrer von Chartres, die eine platonische Geistesverfassung repräsentieren: Alanus ab Insulis (von Lille), Bernardus Silvestris und andere. Wir könnten ihre Werke heute als stark mythologisch-imaginativ bezeichnen. Ungefähr hundert Jahre nach ihnen sehen wir in der aufblühenden Scholastik ein völlig anderes Element heraufkommen. Nach einer langen Periode, die zum Teil abseits des Hauptstroms der europäischen Geschichte verlief, wurde die aristotelische Denkweise u.a. von Albertus Magnus und Thomas von Aquin wieder aktualisiert und im christlichen Kontext voll entfaltet. Die aristotelische Art des Denkens bildet heute ein wichtiges Fundament unserer gegenwärtigen, naturwissenschaftlich geprägten Einstellung zu Mensch und Welt. Sie ist vor allem scharfsinnig und methodisch ausgerichtet, auch in der Theologie, die von alters her das erste und vornehmste Feld der Wissenschaft war.

Die platonische Denkart in ihrer nachchristlichen Ausprägung hat einen ganz anderen Charakter. Sie lebt in einem schier endlosen Ganzen aus Bildern, Imaginationen. Diese spiegeln zumeist noch eine Vertrautheit mit der Auffassung, nach welcher der Christus ein Sonnenwesen, ein wirkliches kosmisches Wesen ist.[149]

Freier Äther und Exaktheit:

Koopmans: «Eine Individualität, die in einem vorigen Leben, insbesondere im Mittelalter, stark ein platonisches Gedankenleben in sich aufgenommen hat, kann im Leben zwischen Tod und neuer Geburt einen gewissen Überfluss für ihren künftigen Ätherleib aufbauen. Durch das bildhafte Denken, das die Platoniker ausüben, sind sie stets dabei, den freien Teil des Ätherleibs zu ernähren. Dieser lebt ja in Bildern.[150] Die mittelalterlichen Platoniker lebten gleichsam umgeben von einer freien Ätherqualität, immer auf der Suche nach angemessenen, beweglichen Bildern, in deren Mitte sich die Gestalt der Natura befand, die von ihnen noch nicht als eine Allegorie verstanden, sondern als ein wirkliches Wesen erlebt wurde. Nach ihrem Tod nahmen sie die Ergebnisse dieser Schulung mit. Erneut auf dem Rückweg zur Erde wird deren Frucht eine Schicht tiefer in die Leiblichkeit eingefügt, insbesondere auch im körpergebundenen Teil des ätherischen Leibes.

Infolgedessen kann ein Mensch, bei dem dies der Fall ist, im nächsten Leben eine seelische Konstitution erhalten, die sozusagen über die Welt hinwegschaut. Doch braucht dieser Blick nicht nebulös zu sein. Im Gegenteil, es kann zugleich sogar eine Neigung zum Exakten vorliegen. Ein solcher Mensch bleibt nicht in okkulter Romantik hängen, sondern sucht die Exaktheit gleichsam im Ätherischen selbst. Er sucht sie nicht im Physischen, wo die Exaktheit immer die Begrenzung durch feste Formen in Kauf nehmen muss, sondern im Bereich des Ätherischen, dessen Grundprinzip die Zeit ist. Es geht dabei also um eine Exaktheit, die sich auf die Realität zeitlicher Vorgänge und Abläufe bezieht, von Wachstum und Entwicklung. Die moderne Wissenschaft negiert das Ätherische. Gerade zu ihm aber besitzt die platonische Seele eine Affinität, die im Menschen des 21. Jahrhunderts allerdings in moderner Form auftritt, die das Streben nach Exaktheit mit einschließt.»

Fragen:

Wir Teilnehmer sitzen dabei und lauschen fasziniert – und erwachen dann wieder in unserem Bedürfnis, den Schritten folgen zu können. So wirft jemand ein: «Einen Augenblick! Wir haben mithilfe der karmischen Entwicklungsgesetze begriffen, dass sich Eigenschaften in aufeinander folgenden Leben häufig in ihr Gegenteil verwandeln, auf jeden Fall aber immer tiefer in den Wesensgliedern angesiedelt werden. Du beschreibst nun eine Reihe von Phänomenen des gegenwärtigen Lebens als Merkmale der platonischen Denkweise und sagst gleichzeitig, dass Anna schon lange dieser Strömung angehören könne. Wie reimt sich das zusammen?»

Koopmans: «Worum ging es uns gerade? Es ging um den letzten Schritt der Mond-Sonne-Saturn-Übung. Dieser Schritt geht von der Denkrichtung aus. Von Anna haben wir festgestellt, dass sie innerlich aktiv ist, als Kind bereits im Bereich des Denkens Initiative ergreift, im Üben und Lernen. Andererseits erkannten wir in ihrem Verhältnis zur sichtbaren Welt eine Eigenschaft, die wir als ‹über den Dingen schwebend› charakterisiert haben, als eine Zurückhaltung im Inkarnationsvorgang. Diese letztgenannten Eigenschaften haben ihren Sitz in einer viel unbewussteren Schicht als die Denkaktivität. Die platonische Denktätigkeit richtete sich in erster Linie auf die Welt der Ideen (als einer Wirklichkeit) und nicht so sehr auf das Hier und Jetzt (gemeint im Sinne der sinnlichen Wahrnehmung). Im jetzigen Leben ist das, was früher einmal bewusste Denkdynamik war, zur Veranlagung des Kindes geworden. Es ist also eine Schicht nach unten gesunken, verglichen mit der vorigen Inkarnation.»

Jemand anders: «Was war es nun eigentlich genau in Annas Darstellung, was die Glocke zum Klingen brachte, die den Gedanken an die platonische Denkart aufkommen ließ?»

Koopmans: «Die Frage ist etwas unglücklich formuliert. Sie unterstellt nämlich eine assoziative Denkweise. Ehe man sich's versieht, gerät man damit ins Fahrwasser des Psychologisierens. Die Glocke klingt gewissermaßen aus einer anderen Richtung: Das Bild einer platonischen Denkrichtung ergibt sich in diesem Zusammenhang organisch aus der Gesamtheit einiger auffälliger Einzelheiten im Verlauf der menschenkundlichen Annäherung und deren meditativer Verarbeitung durch die Mond-Sonne-Saturn-Übung. Wie bereits erwähnt, handelt es sich um folgende Punkte: der Blick, der über die Dinge hinschwebt, die Zurückhaltung im Ergreifen der Dinge, aber auch der Eindruck kindlicher Unschuld, die Erinnerungen eigener Schuld, die Art der Begegnung mit der Anthroposophie. Die Idee wächst langsam und mit einer gewissen Evidenz. Es handelt sich mehr um einen langsam anschwellenden Ton, wenn man so will, als um das plötzliche Klingen einer Glocke.»

Die Tränen:

Koopmans: «Es kommt ein weiteres, sehr spezielles Detail hinzu, das wir bislang nicht betrachtet haben. Ich denke an die rasch einsetzenden Tränen, die bei Anna schnell und bei allen möglichen Anlässen fließen können: wenn sie lacht, wenn sie müde ist, wenn sie unerwartet angegriffen wird. Was ist das? Was geht da vor, wenn man weinen muss, wenn einem die Tränen in die Augen treten?

Auch dies betrifft ein Verhältnis zwischen astralischem, ätherischem und physischem Leib. Als Erstes wird im Astralleib etwas erlebt. Die Seelenbewegung im astralischen Leib wird an den Ätherleib weitergegeben. Die emotionale Bewegung ruft in diesem eine Art Gegenbewegung hervor, eine Art Ausdehnung. Sie äußert sich im Physischen als Sekretabsonderung der Drüsen; der ätherische Leib wirkt bekanntlich in den Flüssigkeitsvorgängen.

Kommt es leicht zu Tränen, so liegt noch etwas anderes vor. Nehmen wir ein Kind, das leicht weint. Bei ihm ist die Verbindung zwischen Astralleib und Ätherleib noch wesentlich enger. Der Astralleib kann seine Bewegungen noch nicht so in den Ätherleib einbringen, dass sie dort gewissermaßen zum Stillstand kommen. Der Ätherleib gibt sie sozusagen unmittelbar weiter an den physischen Leib, der als Reaktion die Tränen fließen lässt.

Bei den meisten Menschen nimmt dies mit dem Erwachsenwerden ab, da der Vorgang des Weiterleitens von Astral- zu Ätherleib dann schwächer wird und damit auch die Bereitschaft des Ätherleibs, die astralischen Bewegungen aufzunehmen.

Im Grunde weist Anna in dieser Hinsicht das Bild des Kindes auf. Sie ist aber kein Kind mehr. Daher kann man sagen, dass die Bewegungen des Astralleibs bei ihr ungehindert in den ätherischen Leib hineinwirken. Astralischer Leib und Ätherleib haben bei ihr eine sehr enge Beziehung zueinander, vergleichbar der kindlichen Situation. Wir dürfen dies übrigens nicht psychologisch-sentimental nehmen. Es handelt sich bei Anna nicht um Überempfindlichkeit, das Ganze stammt bei ihr aus einer anderen Schicht. Sie geht auch ganz nüchtern damit um, auch für sie ist es eine objektive, physiologische Angelegenheit. Mitleid oder Selbstmitleid spielen dabei keine Rolle. Das rasche Weinen ist ‹lästig im sozialen Verkehr›, so formulierte sie es selbst.»

Natura:

Koopmans: «Das Phänomen rasch aufsteigender Tränen bei Anna hat übrigens in Anbetracht dessen, was wir über das platonische Milieu herausfanden, noch einen bemerkenswerten Aspekt. Wenn man es rein als Bild nimmt – die Tränen, die den Augen entspringen –, so lässt das an die Tatsache denken, dass das Natura-Wesen in der Blütezeit der Schule von Chartres mit Tränen in den Augen imaginiert wurde. Alanus schreibt in seiner Schrift *De planctu Naturae* über das Wehklagen der Natur, wenn sie in ihrem Werk dadurch gestört wird, dass sich der Mensch fortwährend gegen den Plan der Schöpfung versündigt. Hierin haben wir das Bild der klagenden Natura als den platonischen Ausdruck der Natur in ihrer ursprünglichen Göttlichkeit.

Dass jemandem häufig Tränen in die Augen steigen, ist so ein kleines, ausgesprochen persönliches Detail, das man eventuell wählen könnte, um daran die dreitägige Karmaübung anzuknüpfen» (vgl. Kap. 7, S. 146 f.).

Unschuldskräfte:

In die entstehende nachdenkliche Stille hinein beginnt eine Teilnehmerin zu erzählen, dass sie am Vorabend versucht habe, sich eine Landschaft vorzustellen, die zu Anna passen könnte. Mit einigem Erstaunen berichtet sie, dass ein wesentliches Element darin der Tau war. «Ich kam zum Bild eines frühen Morgens in einer weithin sich erstreckenden Landschaft, die Sonne war noch nicht aufgegangen, und auf dem grasbewachsenen Erdboden lagen Tautropfen, die binnen kurzem verdampfen würden.»

Koopmans: «Es ist interessant, auf solche Art mit Bildern zu arbeiten. Ein Geheimnis der echten platonischen Seelenstimmung ist es, dass sie mit dem zu tun hat, was man als Sonnenqualität bezeichnen könnte. Die großen Platoniker wirkten aus Unschuldskräften. Sie sprachen von dem ‹neuen Menschen›, der aus dem Kosmos geboren werden würde. Sie schauten ihn in einem kosmischen Ätherelement. Durch ihre Tätigkeit entsteht da gleichsam eine schuldlose Insel, auf der die Folgen des Sündenfalls überwunden werden. Gleichzeitig ist dies etwas, wonach das Böse sehr schnell greift. Das Bild des kosmischen Kindermords aus der *Apokalypse des Johannes* (Apk. 12) ist nicht weit davon entfernt.[151]

Die mittelalterlichen Platoniker strebten danach, einen schuldlosen ätherischen Leib zu schaffen. In einem späteren Leben würde dieser zu einer körperlichen *Anlage* werden können. Das bedeutet noch nicht, dass man eine solche Veranlagung ohne weiteres sein Eigen nennen könnte. Diese ist vielmehr ständig dem Verderben ausgesetzt, dem Bösen. Es geht also um einen Kampf zwischen Schuld und Unschuld in der Lichtsphäre des Ätherischen.

In diesem Zusammenhang ist bemerkenswert, was Anna von ihren Erinnerungsbildern berichtete. Im Allgemeinen hat sie undeutliche Erinnerungen. Das gilt jedoch nicht für die Erinnerungsbilder, die mit Schuld und Gewissen zusammenhängen und die, wie wir feststellten, vom Herzen zurückgeworfen werden. Diese Bilder sind vielmehr deutlich und genau, sie stehen sozusagen aufrufbar zur Verfügung. Eine derartige Veranlagung – *heute* handelt es sich dabei um eine organische Anlage – stammt aus früheren Leben, von denen man erwarten kann, dass sich die Seele in ihnen viel mit ethischen Fragen beschäftigt hat. Nun ist das zur Konstitution geworden. Man kann Entsprechendes auch in Annas Darstellung wiedererkennen. Sie entstammt einer nicht-religiösen Familie, und irgendwann, als sie fünfzehn ist, beginnt sie von sich aus zu beten, weil sie plötzlich eine Art Beziehung zu Gott entwickelte, wie sie sagt. Während der Astralleib selbstständig wird, tritt dies auf. Es hat den Charakter einer reifen Frucht, die in den Schoß fällt.»

Abschluss

Wir sind am Ende unserer Reise angelangt. In unserer Beschäftigung mit Anna haben wir einen natürlichen Endpunkt erreicht, der dennoch zugleich auch vorläufigen Charakter besitzt. Die Systematik der Untersuchung sowie die verschiedenen Schritte, die methodisch dabei gegangen werden können, sind uns deutlich geworden. Zugleich sind wir versöhnt mit der Tatsache, dass sie in einem konkreten Untersuchungsfall niemals alle auch tatsächlich vollzogen werden. Die Wirklichkeit eines lebendigen Menschen entzieht sich nun einmal einem straffen systematischen Vorgehen und erfordert Beweglichkeit in der Annäherung. Und dieser Tatsache treu zu bleiben wiegt bei der «praktischen Menschenkunde» schwerer, als Rechenschaft über die Methodik abzulegen.

Wir bedanken uns bei Anna mit einem Strauß bunter Feldblumen.

Jaap

Anlauf

Die Ausgangssituation ist folgende: In einem der Workshops von Ate Koopmans, in einer Gruppe von 22 Teilnehmern unter Anleitung von Koopmans, wurde die Biografie von Jaap nach allen Regeln der Kunst behandelt. Für die Darstellung in diesem Buch jedoch erweisen sich die Aufzeichnungen bloß eines der Teilnehmer für mich als ungenügend, um aus ihnen einen lebensechten Eindruck zu gewinnen. Und so wurde Jaap gebeten, seine Darstellung bei Koopmans zu Hause noch einmal zu geben, in Anwesenheit der «Berichterstatterin».

Gemeinsam fahren wir zu Koopmans. Jaap besitzt einen noblen Wagen, versehen mit allen Finessen einer bequemen Ausrüstung. Er fährt zweckmäßig und schnell. Ab und zu, an ihm bekannten Stellen mit Geschwindigkeitskontrollen, drosselt er gelegentlich angemessen das Tempo. Währenddessen unterhalten wir uns über einen Zeitraum, der inzwischen fünfzehn Jahre zurückliegt, in dem wir über die Schule unserer Kinder gelegentlich miteinander zu tun hatten. In möglichst einfachen, verständlichen Worten stellt er mir auf meine Frage hin den inhaltlichen Kern seines neuesten Buches dar – eine Neuorientierung des gängigen wirtschaftlichen Denkens. Es geht dabei um eine neue Form der Rechnungslegung.

Von der Seite her nehme ich ihn wahr. Er ist um die fünfzig. Nicht groß, nicht klein, ungefähr ein Meter achtzig. Leicht und muskulös gebaut, gegerbtes Aussehen, regelmäßig angeordnete Zähne, konturiert geformtes Gesicht mit eckigem Kinn, schmale Lippen, fleischige, gut proportionierte Ohren. Dazu dunkle Augen, ein etwas vogelähnlicher Blick. Kurzes, widerborstiges dunkles Haar, an der Stirn und obenauf etwas dünn werdend. Während wir fahren, weise ich ihn auf eine Abkürzung hin, die er nicht kennt, und sachlich bittet er hin und wieder um einen Hinweis.

Kurz darauf sitzen wir zu dritt bei einer Tasse Kaffee, und er beginnt zu erzählen. Er spricht schnell und entschieden – dieselbe Dynamik wie beim Autofahren –, auch verhältnismäßig undeutlich, auf einem Ton, wenig artikuliert. Das Bearbeiten der Bandaufnahme wird noch schwierig werden, denke ich bei mir, doch es erweist sich als unproblematisch. Der Klang der Stimme ist durchdringend und kommt, abgesehen von den verschluckten Worten, verständlich an.

Die Biografie

«Ich wurde am frühen Morgen des 1. Dezember 1949 in einer Wohnung im fünften Stockwerk am Victoriaplatz in Amsterdam geboren. Meine Eltern hatten bereits zwei Töchter, und nach mir kamen noch drei Mädchen. Ich bin also der einzige Junge zwischen fünf Schwestern. Meine Mutter kam aus einer Familie mit fünfzehn Kindern. Mein Vater stammt aus einer Bauernfamilie, er hatte vier Schwestern und war selbst der Jüngste. Die gesamte Verwandtschaft wohnt bis heute in der Umgebung: Amsterdam, Amstelveen, Abcoude.

In den ersten Jahren war ich hauptsächlich in der Wohnung, später durfte ich mit meinen Schwestern draußen auf dem Platz spielen. Meine früheste klare Erinnerung ist, dass ich am Fenster sitze und hinausschaue. Meinem Gefühl nach habe ich eine recht glückliche Kindheit gehabt, mit den üblichen Problemen natürlich. Meine Mama hatte eine sonnige Natur, sie war eine liebe und fürsorgliche Mutter. Papa war viel weg, ein hart arbeitender Mann. Er arbeitete eine Zeit lang mit seinen Schwestern in einem Milchgeschäft – ständiges Treppenlaufen und viel Schleppen. Aber er steckte gut in seinem Körper. Er hätte gerne weiter lernen wollen, doch sein Vater hatte ihm das nicht erlaubt. Viel später ist er zur Maklerei gekommen – damals war ich schon fast aus dem Haus. Er hatte auch eine gehörige Portion Jähzorn; wenn es nicht nach seinem Kopf ging, konnte er ordentlich loslegen. Da hab ich schon mal Schläge bezogen … Grundsätzlich herrschte aber in der Familie eine Atmosphäre fröhlicher Balgerei, und ich hab in dem Verein ganz schön was an sozialen Fähigkeiten lernen können. Jeder hatte seine besonderen Aufgaben zu Hause. Gemeinsam wurde abgewaschen und viel gesungen. Wir waren römisch-katholisch, die Kirche spielte eine wichtige Rolle. Daran habe ich übrigens gute Erinnerungen, obwohl ich es später losgelassen habe. Ich hatte eine helle und klare Stimme, und sie wollten mich gern als Sopran im Kirchenchor haben. So weit ging die Liebe aber denn doch nicht. Immerhin war ich Ministrant.

Gesund

Wir waren ein gesunder Haufen, Pa und Ma, die ganze Familie. Ich bin fast nie krank. Hab wohl eine Reihe Kinderkrankheiten durchgemacht – Röteln, Masern, Windpocken, Pseudo-Krupp und Mumps. Als Säugling und Kleinkind war ich ein richtig fettes Kerlchen. Ich habe mich sitzend auf dem Boden vorwärtsgeschoben und habe spät angefangen zu gehen. Wenn ich wütend war, konnte ich als kleines Kind jähzornig werden, dann warf ich mit Gegenständen um mich. Im Kindergartenalter bekam ich allmählich eine normale Figur, und später konnte ich sogar sehr schnell laufen.

Ich hatte volles und kräftiges, dunkles Haar, durch das der Friseur mit seiner Schere nicht durchkam. Und ich war äußerst wählerisch beim Essen. Mein Vater aß mit Genuss, und der hatte so ein Bürschchen neben sich, dem das Essen manchmal regelrecht wieder hochkam. Das konnte er nicht haben. Wegen seiner Ausbrüche hab ich manchmal ganz schön Sternchen gesehen! Irgendwann dachte ich dann aber: Richtig innerlich treffen kannst du mich doch nicht. Pa ging mit mir wegen des schlechten Essens zum Hausarzt, blieb aber dann im Sprechzimmer mit dabei. Also erzählte ich nicht, was mir quersaß. Übrigens kam ich ganz gut ohne zu essen aus, das schadete mir nicht. Ich wuchs langsam. In meinem zwanzigsten Lebensjahr, verhältnismäßig spät, hatte ich meine heutige Größe.

«Herr Oheim»

Wir hatten in der Zeit einen Hausfreund, der teilweise arbeitsunfähig war. Er war Jugendarbeiter, inspiriert von Don Bosco, einem heilig gesprochenen Italiener am Ende des 19. Jahrhunderts, über den er gern erzählte: spannende Geschichten über dessen unstete Jugend in Turin, voller Visionen und okkulter Sachen.

Bei der Geburt meiner Schwester wollte ich nicht in die Krippe, ich war noch nicht so weit. Zum Schluss wurde ich doch hingeschleift durch ‹Herrn Oheim›, einen Bruder meiner Mutter, der Missionar in Chile war. Ich hab noch Bilder von dem Spielzimmer für uns Kleine: kahl, grau und frostig. Ich fühlte mich verloren, getrennt von Ma. Dieser Onkel war übrigens eine wesentliche Figur in meiner Kindheit, eigentlich mehr wegen seiner Ausstrahlung als wegen seines tatsächlichen Handelns. Er lebte für Christus und arbeitete in den Slumgegenden mitten unter den Arbeitern in dem gefährlichen Chile. Das rief tiefen Respekt für Religiosität und Ideale in mir hervor. Ich war damals um die sieben, acht Jahre alt und ging jeden Morgen vor der Schule zur Messe.

Wenig Schlaf, Jugendakne

Seit meinem fünften, sechsten Jahr schüttelte ich mich im Schlaf und schlug mit dem Kopf gegen die Wand. Andere wurden davon wach. Das ging jahrelang so. Ich brauchte wenig Schlaf. Seit dem Abendgymnasium habe ich die Gewohnheit, schlafen zu gehen, wenn ich müde werde. Fünf Stunden sind oft schon genug. Tagsüber arbeite ich ganz normal, und nachts tue ich die Dinge, die mir Spaß machen und die ich interessant finde – das ist heute noch so. Als Jugendlicher teilte ich auch jahrelang Zeitungen aus, da musste ich morgens früh raus.

Als ich zehn war, bekam ich Pusteln, eine Art kleiner Geschwüre, eine bakterielle Infektion. Im Krankenhaus wurde alles bandagiert, und mein Vater musste es täglich mit Schmierseife aufscheuern. Ich hatte ein schlechtes Milchgebiss, mein jetziges Gebiss ist übrigens auch nicht zum Vorzeigen. Ein Job in einer Süßwarenfabrik – durch den ich damals allerdings eine Menge Betriebspraxis erhielt – hat den Zähnen wahrscheinlich den entscheidenden Stoß versetzt. Ich bekam ziemlich jung bereits ein künstliches Gebiss.

Meine Augen sind gut. In der Mittelschule, um mein fünfzehntes Jahr herum, wurden sie etwas schlechter. Nicht dramatisch, minus eins und minus anderthalb. Im Auto habe ich jetzt schon mal eine Brille auf, aber nie eine Sonnenbrille.

Ich litt viel und lange unter Jugendakne. Irgendwann habe ich aufgehört, mich zu rasieren. Ab meinem siebzehnten Jahr bis vor fünf Jahren hatte ich ein Bärtchen.

Als ich achtzehn war, bekam ich ein leichtes Drüsenfieber. Gegen Ende des Abendgymnasiums, damals war ich 22, litt ich eine Zeit lang unter brennenden Kopfschmerzen, die immer am Wochenende auftraten. Ich wurde dann mit Akupunktur an Leber und Galle behandelt. Es ging vorbei, seit damals habe ich keine Probleme mehr gehabt.

Freizeit

Während der gesamten Schulzeit hatte ich ein paar treue Freunde und bastelte gerne, z.B. mit Meccano-Bausätzen oder elektronischen Sachen. Aber der Fotoapparat meines Vaters interessierte mich auch. Den nahm ich auseinander! Ich war bei den Wölflingen (die Gruppe der Sieben- bis Elfjährigen bei den Pfadfindern), später dann bei den See-Pfadfindern. Dabei habe ich viel gelernt, vor allem praktische Dinge wie das Verhalten in der Natur, den Umgang mit dem Wasser. In der Grundschule gab es bei uns einen Lehrer, der ging mit uns in die Natur und brachte uns das Bogenschießen bei. Die Ferien verbrachte ich gern auf Bauernhöfen bei Verwandten, auch um dem Joch von Pa zu entkommen. Ich mochte den Umgang mit Tieren und half gern in der Landwirtschaft. Später fuhr ich auch oft zwischendurch mal auf den Hof. Dass ich dafür bei Wind und Wetter von Amsterdam nach Abcoude radeln musste, war mir die Sache wert.

Die Schule

Ich konnte sehr gut lernen, sowohl Sprachen als auch Mathematik fielen mir leicht. Aber ich wurde immer mehr zum ‹ökonomisch denkenden› Schüler, und so landete ich schließlich auf der Mittelschule. Zweimal wurde ich gerade mal knapp versetzt, in der dritten Klasse bekam ich den Rat, besser von der Schule zu gehen. Aber mein Vater meinte: ‹Hallo, was soll denn das?! Er kann doch gut lernen!› Ich machte nie meine Hausaufgaben. Der Lehrer wollte mich loswerden, weil ich ihm zur Last fiel und seine Stunden störte. Mein Schwänzen hatte Strafarbeiten zur Folge und trug mir über Monate jeden Mittwoch und Samstag Nachsitzen ein. Ich schlug mich nicht gern, aber ich war ein notorischer Plagegeist und hatte die Lacher mühelos auf meiner Seite, war mir dessen übrigens gar nicht bewusst. Ich hatte einfach viel zu viel Zeit. Zu Hause lief es übrigens ähnlich, meine älteste Schwester hat viel darunter zu leiden gehabt. Meine Mutter konnte gut damit umgehen, sie stand darüber. Sie hatte Verständnis dafür, was in dem Alter dran ist, und war großherzig.

Im ersten Jahr der Mittelschule machte ich auf dem Campingplatz Bekanntschaft mit einer deutschen Familie. Einige Male, in den Jahren von 1962 bis 1964, habe ich bei ihnen in Wilhelmshaven die Sommerferien verbracht. Meine Welt und die meiner Familie bestand aus Amsterdam, Amstelveen und Umgebung. Eine solche Reise war also ein ziemliches Abenteuer. Dort habe ich deutsch gelernt, was mir später zugute kam.

Ich war gern auf der Straße. Das neue Gebäude des Messe- und Kongresszentrums Amsterdam (RAI) wurde damals gerade gebaut. Das war imposant und spannend. Außerdem zündeln, rauchen. In der Schule war ich nicht gerade lernbeflissen, das kam erst später auf der Fachoberschule, nach der Mittelschule. Das war 1967. In jener Zeit fand in den Schulen eine didaktische Kehrtwende statt. Religionsunterricht wurde Sozialkunde, man wurde in einen Kreis gesetzt, man wurde nach seiner Ansicht gefragt. Das fand ich gut. Ich entdeckte, dass ich Ansichten über die Dinge besaß! Zu einem Lehrer in Niederländisch hatte ich einen Draht. Wortspiele gingen zwischen uns beiden hin und her. Ich hatte sichtlich ein gutes Sprachgefühl und war nicht gerade auf den Mund gefallen. Zusammen mit ein paar anderen Jungen organisierte ich damals auch Schulstreiks. Jede Gelegenheit, die sich ergab, den Betrieb lahm zu legen, packten wir beim Schopf. Ich wurde denn auch nach dem ersten Jahr von der Schule verwiesen. Aber unterdessen hatte ich realisiert, dass Papiere etwas bedeuten, um weiterzukommen.

Arbeit und Studium

Nachdem ich nach den Sommerferien 1967 eine Stelle gefunden hatte – als jüngster Lehrling eines Importunternehmens für Maschinen –, begann ich neben der Arbeit mit dem Abendgymnasium für Erwachsene. Da nahm ich zum ersten Mal an gemischtem Unterricht teil, und zwar drei Abende in der Woche, von sieben bis elf Uhr. Zum Teil waren es dieselben Lehrer, die mich auf der Fachoberschule verwünscht hatten. Doch nun hatten sie – ein paar Monate später – Respekt davor, dass ich neben der Arbeit weiterlernte. Die Klassen quollen über, manchmal musste man sogar stehen! Aber 95 Prozent der Schüler brachen die Schule vorzeitig ab. Dort verlor ich übrigens noch ein Jahr, weil das so genannte Mammutgesetz (Bildungsgesetz) in Kraft trat. Die letzten drei Jahre machte meine ältere Schwester Nicole auch mit. Sie ist später noch in einem Verwaltungsbüro mit eingestiegen, das ich aufgebaut habe. Schließlich machte ich nach fünf Jahren – ich war inzwischen 22 Jahre alt – mein Abschlussexamen am Gymnasium in Sprachen und naturwissenschaftlichen Fächern.

Selbstständig

In jener Zeit begann ich auch, immer mehr mit meinem Vater zu diskutieren, beispielsweise über den Glauben. Ich wohnte noch zu Hause. Ich erinnere mich, dass ich ihn fragte: ‹Wer bringt nun eigentlich das größte Opfer? Christus oder Judas? Judas tut schließlich nur, was sein Auftrag ist …› Darüber wurde er richtig giftig. Er kam eigentlich nicht mehr gegen mich an. Ich war zu der Zeit siebzehn, wusste, dass das Haus für mich zu klein geworden war, und begann, in Untermiete zu wohnen.

Über eine Tante geriet ich 1968 an eine Schauspielschule für Laien, an der eine inspirierende Frau Unterricht gab, die eine Atmosphäre von Spaß, Hingabe und Power verbreitete und darin verletzlich zu sein wagte. Es war das erste Mal, dass ich mit so etwas in Berührung kam. Auch machte ich in jener Zeit eine schockierende Erfahrung mit sinnloser Gewalt in einer Disco: Menschen, die sich gegenseitig um nichts und wieder nichts krankenhausreif prügelten. Beim Schauspielen begegnete ich Lidy. Als ich zwanzig war, heirateten wir. Sieben Jahre später kamen auch Kinder, ein Junge und zwei Mädchen.

Nächtliches Lesen

Wegen einer leichten Verwachsung in meinem Rücken musste ich zum Glück nicht zur Armee. Neben der Arbeit war ich hauptsächlich nachts mit allem Möglichen aktiv, was mich beschäftigte: Laotse, *Das wahre Buch der vollkommenen Leere,* übersetzt von einem untergetauchten Sinologen. Die chinesischen Denker, prächtig! In der Schule hielt ich einmal ein Referat über Yoga – die Zeit der Beatles. Nicht über das bekannte körperliche Hatha Yoga, sondern über die spirituelle Variante. Louis Pauwels *Gurdjew der Magier,* das *I Ging, Tao te king* und die *Baghavadgita*, die Ausführungen von Gilles Quispel über die Funde von Nag Hamadi und Goethes *Faust* interessierten mich.

Karriere

Nun zur Karriere: In der Zeit der Abendschule hatte ich fünf verschiedene Anstellungen. Wenn es mir nicht gefiel, kündigte ich. Später bemerkte ich allerdings, dass das ins Auge gehen kann. Deshalb beschloss ich, bei einem Großunternehmen zu arbeiten, um innerhalb des Betriebes wechseln zu können, ohne dass es auffiel! Erst als Trainee, dann kam schon bald ein großer Automatisierungsauftrag bei einer Tochter der NMB Bank. Nach erfolgreicher Durchführung wollten sie mich in der Hauptgeschäftsstelle haben. Seitdem beschäftige ich mich mit dem Fach Betriebsorganisation.

Wesentlich war die Begegnung mit meinem neuen Chef, einem integren und sorgfältig arbeitenden Mann, der exakt wusste, wie es im Bankfach zuging, mit einer Arbeitsmoral, die sich nicht zu politischen Spielchen verleiten ließ. In der Organisationsberatung kannte er sich auch aus. Schritt für Schritt erhielt ich mehr Verantwortlichkeiten, was ein großer Vorteil ist, denn dann kann man wachsen. Ich ‹machte weiter Scheine› und begann 1978 mit dem betriebswirtschaftlichen Studium. Das hieß hart arbeiten. Ab und zu gehörige Auseinandersetzungen, denen ich nicht aus dem Weg ging. Seit 1988 als externer Berater bei einer großen Consultancy-Organisation, spezialisiert auf finanzielle Dienstleistungen, Grundlagen der Anwendung von Informationstechnologie und das Anpassen und Erneuern von Organisationen. Vor einiger Zeit erwarb ich darin den Mastergrad.

Umzüge

Bin wohl fünfzehn Mal im Leben umgezogen – in und um Amsterdam. Mir fällt das leicht, ich pack meine Sachen zusammen und zwischen anderen Wänden wieder aus. Auch in der Arbeit bin ich mobil, sitze ständig an anderen Schreibtischen, bin mit unterschiedlichen Menschen im In- und Ausland unterwegs, andauernd neue Arbeitsmethoden und Techniken, stets neue Aufträge und Arbeitssituationen. Habe inzwischen gut 70 Projekte durchgeführt und begleitet.

Anthroposophie

Durch die NMB und die Triodosbank kreuzten schließlich auch Anthroposophen meinen Weg. Ich fand einen anthroposophischen Hausarzt für mein Söhnchen, das chronisches Asthma zu bekommen drohte, und besuchte viele anthroposophische Kurse. Die Kinder gingen auf die Waldorfschule. In der Arbeit begann ich mehr erfahrungsorientiert zu lernen. Auch versuchte ich, meine kreative Seite zu entwickeln, mit Zeichnen, Malen und Eurythmie. Während eines intensiven Trainings 1980 hatte ich ein Spitzenerlebnis, seitdem auch ab und zu paranormale Erfahrungen. 1981 wurde ich Mitglied der Anthroposophischen Gesellschaft. Es war klar, dass mein Herz für die Anthroposophie schlug. In kurzer Zeit habe ich viele führende Figuren der anthroposophischen Bewegung kennen gelernt, u.a. durch mein Fachgebiet. Ich nahm auch teil an einem Workshop «Praktische Menschenkunde» und lernte so Ate Koopmans kennen.

Krise

Und doch begann in den achtziger Jahren etwas in mir zu arbeiten, zuerst was den Beruf betraf. Ich bekam Freundeshilfe von einem Profi in Outplacement. ‹Es ist gerade so, als ob etwas nicht stimmt›, sage ich zu meinem Begleiter. ‹Es ist so, als ob ich mein Ei nicht los werde.› Aber es gelang damals nicht, aus dem Organisationsfach rauszukommen.

Dann passierten schwierige Dinge in der Familie. Lidy und ich entfremdeten uns zusehends voneinander. Lange hielten wir durch. 1994 nahm ich absichtlich einen langwierigen Auftrag weit weg von zu Hause an, aber es half nicht mehr. Dort besuchte ich aus einem Impuls heraus eine Wahrsagerin, die mir zu meiner Überraschung genau sagen konnte, wo ich mich befand. Es folgte die Scheidung.

«Was ich eigentlich sagen will»

In den vergangenen fünfzehn Jahren habe ich auf meinem Fachgebiet das eine oder andere publiziert. Jetzt habe ich auch ein Buch darüber geschrieben, was mir in meinem Fach besonders am Herzen liegt. Für mich ist eine Organisation ein organisches Gefüge zwischen Menschen, ein selbstständiger Organismus, der eine Metamorphose des individuellen menschlichen Organismus ist. Auf diesem Grundgedanken aufbauend, habe ich eine Methode entwickelt, um die konkrete Praxis der Finanzbuchhaltung auf denselben Bauprinzipien zu begründen wie denen des menschlichen Organismus. Daran habe ich Jahre gearbeitet. Es hat für mich eine ‹religiöse› Dimension. Denn man kann sagen: Indem egoistisch und verkehrt mit Geld umgegangen wird, wird der Leib Christi korrumpiert. Christus ist schließlich in diesem zwischenmenschlichen Geflecht anwesend. Das ist es, was ich anderen eigentlich sagen will. Es hat einen sozialen und gesellschaftlichen Charakter, aber ich konnte die Geschichte erst raussetzen, nachdem ich innerlich so weit war und in mir selbst genügend aufgeräumt hatte.»

Eine künstliche Situation

Jaap hat seine Schilderung beendet. Das intensive Zuhören hat uns gleichsam ein wenig in seinen Bericht «hineinschlafen» lassen. Wir werden völlig von ihm mitgenommen. Die Lebenswirklichkeit des anderen steht eine kurze Zeit als *ein* großes und zusammenhängendes Ganzes vor uns. Wozu soll man nun daran herumfingern?

Mir fehlt die Gruppensituation, welche die selbstverständliche Atmosphäre eines Forschungslabors mit sich bringt, in der Fotos die Runde machen können und oft noch ein paar informative Fragen gestellt werden, um die Aufmerksamkeit des Zuhörens in die Konzentration aufmerksamer gedanklicher Untersuchung und Forschung umzuwandeln.

Auch für Jaap ist die Situation merkwürdig. Gewiss, er hat zugestimmt, noch einmal in dieser Konstellation zu berichten. Seine Darstellung kommt jedoch in einer größeren Gruppe sachlicher an, sie hat irgendwie etwas weniger Persönliches als in einer Situation von eins zu zwei. Und nun bleibt sein Bericht denn auch etwas ausgesetzt wie eine unbeantwortete Frage im Raum stehen. Die gemeinsame Rückfahrt nach Amsterdam – möglichst schnell, sodass Jaap noch rechtzeitig zu einem Termin kommt – bildet einen angenehmen Abschluss.

Wir vereinbaren, dass ich die Tonbandaufnahme zu Hause zu einem geschriebenen Bericht verarbeite und ihm diesen dann per E-Mail zur Ergänzung und Korrektur zukommen lasse. Im Anschluss daran werde ich mithilfe ergänzender Aufzeichnungen einzelner Gruppenteilnehmer aus dem damaligen Workshop zu Hause am Schreibtisch das Untersuchungsverfahren auf das vorliegende Material anwenden und mit Koopmans besprechen, um es schließlich wieder Jaap vorzulegen.

Als ich Koopmans von diesem Vorgehen unterrichte, sagt er: «Mit der Bezeichnung ‹Untersuchungsverfahren› bin ich nicht glücklich. Sie weckt einen falschen Eindruck. Es handelt sich nämlich um etwas wie eine *Zweistufenrakete.* Zuerst einmal nähert man sich den Gegebenheiten unter irdischen Gesichtspunkten an: Was sind die Lebenstatsachen? Was findet sich in ihnen als Naturkarma, was an psychosozialem Karma, was an biografischem Karma? Was sagt das Gefundene über das spezielle wechselseitige Verhältnis der Wesensglieder dieses Menschen aus? Dies hat Untersuchungscharakter, da ist eine untersuchende Haltung am Platz. Aber anschließend geht man mit der Mond-Sonne-Saturn-Übung an die Arbeit. Diese erfordert eine gänzlich andere Haltung, denn sie ist vollkommen anderer Art. Mit ihr orientieren wir uns innerlich in Richtung des kosmischen Menschen, wir blicken auf das Geschehen *vor* der Geburt, in die Sphäre der karmabildenden Prozesse. Dies erfordert eine vollkommen andersartige innere Einstellung als die zunächst ausgeübte untersuchende Haltung. Es geht bei ihr um eine meditative Aktivität. Das kann nicht nachdrücklich genug betont werden.»

Erster Schritt – menschenkundlich

Biologisches Karma

Was seine eigene Gestalt betrifft, berichtet Jaap, dass er als Säugling und Kleinkind auffallend dick und rund war. Das bedeutet eine enorme Wandlung hin zu der Zähigkeit, die ab dem Alter von vierzehn, fünfzehn Jahren auffällt und seitdem nicht mehr verschwindet. Beim kleinen Kind ergreift das Physisch-Ätherische also seine Chance und entfaltet die anwesende Kraft. Die Folge ist ein dickes und molliges Baby – zu schwer für die eigenen Beine, dem Vater zufolge. In der Lebensphase, in welcher der Astralleib noch nicht individualisiert vorhanden ist, zeigt der ätherische Leib, dass er Kraft in Hülle und Fülle besitzt.

Das gleichmäßige Wachstum ohne die Extreme, die um das vierte Jahr und bei Jungen besonders mit vierzehn, fünfzehn Jahren häufig vorkommen, deutet darauf hin, dass Jaaps Ich-Organisation den ätherischen Leib gut im Griff hat. Die regelmäßige Anordnung der Zähne, ohne Hilfe einer Zahnspange, deutet ebenfalls darauf hin. Denn es ist die Ich-Organisation, welche die Form beherrscht und erhält.

Das Hin- und Herwerfen des Kopfes, das im Alter von fünf, sechs Jahren auftritt und lange anhält, ist ein auffallendes Phänomen. Was hat es damit auf sich? Das zweite Jahrsiebt beginnt. In diesem Alter ändern sich durch die Individualisierung des Ätherleibs die Verhältnisse der Wesensglieder zueinander. Normalerweise sollten sich Astralleib und Ich-Organisation beim Einschlafen willig zurückziehen. Als kleines Kind hat Jaap damit keine Probleme, zu dem Zeitpunkt jedoch, wo in der Entwicklung eine stärkere Wechselwirkung zwischen oberem und unterem Wesenspol aufzutreten beginnt, entwickelt der obere Pol die Neigung, den unteren festzuhalten. Ich-Organisation und astralischer Leib lassen den physischen Leib und den Ätherleib bei Jaap nur schwer los. Das Hin- und Herwerfen des Kopfes rhythmisiert den Prozess des Loslassens. Später zieht Jaap den Schluss, wenig Schlaf zu benötigen, und bedient sich dessen, was ganz charakteristisch ist. So findet der zupackende Griff des Astralleibs auch in der Sehnigkeit und Drahtigkeit der Gestalt seinen Ausdruck.

Die Hautunreinheiten während der Pubertät und lange danach hängen mit dem Thema der Umpolung zusammen (vgl. Kap. 4, S. 75). Insbesondere die Umpolung des Astralleibs bildet einen bedeutenden und vielsagenden Tatbestand in der Biografie. Sie sagt Wesentliches aus. Zunächst wirkt der Astralleib von außen auf den Organismus, mit dem Einsetzen der Pubertät beginnt er von innen zu wirken, ausgehend von unten. Dieser Vorgang wird um das neunte, zehnte Lebensjahr mit einem ersten Eingreifen der Ich-Organisation eingeleitet. Oft lässt sich dies gut erkennen, wenn man die alljährlich aufgenommenen Schulfotos miteinander vergleicht: Der Blick, eventuell durch die erste Brille, wird zwischen der dritten und vierten Klasse selbstbewusster.

Koopmans: «Das ist eine Art Sicherheitsmaßnahme für die Umpolung des Astralleibs, damit dieser auf das Menschliche hin orientiert bleibt. Sonst bestünde die Gefahr, dass er während der Pubertät völlig seinen eigenen Weg einschlagen und sich in tierischer Richtung entwickeln würde, dies Letztere in gänzlich objektivem Sinn gemeint. In der Zeit um das zwölfte, dreizehnte Jahr beginnt der Individualisierungsprozess des

Astralleibs. Dieser wirkt dann nicht mehr so sehr von ‹oben herab›, sondern mehr von unten aus. Er ist gleichsam auf den Boden gekommen und steht der betreffenden Person zur Verfügung, die auf der Erde herumläuft. Der astralische Strom von unten nach oben beginnt zu dominieren. Der Stoffwechsel tritt in den Vordergrund, die Gliedmaßen beginnen zu wachsen, die Geschlechtsorgane reifen.

Das alles hat auch einen Aspekt, der die Haut betrifft. Sie hat eine Doppelfunktion. Man kann sie als Abschluss eines Inneren gegenüber einem Äußeren verstehen, aber auch als (selbst erlebte) Abgrenzung von außen nach innen. Die Bewegung von innen nach außen wird vom Blutspol getragen, die Geste von außen nach innen verleiht von außen Kontur und Form. Letzteres ist eine Aktivität des Nerven-Sinnes-Pols.»

Jugendakne deutet auf eine Art vulkanischen Ausbruchs jener Bewegung, die von innen nach außen erfolgt, weil der Astralleib in diesem Alter nun von innen und unten zu wirken beginnt. Beim einen führt das eine Art Katastrophe herbei, bei einem anderen geht es mit ein, zwei Pusteln pro Jahr vorüber. Bei Jaap kommt es offenbar zu einem starken Ausbruch, und er ist froh, dass irgendwann sein Bart so dicht wächst, dass er die betreffenden Bereiche seines Gesichts verdecken kann.

Wir können uns fragen, warum ausgerechnet das Gesicht und der obere Teil von Brust und Rücken betroffen sind. Biologisch gesehen befinden sich gerade dort viele Fett- und Talgdrüsen. Aber im Sinne des Vorgenannten kann man die Sache auch so begreifen, dass die eigentliche Brust und der Unterleib von sich aus besser mit dem nun auch vom Astralleib getragenen Blutspol umgehen können, während die obere Hälfte der Brust und das Gesicht aus sich heraus stärker Träger des Sinnes-Nerven-Pols sind und erst lernen müssen, mit dem Blutspol umzugehen. Das Erröten – zu verstehen als eine Art ‹Aufblühen› des Blutspols – findet auch in diesem Bereich statt

In der Pubertät dominiert der Blutspol, der Strom von innen nach außen, weil der Astralleib den Gesamtorganismus von unten aus ergreift. Viele Menschen bekommen in dieser Phase Probleme mit der Haut. Glücklicherweise hat die Ich-Organisation um das zehnte Lebensjahr herum schon den Organismus durchdrungen, so kann sie den Vorgang des Astralisierens, der ‹Vertierung›, in menschliche Bahnen lenken. Oft lässt sich auch feststellen, dass die Jugendlichen in der späten Pubertät sich ‹groß›, schwer und plump fühlen und einen sich aufplusternden Eindruck machen. Wenn sich anschließend die Verhältnisse wieder stabilisieren, findet dies alles wieder zu ausgeglicheneren Formen zurück.

In gewissem Sinn deuten das Hin- und Herwerfen des Kopfes und die Hautproblematik in ein und dieselbe Richtung. In Zeiten, in denen sich die Verhältnisse der Wesensglieder zueinander ändern, nutzt der Astralleib die Gelegenheit, sich machtvoll zu manifestieren.

Dies wird noch durch etwas anderes unterstützt: Obwohl Jaap ausgesprochen dunkel ist (dunkle Augen, dunkles Haar), macht er doch den leicht rötlichen Eindruck guter Durchblutung. Darin kann man einen Hinweis auf die Robustheit seines astralischen Leibes erblicken.

Mit fünfundzwanzig Jahren erkrankt Jaap an Pfeifferschem Drüsenfieber. Diese Krankheit tritt häufig bei jungen Leuten im Alter von 15 bis 25 Jahren auf. Sie hilft dabei, den Übergang von der Jugend zum Erwachsenenalter zu bewältigen.

Manche Krankheiten haben funktionellen Charakter und sind dabei behilflich, über eine Schwelle hinüberzugelangen. Bei den bekannten Kinderkrankheiten ist dies offensichtlich. Auch Angina und die früher häufig auftretende Diphtherie bei Kindern sind Beispiele dafür. Nachdem sie solch eine Krankheit durchgemacht haben, sind sie oft bedeutend stabiler und ausgeglichener.

Koopmans: «Auch durch das Pfeiffersche Drüsenfieber wird ein kleiner Boxkampf zwischen ätherischem und astralischem Leib ausgetragen. Bei Jaap liegt eine Einseitigkeit im Verhältnis der beiden zueinander vor. Um das fünfte Lebensjahr äußert sie sich im nächtlichen Kopfschütteln, um das dreizehnte in der Hautakne und um das zwanzigste Jahr im Drüsenfieber, das nun zugleich auch als Mittel dient, Herr dieses Ungleichgewichts zu werden.»

Der Ätherleib als solcher ist bei Jaap übrigens kräftig. Darauf deutet die Gesundheit hin, und zwar nicht nur seine eigene, sondern auch die «Bauern-Gesundheit» der Familie, aus der er stammt. Was das leibliche Erbe betrifft, hat Jaap diesbezüglich günstige Voraussetzungen. Es gibt kaum Krankheiten, die Familienangehörigen werden alt. Aber auch die individuelle Erarbeitung des ätherischen Leibes vollzieht sich mit einer gewissen Kraft. Diese Aussage darf übrigens nicht so interpretiert werden, als habe man den betreffenden Bearbeitungsprozess bewusst selbst in der Hand. Aus irdischer Perspektive handelt es sich dabei um eine Angelegenheit der Veranlagung.

Koopmans: «Das lässt sich sowohl an der physischen Zähigkeit als auch an der starken Aktivität innerhalb des so genannten freien Teils des Ätherleibs erkennen, der den Denkprozessen dient. Woran ich das feststelle? Man kann sich die Bewegung zwischen dem ans Physische gebundenen Teil des Ätherleibs und demjenigen Teil, der dem Denken dient, als eine Lemniskatenbewegung vorstellen, und bei Jaap tritt der Eindruck auf, als werde diese Bewegung mit einer gewissen Macht realisiert. Es ist nicht so, dass der eine Teil vom anderen zehrt. Der freie Anteil übt gegenüber dem biologischen Teil sozusagen keinerlei Sogwirkung aus. Im Gegenteil, beide sind gut voneinander geschieden und befinden sich jeder für sich in guter Entwicklung. Der geistige Strom ist sozusagen von einem zubereiteten Instrument umgeben. Beide Teile des ätherischen Leibes sind gut miteinander verfugt.»

Dabei erinnere ich mich an meine Autofahrt mit Jaap. Ich empfand eine dichte und kraftvolle Dynamik, die eine unmittelbare Antwort auf die Einschätzung der jeweiligen Verkehrssituation bildete, und das ganz ohne Hast. Dasselbe kann man an der Art des Auftretens von Jaap erleben. Es ist fest bis zum Nachdrücklichen, hat zugleich aber etwas Leichtes.

Psychosoziales Karma

Koopmans: «Psychosoziales Karma ist das Karma, das der Astralleib mit sich bringt und das man an der Urbewegung des astralischen Leibes erkennt, nämlich auf etwas *zu* oder von etwas *weg* zu streben: Mitgehen, Mitbewegen, Hineinschlafen *oder* Widerstand, Sich-Entgegensetzen, Bewusstsein. Karma der Neigungen nennt Steiner es mitunter oder Karma von Sympathie und Antipathie. Dieses vorhandene oder fehlende Geneigtsein des Astralleibs resultiert in einem gewissen psychosozialen Klima, in dem sich der betreffende Mensch bewegt.»

In diesem Zusammenhang fallen eine Reihe von Themen aus Jaaps Schilderung auf.

Das Sprechen:

Die Aufzeichnungen der Teilnehmer am vorangegangenen Workshop mit Jaap bestätigen meine eigene Beobachtung. Jaap spricht undeutlich und schnell, er artikuliert nicht besonders sorgfältig. Und doch ist sein Sprechen gut verständlich, er vermittelt seine Botschaft mit einer gewissen Entschiedenheit. Der Intellekt wirkt direkt auf die Sprache ein.

Koopmans: «Eine Dynamik des Beherrschen-Wollens liegt vor, die im Sprachtempo und der abschließenden Intonation am Ende jedes Satzes zum Ausdruck kommt. Die Sprache haben wir Mars zu verdanken.[152] Zunächst einmal ist das Sprechen eine Überwindung der Stille. Diese Überwindung erfordert eine gewisse Aggression. Das ist nicht so sehr Jaaps Sache. Er stritt sich nicht gern und berichtete von einer traumatischen Erfahrung der Gewalt. Seine Stärke liegt mehr in einer Verbindung mit Merkur. Er herrscht nicht mit den Muskeln, sondern durch Klugheit, zielgerichtete Wendigkeit. Wer nicht stark ist, muss gescheit sein.»

Wenig Schlaf:

Jaap schildert, dass er kein besonders ausgeprägtes Schlafbedürfnis hat. Kurze Nächte sind bei ihm eher die Regel als die Ausnahme, nicht weil er dazu gezwungen wäre, sondern weil er die Stunden zu anderem nutzt als zum Schlafen. Und offensichtlich hat dies keine negativen Folgen für seine Gesundheit. Das deutet auf eine rasche Wiederherstellung der Vitalität im Schlaf.

«Gehört das nicht eher zum biologischen Karma?», frage ich.

Koopmans: «Das könnte man meinen. Natürlich wirkt es bis in den Bereich des Ätherleibs. Aber es ist der Astralleib, der das Vermögen besitzt, nachts schnell zur Welt der Urbilder vorzudringen, in welcher der nächtliche Aufbau des Organismus geschieht, und dies in der Folge an den Ätherleib weiterzuleiten.»

Viel Wechsel:

Aus Jaaps Darstellung geht hervor, dass er keinerlei Mühe mit biografischen Veränderungen hat. Als junger Mann wechselt er regelmäßig die

Anstellung, und als er schließlich dahinterkommt, dass ihm das als Mangel an Ausdauer ausgelegt werden kann, sucht er ein Unternehmen mit vielen internen Möglichkeiten, die Tätigkeit zu wechseln. Auch zieht er wiederholt um. Als Kind ist man den familiären Umzügen ausgeliefert und könnte sie daher zum biografischen Karma zählen. Sie treten ereignishaft in das eigene Leben ein. Als Erwachsene sind wir es meist selbst, die die Umzüge veranlassen. Mit einer gewissen Genugtuung zählte Jaap eine beachtliche Anzahl verschiedener Wohnorte auf, an denen er in verhältnismäßig kurzer Zeit seine Zelte aufgeschlagen und wieder abgebrochen hat.

Wie kann das gedeutet werden? Entspringt es einem Bedürfnis an Beweglichkeit? Koopmans sieht es differenzierter: «Nein, darin kommt die Neigung zum Ausdruck, nicht zu erstarren, nicht an einer bestimmten Umgebung hängen zu bleiben. Jaaps Familie ist fest in und um Amsterdam verwurzelt, und es lebt etwas in ihm, was sich davon losmachen will. Er kommt auf dem Campingplatz in Kontakt mit einer deutschen Familie und besucht sie anschließend. Damit erhält er etwas Besonderes und Eigenes, womit er sich gegenüber der Familie, dem Vater absetzen kann. Sein ‹Onkel in Amerika› lebt in Chile und stellt eine wichtige Figur für ihn dar, die ein Selbstständigwerden der Seele personifiziert. ‹Ich mach es anders als ihr …›

Es ist ein ziemlich interessanter karmischer Zug, wenn jemand so intensiv im prozessualen Leben steht und sichtlich wenig Bedürfnis danach hat, ein ‹Haus im Raum› zu bauen. Charakteristisch, aber nicht leicht zu interpretieren.»

Lernvermögen:

Was weiter auffällt, sind Jaaps intellektuelle Fähigkeiten. Sie sind überdurchschnittlich gut entwickelt. Er hat sowohl Zugang zur Welt der Sprachen als auch zur Mathematik. Er verfügt über einen Intellekt, der in der Lage ist, die Dinge schnell zu erfassen und zu kombinieren; er ist ständig auf der Suche nach Zusammenhängen. Der Intellekt beruht zwar auf Denkprozessen, die sich im freien Teil des Ätherleibs abspielen, Jaaps Intellekt jedoch hat im Suchen nach Zusammenhängen, im schnellen Kombinieren eine deutlich astralische Komponente – darin liegt eine quecksilberartige Dynamik. Diese Dynamik steht ihm schon früh zur Verfügung, und er kommt anderen mit ihr zuvor. Die Fähigkeit, andere zu piesacken und zu ärgern – zu Hause und in der Schule –, hat damit zu tun und ist eine Vorstufe davon. Später im Berufsleben wird das sehr charakteristisch. Da kombiniert er seine Fähigkeit, Zahlengebäude zu durchschauen und zu handhaben, mit seinem Gefühl für eine magisch-kosmische Dimension. Unter Kollegen ruft das gelegentlich Irritationen hervor.

Auch seine Art zu lernen ist prägnant. Schulen und Lehrer weiß er bis in seine späte Jugend hinein nicht besonders zu schätzen. Er lernt auf eine ganz speziell organisierte Weise. In gewissem Sinn ist er ein ziemlich «eigen-sinniger» Autodidakt. Er ist imstande, Dinge auf eigene Faust herauszufinden, und er tut dies auch am liebsten, vor allem in den Nachtstunden. Als Mittelschüler entzieht er sich den Lehrern, bis *er selbst* die Notwendigkeit des Lernens *einsieht*. Dies bildet das einzige Motiv. Als Erwachsener packt er in seiner beruflichen Tätigkeit die Dinge als Einzelgänger an. Anders sein zu wollen als andere, das ist auch hier ein Thema.

Als sein Söhnchen chronische Bronchitis zu entwickeln droht, geht er auf der Suche nach einer möglichen Therapie in die Bibliothek und gerät so an einen anthroposophischen Arzt. In der Folge schickt er seine Kinder auf eine Waldorfschule und findet darüber hinaus den Weg zur Triodosbank und zur Anthroposophie. Ein anderes Beispiel: Eine Bemerkung von Koopmans vor einer Reihe von Jahren über Kratylos und die Mysterien des Wortes bringt ihn dazu, darüber nachzudenken. Und mit einer gewissen Eigenwilligkeit – was bedeutet schließlich ein Jahr humanistisches Gymnasium! – unternimmt er selbstständig Recherchen zu diesem Thema und macht die Ergebnisse zu einem Motiv seines Buches.

Sowohl Rechnen als auch Sprache:

Was die Art von Jaaps Lernfähigkeit betrifft, so fällt auf, dass sowohl Anlage als auch Interesse für Mathematik und für Sprache vorhanden sind.

Koopmans: «Eine Neigung zur Mathematik ist zugleich eine Affinität zur Erde. Das Interesse für irdische Verhältnisse, der Sinn für Mengen, Maße und Gewichte, die in Zahlen ausgedrückt werden können, hat sich erst im Laufe der menschlichen Evolution entwickelt. Das hängt damit zusammen, dass sich der menschliche Ätherleib zu einem bestimmten Zeitpunkt ganz in den physischen Leib einfügt und mit diesem verbindet. Auch die Menschheit als Ganze macht einen Inkarnationsvorgang durch, von einer rein kosmisch-geistigen Erscheinungsform hin zu einer zunehmenden Verdichtung auf der Erde, wodurch die Sinne immer größere Bedeutung erlangen. Das Rechnen beruht auf der *visuellen*, sinnlichen Beobachtung physischer Verhältnisse. Die Neigung zur Sprache beruht auf einem *auditiven* Vermögen der Seele. Dies hat einen qualitativen Aspekt. Es geht in der Sprache um das Kommunizieren von Gedanken in der Art, dass das Wort mit Sinn erfüllt und somit zum Bedeutungsträger wird. Bildhaft gesprochen erfordert dies eine lauschende Haltung. Und immer spielt die Frage eine Rolle: ‹Stimmt das, ist das wahr?› Die Affinität zur Sprache beruht auf einem Gefühl für die Welt der Urbilder, die den Dingen zugrunde liegen.»

Bei Jaap sind beide Neigungen deutlich entwickelt. Die Neigung zur Mathematik zeigt sich in der Kindheit in seiner Vorliebe für das Bauen und Basteln, im späteren Leben in seinem Interesse für Strukturen und Konfigurationen des sozialen Lebens. Die Neigung zur Sprache zeigt sich an seinem Interesse für die Qualitäten (auch moralischer Art) sozialer Prozesse. In beiden Richtungen legt Jaap eine forschende Einstellung an den Tag und entwickelt eine eigenwillige, originelle Sicht der Dinge.

Im Hinblick auf die Wesensglieder stützen beide Aspekte das Bild, das sich nach und nach einstellt. Jaap scheint einen Astralleib zu besitzen, der zu einer stark «lauschenden» Orientierung in Richtung der eigenen Heimat, der Welt der Urbilder, veranlagt ist. Seine mathematische Begabung fußt darauf, dass ätherischer und physischer Leib gut ineinander greifen.

Die Familie:

In der Arbeitsgruppe zur «praktischen Menschenkunde», in der Jaap seine biografische Darstellung gab, wurde angemerkt, dass die Familie darin nur ganz am Rande vorkam. Er schildert seine persönliche Entwicklung wie eine Eroberungsgeschichte. In der Kindheit hat der Vater eine entscheidende Rolle gespielt und führt bei Jaap zu einer sich abgrenzenden Bewegung. Dabei klingt jedoch auch eine Schätzung des Vaters hindurch; er stellt fest, dass dieser selbst das starke Anliegen hatte, sich weiterzubilden. Jaap übernimmt diese Dynamik von ihm und will ihm gleichzeitig überlegen sein. Als Siebzehnjähriger fängt er bereits an, zur Untermiete zu wohnen, weil «das Haus für mich zu klein» war.

Auch die Welt seiner Frau und seiner Kinder ist in Jaaps Schilderung kaum anwesend. Zwar macht er allerlei in dieser Welt durch, kommt in seiner Darstellung jedoch nur wenig auf sie zu sprechen. Ehefrau und Kinder spielen keine wesentliche Rolle in seiner Geschichte und bleiben für die Zuhörer weitgehend hinter den Kulissen.

Diese Beobachtung wurde in der damaligen Arbeitsgruppe geschildert und von den anderen damals Anwesenden bestätigt. Obgleich auch Jaap selbst ihr zustimmte, sollte es nicht als eingebildete Gefahr abgetan werden, dass die Deutung der entsprechenden Beobachtungen unbemerkt in ein zu psychologisches Fahrwasser gerät. Psychologisierende Deutungen bilden eine häufige Falle, wenn das psychosoziale Karma, das des Astralleibs, untersucht wird. Ehe man sich's versieht, verfällt man in Qualifizierungen mit einem leicht abwertenden oder lobenden Unterton.

Koopmans: «Innerlich muss man mit derartigen Beobachtungen genauso umgehen wie mit Segelohren oder einer schiefen Nase, nämlich als objektive Gegebenheiten, die man zur Kenntnis nimmt: Familie weit weg; starkes Selbstbewusstsein; eine Seelenbühne, die weniger mit Menschen als mit Ideen bevölkert ist.»

Biografisches Karma

Ereignisse, Begegnungen:

Wenn jemand seine Biografie erzählt, gehört immer die Kategorie «besondere Begegnungen, Erlebnisse und Ereignisse» dazu. Auch hier besteht die Kunst darin, Einzelnes aus der Vielfalt auszuwählen. Dabei wird die Auswahl nicht so sehr davon geprägt, was den Zuhörern auffällt bzw. wonach sie zu weiterer Ergänzung fragen – das psychosoziale

Karma, das Karma der Seele, lädt zur Neugier ein –, vielmehr wird sie auf der Grundlage dessen getroffen, was der Erzähler selbst vorschlägt. Er schildert sein Leben aus der mehr oder weniger bewussten Wahrnehmung, dass die Begegnung mit einer bestimmten Person ihm die Tür zu einer für ihn neuen Welt geöffnet hat oder dass ein bestimmtes Ereignis die Richtung des eigenen Lebens mehr oder minder stark verändert hat.

In Jaaps Leben finden sich in dieser Hinsicht unter anderem folgende Elemente:

- «Herr Oheim», der Bruder seiner Mutter, römisch-katholischer Missionar. Jaap: «Er lebte für Christus und arbeitete in den Slumgegenden mitten unter den Arbeitern in dem gefährlichen Chile. Das rief tiefen Respekt für Religiosität und Ideale in mir hervor.» Und in einem Atemzug mit dem Onkel nennt Jaap den Hausfreund, der prächtige Geschichten über Don Bosco in den Armenvierteln von Turin erzählt, voller «Visionen und okkulter Sachen».
- Als Dreizehnjähriger begegnet er auf dem Campingplatz einer deutschen Familie, die ihn zu Ferienaufenthalten im entfernten Wilhelmshaven einlädt, wo eine Flotte der Marine mit U-Booten vor Anker liegt. Eine andere Welt! Er lernt gut deutsch, was dazu führt – wie er selbst erwähnt –, dass er später zum Werk Steiners leichten Zugang findet.
- Die Verwandtschaft seines Vaters auf dem Bauernhof bei Abcoude. Dies war natürlich eine Gegebenheit. Doch Jaap entdeckt mit ihrer Hilfe die Welt der Natur und der Tiere. Sein Kennenlernen dieser für ihn neuen Welt erhält Begegnungscharakter, und es entsteht der Eindruck, dass dies eine Welt ist, in der er «ausruht», in die er sich zurückzieht. Es ist keine Welt, mit der er etwas «tut».
- Die unsympathische Begegnung mit jenem Lehrer auf der Mittelschule, der ihm sagt: «Dich werd' ich noch ändern.» Koopmans: «Sicher war eine derartige Repressivität dem Unterrichtssystem früher eigen, aber nicht jedes Kind wird davon aufmüpfig.» Jaap fühlt sich in seinem Selbstwert nicht recht wahrgenommen und weicht, clever und zu ärgerlichen Streichen aufgelegt, innerlich nicht zur Seite. Etwas Ähnliches beschreibt er auch aus seinem späteren Leben: «Mir gegenüber die Spitze der ganzen niederländischen Bankenwelt! Aber auf mich macht unterdrückende Autorität keinen Eindruck.»

– Die Bekanntschaft mit der östlichen Gedankenwelt ist für Jaap wesentlich. Sie begann in der Schule mit einem Referat über Yoga und wurde später erweitert durch die chinesische Weisheitsliteratur.

Koopmans: «Er knüpft an weltumspannende Traditionen an. Dazu gehört sein Interesse für Magie und z.B. jener impulsive Besuch einer Wahrsagerin zu einem kritischen Zeitpunkt seines Lebens.

Die Faszination für Magie oder andere alte, oft östliche Traditionen ist in der heutigen Zeit grundsätzlich ein interessantes Phänomen. Es ist eine Art von Reflex auf das Erwachen des Ich in der Menschheit auf der Erde. Dies Letztere, dass das menschliche Ich-Bewusstsein immer mehr auf der Erde ankommt, geschieht als ein fortschreitender Prozess, der in dem Christusimpuls seinen Ursprung hat. Es handelt sich um einen Weg voller Gefahren, dessen Kern die Heiligung, die Vergeistigung der Materie ist. Letzten Endes geht es um die physische Materie. Die Transsubstantiation des christlichen Kultus – das Brot, das Christi Leib, und der Wein, der Christi Blut wird – bildet eine schattenhafte Vorankündigung jenes Geschehens.»

Das Ich auf der Erde:

Mit der Tatsache, dass das menschliche Ich-Bewusstsein auf die Erde kommt, ist die Entwicklung mathematischer Fähigkeiten verbunden. Um zu rechnen, zu wiegen und zu messen, ist irdische Materie erforderlich. Aber je kräftiger und sicherer der Mensch gleichsam auf der Erde zu stehen kommt, desto mehr schließt er sich von der geistigen Welt ab und wird zugleich empfänglicher für die Finsternis der Erde. Unbewusst flößt das Angst ein. Es gibt Seelen, die sich dem Getrenntwerden von der geistigen Welt widersetzen und an der ursprünglichen Verbindung der Menschheit mit dem Kosmos festhalten wollen. Sie suchen Auswege in Magie, Aberglaube oder alten östlichen Traditionen.

Bei Jaap ist ein scharfer Intellekt zu beobachten, der etwas Merkuriales hat: Er kann blitzartig kombinieren. Das hängt mit dem Zug der Ich-Entwicklung zusammen. In seiner Seele gibt es aber einen Bereich, der gern noch an den Nikolaus glauben möchte. Mithilfe seiner Intelligenz findet er denn auch Wege, die zwei Welten miteinander zu verbinden, von denen seine Kollegen nichts begreifen. In ihren Augen macht er verrückte Sprünge. Und doch ist etwas dran. In seinem Buch entwickelt er eine neue Sicht auf die mathematischen Aspekte der Buchhaltung vor dem Hintergrund der sinnerfüllten Qualität der Sprache. Er versucht, diese Qualität des Wortes in den Umgang mit Rechnungen einfließen zu lassen, also in das ökonomische Denken ein neues, mehr kosmisch orientiertes Element einzuführen.

Anthroposophie:

Die Begegnung mit der Anthroposophie ist für dieses Lebensthema ein wichtiger Faktor. Namentlich die menschenkundlichen sowie die sozialen und wirtschaftlichen Ideen Rudolf Steiners haben es Jaap angetan. Er ist ein intensiver Leser und eignet sich den Inhalt der Anthroposophie im Selbststudium an. In seinem Fach sucht Jaap auf diesem Gebiet auch Anschluss – besonders bei der Triodosbank und beim Niederländischen Pädagogischen Institut (NPI) –, was jedoch nicht zu beruflicher Tätigkeit in diesen Zusammenhängen führt. Die Begegnung mit Ate Koopmans vermittelt ihm entscheidende Ideen auf seiner Suche nach einer fruchtbaren Orientierung auf dem Feld der Ökonomie.

Koopmans: «Hier lässt sich gut erkennen, dass die eine karmische Schicht einer anderen eng verbunden sein kann: Eine Affinität wird Begegnung. Beiläufig berichtete ich etwas über Kratylos, der als Sprachkundiger in einem der Dialoge Platons vorkommt. Es spricht Jaap an und bekommt für ihn in der Folge richtungsweisende Bedeutung. So etwas geschieht oft. Wer erinnert sich nicht an eine für ihn selbst ganz entscheidende Aussage eines anderen Menschen, die ihm eine neue Blickrichtung eröffnete, von der aber der Betreffende seinerseits wirklich nichts mehr weiß?»

Karmische Entwicklungsgesetze

Der Schritt, der methodisch jetzt folgt, nämlich die Untersuchung relevanter karmischer Entwicklungsgesetze – soweit sie von Steiner erwähnt werden, denn sie selbst zu entdecken ist vorläufig noch nicht an der Reihe – ruft häufig Schwellenängste hervor. Dies ist vollkommen verständlich, denn zwischen dem imaginativen und dem inspirativen Schritt liegt in der Tat der Übergang von der irdischen zur geistigen Gesetzmäßigkeit. Da wir nicht umhin können, unseren irdischen Verstand und unsere irdischen Denkgewohnheiten zu gebrauchen, stoßen wir uns stets an den auf solcher Grundlage nicht denkbaren Gegebenheiten, die Steiner im Hinblick auf geistige Entwicklungsgesetze zu vermitteln sucht und die wir als Richtschnur zu gebrauchen versuchen. Natürlich bietet es nicht dieselbe Sicherheit wie die Erforschung irdischer Angelegenheiten, wenn wir die Metamorphosen bestimmter konkreter menschlicher Phänomene in der geistigen Welt verfolgen. Die entsprechenden Bemühungen bezwecken denn auch fast ausschließlich, bei dem Übenden ein Empfinden dafür zu wecken, dass eine Individualität in ihrer Existenz zwischen Tod und neuer Geburt eine bestimmte Entwicklung durchläuft, dass sie *lebt*.

Lästige, aber unvermeidliche «Schwellenakrobatik» also, vor der wir zurückschrecken. Dabei führen die Anstrengungen meist zu gewissen Ergebnissen, und sei es auch nur zu dem Erstaunen darüber, dass sich die Erscheinungen gegenseitig zu stützen beginnen.

Jaap ist ein «Kurzschläfer». Er berichtete: «Ich brauche wenig Schlaf. Seit der Abendschule habe ich die Gewohnheit, schlafen zu gehen, wenn ich müde werde. Fünf Stunden sind oft schon genug. Tagsüber arbeite ich ganz normal, und nachts tue ich die Dinge, die mir Spaß machen und die ich interessant finde – das ist heute noch so.» Er hat keine Mühe aufzustehen, sondern fühlt sich ausgeschlafen. «Als Jugendlicher teilte ich jahrelang Zeitungen aus, da musste ich morgens früh raus.»

Steiner spricht in seinem Vortrag vom 10. Mai 1924 recht ausführlich über das Phänomen, dass manche Menschen mehr Schlaf benötigen als andere (vgl. Kap. 2, S. 50 ff.). Er bringt es in Verbindung mit der Geschwindigkeit, mit der jemand zwischen zwei Leben die geistige Welt durchläuft, und leitet diese wiederum her aus dem vorigen Leben, in dem der Betreffende mehr oder weniger intensiv auf die ihn umgebende Welt eingegangen ist. Dabei gibt er noch einen höchst merkwürdigen Hinweis. Kurzschläfer und Langschläfer haben verschieden proportionierte Oberkörper! Beim Kurzschläfer ist der obere Teil des Oberkörpers lang und der untere Teil kurz, beim Langschläfer ist es umgekehrt.

Voller Erwartung blickten die Teilnehmer des Workshops an dieser Stelle der Besprechung auf Jaap. Die Pullover wurden hochgekrempelt, um besser hinschauen und vergleichen zu können. Dabei zeigen sich in dem Kreis unverkennbare Unterschiede, doch sind sie schwer in Zentimetern auszudrücken. Wo befindet sich die Taille? Es geht nicht so sehr um das *Betrachten* bzw. *Anschauen*, sondern vielmehr um das *Lauschen* nach bzw. das *Hören* von Verhältnissen.[153]

Und was stellte sich heraus? Man kam tatsächlich überein, dass die Verhältnisse von Jaaps Rumpf zu einem langen oberen Bereich und einem eher kurzen unteren Teil tendieren. Er weist also beide Erscheinungen auf, die Steiner für das betreffende karmische Entwicklungsgesetz als «Pfeiler» in diesem Leben erwähnt.

Der Langschläfer – mit einem langen «sitzenden» Teil des Rumpfes – hat in seinem vorigen Leben, «nicht durch seine Veranlagung, sondern aufgrund seiner Erziehung und Lebensweise», wenig aus dem Leben mitgenommen. Dabei muss es sich gar nicht einmal darum handeln, dass er interesselos war. Es drang vielmehr sozusagen nichts richtig zu ihm durch, er konnte nichts wirklich gut, er war nicht darauf aus, Dinge gründlich zu durchdringen und wirklich gut zu verstehen.» Ein solcher Mensch stieg nach dem vorigen Tod schnell empor, brauchte hingegen lange Zeit für den Rückweg zur Erde.

Der Kurzschläfer, der einen kurzen unteren Rumpfbereich hat – und einen verhältnismäßig langen oberen Teil – hat sich im vorigen Leben Mühe gegeben, ein verständnisvolles Verhältnis zur Welt zu entwickeln. Er hat sich darum bemüht, mit Verstand und Gefühl auf alles einzugehen. Nach dem Tod braucht er länger für den «Hinweg» in die geistige Welt, er hat dort sozusagen viel zu erzählen und wiederzuerkennen. Seine Bemühungen und sein Engagement auf der Erde führen zu einer gewissen Art von Wachheit, die bewirkt, dass er in den Kreisen der Urbilder gleichsam intensiven Verkehr pflegt und ein

Gast ist, der viel zu sagen hat und nicht leicht wieder wegkommt.[154] Den Rückweg zur Erde legt er in der Folge rasch zurück. Er strebt gerne zu ihr zurück, will auf ihr etwas vollbringen. Einmal auf der Erde angelangt, zeigt er infolge seiner relativ starken Vertrautheit mit den Urbildern bereits früh das «Talent», sich schnell zu regenerieren; er kann effektiv schlafen.

Koopmans: «Ein solches Schlaftalent ist eine reife Frucht aus einem früheren Leben. In dem damaligen Leben hat der Betreffende lebendige Aktivität investiert. Das ist tatsächlich etwas, was mit Armen und Beinen getan werden muss: Man muss sich hierhin oder dorthin begeben, um praktisch vor Ort dabei zu sein, man muss üben, muss sich Aufzeichnungen machen usw. Dies wird dann in der geistigen Phase zwischen zwei Leben umgearbeitet zu dem konstitutionellen und sogar physischen Tatbestand einer ‹Schlafbegabung› und einem langen oberen und kurzen unteren Rumpfanteil.

Menschen, die vor Gesundheit strotzen, haben sich in einem früheren Erdenleben in erster Linie lebendig für die sichtbare Welt interessiert. Übrigens kann das aktive, eindringliche Interesse für die sichtbare Welt als ein besonders beliebtes Motiv Rudolf Steiners bezeichnet werden. Viele von den Entwicklungsgesetzen, die er behandelt, beziehen sich darauf.»[155]

Es entsteht das Bild, dass Jaap in einem vorigen Leben für die sinnlich wahrnehmbare Welt ein starkes und eindringliches Interesse besaß. Dies wird unterstützt und etwas nuanciert durch eine Lebenstatsache, die auch in Steiners Beispielen von Entwicklungsgesetzen eine Rolle spielt. Als Kind hatte Jaap nämlich einen kräftigen und robusten Haarwuchs, ein Haar, «durch das der Friseur mit seiner Schere nicht durchkam». Menschen mit einem solchen Haarwuchs waren in einem vorigen Leben, laut Steiner, so beschaffen, dass sie sich «überintensiv interessiert haben, (...) ihre Nase in alles hineingesteckt haben».[156] Im darauffolgenden Leben entwickeln sie dann kräftiges und struppiges Haar. Steiners Formulierung legt nahe, dass es sich um Neugier handelt, um Aufmerksamkeit mit einem gleichsam etwas zu «warmen» astralischen Anteil.[157]

Koopmans: «Letzten Endes hat Neugier mit dem Sexuellen zu tun, und zwar gänzlich objektiv gemeint, den Tatsachen nach genommen.

Steiner weist darauf hin, dass die Sexualität die animalischste Form der Neugier ist. Er will damit andeuten, dass es sich bei ihr um eine Neigung handelt, die noch eng mit dem Leiblichen verbunden ist und auf die Fortpflanzung zielt. Im Pflanzenreich geschieht die Fortpflanzung noch ‹auf Abstand›, erst im Tierreich kommt sie durch eine verinnerlichte Anziehungskraft zustande. Diese ist bei Mensch und Tier ‹Neugier›. Nur der Mensch kann sie unter gewissen Umständen zu beherrschen lernen.»

Weshalb wirkt sie nun aber auf die Haare? Koopmans: «Die Haare stehen unter dem Einfluss der irdischen Astralität. Man kann die Haare auch von kosmischer Seite aus betrachten, als lichtätherisch-astralische Ströme, das ist vielleicht ansprechender. Dabei lässt sich z.B. an die übermenschlichen Kräfte von Samson denken, die verschwanden, als Delia ihm im Schlaf die Haare abschnitt. Man muss dabei eben bedenken, dass die Erde auch ein Stern ist, der strahlt und auf die Menschen einwirkt.»

Mond-Sonne-Saturn-Übung

Der entscheidende und schwierigste Schritt des Forschungsprozesses hat begonnen. Nun muss die irdische Perspektive zugunsten einer kosmischen Sicht auf die biografischen Tatsachen aufgegeben werden. Eine «Sicht» ist nicht die angemessene Bezeichnung. Koopmans nannte es eine meditative Aktivität, eine Art des lauschenden Sich-Hineinversetzens in dasjenige, was aus der vorgeburtlichen Vorbereitungszeit der Inkarnation durchklingt. Diese Vorbereitungszeit hat drei Stufen:

- das Mondstadium (letztes Stadium), das den Leib verdichtet und bildet
- das Sonnenstadium (vorletztes Stadium), das die Seele zusammenzieht und gestaltet
- das Saturnstadium (erstes Stadium), in dem der Geist Richtung nimmt.

Mit dem Finger im Wind

Theoretisch gesprochen beginnen wir, den gegenläufigen Weg nehmend, mit dem Mondenschritt, es folgt der Sonnenschritt und zum Schluss der Saturnschritt. Stets geht es also weiter «zurück» in das geistig wesenhafte Stadium.

Allerdings machte Koopmans das fast nie so. Häufig wählte er den Einstieg gleichsam mit «feuchtem Finger im Wind», da er so bereits vorgefühlt hatte, aus welcher Richtung der entscheidende Wind in der betreffenden Biografie wehte. Dies tat er auf der Grundlage eigener Erfahrung und umfassenden Wissens sowie eines im Lauf der Jahre entwickelten «Gefühls für Karma». Intuition?[158] Die von ihm getroffene Wahl des Einstiegs war immer überraschend und für seine Schüler oft didaktisch verwirrend.

Koopmans: «Der in der Darstellung von Jaap am offensichtlichsten zutage liegende Anknüpfungspunkt für diese Übung ist die Frage nach der Welt der Intentionen. Das ist im Grunde der dritte Schritt, der Saturnschritt. Daraus ergibt sich bereits, dass der Umgang mit dieser Übung vom Untersuchenden innere Beweglichkeit verlangt. Es kann sein, dass man nicht mit Schritt eins beginnen muss, sondern dort einsteigen sollte, wo man die Empfindung gewonnen hat, durch die Schilderung einen roten Faden bekommen zu haben. Zugleich bleibt dies eine Frage von Nuancen. Denn selbstverständlich hat die Welt der Karmabildung *in ihrer Gesamtheit* immer intentionalen Charakter; und auch Sonnen- und Mondenphase werden letztlich aus den vorhandenen Intentionen heraus gestaltet.»

Mensch der Intentionen: Saturnsphäre

Auf der Erde sind wir als Menschen daran zu erkennen, was wir von uns selbst haben sichtbar werden lassen. Das ist unser persönliches «Bild», unser persönliches «Imago». Dieses ist weniger leicht «machbar», als die «Männermacher» dieser Welt glauben mögen. Es erweist sich nämlich zu einem großen Teil als karmisch bestimmt.[159] Wollen wir einen Menschen in seinem Wesenskern erkennen lernen, dann müssen wir uns nach dem

«Intentionsmenschen» in ihm oder ihr auf die Suche machen. Karma ist eine Sache des Willens, es ist in die Zukunft gerichtet. Die Art der Intentionen kann an den spezifischen Eigenheiten abgelesen werden, die in der Biografie in all ihrer Farbigkeit zum Ausdruck kommen.

Was ist nun eigentlich *Wille?* Für das Bewusstsein ist dies nicht fassbar. Es handelt sich um ein subtiles und empfindliches Gebiet, das sich aus der Sache heraus jeder rationalen Annäherung geschweige denn Darstellung widersetzt. Und doch bewegen wir uns darauf zu, denn es bildet den Kern des Abenteuers der Karmaforschung. Wie entwickeln wir eine Empfindung in dieser Richtung?

Welche intentionalen Motive oder Motive des Willens treten in Jaaps Schilderung in den Vordergrund? Indem wir danach fragen, begeben wir uns auf jenes Feld, in dem sich die Saturnsphäre manifestiert. Die große Schwierigkeit, sich in dieses Gebiet einzuleben, besteht darin, dass man fähig sein muss, eine enorme Spannung zu ertragen. Es handelt sich nämlich um den Bereich, in dem Gegensätze zusammenkommen, ohne einander aufzuheben.

Wir kennen das Spannungsfeld zwischen Vergangenheit und Zukunft. Im Saturn reichen Vergangenes und Zukünftiges einander die Hand. Die Frage «Woher kommt es?» fällt zusammen mit der Frage «Was will daraus entstehen?». Die Tragweite dessen ist kaum zu erfassen, jeder Abschluss bildet den Ausgangspunkt für einen neuen Beginn. Es fällt zusammen, wendet sich gleichzeitig aber auch um. Das alte Schicksal – Potenz und Extrakt vorangehender Inkarnationen – zieht neues Schicksal an.[160]

Es gibt noch ein weiteres Spannungsfeld. In ihm haben wir auf der einen Seite die Wirklichkeit der Menschheitsentwicklung mit allen weltumspannenden moralischen Perspektiven wie Freiheit (Menschenrechte, Demokratisierung), Liebe (Mitmenschlichkeit, Antirassismus, multikulturelles Zusammenleben), Ich-Entwicklung (Emanzipation, Individualisierung) und Weisheit (Naturwissenschaften, Religionen, Esoterik, Künste). Auf der anderen Seite findet sich in ihm die konkrete menschliche Individualität – in diesem Fall die Individualität Jaaps –, die sich darin auf der Grundlage ihres karmischen Status quo noch unbewusst auf ein neues Erdenleben hin orientiert und einen Anlauf nimmt:

– Wann werde «ich» mich wieder inkarnieren? Am Ende des 21., zu Beginn des 22. Jahrhunderts ... Was werden Aufgabenstellung und Ziel sein? Was wird zu jener Zeit «dran» sein, wozu ich meinen Teil beitragen kann? Werde ich andererseits selbst etwas dazu beitragen, dass ein bestimmtes übergreifendes Motiv zu der Zeit auf der Erde eine Bedeutung erlangen wird?
– Wo werde «ich» mich inkarnieren? Amsterdam und Umkreis. Finde ich da einen geeigneten Ausgangspunkt für meine Intentionen? Finde ich da den mir zugehörigen menschlichen Umkreis?

Die Wahl eines Ortes ist von eben solcher Bedeutung wie die Wahl der Zeit und hängt eng mit dieser zusammen. Im Hintergrund haben wir dabei die Denkrichtung im Bewusstsein, die sich bei Jaap zeigt, und zwar nicht so sehr die Inhalte als vielmehr den Duktus, Stil und Charakter seines Denkens. Diese haben etwas Charakteristisches. Sein Denkstil geht gewissermaßen tief, greift stark ein, sucht nach Aufbau und Gestalt und versucht, eine neue Dimension hinzuzufügen. Wonach sucht dieses Denken, in welche Richtung strebt es seinem Grundcharakter nach?

Sonnen- und Mondensphäre

Theoretisch folgt nun der Sonnenschritt: Wie umhüllt, umkleidet «er» die angedeutete Richtung als Seelenwesen? Die verhältnismäßig starke Selbstständigkeit von Jaaps Astralleib fällt auf. Sie erschließt sich aus der Neigung zur Autodidaktik sowie aus der Tatsache, dass er in der Schule als Quälgeist auffiel. Sein Astralleib besitzt eine angeborene bewegliche Weisheit, eine Aktionskomponente, die unabhängig von Lernprozessen, jenseits aller Überlegung und Planung, in allen Lebenssituationen ihren Weg findet und die Lehrer zum Äußersten reizt. Wo sie erscheint, trifft sie genau ins Schwarze. Und das spielt sich zwischen Menschen ab. Der Lehrer bekam einen Spiegel vorgehalten: Wer wird wen in diesem Jahr verändern!? – Zur Merkursphäre hat Jaap eine innere Verbindung (zielgerichtete Wendigkeit), zu der des Mars weniger: Er schlägt sich nicht gern, und die Geformtheit seiner Sprache ist relativ gering.[161]

Es folgt der Mondenschritt: Wie werden die charakterisierten geistigen Richtungen und seelischen Bewegungen nun leiblich? Jaaps Leib ist ein brauchbares und gesundes Instrument, das ihm wenig Hindernisse in den Weg legt. Vorübergehend «erzittert» er in seinen Grundfesten in den Momenten, wo sich das Verhältnis zu dem mächtigen Astralleib verändert, hält das jedoch aus. Die auffallende Drahtigkeit seiner Erscheinung neigt nicht zum Ausgezehrtsein.[162]

Auf diese Weise begleiten wir mit dem inneren Blick gleichsam den Inkarnationsweg zur Erde.

West – Ost

Zurück zu Saturn.

Koopmans: «Eine wesentliche Frage im Zusammenhang mit der Saturnsphäre ist folgende: Verläuft ein menschlicher Inkarnationsweg von West nach Ost oder umgekehrt?»

Der große Strom sich wiederverkörpernder Menschen verläuft von Westen nach Osten, sozusagen mit der Erdumdrehung, ausgehend vom amerikanischen Kontinent über das Meer, wo zu früheren Zeiten Atlantis lag, in Richtung Osten, nach Europa und weiter nordöstlich nach Russland.

Ein kleinerer kulturtragender Strom von Individualitäten verkörpert sich gegen den großen Strom, ausgehend von Südosten, wo in Indien das Zentrum der ersten nachatlantischen Kulturepoche lag, hinüber in den Nordwesten von Europa, also von Ost nach West. Dieser Strom bringt gewissermaßen aufeinander folgend die großen kulturellen Zentren aus sich hervor: Indien, Persien, das so genannte Zweistromland zwischen Euphrat und Tigris, westlich davon die Länder der chaldäisch-hebräischen Völkerschaften mit einem Ausläufer bis nach Ägypten und weiter hinüber nach Griechenland, Italien, Europa.

Diesen Menschenstrom nennt Steiner mitunter die Michaeliten. Er bezeichnet ihn so, da er in dem Erzengel Michael den Herrn der selbstständigen menschlichen Befähigung sieht, Zivilisation und Kulturen hervorzubringen. Der Strom der von Ost nach West sich verkörpernden Individualitäten entzündet stets die Flamme einer neuen Kultur. Der andere Strom von West nach Ost trägt gleichsam das Brennholz herbei, verhilft durch seine Tätigkeit dem Genius der Kultur auf die Erde, er konsolidiert und formt das auf der Erde Begründete (vgl. Kap. 9, S. 184 ff.).

Koopmans: «Jaap scheint aus dem Westen zu kommen und sich nach Osten fortzubewegen. Es ist vor allem seine Denkrichtung, die mich zu dieser Annahme bringt. Es sind eine Anzahl von Symptome bei ihm zu erkennen, die sich in dieser Hinsicht gegenseitig stützen. Die Eigenschaft des Einzelgängerischen z.B., sein autodidaktischer Zug. Natürlich entwickelt so etwas dann auf der Erde seine eigene Geschichte, grundsätzlich macht es jedoch auch etwas sichtbar. Denn woher stammt dieser Zug?

Die Inkarnationen, die aus dem Westen kommen, tragen noch ein starkes atlantisches Erbe in sich.[163] In der Neuzeit manifestiert sich dieses Erbe zumeist in der Periode zwischen dem 21. und 42. Lebensjahr, in der biografisch gesehen ein besonderes Licht aufleuchtet. Das ist die Lebensphase, in der das Sonnenhafte zum Durchbruch kommt und stark in den Vordergrund tritt. Bei den entsprechenden Menschen bildet diese Lebensepoche die Zeit, in der sie wirklich ihre individuelle Richtung finden, in der sie ganz *Mensch werden* (bei Jaap deutet z.B. die Tatsache darauf hin, dass er in dieser Zeit der Anthroposophie begegnet). Dieses Geschehen erfolgt gleichsam in einem besonderen Licht, während Familien- und Volksaspekt mehr oder weniger unabhängig daneben gelebt werden.»

«Das fühlt sich auch so an», pflichtet Jaap im Gefühl des Wiedererkennens bei. «Wenn ich mir zu Bewusstsein rufe, wofür ich eigentlich im Leben stehe, so bedeutet meine Herkunftsfamilie nichts, selbst meine eigene Familie nicht.»

Autodidaktische Dynamik:

Koopmans: «Das ist kein Beweis für das Gesagte, wohl aber ein interessanter Zug. Auffällig an solchen Menschen ist also gerade, dass sie in der erwähnten Lebensphase selbstständig ihren Weg finden, wobei Traditionen von Familie, Volk usw. höchstens eine geringe Rolle spielen. Die autodidaktische Dynamik in Jaaps Denken stützt diesen Gesichtspunkt. Er will, so könnte man sagen, nicht kulturell vorprogrammiert werden. So verbindet er sich nicht selbstverständlich mit der Tradition, daran ändert auch seine schulische Laufbahn nichts. Was ihm von der Schule geboten wird, erfährt er als befremdlich, als etwas, das nichts mit ihm zu tun hat. Es gibt zwar Menschen wie jenen Lehrer des Niederländischen, die ihn ansprechen, im Ganzen gesehen jedoch sind das Kleinigkeiten. Jaap liebt es, Dinge aus eigener Kraft herauszufinden. Auch seine Begegnung mit der Anthroposophie beginnt mit einer gründlichen Suche jenseits seines Fachgebietes.

Verbindung mit der Welt der Urbilder:

Koopmans fährt fort: «Noch etwas fügt sich hier ein, die Tatsache nämlich, dass er wenig Schlaf braucht. Menschen, die wenig Schlaf benötigen, haben einen ‹heißen Draht› zur Welt der Urbilder. Denn der nächtliche Kontakt zu dieser Welt baut die Organe auf und erneuert die Lebenskräfte. Wir erholen uns mithilfe der regenerierenden Kräfte der kosmischen Urbilder, die über den Stoffwechsel wirken. In Begriffen des Astralischen ausgedrückt, atmen wir die Urbilder mithilfe des Luftelements ein – des Lichts, der Luft und der Farben des Himmels. Das Bedürfnis nach mehr oder weniger Schlaf wird durch die Art unserer Verbindung zur Welt der Urbilder geprägt. Finden wir diese mühelos, oder kommt die Verbindung eher mangelhaft und schwer zustande?

Jaap findet diese Verbindung anscheinend problemlos. Woher kommt das? Es spricht sich da etwas aus, was den Charakter einer Verehrung des Großen Geistes besitzt – den Charakter einer Beziehung zu den Geistern der Form, die an einem besonderen Ort in der Atlantis ihr großes Sonnenorakel hatten.[164] Jaap vermittelt den Eindruck, als habe er eine unmittelbare Verbindung zur nächtlichen Welt der Urbilder. So etwas kann man nicht ohne weiteres von jedem Menschen behaupten, der wenig schläft. Bei ihm weckt es jedoch in Verbindung mit den anderen geschilderten Phänomenen diesen Eindruck. Er erholt sich schnell. Außerdem macht er, wie wir schon feststellten, in vielerlei Hinsicht den Eindruck, zielstrebig im Leben zu stehen, wenig Zweifel zu kennen, vielmehr zu wissen, was er will. Er ist in dieser Hinsicht ‹gut gebaut›. Das macht einen ‹alten› Eindruck. Die Indianer besaßen in der Regel eine starke unmittelbare Verbindung zum Großen Geist, was ihrer Spiritualität die so charakteristische objektive und direkte Färbung verleiht.»[165]

Zweigleisig

Ein anderer wesentlicher Tatbestand in dieser Hinsicht ist der, dass bei Jaaps Interessen eine Art Zweigleisigkeit vorhanden ist. Er greift bestimmte Dinge auf: Systeme, Strukturen, das Mathematische, daneben hat er aber auch ein okkultes Interesse: Yoga, chinesische und indische Weisheit. Eine sozusagen private – nächtliche – Suche nach der Geistigkeit der Welt. Beide Interesserichtungen sind angreifbar und interessant für *Gegenmächte.*

Systeme und Strukturen:

Koopmans: «Was die Intelligenz betrifft, so ist die für die Gegenmächte entscheidende Frage die folgende: Besitzen Menschen ausschließlich durch ihre Verstandeskräfte Intelligenz? Gelingt es dem Menschen, eine Intelligenz zu entfalten, die Denkformen ausbildet, die die geistige Wirklichkeit in die irdische einzubeziehen vermögen? Gelingt es ihm, eine Intelligenz zu entwickeln, die nicht nur auf Schärfe und Logik beruht und in totes, systematisches Denken mündet, sondern die ein lebendiges Denken ist?

Die intime Bewegung von Jaaps Denken ist in diesem Zusammenhang interessant. Alles wird bei ihm sofort auf die Waagschale qualitativer, moralischer Werte gelegt. Er nennt das seine ‹Empfindsamkeit für die Sprache›. Der Bericht über Kratylos spricht ihn unmittelbar an. Er erkennt dessen Inhalt gewissermaßen wieder. Die Geschichte verbindet sich mit dem lauschend-verstehenden Engagement, das einen Unterton seines Denkens bildet. Jeder Gedanke wird an moralischen Normen geprüft. Das ist eine Art des Verstehens mit dem rhythmischen System, dem mittleren Bereich, nicht so sehr mithilfe des Kopfes. Es hat einen merkurialen Einschlag. Denn nicht allein das schnelle Erfassen und Durchschauen, sondern auch das Gefühl für Moralität deutet auf eine Affinität zur Merkursphäre in der karmabildenden Phase vor der Geburt hin.[166]

Jaap macht Versuche in dieser Richtung. Die Begabung für Zahlen bringt er mit, während die Suche nach dem ‹Wort›, nach der Grundbedeutung neu für ihn ist, auch das Überprüfen an moralischen Werten. In gewissem Sinn ruft seine Begegnung mit der Anthroposophie dies wach. Nach und nach bekommt es eine Bedeutung für sein Leben, zuvor schlummert es bereits in ihm. In seinem neuesten Buch arbeitet er das für sein Fachgebiet aus. Was ist sein Anliegen mit diesem Buch, was will er mit ihm?

Wir hörten ihn sagen: ‹Indem in egoistischer und falscher Weise mit Geld umgegangen wird, wird der Leib Christi korrumpiert. Denn Christus ist anwesend in diesem zwischenmenschlichen Netzwerk des Wirtschaftens.› Was kann dies aber für einen durchschnittlichen Finanzmann, einen Wirtschaftsfachmann auf seiner beruflichen Laufbahn bedeuten, was kann es ihm sagen? ‹Wenn Sie sich darauf nicht einlassen wollen›, schreibt Jaap im Vorwort seines Buches beiläufig und doch zur Sache, ‹legen Sie es in dem Fall ruhig beiseite.› Gleichzeitig aber widmet er es Michael! Was ist das für eine Geste? Ein Samenkörnchen in der heutigen Gesellschaft, eine kleine, aber unverkennbare Spur von Saturn.»

Und Koopmans schließt: «Ich musste an den Text einer Bachkantate denken: *Wenn ich nur Jesum mir zum Freunde mache, so gilt der Mammon nichts bei mir.*[167] Hier schmeckt man doch etwas heraus von dem alchemistischen Streben eines Gemütsmenschen, der die Wirklichkeit der Erde anerkennt und sie heiligt, indem er in seiner Seele die Freundschaft mit Jesus danebenstellt.»

Okkulte Weisheit:

Das zweite Gleis bildet Jaaps Interesse für das Okkulte. Hierbei handelt es sich um ein umfassendes Thema in der Menschheitsgeschichte und angesichts des Booms, den die New Age-Bewegung erlebt, auch um ein aktuelles Thema. Gelingt es dem Menschen, sich die *Sternenweisheit* zu erobern? Und die weitere Frage: Wie wendet er diese Weisheit an?

In einem seiner letzten Vorträge über Karma berichtet Steiner von dem historischen Sängerwettstreit, der im Jahr 1206 auf der Wartburg bei Eisenach, am Hof Ludwigs von Thüringen, stattgefunden hat.[168]

Einer der Sänger, Heinrich von Ofterdingen, fürchtet sich davor, im Wettstreit zu verlieren, und bittet Klingsor, einen schwarzen Magier aus Ungarn, um dessen Beistand. Dieser tritt für ihn in die Schranken gegen den weithin bekannten Wolfram von Eschenbach und «beweist», dass dieser ein Christentum besinge, das «sternenlos» sei, und dass Wolfram, nota bene Dichter des Gralsmythos, nicht die geringste Ahnung von kosmischer Weisheit habe. Klingsor hingegen besitzt diese Weisheit und singt die Sterne vom Himmel herab. Der Gegensatz in dem Bild ist deutlich: Auf der einen Seite befindet sich das exoterische kirchliche Christentum, das in seinem Dogmatismus armselig geworden ist, auf der anderen Seite das esoterische, kosmische Wissen, das jedoch in die Hände eines Zauberers geraten ist.

Was ist das Problem?:

Koopmans: «Die zweite entscheidende Frage lautet: Wenn es gelingt, die kosmische Weisheit zu erringen, wie wird sie dann gebraucht – im Sinne schwarzer oder weißer Magie? Eingekleidet in freilassende mythische Bilder, wie durch die neuplatonischen Lehrer der Schule von Chartres im zwölften Jahrhundert – oder direkt an den Willen gerichtet, diesem Richtung und Ziel gebend, zwingend, wie durch Klingsor mit seinen Zauberkünsten? Alles, was unmittelbar und unfrei machend auf das Willensleben des Menschen einwirkt – wie Zauberei, schwarze Magie, aber beispielsweise auch die allermeisten symptombekämpfenden Medikamente! –, bekämpft den Freiheitsauftrag des Menschen.»

Und die Grundzüge nochmals zuspitzend, fährt Koopmans fort: «Etwas von diesen beiden Themen findet sich in Jaaps so charakteristischer Denkweise wieder. Eine Intelligenz mit einem kosmischen, jedoch auch einer Spur magischen Einschlag: seine eigensinnigen Auffassungen, die bei Fachkollegen gelegentlich Misstrauen hervorrufen, seine starke Neigung zur Anthroposophie. Wie ein Alchimist in seine Retorte blickt, so betrachtet Jaap finanzielle Angelegenheiten …

Wir können an das seelisch-geistige Klima des christlichen Mittelalters mit seiner Spannung zwischen dem aufkommenden materiellen Denken (dem Arabismus, der Naturwissenschaft) und den christlichen Prinzipien von Freiheit und Liebe denken. Für die Kirche waren alle Arten von Weisheit, die nicht ihren Ursprung im Glauben hatten, wie Astrologie, Alchimie usw., verdächtig und galten als Magie. Gänzlich ungerechtfertigt war das Misstrauen nicht. Menschen, die eine Veranlagung für die Sternenweisheit hatten, waren für die Gegenmächte besonders interessant. Missbrauch war verführerisch. Namentlich in Mitteleuropa trat der Gegensatz zwischen Christentum und Sternenweisheit scharf zutage.»

Zum Schluss

Koopmans: «Werfen wir noch einen abschließenden Blick darauf, wie wir vorgegangen sind. Dieses Vorgehen – beginnend mit dem Saturnschritt – erfordert eine gewisse Feinfühligkeit, eine Art ‹Weben› in Gedanken. Es geht nicht darum, ein abschließendes Urteil zu bilden, sondern darum, zu einer sich selbst tragenden, stützenden Komposition zu gelangen. *Dieses* Motiv springt ins Auge, *jenes* Motiv könnte an der Reihe sein. Indem die Motive miteinander verwoben werden, verdichtet sich der ‹Gehalt an Wahrscheinlichkeit›. Das eine steht dem anderen nicht unvermittelt und bezugslos gegenüber.

Das Ziel besteht darin, ein Gefühl für das Karma zu entwickeln. Die Weisheit des Gefühls legt sich nicht in fixierten Urteilen fest. Das ist etwas Ungewohntes in unserer Denkkultur. Wir sind ständig auf der Suche nach logisch entwickelten Argumenten. Die Welt der Intentionen entzieht sich ihnen.

Was allerdings entsteht, ist eine gewisse Evidenz durch die verschiedenen, sich gegenseitig stützenden Motive, vergleichbar mit dem Modell eines Planetensystems. Alle Planeten schweben, keiner von ihnen hat eine Stütze für sich, und doch bestehen im Miteinander gegenseitige Stütze und Gleichgewicht.»

Abschluss

Unterdessen sind ein paar Monate vergangen. Mittlerweile haben Jaap und ich entsprechend unserer Vereinbarung Kontakt miteinander gehabt, was die biografischen Fakten seiner Darstellung betrifft. Und jetzt, es ist Mitte Februar, haben wir zur Abrundung ein gemeinsames Essen vereinbart. Ich bin gespannt auf seine Reaktion.

In der Zwischenzeit ist viel geschehen. Zum Jahresbeginn 2002 starb Ate Koopmans. Vier Wochen zuvor hatte ich ihm noch meinen Arbeitsplan und die partielle Ausarbeitung vorgelegt, und wir führten unser letztes Gespräch darüber. Das fertige Ergebnis hat er nicht mehr gesehen.

Seine Zustimmung hätte ich bei der bevorstehenden Begegnung gerne im Gepäck gehabt. Was tut man jemandem mit einer Darstellung wie dieser an? Eine vorübergehende Workshop-Situation ist eine begrenzte Sache, wie aber fühlt es sich an, wenn man auf diese Weise schwarz auf weiß in zweifacher Hinsicht biografisch «veröffentlicht» wird?

Ich frage Jaap.

«Ich habe doch zugestimmt?»

«Ja sicher, aber nun ist es so weit.»

«Als Ate starb, dachte ich kurz mit einem Anflug von Bedauern und auch Erleichterung: Es wird nichts draus …»

«Und nun?»

«Ich erfuhr von seinem Tod, als ich mich gerade in jenen Tagen zu einer Reihe von Schulungsvormittagen in ‹praktischer Menschenkunde› anmeldete. Sagt das genug? Sie muss doch weitergehen, seine Arbeit?!»

Anmerkungen

1 Rudolf Steiner, Brief vom 18.5.1924, in: *Anthroposophische Leitsätze,* GA 26, Dornach 1982, S. 30 f.
2 Dieses lateinische Wort stammt von dem Verb *personare* und hat die buchstäbliche Bedeutung *hindurchtönen* oder *-klingen.*
3 Vgl. *Leitsätze* (a.a.O., Anm. 1), insbesondere die Nummern 35, 36 und 37, außerdem den zuvor bereits genannten Brief vom 18.5.1924.
4 Es gibt einen Film über den Bildhauer Giacometti bei der Arbeit. In ständiger Abwechslung sieht man eigenmächtige, intensiv arbeitende Hände und kurze Augenblicke betrachtender Ruhe im Antlitz des Künstlers. Die rhythmische Dynamik zwischen diesen zwei Polen bildet erkennbar ein eigenes Element.
5 Im Brief vom 18.5.1924, in: *Leitsätze* (a.a.O., Anm. 1), S. 31 ff.
6 Hier sind verschiedene Ausdrucksweisen möglich. Steiner gebraucht in einem Fall auch den Begriff «Funktionsniveaus», was moderner klingt (in: *Anthroposophische Menschenerkenntnis und Medizin,* GA 319, Vortrag vom 16.11.1923).
7 Bernard C. J. Lievegoed, *Lebenskrisen – Lebenschancen. Die Entwicklung des Menschen zwischen Kindheit und Alter,* München 2001.
8 Rudolf Steiner, *Wie erlangt man Erkenntnisse der höheren Welten?,* GA 10, Dornach [24]1993.
9 Ausdrücke wie «nahe bei» oder «entfernt von», «weit weg von» haben, wenn sie auf die geistige Welt bezogen werden, keine räumliche, sondern eine innerliche Bedeutung im Sinne solcher Bemerkungen wie: «Er stand ihm sehr nahe» oder «Sie haben sich voneinander entfernt».
10 George Ritchie, *Rückkehr von Morgen,* Marburg [27]1997.
11 Um den scheinbaren Widerspruch zu verstehen, der sich in der Tatsache verbirgt, dass drei Tage erforderlich sind, um einen räumlichen Eindruck zu gewinnen, vergegenwärtige man sich das Phänomen, dass man beispielsweise in der Natur, während einer Verliebtheit oder bei

einem Déja-vu-Erlebnis die Zeit vergessen kann und sich in der Ewigkeit wähnt, während tatsächlich 23 Sekunden, eine Stunde o.ä. vergehen. Im Grunde befindet man sich in einer Art Traumzustand. Bei Träumen werden Prozesse wahrgenommen, ohne dass dabei ein Eins-zu-eins-Verhältnis mit der irdischen Zeit vorliegt.

12 Wie der physische Leib Bestandteil irdischer Materie und aus ihr aufgebaut ist, so ist der Lebensleib Bestandteil der Lebens(äther-)sphäre der Erde. Mehr über den Lebensleib in Kapitel 4.

13 Vgl. Anhang II zu den Organen, S. 207 ff.

14 George Ritchie, *Rückkehr von Morgen,* a.a.O. (Anm. 10), S. 78 f.

15 Raymond Moody, *Leben nach dem Tod,* Reinbek 1977, S. 78 f.

16 Wörtlich *Ort der Begierden.*

17 In der nordischen Kultur z.B. *Das Traumlied des Olav Åsteson,* insbesondere die ersten fünf Strophen des vierten Gesanges (u.a. angeführt in Bernhard Lievegoed, *Der Mensch an der Schwelle,* Stuttgart [5]2002, Kapitel 3); in der griechischen Kultur u.a. in den Sagen von Sisyphus und Thantalus.

18 A.a.O. (Anm. 10), S. 37 ff: «In dem Moment, als ich ihn wahrnahm, bildete sich in meinem Sinn ein Befehl wie von selbst. ‹Steh auf!› Die Worte kamen aus meinem Inneren, dennoch hatten sie eine Autorität, wie sie meine Gedanken nie hatten. ... Jede Einzelheit eines zwanzigjährigen Lebens war zu sehen. Das Gute, das Schlechte, die Höhepunkte, das, was Zum-Davonlaufen war. Und mit dieser Alles-inklusiv-Schau entstand eine Frage. Sie war in jeder Szene gegenwärtig, und, wie die Szenen selbst, schien sie von dem lebendigen Licht neben mir gesteuert zu sein.» Ich «erkannte, dass ich es war, der die Begebenheiten um uns herum so streng beurteilte. Ich war es, der sie als unwesentlich, egoistisch, bedeutungslos erkannte. Keine solcher Verurteilungen kam von der Herrlichkeit, die mich umgab. Er tadelte nicht, er warf mir nichts vor. Er ... liebte mich ganz einfach.»

19 So genannt z.B. in dem Kanon von Haydn (ca. 1785), «Schlaf und Tod».

20 Joanne Klink, *Früher – als ich groß war. Reinkarnationserinnerungen von Kindern,* Grafing 2000. Eine Frau erzählte einem von uns folgende Geschichte: In der ersten Zeit ihrer Schwangerschaft hatte sie während einiger Tage immer wieder recht erhebliche Blutungen. Jeder rechnete

mit einer Fehlgeburt, zu ihrer großen Überraschung erwies sich die Frucht jedoch als intakt. Ein Söhnchen wurde geboren. Als der Junge ein paar Jahre alt war, erzählte er eines Tages: «Ja, wir waren zu zweit, aber mein Brüderchen ging dann weg.» Nach einer Weile dämmerte es der Mutter, dass sie wahrscheinlich doch eine Fehlgeburt gehabt hatte.

21 Rudolf Steiner, Vortrag vom 16.5.1924, in: *Esoterische Betrachtungen karmischer Zusammenhänge,* Bd. 2, GA 236, Dornach [6]1988, S. 180 f.

22 Rudolf Steiner, *Theosophie,* GA 9, Dornach [32]2002, S. 95 f.

23 Ebd.

24 Rudolf Steiner bezeichnet sie gelegentlich auch als *Affinitäten,* die sowohl auf Anziehung als auch auf Abstoßung beruhen. Siehe den Vortrag vom 4. August 1924, Dornach, in: *Esoterische Betrachtungen karmischer Zusammenhänge,* Bd. 3, GA 237, Dornach [8]1991.

25 Es ist verständlich, dass dieser Willensentschluss aus einem Engagement getroffen wird, das sich auf die Entwicklung der Menschheit auf der Erde bezieht. Steiner schildert, wie in dieser Phase in der geistigen Welt die Versuchung überwunden werden muss, in ihren höheren Sphären verbleiben zu wollen. Dieser Versuchung wird durch die aktive Entscheidung für ein folgendes irdisches Leben entgegengetreten, verbunden mit neuen Vorhaben und Aufgabenstellungen. Weiter stellt Steiner dar, dass die Versuchung zu einer rein kosmischen Existenz von Luzifer ausgeht, während das Bestreben, ein Dasein auf der Erde zu wählen, von Christus unterstützt wird.

26 J. W. Goethe, *Faust,* Zweiter Teil, Fünfter Akt.

27 Rudolf Steiner, *Esoterische Betrachtungen karmischer Zusammenhänge,* a.a.O. (Anm. 21), S. 141 f.

28 *Esoterische Betrachtungen karmischer Zusammenhänge,* Bd. 1, GA 235, Dornach [8]1994, Vortrag vom 17. Februar 1924.

29 Mit dem Ausdruck «das Karma von Anziehung und Abstoßung», «das Karma von Sympathie und Antipathie» oder «Affinitätenkarma» werden die wirksamen Kräfte bezeichnet, die das Karma auf der Erde realisieren. Im Grunde sind diese Ausdrücke genauer als der von uns verwendete Begriff des «psychosozialen Karmas». Dieser verweist darauf, in welchem Wirkungsbereich auf der Erde diese Seite des Karmas verwirklicht wird. Dass wir uns trotzdem für den letztgenannten Ausdruck entschieden haben, geschah zugunsten von Lesbarkeit und Wiedererkennbarkeit

und aufgrund unseres Bemühens, mit diesem Buch eine Übersetzung der Auffassungen Rudolf Steiners für deren Anwendbarkeit und Gebrauch im täglichen Leben zu versuchen.

30 Rudolf Steiner, Vortrag vom 17.2.1924, in: *Esoterische Betrachtungen karmischer Zusammenhänge,* Bd. 1, a.a.O. (Anm. 28), S. 36, 39, 43 f.

31 Auf S. 191 ff. werden die Temperamente ausführlich besprochen.

32 In Kapitel 4 wird ausführlich auf dieses Thema eingegangen.

33 Astralleib. Astral – wörtlich: «von den Sternen». Früher wurden Planeten und Fixsterne gemeinsam als die Sterne bezeichnet. Die Fixsterne wurden von den Wandelsternen (Planeten) unterschieden. Der Ursprung des Astralleibs wurde in der Welt der Planetensphären erlebt, wobei jeder einzelne Planet seine eigene Qualität zum Ganzen beiträgt.

34 Am Schluss von Kapitel 4, S. 88 ff. wird auf die komplexe Beschaffenheit des menschlichen Ich näher eingegangen.

35 Eine Pflanze hat in diesem Sinn keine Organe. Das charakteristische Formprinzip einer Pflanze ist die Fläche, wie sie im Blatt in Erscheinung tritt. Das Blatt besteht aus zwei Zellschichten, die gleichsam aufeinander aufgetragen sind. Zwischen beiden befindet sich kein Innenraum, wie es bei tierischen Hohlorganen der Fall ist.

36 Vgl. Anm. 33.

37 John Gray, *Frauen sind von der Venus* sowie *Männer sind vom Mars,* beide München 2000.

38 Es wäre jedoch zu einfach anzunehmen, dass nur die Abbaukräfte im Stoffwechsel vom Astralleib herrühren. Wenn wir an die gesamte Fortpflanzung mit sämtlichen Hormonen denken, die bei Mann und Frau eine Rolle spielen, so stellen wir fest, dass der Astralleib im Stoffwechsel auch für ein gehöriges Stück Aufbau zuständig ist.

39 Rudolf Steiner, Vortrag vom 2.9.1923, in: *Initiationswissenschaft und Sternenerkenntnis,* GA 228, Dornach ^{2}1985.

40 Rudolf Steiner, Vortrag vom 9.6.1924, in: *Esoterische Betrachtungen karmischer Zusammenhänge,* Bd. 5, GA 239, Dornach ^{3}1985.

41 Rudolf Steiner, in: *Esoterische Betrachtungen karmischer Zusammenhänge,* a.a.O. (Anm. 21).

42 Rudolf Steiner, Vortrag vom 4.5.1924, in: *Esoterische Betrachtungen karmischer Zusammenhänge,* Bd. 2, a.a.O. (Anm. 21), S. 99.

43 Ebd., S. 100 f.

44 Ebd., S. 101 f.

45 «Sieh mal, da steht nicht, was da steht!» ist die sinngemäße Übersetzung eines Satzes aus dem Gedicht «Awater» des bekannten niederländischen Dichters Martinus Nijhoff.

46 Rudolf Steiner, Vortrag vom 4.5.1924, in: *Esoterische Betrachtungen karmischer Zusammenhänge,* Bd. 2, a.a.O. (Anm. 21), S. 111.

47 Ebd.

48 Ebd.

49 Mit Mond, Sonne und Saturn sind drei übergreifende Stadien des Lebens vor der Geburt gekennzeichnet. Der Mond steht dabei für die untersonnigen, Saturn für die obersonnigen Planeten. In manchen Vorträgen geht Steiner näher auf die Qualitäten der anderen, hier nicht genannten Planeten wie Mars, Merkur usw. ein. Der Übersichtlichkeit zuliebe ist es hilfreich, mit den drei Hauptstadien zu beginnen.

50 Rudolf Steiner, Vortrag vom 4.5.1924, in: *Esoterische Betrachtungen karmischer Zusammenhänge,* Bd. 2, a.a.O. (Anm. 21), S. 112 f.

51 Ebd., S. 113.

52 Ebd., S.

53 Ebd.

54 Ebd., S. 133 ff.

55 Ebd., S. 136 ff.

56 Übrigens werden vergleichbare karmische Entwicklungsgesetze von Steiner in einem Vortrag behandelt, den er einige Monate zuvor, am 1. März 1924, in Dornach hält und der aufgenommen ist in *Esoterische Betrachtungen karmischer Zusammenhänge,* Bd. 1, a.a.O. (Anm. 28).

57 Vgl. Rudolf Steiner, *Theosophie,* a.a.O. (Anm. 22), S. 95 ff.

58 Ein Erfinder ist im Grunde genommen jemand, der auf der Erde den Zugang zu dem jeweiligen Urbild «findet».

59 *Esoterische Betrachtungen karmischer Zusammenhänge,* Bd. 1, a.a.O. (Anm. 28).

60 Ebd., S. 69 f.

61 Ebd., S. 72.

62 Ebd.

63 Im Tierreich gibt es allerdings Beispiele, die fast menschlich anmuten.

64 Rudolf Steiner, Vortrag vom 24.2.1924, in: *Esoterische Betrachtungen karmischer Zusammenhänge,* Bd. 1, a.a.O. (Anm. 28).

65 Ebd., S. 76.

66 Vgl. Rudolf Steiner, Vortrag vom 4.5.1924, *Esoterische Betrachtungen karmischer Zusammenhänge,* Bd. 2, a.a.O. (Anm. 21) ; vgl. auch Kapitel 5 in diesem Buch.

67 Ebd., Vortrag vom 9.5.1924.

68 Ebd., Vortrag vom 10.5.1924; vgl. auch Kapitel 6 in diesem Buch.

69 Ebd., Vortrag vom 9.5.1924, S. 118 f.

70 Ebd., S. 130.

71 Rudolf Steiner, *Wie erlangt man Erkenntnisse karmischer Zusammenhänge,* a.a.O. (Anm. 8), Kapitel «Bedingungen»; siehe auch Rudolf Steiner, *Die Geheimwissenschaft im Umriss,* GA 13, Dornach [30]1989, Kapitel «Die Erkenntnis der höheren Welten».

72 Siehe Rudolf Steiner, *Leitsätze,* a.a.O. (Anm. 1), Leitsätze 94–96.

73 Siehe Rudolf Steiner, *Geheimwissenschaft,* a.a.O. (Anm. 71), Kapitel «Die Erkenntnis der höheren Welten».

74 Rudolf Steiner, *Die soziale Grundforderung unserer Zeit. In geänderter Zeitlage,* GA 186, Dornach [3]1990, Vortrag vom 12.12.1918.

75 Rudolf Steiner, *Leitsätze,* a.a.O. (Anm. 1).

76 Beispiel der Beschreibung einer Stimme in Kapitel *Anna,* S. 288 ff.

77 Vgl. Walther Streffer, *Magie der Vogelstimmen. Die Sprache der Natur verstehen lernen,* Stuttgart 2003.

78 Rudolf Steiner in den Vorträgen vom 12. Dezember 1920 in Dornach sowie vom 14. Dezember 1920 in Bern, aufgenommen in: *Die Brücke zwischen der Weltgeistigkeit und dem Physischen des Menschen,* GA 202, Dornach [4]1993.

79 Für Pflanzen ist charakteristisch, dass sie einen Ätherleib haben. Die elementare Abhängigkeit der Pflanzen von der Sonne ist ein Ausdruck dessen. Auf verschiedene Weise erläutert Steiner die enge Beziehung zwischen dem Lebensleib und der Sonne, beispielsweise indem er auf die Beziehung des Lebensleibes mit der Gesundheit des Menschen verweist – im Gegensatz zum Astralleib, der seinerseits eine Beziehung zur Krankheit besitzt.

80 Rudolf Steiner, *Esoterische Betrachtungen karmischer Zusammenhänge,* Bd. 6, GA 240, Dornach [5]1992, Vortrag vom 18.7.1924.

81 In den neunziger Jahren spielte in der Öffentlichkeit stark die Frage eine Rolle, wie sich die Auffassungen Steiners von der Entwicklung

der Menschheit zu den modernen Ansichten über Rassismus verhalten. Diese Frage wurde auch mit dem Unterrichtsprogramm der Freien Waldorfschulen in Verbindung gebracht.

82 Hans Peter van Manen, *Christussucher und Michaeldiener,* Dornach 1980, Kap. 5: Altertum und Mittelalter in der Arnheimer Darstellung.

83 Vgl. Frank Teichmann, *Der Mensch und sein Tempel. Chartres – Schule und Kathedrale,* Stuttgart ²1997.

84 Rudolf Steiner, *Esoterische Betrachtungen karmischer Zusammenhänge,* Bd. 6, a.a.O. (Anm. 80).

85 Rudolf Steiner, *Leitsätze,* a.a.O. (Anm. 1), S. 74.

86 Rudolf Steiner, *Erziehungskunst. Seminarbesprechungen und Lehrplanvorträge,* GA 295, Dornach 1977, Seminarbesprechung vom 21.8.1919.

87 Ebd.

88 Ebd., Seminarbesprechung vom 22.8.1919.

89 Für das Temperament des Erwachsenen beschreibt Rudolf Steiner einen anderen Zusammenhang mit den Wesensgliedern. Hier verursacht gerade der Lebensleib ein phlegmatisches Temperament, der Seelenleib ein sanguinisches Temperament, das Ich ein cholerisches und der physische Leib ein melancholisches Temperament. Der Schlüssel zu dieser Verschiebung, die verwirrend wirken kann, liegt in der Veränderung der Wesensglieder, die diese mit dem Älterwerden durchmachen. In jungen Jahren ist der physische Leib noch ungeheuer vital, mit zunehmendem Alter wird er zu einem schweren leiblichen Instrument, dem «Bruder Esel», der in der Seele Melancholie hervorruft. Der Lebensleib erzeugt in vorgerücktem Alter eine phlegmatische Grundstimmung, während er in der Kindheit vor allem Lebenslust hervorrief. Der frische Gebirgsbach der jungen Jahre wird im späteren Alter zu einem Fluss, der sich gemächlich durch eine Ebene windet. Im Erwachsenenalter ist es das Ich, das Interesse und Engagement lenkt und leitet, während der Astralleib mit seiner Anziehungs- und Abstoßungskraft den wechselnden Charakter des sanguinischen Temperaments zum Ausdruck bringt.

Temperament	*Jugend*	*Erwachsenenalter*
phlegmatisch	physischer Leib	Lebensleib
sanguinisch	Lebensleib	Seelenleib
cholerisch	Seelenleib	Ich
melancholisch	Ich	physischer Leib

90 Rudolf Steiner, *Esoterische Betrachtungen karmischer Zusammenhänge,* a.a.O. (Anm. 21), Vortrag vom 4.5.1924.

91 Rudolf Steiner, *Vor dem Tore der Theosophie,* GA 95, Dornach [4]1990, Vortrag vom 28.8.1906.

92 Rudolf Steiner, *Menschenwerden, Weltenseele und Weltengeist. Erster Teil: Der Mensch als leiblich-seelische Wesenheit in seinem Verhältnis zur Welt,* GA 205, Vortrag vom 2. Juli 1921, Dornach 1967.

93 Rudolf Treichler, *Die Entwicklung der Seele im Lebenslauf,* Stuttgart [6]204; Walter Holtzapfel, *Im Kraftfeld der Organe,* Dornach 1989.

94 A.a.O. (Anm. 92).

95 Siehe Rudolf Steiner, *Theosophie,* a.a.O. (Anm. 22), S. 113 f.

96 Jawlensky in einem Brief vom 12.6.1938 aus Wiesbaden an Pater Willibrord Verkade, in: Clemens Weiler, *Jawlensky. Köpfe, Gesichte, Meditationen,* Hanau 1970.

97 Ebd.

98 Ate Koopmans im Nachwort des 2. Bandes der *Esoterischen Betrachtungen karmischer Zusammenhänge,* niederländische Ausgabe, S. 278.

99 Ebd., S. 281.

100 Vgl. Rudolf Steiner, *Esoterische Betrachtungen karmischer Zusammenhänge,* Bd. 2, a.a.O. (Anm. 21), Vortrag vom 4.5.1924; vgl. auch Kapitel 5 in diesem Buch.

101 So u.a. im Hamburger Vortrag vom 25.5.1910, veröffentlicht in: *Die Offenbarungen des Karma,* GA 120, Dornach [8]1992, sowie im Leipziger Vortrag vom 14.9.1908, aufgenommen in: *Ägyptische Mythen und Mysterien,* GA 106, Dornach [5]1992.

102 Rudolf Steiner, *Leitsätze,* a.a.O. (Anm. 1), S. 36.

103 Johannes Hemleben, *Johannes Kepler in Selbstzeugnissen und Bilddokumenten,* Rowohlt Monografien 183, München 1971, S. 47.

104 Ebd., S. 53.

105 Ebd., S. 38.

106 Walter Gerlach, Martha List, *Johannes Kepler. Der Begründer der modernen Astronomie,* München 1987, S. 63.

107 Johannes Hemleben, a.a.O. (Anm. 103), S. 56.

108 Ebd., S. 102.

109 Ebd., S. 81.

110 Ebd., S. 124.

111 Rudolf Steiner, *Esoterische Betrachtungen karmischer Zusammenhänge,* Bd. 1, a.a.O. (Anm. 28), Vortrag vom 17.2.1924.

112 Das so genannte Tychosche System, in dem die Mittelpunktposition der Erde erhalten bleibt. Dabei dreht sich die Sonne um die Erde. Um die Sonne drehen sich die untersonnigen Planeten. Um dies alles drehen sich die obersonnigen Planeten.

113 Unter den konkreten irdischen Verhältnissen sind es schließlich wieder die Wesen der ersten Hierarchie, welche die materielle Substanz zur Verfügung stellen. Das hängt mit dem Doppelcharakter dieser Wesen zusammen. Zum einen sind sie Träger des Menschenwesens in seinen eigentlichen Willensintentionen, zum anderen manifestieren sie sich auf der Erde als Widerstand, an dem sich der Wille entwickelt.

114 Rudolf Steiner, *Die Offenbarungen des Karma,* a.a.O. (Anm. 101), Vortrag vom 25.5.1910.

115 Die Einnahme eines Standpunkts «im Himmel» ist unter anderem auch aus dem *Buch Hiob* im Alten Testament, aus dem Beginn des *Faust* von Johann Wolfgang von Goethe, aus *Das Spiel ist aus* von Jean-Paul Sartre und aus *Die Entdeckung des Himmels* von Harry Mulisch bekannt und kann angesichts des Umfangs, in dem das Thema eine existenzielle Schicht anspricht, keineswegs als literarische Fantasie abgetan werden.

116 Wenn die Vorläufigkeit im Auge behalten wird, kann man in einer Gruppe eventuell auch mit guten Interviews aus Zeitung oder Zeitschrift als Material arbeiten.

117 Walter Gerlach, Martha List, a.a.O. (Anm. 106), S. 18.

118 Bis auf weiteres sind wir darauf angewiesen, was Rudolf Steiner auf der Grundlage seiner geisteswissenschaftlichen Forschung darüber hier und da in seinen Karmavorträgen mitteilt.

119 Solche karmischen Entwicklungsgesetze sind sowohl 1910 als auch 1924 in den Karmavorträgen Steiners an verschiedenen Stellen zu finden. Es ist unvermeidlich und recht hilfreich, sofern ausschließlich als Gedächtnisstütze verwendet, für den eigenen Gebrauch eine Liste von diesen Gesetzen anzufertigen. Soweit solche vorliegen, werden sie hier nicht veröffentlicht.

120 Vgl. Rudolf Steiner, *Die Offenbarungen des Karma,* a.a.O. (Anm. 101), Vortrag vom 19.5.1910.

121 Vgl. Rudolf Steiner, *Esoterische Betrachtungen karmischer Zusammenhänge,* Bd. 2, a.a.O. (Anm. 21), Vortrag vom 4.5.1924.

122 Siehe Rudolf Steiner, *Die Offenbarungen des Karma,* a.a.O. (Anm. 101), Vortrag vom 25.5.1910.

123 Dies bildet ein zentrales und schwieriges Thema in Steiners Werk. In Steiners Darstellung ist die geistige Welt mit vielen unterschiedlichen Wesen «bevölkert». Unter ihnen charakterisiert er auch so genannte böse Wesen. Er nennt sie Ahriman und Luzifer. Luzifer führt zu übermäßiger «Wärme» und verleitet das Ich zu Hochmut oder Übermut. Ahriman führt zu extremer «Kälte»-Entwicklung und ruft Erstarrung und Missbildung lebendiger, beweglicher Formen hervor. Christus stellt diese beiden Mächte, die zu Verselbstständigung neigen, ständig ins Verhältnis zum Weg der rechten menschlichen (maßhaltenden) Mitte.

124 Rudolf Steiner, *Esoterische Betrachtungen karmischer Zusammenhänge,* Bd. 4, GA 238, Dornach [6]1991, Vorträge vom 14. und 16.9.1924 in Dornach. «Diese Seele des Julian Apostata, die so in den Untergründen geblieben war, bei der man glauben möchte, dass sie eigentlich wie berufen gewesen wäre, dem Christentum die rechte Bahn zu weisen, die findet sich dann im Mittelalter in einem weiblichen Leibe, in einer weiblichen Persönlichkeit, die den Parzival aussendet, um dem Christentum die esoterischen Wege zu suchen und zu weisen» (16.9.1924, a.a.O., Dornach 1981, S. 87). Julian Apostata fühlte sich vom Christentum stark angezogen, in dem er viele der Sonnengeheimnisse der Mithrasmysterien wiedererkannte, ließ sich jedoch durch eine Schrift von Celsus aus dem Jahre 180 n. Chr. gegen die Christen einnehmen. Er wurde wegen angeblichen Mysterienverrats im Jahr 363 n. Chr. ermordet.

125 Siehe Rudolf Steiner, *Theosophie,* a.a.O. (Anm. 22), Kapitel «Die drei Welten, IV. Der Geist im Geisterland nach dem Tode», S. 105 f.

126 *Leitsätze,* a.a.O. (Anm. 1), Leitsatz 46, S. 37.

127 Ebd.,

128 *Esoterische Betrachtungen karmischer Zusammenhänge,* Bd. 2, Dornach, Vortrag vom 4.5.1924.

129 Ebd.

130 Rudolf Steiner, *Ägyptische Mythen und Mysterien,* a.a.O. (Anm. 101). Im Leipziger Vortrag vom 14.9.1908 sagt Rudolf Steiner über Kopernikus und Kepler: «Diese Menschen haben aus ihrer Erinnerung diese

großen Gesetze wiedergeboren aus dem, was sie in der ägyptischen Zeit erlebt hatten» (Dornach 1978, S. 170). Direkt zuvor spricht er über den Materialismus als eine «entgöttlichte» Folge dessen, was im alten Ägypten als Fähigkeit entstanden war, die Wirklichkeit der irdischen Welt wahrzunehmen.

131 Kepler im Vorwort des fünften Buches von *Harmonices mundi:* «Ich habe die goldenen Gefäße der Ägypter geraubt, um meinem Gott daraus eine heilige Hütte einzurichten, weitab von den Grenzen Ägyptens.» Siehe Johannes Hemleben, *Johannes Kepler,* a.a.O. (Anm. 103), S. 96 f.

132 Vgl. Anm. 124.

133 Rudolf Steiner, *Esoterische Betrachtungen karmischer Zusammenhänge,* Bd. 2, a.a.O. (Anm. 21), Vortrag vom 4.5.1924.

134 Siehe Johannes Hemleben, *Johannes Kepler,* a.a.O. (Anm. 103), S. 133.

135 *Leitsätze,* a.a.O. (Anm. 1), Leitsätze 35, 36 und 37, S. 29.

136 Ebd.

137 Die «Zweiten Damen» sind die zweitbeste Damenelf eines Hockeyclubs. Die Mädchen kommen mit 17, 18 Jahren in eine Damenelf. Zuvor sind sie in einer Jugendelf.

138 Siehe Rudolf Steiner, *Die Erziehung des Kindes vom Gesichtspunkte der Geisteswissenschaft,* Einzelausgabe, Dornach 1978.

139 Siehe Rudolf Steiner, *Ein Weg zur Selbsterkenntnis des Menschen,* GA 16, Dornach [7]1982.

140 *Leitsätze,* a.a.O. (Anm. 1), Leitsatz 37, S. 29.

141 Rudolf Steiner und Ita Wegman, *Grundlegendes für eine Erweiterung der Heilkunst nach geisteswissenschaftlichen Erkenntnissen,* GA 27, Dornach [7]1991, Kapitel 19, 1. Fall. Als Laie kann man dies nicht erkennen.

142 Vgl. Kapitel 4, S. 83 f. Das Instrument entsteht infolge der Durchdringung des physischen, ätherischen und astralischen Leibes durch die Ich-Kraft.

143 *Leitsätze,* a.a.O. (Anm. 1), Leitsätze 35, 36, 37.

144 Ebd.

145 Rudolf Steiner, *Anthroposophie – Psychosophie – Pneumatosophie,* GA 115, Dornach 1980, Vortrag vom 26.10.1909.

146 Vgl. das *Johannes-Evangelium,* 20,24-29 über den ungläubigen Thomas.

147 Das Verhältnis zwischen kosmischem und irdischem Menschen ist kompliziert. Am Erden-Menschen betrachten wir drei Bestandteile:
1. Den Sinnes-Nerven-Menschen, in dem der Ätherleib eine wesentliche Rolle spielt. Er baut den physischen Apparat auf und ist in der Folge Träger der Vorstellungsaktivitäten in Denken und Fantasie.
2. Im mittleren Menschen spielt der Astralleib die Hauptrolle.
3. Im Stoffwechsel-Menschen ist das Ich bzw. die Ich-Organisation der vorherrschende Akteur. Er wirkt in einem Komplex von astralischem, ätherischem und physischem Leib.
In der Karmaübung zum Aufsuchen des kosmischen Menschen tritt eine Umkehrung auf. Es wird bei den Gliedmaßen *begonnen* und alles wegsuggeriert, wofür sie stehen: die bunte Vielfalt irdischer Taten, die Erscheinungsformen des unbewussten Willens. Als «Antwort» erhält man die Grundanlage des Ätherleibes in Temperament und Fantasie, Gabe der vorgeburtlichen *Mondensphäre.* Der zweite Schritt kann auf zweierlei Weise vollzogen werden. Einerseits kann man die Mondenwirkungen (die man gerade gefunden hat) wieder wegdenken und «abwarten» (denn es geht um das Üben der Inspiration). Eine andere Möglichkeit liegt darin, sich zu fragen, wie jemand der Welt begegnet. Welche Sinne sind bei diesem Menschen geöffnet, welche Möglichkeiten der Begegnung hat diese Seele? In der Folge geht es darum abzuwarten, womit die *Sonnensphäre* sich meldet. Das wird immer die Affinität zu einer bestimmten Lebens- und Denkrichtung sein. Der dritte Schritt besteht darin, auch die Denkrichtung wegzusuggerieren. Es wird dann ziemlich «dünn», fast nichts bleibt mehr übrig. In der *Saturnsphäre* findet das Geistwesen die eigenen karmischen Intentionen, seine zutiefst innerlichen Willensbestrebungen. In ihnen liegt das, was der Mensch über verschiedene Inkarnationen hinweg *eigentlich* zu tun angetreten ist. Die aktuelle Biografie bildet davon (bis zu dem Punkt, zu dem sie bislang gekommen ist) den Niederschlag im *jetzigen* Leben. Die Umkehrung bei der Orientierung an der irdischen Biografie besteht also darin, dass wir so bei dem noch tollpatschigen irdischen Ich anlangen, das wie ein Stehaufmännchen im Leben seinen Weg sucht. Mit der Orientierung am kosmischen Menschen hingegen sind wir auf der Suche nach dem Geheimnis des höheren Ich, bei dem Denken und Wollen gleichsam noch zusammenfallen.

148 Rudolf Steiner äußert sich in einer Reihe von Vorträgen ausführlich über die Bedeutung einer Zusammenarbeit zwischen «Aristotelikern» und «Platonikern». Siehe dazu *Esoterische Betrachtungen karmischer Zusammenhänge,* Bd. 3, GA 237, Vortrag vom 13.7.1924, sowie Bd. 6, GA 240, Vortrag vom 18.7.1924. Eine ausführliche Darstellung zum Thema findet sich bei Hans Peter van Manen, a.a.O. (Anm. 82). Vgl. außerdem Kapitel 9, S. 187 ff.

149 Siehe Frank Teichmann, a.a.O. (Anm. 83).

150 Die Aristoteliker schulten ebenfalls ihr Denken. Bei ihnen jedoch wird der freie Teil des Ätherleibs mehr dort angesprochen, wo er auf dem Formprinzip des physischen Leibes ruht. Alles, was physisch wird, benötigt Konturen.

151 *Apokalypse des Johannes* 12,1-6, insbesondere Vers 4b: «Und der Drache stand vor dem Weibe, das im Begriff war zu gebären, um, wenn sie geboren hätte, ihr Kind zu verschlingen.» *(Das Neue Testament* in der Übersetzung von Emil Bock.)

152 Vgl. Anm. 161.

153 Auf Nachfrage betonte eine Schneiderin, dass es in der Tat um exakt messbare Werte geht. Individuelle Anpassungen u.a. in dieser Hinsicht machen erkennbar den Unterschied zwischen einem Anzug von der Stange und einem Maßanzug aus. Die richtigen Verhältnisse z.B. für die Länge eines Rockes in Kombination mit Jacke oder Pullover, die darüber getragen werden, zu finden muss für jeden Menschen individuell vorgenommen werden und bestimmt entscheidend, ob der oder die Betreffende «gut gekleidet» erscheint oder nicht.

154 Dies ist dem Besuch einer Oper, eines Vortrags oder einer Versammlung vergleichbar. Eine gute Vorbereitung erhöht die Qualitäten der Aufnahme und Teilnahme erheblich.

155 Siehe Rudolf Steiner, *Esoterische Betrachtungen karmischer Zusammenhänge,* Bd. 1, a.a.O. (Anm. 28), Vortrag vom 1.3.1924, S. 91 f. Kurz vor dieser Stelle erzählt Steiner die Geschichte von den zwei Damen, die von einer Reise nach Pressburg nur zu berichten hatten, dass sie zwei schöne Dackel gesehen hatten. Er differenziert sogar nach den Inhalten des Interesses, z.B. Malerei oder Sterne. Die karmische Folgen, die das jeweilige Interesse hervorruft, sind für einen Uneingeweihten zumeist nicht evident.

156 *Esoterische Betrachtungen karmischer Zusammenhänge,* Bd. 2, a.a.O. (Anm. 21), Vortrag vom 10.5.1924, S. 139; siehe auch Kapitel 6, in dem bereits von schnell oder langsam wachsenden Haaren die Rede war. Das «Struppige» bildet noch eine zusätzliche Nuance, die Steiner im betreffenden Vortrag auch noch benennt.

157 «Astralisch etwas zu warm»: vgl. Anm. 123.

158 Innerhalb der anthroposophischen Dreiheit von Imagination – Inspiration – Intuition handelt es sich hierbei um *Inspiration!* Im Volksmund wird sie Intuition genannt.

159 Zu differenzieren in biologisches, psychosoziales und biografisches Schicksal, die wiederum mit den drei oberen Wesensgliedern zusammenhängen.

160 In der *Theosophie*, a.a.O. (Anm. 22), Kapitel «Die drei Welten, IV. Der Geist im Geisterland nach den Tode», S. 111, nennt Steiner dies eine «Art Gedächtnis für seine früheren Lebensläufe« bzw. den «prophetische(n) Vorblick für seine späteren» (Lebensläufe).

161 Die Sprache verdanken wir Mars. Die Planeten und die Qualitäten, die sich die Seele in jedem Planetenbereich erwirbt, sind in diesem Buch nicht ausgearbeitet. Eine begriffliche Vermischung mit der Darstellung der Mond-Sonne-Saturn-Übung kann leicht auftreten. Die Wirklichkeit der geistigen Welt lässt sich nicht kartieren. Sie zeigt keine festen territorialen Grenzen. Sehr allgemein kann man sagen, dass Saturn, Jupiter und Mars, die obersonnigen Planeten, im Kontext der Karmaübung gemeinsam als Saturn bezeichnet werden, dass die Sonne das große Ganze der Seelenwelt darstellt (und als solche zugleich die anderen Planeten umfasst, die sie umkreisen) und dass schließlich die untersonnigen Planeten Venus, Merkur und Mond in der Karmaübung als «Mond» zum Ausdruck gebracht werden. Dabei bildet Saturn einen Bereich des Übergangs von der Planetenwelt in die eigentlich geistige Welt der Fixsterne, in der die menschliche Individualität rein geistig existiert und ihre «Richtung» erfährt, während der «Mond» das Übergangsgebiet zur Erde bildet, auf der die Individualität leiblich-körperlich in Erscheinung tritt und die Freiheit sucht.

Siehe dazu Rudolf Steiner, *Okkulte Untersuchungen über das Leben zwischen Tod und neuer Geburt,* GA 140, Dornach 1990, und insbesondere im Vortrag vom 1.4.1913 eine Darstellung dessen, wie die Planetensphären in die Schilderung der Geistwelt «hineinpassen», die Steiner in der *Theosophie* gibt.

162 Die Interpretation dieser Beobachtung führt den Gedanken der Differenzierung in konvexe und konkave Formen fort, der in Kapitel 8, S. 158 f., angedeutet wird.

163 Atlantis ist der Ort, wo in prähistorischen Zeiten die zentralen Sonnenmysterien ihren Sitz hatten, mit deren Hilfe das kosmische Christuswesen aufgefunden werden konnte.

164 Siehe Rudolf Steiner, *Geheimwissenschaft,* a.a.O. (Anm. 71) S. 190 ff.

165 Die berühmte Rede von Häuptling Seattle im Jahr 1855, die während der Übergabe des Landes einiger Indianerstämme an den weißen nordamerikanischen Gouverneur Stevens gehalten wurde, ist dafür ein gutes Beispiel. Eine sprechende Einzelheit in diesem Zusammenhang ist die, dass eine Tochter von Seattle wegen ihres unabhängigen Geistes «Prinzessin Angeline» genannt wurde.

166 Vgl. Anm. 161. Die Merkursphäre ist eine der sieben vorgeburtlichen Planetensphären, welche die Seele des Verstorbenen durchläuft und in denen sie Qualitäten nach Maßgabe ihrer Affinitäten zu der jeweiligen Sphäre aufnimmt. Die sieben sind: Mond, Merkur, Venus, Sonne, Mars, Jupiter, Saturn. In der Karmaübung fasst Steiner die ersten drei zusammen als «Mond», die letzten drei als «Saturn». Darüber mehr u.a. im Berliner Vortrag vom 1.4.1913, aufgenommen in *Das Leben zwischen Tod und neuer Geburt im Verhältnis zu den kosmischen Tatsachen,* GA 141, Dornach 1997.

167 J. S. Bach, Kantate BWV 105, Tenorarie.

168 Vgl. Rudolf Steiner, *Esoterische Betrachtungen karmischer Zusammenhänge,* Bd. 4, a.a.O. (Anm. 124), Vortrag vom 18.9.1924.

Christoph Lindenberg

Rudolf Steiner – eine Biographie

Zwei Bände im Schmuckschuber
mit insgesamt 1025 Seiten, 180 Abbildungen,
Itinerarkarten und Faksimiles,
Leinen mit Schutzumschlag

Mit seiner zweibändigen Biographie dokumentiert Christoph Lindenberg eine der erstaunlichsten Lebensleistungen des 20. Jahrhunderts. Dabei legt Lindenberg den Nachdruck darauf, dass für Steiner, der sich selbst vorgenommen hatte, Menschen auf einen Entwicklungsweg zu bringen, Entwicklung eines der großen Themen seines Lebens war.

«Kaum ein Aspekt des von macherlei Rätseln durchsetzten Lebens bleibt ... in der Biographie Lindenbergs ausgeblendet ... Umfang, Struktur und Darstellungsweise lenken den Blick über diese Biographie hinaus auf ein bedeutsames Kapitel der mitteleuropäischen Geistesgeschichte.»

Gerhard Wehr

Verlag Freies Geistesleben